本书出版得到中国人民大学历史学院"北京市重点学科"项目经费资助

人民日报学术文库

马克锋◎著

中国近代文化思与辨

ZhongGuo JinDai WenHua SiYuBian

人民日报出版社

图书在版编目（CIP）数据

中国近代文化思与辨 / 马克锋著 . —北京：人民
日报出版社，2014.5
ISBN 978 - 7 - 5115 - 2589 - 5

Ⅰ. ①中… Ⅱ. ①马… Ⅲ. ①文化史—研究—中国—
近代 Ⅳ. ①K250.3

中国版本图书馆 CIP 数据核字（2014）第 084297 号

书　　名：中国近代文化思与辨
著　　者：马克锋

出 版 人：董　伟
责任编辑：曹　腾　高　亮
封面设计：中联学林

出版发行：人民日报出版社

社　　址：北京金台西路 2 号
邮政编码：100733
发行热线：（010）65369527　65369846　65369509　65369510
邮购热线：（010）65369530　65363527
编辑热线：（010）65369523
网　　址：www.peopledailypress.com
经　　销：新华书店
印　　刷：北京天正元印务有限公司

开　　本：710mm×1000mm　1/16
字　　数：413 千字
印　　张：23
印　　次：2014 年 5 月第 1 版　　2014 年 5 月第 1 次印刷

书　　号：ISBN 978 - 7 - 5115 - 2589 - 5
定　　价：66.00 元

初学中国近现代史的一些体会(代序)

一、大学期间的学习与研究

我的大学学习与生活,与大多数老师一样,其实也是很普通的,没有什么惊天动地的事情。上大学之前对大学的印象,只是在电影上看到过。从陕西一个小山村直接来到天津这个大都市,一路上都是一种怯怯的感觉。所以,刚到大学,一切都是懵懂的。至今印象比较深刻的,系里当时举行了一个新生见面会,系里一些知名教授几乎都来了,大约有二三十位吧。当时刚到学校,自然一个都不认识。后来才慢慢知悉,他们之中,大多是闻名中外的著名学者。诸如清史专家郑天挺教授、先秦史专家王玉哲教授、隋唐元史专家杨志玖教授、史学史专家杨翼骧教授、日本史专家吴廷璆教授、美国史专家杨生茂教授、现代史专家魏宏运教授等。还有林树惠教授,这个教授发表文章不多,在学界影响不大,但翦伯赞主编的《中国近代史资料丛刊》系列书中的英文翻译都是他做的。这么一大批的教授,让我们当时感到,这么多大师啊,真好自豪啊!像现在做先秦思想史的刘泽华教授,做清史的冯尔康教授,做明史的南炳文教授,他们当时算是中生代的,年轻教授。南开历史,人才济济。这么强大的师资,真是吾侪之福啊!必须珍惜。因此,我在大学学习是很认真的,我没逃过课,而且我的学习成绩也是不错的。我们毕业时,按现在的学分绩排名的话,我肯定是前五名。但当时并没有排名。后来在我在人民大学中共党史系任九一级班主任,95年学生毕业的时候,学生分配全是按学分绩。因为那时有个留京指标是15%,只有学习成绩居前十的学生才能有留京工作的机会。我当班主任,全凭学分绩说话,你当过干部也没有用,你当干部就有理由学习不好?要一视同仁。但我们那时候分配不是看学习成绩,主要看表现,诸如你是不是干部啊、党员啊等。我们那时分北京的指标有十几个,可是按照上述标准,我没有资格。因为我当时在班上就属于默默无闻,相当低调的人,和人说话就紧张,看见漂亮女孩便脸红。与老师、辅导员几乎很少沟通、交流,老师也不了解我,常常被视为落后分子。思想言论不正统，还胡说八道。

　　但我上课是很认真的，有种对知识的渴望。我在这些教授里面上过谁的课呢？郑天挺教授因为当时是南开大学副校长，没有开课，但是开过2次讲座；王玉哲教授开过专业选修课——训诂学，我去听过一次，可是听不懂，没有坚持下去，至今对训诂不懂；杨志玖先生给我们讲过元史，我也是去听过几次，也没听进去，这个不行。吴廷璆、杨生茂两位教授因为是世界史方向的，我没有上过他们的课。我们当时上两门通史的时候，总体感觉是世界通史课的师资比较强，中国通史的师资相对较弱。我们的上古史讲希腊罗马，主讲老师叫王敦书，现在是世界上古史协会的理事长，他课讲得很好，印象很深。他是雷海宗先生的高足，雷海宗有本书《中国文化与中国的兵》，他是当时清华大学历史系的主任，他是我们讲现代史时有个战国策派的一个代表人物，他中西汇通，是能讲中国通史和世界通史的人，而且英文特棒，这种学者我们现在很少能见了，现在中国史和世界史基本上是两家。还有世界近代史我们有个刘克华先生，我们当时认为他与刘泽华就差一个字，其实他们没有关系，刘教授给我们上课，我们印象很深。相对而言，给我们讲授中国古代史、中国近代史、中国现代史主干课程的师资，都比较单薄，几乎没有什么名师，真的到现在没给我们留下什么太深的印象。很强的一些老师也没给我们上过课，这是很遗憾的。

　　在我听过的课中，有两位先生给我留下了很深的印象。一位是杨翼骧教授，一位是刘泽华教授。杨翼骧先生主讲中国史学史，杨先生课讲得真好。他上课只带几张卡片，没有讲稿，他把中国史学史完全糅合成自己的东西，讲得特别生动，引人入胜。比方他讲到近代的陈寅恪，他说陈寅恪是教授之教授，我现在印象都很深，就说陈先生的学问太深了，大学生听不懂，讲师、副教授都听不懂，只有教授才能听懂，所以是教授之教授；然后讲到郭沫若，他说当时在北大读书时，郭沫若是政务院副总理，来北京大学视察，别人说让郭老来讲讲，郭老爽快答应了。郭老兴致甚高，讲着讲着，西服也脱了，把毛背心也脱了，最后只剩下衬衣。杨教授感叹道：郭老真正是个历史学家，他对历史很热爱，他一到这就像回到自己的家一样，讲得特别精彩。我后来给陈寅恪作小传时，题目就叫"教授之教授"，显然受到杨翼骧教授的影响。

　　刘泽华教授给我们先后开过中国古代政治思想史和历史研究法两门课程。刘泽华教授讲政治思想史，思想解放，言论犀利，他认为，中国自古以来就是一个王权主义，专制主义源远流长，根深蒂固。刘教授的言论深刻影响了我。刘教授讲历史研究法，学梁任公，对什么是历史学，历史学的发展前景，如何研究历史等，从理论到实例均有精彩的论述，也让我们印象比较深。刘先生是个思想解放的学者,其批判意识与怀疑精神,都对我有影响,有启发。刘先生现在退休了,开始写些回忆文章,最近我常看他在《炎黄春秋》上发表文章。他这个人还有一些事值得一提,他是全国第一个民选出来的系主任,而且他在 1989 年干过一件最惊人的事,他是南开大学二十几个系主任联合罢教的发起人,这可能在全国都是第一个。后来被免职,停掉博士生导师好多年。我们七九级的同学最欣赏的老师就是刘泽华老师,这个先生有思想,有人格魅力,感染了我们。所以我们现在这些人对他很有感情的。

我在大学,一个是受老师的影响,再一个是我在大学的读书,我们那时在大学读书吧,也比较杂,当时也没有现在这样的推荐书目,老师讲完课就完了,也好像没有布置什么问题啊,也没有什么作业,结果我们下来以后看书。我记得当时为了配合中国古代史教学,历史系组织编了一个《中国古代史资料选编》,自己印的,选取中国历史典籍上的一些片段,我们当时接触古籍就是读这些东西。讲到先秦我们就读先秦,讲到秦汉就读秦汉,《史记》里的一些篇章就是在这读的,但是没有系统读过,所以我说我在大学读书很杂。那时候《基督山伯爵》啊、《红与黑》啊,读的那些书,西方名著。因为当时刚改革开放,中国人过去什么都没读过,那是十九、二十世纪的书,我们现在来读,那是文化饥渴的年代。像现在皮老师让你们读的那些书,我们当时都没读到,我到现在《史记》、《资治通鉴》也没有系统读过,这都是蛮遗憾的,没有人引导,也不知道读什么书。我记得那时读的是"文化大革命"时期工农兵学员编的《史记选》,前面一大片序言,都是讲古代的阶级斗争,就看那些东西。其实读原始材料还是读的不够。我在大学期间二三年级在图书馆翻书、查目录,现在有印象的,后来对我产生影响的是我读的台湾学者司马璐、王建民的书,其中司马璐写的《中共党史暨资料选编》,也是好几本。这两个人都是反共的,当时看了让我很震惊,因为我们当时接受的主导的教育和他披露的历史反差特大,所以我后来是受刘泽华先生的影响喜欢思想史,看了这些书喜欢近现代史。从此,我便不爱看我们国内人写的书,我们那个时代很多书意识形态、政治的色彩很强,不是纯粹学术研究的东西,而且当时翻译国外汉学的著作又不是很多,所以我当时就老是喜欢找外国的书、港台的书,我就是喜欢读和我们正统的观点、见解不一样的书,这样的话对人的思想有启发。这几年不一样了,这十几年我们发生了变化。我不喜欢看那些特别平庸的书,要材料没材料,要观点没观点。纯学术的书即使思想上没什么但在材料上会给我启发,我们思想史也是通过材料获得灵感,然后用灵感来解释材料,用理论来分析、建构自己的框架。

我大学时期是做日记的,做了两本日记,除了写感想、记述生活之外,就是看书时做些摘抄,现在回头看还是挺有价值的。遗憾的是那时的摘抄没有出处,这是大学读书我的一个教训，读书时做笔记一定要把出处写清楚。要是出处写不清楚的话你到时候要用，也无法使用。我在大学读的书还有两处特有用，一个是张学良受王阳明思想影响，说过这样一句话："我心看花花在，我不看花也在"，特别精辟，我就摘抄下来了，但是没有记下出处，所以后来写文章时想用，却没法使用。还有一个例子。张静江是蒋介石很倚重的浙江财团的一个主导人物，此人是一个瘸子，家族很富有，早期赞助辛亥革命，赞助孙中山。他曾经跟蒋介石说，做生意是赌博，干革命也是赌博。他鼓励蒋介石到广州去投靠孙中山，这比在上海股票交易所到交易员有前途。我觉得这个材料很好，当时便把这句话记下来了，但是也没写出处，现在都觉得遗憾。所以大学时代读书，一定要养成一个良好的习惯，出处、版次、页码、作者一定要写全，要不然到时候你真要用的时候就没了，找不着了。

　　再一个我讲讲我大学的研究，我大学的时候也做过这方面的尝试。那个时候的大学没有作业，都是考试，而且几乎都是闭卷考试。所以那个时候也没有什么年级论文、学年论文，只有一个毕业论文是算学分的。但是，在写这个毕业论文之前，我还写过两篇小论文，论文最后也没发表，但是现在来看也是文采很好，论述也不错，收获很大。写的什么呢？第一篇是《王国维之死考证》，为什么要写王国维之死呢？因为当时学校请旅居加拿大的叶嘉莹教授来南开开设系列学术讲座，主讲唐诗宋词，重点是宋词。她讲授宋词，朗朗上口，声情并茂，特别感染人，深深吸引了我。十几年后，我在凤凰卫视大讲堂再次听过她的演讲，风度依然，气质没有变化，只是比原来略显苍老一些。当年在南开授课，是叶嘉莹教授最富有活力和激情的时期，曾经是莘莘学子十分崇拜和痴迷的偶像。叶教授授课的地方，是我们教学主楼的阶梯教授，平时能够容纳300多人，但一到叶教授授课，不仅座无虚席，而且几乎过道、窗台甚至讲台都挤满了学生，真是盛况空前。叶教授讲宋诗，自然讲到《人间词话》，讲到王国维。我知道王国维先生是从叶嘉莹先生那里开始的，后来杨翼骧讲中国史学史时也讲到王国维，但相对比较晚。初次看王国维的《人间词话》，立即被其吸引住了。其中，王国维在《人间词话》说："古今之成大事业、大学问者，必经过三种之境界：'昨夜西风凋碧树。独上高楼，望尽天涯路'。此第一境也。'衣带渐宽终不悔，为伊消得人憔悴。'此第二境也。'众里寻他千百度，蓦然回首，那人却在，灯火阑珊处'。此第三境也。"读后感触特深，决定好好了解王国维此人。结果发现，处于学术事业巅峰的著名学者、国学大师、清华大学著名教授的王国维，竟然是壮年自杀，1927年6月2日在他还没到50岁时在颐和园投湖自杀了。这事对我是个震撼，当时自己年轻，就想寻找他为什么要自杀的原因，于是就查材料，看学术界的相关研究。通过初步了解发现，学术界关于王国维之死，大致有三种说法：一种讲他是为了殉清，即为怀念清朝而死；一种是为文化而死；一种是罗振玉迫害致死。三种说法，到底是哪一种，初生牛犊不怕虎，加上当时自己的认识，非要找出一个真实的说法。于是就去读王国维的书。王国维的学问很深，他对中国古史的研究具有开拓性，这主要体现在其代表作《观堂集林》中，但他的学问太深了，我几乎读不懂，同时也认为，他的学问与其自杀似乎也无必然关系，于是就读他的《静安文集》。王国维其实是个天才，他一生只有50年，真正涉猎学术也就30年。但就在这30年中，他先后涉猎过哲学、文学、史学三个领域，而且在每个领域均有开创性贡献，也就是说，他在自己所涉的学术领域，都是巨人。《静安文集》是王国维早期研究文学、哲学与近代学术作品的汇编，其中涉及《红楼梦》研究，西方哲学特别是对德国著名哲学家叔本华、康德思想的介绍与研究，如《叔本华与尼采》、《论近年之学术界》、《论新学语之输入》、《红楼梦评论》、《书辜氏汤生英译中庸后》、《最近二三十年中中国新发见之学问》等，即使用现在的眼光来看，也是让人叹为观止的，其识见依然让后学佩服。我喜欢他这种带有学术史、思想史、文化史相互交叉的东西。他是先读康德，康德读不通他就读叔本华，通过阅读叔本华来理解康德。叔本华是一个悲观主义者。王国维受叔本华悲观主义思想影响，加上他当时不幸的际遇，最后自杀。所以关于王国维之死，我认为，远因是受叔本华思想影响，消极厌世，近因是罗振玉给他施加压力。这就是王国维自杀的原因，也是我那篇论文的观点。现在看来缺乏深度，略显幼稚。

第二篇论文的题目是《试论西安衰落的原因》。为什么写这篇论文，因为我是陕西人嘛，对西安的历史比较关注。记得当时读历史，读到杜甫的诗句，其中讲："长安自古帝王都"，联想到西安作为中国汉唐盛世时的国都，那个辉煌与气势，是多么令我自豪与神往啊！但在学习通史下半段时却发现，到明清时，教材里讲到陕西，只提汉中而不提西安，说明汉中已经超越西安了，西安已经衰落的一塌糊涂，为什么？就决定探寻西安衰落的原因。为了写这篇论文，我当时也读了不少书。其中顾祖禹的《读史方舆纪要》印象颇深。顾祖禹是中国清初著名的地理学家，对中国古代地理沿革及重要城市战略、军事地位有深入研究。最后发现，西安之所以在唐代以后衰落，主要看还是江南经济的发展，导致了中国经济重心的转移。中国经济重心的转移，使得位处西北的西安的中心地位丧失，不再可能继续成为中国的政治中心。

我大学的毕业论文写得是什么呢？我选的题目是《试论中国二十世纪三十年代的中国文化建设运动》。我们当时选题目的时候也很有意思。记得很清楚，负责中国近现代史的指导老师让大家各自报自己的题目，其中有一个同学报了一个题目，让老师给笑了。"笑"是嘲笑的意思。为什么呢？他的题目是研究太平天国的《天朝田亩制度》，因为《天朝田亩制度》已经被人研究透了。言下之意，《天朝田亩制度》有什么可研究的？老师就说这个选题不好，建议重选题目。我当时选的这个题目是从来没有人做过的，这也是我后来学术研究的一个基本原则。做这个题目的时候，我主要依据的是马芳若主编的《中国文化建设讨论集》，这是一本资料集，主要选编了20世纪30年代中国本位文化与全盘西化的争论文章。前者以萨孟武、何炳松等十位大学教授为代表，主张复兴中国文化；后者以陈序经、胡适等人为代表，主张全盘西化。这个线索现在一目了然，但当时并不清楚。这书我们人民大学图书馆就有，而且有好多本。当时写论文，主要就是看这本资料，没有任何背景可供我参考，很多人我在当时是都不认识的，知道的话就是胡适，陈序经后来知道一点，因为他晚年在南开大学当教授，他是研究社会学、人类学的，但我们解放后没有社会学人类学，他开始研究民族学，陈序经先生晚年做匈奴史研究，出版过相关专著。当时尽管对很多人的生平不了解，但是我通过阅读资料，按照其观点来给他们分派，分析与观点完全来源于原始资料。因为我当时不知道他们政治倾向，没有传记，词典也查不到，不像现在通过网络百度一下，一般情况下都能百度出来，而那个时候没有。在这种情况下，我完成了大学毕业论文。1987年我读研究生期间，在《宝鸡师范学院学报》发表了，随后被中国人民大学报刊复印资料主办的《文化研究》全文转摘了。时隔十几年后，这个问题才成为学术界的研究热点。客观地说，我是第一个研究者。后来中山大学比我年轻的赵立彬教授完成了一个全盘西化研究的博士论文，他在后边的参考引文里第一篇就是我发表的那篇文章。有次他见了我特别客气地说，你是前辈了，我们都是抄你的了。其实这个也是我后边要讲的我就是做学问也有个缺陷，我就是开风气，没后劲，这也是一个弱点。这是我大学阶段的。

二、研究生阶段的学习与研究

其实我在上大学时根本就没想做历史研究，做学者、当教授不是我追求的目标；从事行政工作，就是现在说得做公务员，好像也不是那么热衷；我大学毕业时的梦想或者说理想吧是做编辑，从事文字编辑与出版工作。那时觉得编辑特好，也特别适合我。选择编辑，当时还有一个原因，1982年，也就是在我大学毕业前一年，陕西人民出版社在南开大学历史系要了一个编辑。我就天真地以为，第二年也会要编辑，所以期望很高。我当时最理想就是做出版社编辑，最好是出版社，再就是杂志报纸也行，做编辑。我们那时候是国家包分配的，1983年大学毕业时，陕西有一个指标，陕西省高教局。属于二次分配，先分配到陕西省高教局，然后再次分配到某个高校。高教局学生处处长铁面无私，据说连副省长的女儿都给分回陕南去了，因为这个副省长是从陕南一个地区专员提拔为副省长的，其女儿原来是从陕南来考到西安的。真是铁面无私、六亲不认！当时处长跟我讲，既不让你去陕北，也不让你去陕南，你老家是富平的，属于关中，让你去关中，只是离你家远点。结果就把我分到宝鸡师范学院去了，其实当时对我来说是很大的一个挫折。我当时就想在西安工作，然后找个编辑干，其实要求也不高，那个时候各单位都缺人，没有不缺人的，但是那个时候没有你的自主性。无奈之下，我就去了宝鸡。当时的宝鸡师范学院没有历史系，只是在中文系设有一个历史教研组，总共就六七个人。大学生上课轮不到我，我被安排去给附中讲授初中中国历史。初中历史，那时也不用什么备课，我就拿着课本去讲，那女孩子都十二三岁情窦初开都挺火辣的，有次讲到宦官，一位女生就问我："老师，什么是宦官啊？"我回答："就是被阉割的男人。"女生接着追问："哪阉割的啥啊？"当时我也就二十多岁，搞得我也不好回答。我在宝鸡待了两年，感觉没有前途，好几个人先后调动走了，我也不想在那个小地方待，怎么办？

考虑再三，唯一的出路就是考研。临近大学毕业，我们班有不少人都复习考研，但考上的人不是很多，其中有三人考到北京了，两个是中国人民大学中共党史系，一个是中国社会科学院经济所。在宝鸡工作时，曾经对自己当年没有考研有过后悔。两年以后，面临人生再次选择时我选择了考研，但是考什么呢？考哪儿呢？我们大多数同学都是考回母校南开了。我怎么办？我那个时候年轻，特别想家，上大学的时候我的毛病就是老想家，还哭过呢，因为普通话说不好老叫人嘲笑，挺自卑的，我当时根本就没有想去其他地方工作，一门心思回西安，因为我老家富平离西安就六十多公里。于是决定报考西北大学，方向中国思想史，导师张岂之。张岂之先生是侯外庐的得意弟子，西北大学的中国思想史属于专门史学科的重点发展学科。我那年考试，外语成绩是49分，当年录取的分数线好像是45分，我就算考上了，考到西北大学。我考的时候张先生是副校长，我入学的时候他是正校长，张先生那个人他事必躬亲，不太相信别人，所以他特忙，我硕士三年张先生没给我上过一次课。他下边有两个副教授是我们副导师，分别给我们上过一次课，刘宝才老师给我们讲过一次两汉经学，龚杰老师给讲过一次魏晋玄学。其他专业课没有上过，几乎全是自学。当时我们的思想史研究史有一间办公室，里边有些藏书，开始我就在那儿看书。后来成立了一个西北大学中国思想研究所，从历史系独立出来，占了一个小楼的二层，其中有一个自习室，我们大多数研究生经常在那里看书。张岂之先生鼓励我们广泛阅读，包括马列经典、西方名著以及文学名著。按照张先生的要求，自己的确阅读了不少这方面的书籍，颇有收获。

另外,像《谭嗣同全集》、《康有为政论集》、《严复集》、《章太炎选集》及《孙中山选集》等与近代思想史有关系的著述,我读得比较系统。当时的我,一边读书,一边着手写文章。我研究生阶段写的第一篇文章,题目是《孙中山与传统儒学》,是为了参加孙中山诞辰一百二十周年青年学术讨论会征文,论文被大会选中,应邀参加了在广州举行的讨论会。会上,广东的《学术研究》看中了我那篇文章,于是就在那儿发表了。文章发表以后,被《新华文摘》全文转摘。研究生的论文被权威期刊全文转摘,当时在我们那儿还是蛮有轰动的。后来我还写了一篇论文叫《中源西流思潮论》,是在《江汉论坛》发表的,也被《新华文摘》全文转载了。两篇论文被全文转摘,同学们都很羡慕,老师们都纷纷给予夸奖。自我感觉也不错。整个研究生 3 年时间,我总共发表过六篇学术论文,现在看几乎都是核心期刊,而且一点没有关系,更没有付过什么版面费,全是写了就投。中间发生过一件事,我现在依然记忆犹新。我写完《中源西流思潮论》后,特意将论文复印了一份,交给张岂之先生,希望得到他的指导。一周之后,论文通过别人转交给我。张先生没有就论文本身提任何意见,只是在论文首页批了一大段话,几乎全是批判、质疑,什么甲骨文你懂否? 章太炎的文章能读懂吗? 大约有近十个问号。在张先生看来,研究生阶段不应该这么早写文章,首先是打好基础。其实这个问题是对是错,现在确实是难以定论。在这个问题上,有些人主张永远不要过早地写文章。这个观点也有一定道理。但关键是,何时写文章比较合适,却没有特定标准。有的人长期积累资料,却不会写文章。例如,我们西北大学有个老师,他读的书无数,收集了有关唐史的资料卡片几大箱子,但却写不出文章来。所以这个东西就很矛盾,你说不鼓励人写吧就成这样子了。

　　临近硕士毕业的时候,我们西北大学党办主任去宝鸡师范学院任院长,他就把我盯上了,说我硕士毕业后必须回宝鸡师范学院工作。而我离开宝鸡师范学院,就想在西安工作,根本没有想再回宝鸡。我没办法,很无奈,我就考博士,我得跑,我就考到北京师范大学读博士,那个时候读博士的人少,我 1988 年读博士,那是一个几乎全民经商的时代,当时有一句话是:"十亿人民九亿商,还有一亿待开张"。考博士的人比较少,记得报考龚书铎先生博士的就两个人,一个是我,另一个是张思(现在是南开大学历史学院教授)。在北京师范大学攻读博士学位三年,期间,龚书铎先生对我,无论是学业还是生活等各方面都给予关心和照顾,是我心中特别崇仰的学者。但实事求是地说,在北京师范大学三年学习期间,多少有点荒废。比如,硕士学习期间,我先后发表了 6 篇学术论文,而博士期间仅仅发表了 2 篇。原因有两个方面:一是经历了 1989 年学潮,以致后来一段时间心静不下来;二是当时盛行编书,主要是编写词典,自己先后参加了《孔学知识词典》、《宫廷知识词典》及世界史大事记等的编写,荒废了不少宝贵时间,现在看来很遗憾,得不偿失!

三、感想与遗憾

最后我谈一下我的感想吧。感想之一呢,我觉得学术是贵在创新,要做前人没有做过的,不要炒冷饭。我大学毕业论文做本位文化与文化全盘西化的论战,当时应该说是具有开创性的。在本位文化与全盘西化的选择上,我还是比较倾向于全盘西化的。全盘西化这个概念是著名学者陈序经提出来的,胡适响应并表示赞同。这个思潮在当时一度影响很大,青年学生大都很欣赏这个文化主张。当然反对与批评的人也很多。其实,全盘西化并不是有些人所说的全盘照搬与接受西方文化,或者百分之百地拿来,它只是表明要积极主动地去学习西方与外部世界,用百分之百的努力来争取能得到的百分之三十,用胡适的话说就是"充分世界化"。这个西化是一种精神和方法,并不是一种表面或形式的东西。近百年来,我们西化的步子一直没有停留,物质生产、经济模式以及社会生活、衣食住行都几乎与古代中国完全不一样了,你难道不承认这不是全盘西化吗? 但遗憾的是,这种西化,仅仅只是初步的,表面的,实质的西化,人类对自由、平等、博爱、人权的普世性价值的追求,民主宪政的渴望,我们还差得太远。2005 年,我在以前研究的基础上,又发表了一篇关于全盘西化的文章,进一步阐述了我的观点。

另外一个,我在辜鸿铭研究方面,应该也算比较早的。我们现在的清史研究所黄兴涛所长,他是我的师弟,现在是辜鸿铭研究方面的权威,但是他没我做的早。我在1987 年第 2 期的《福建论坛》上发表了一篇《辜鸿铭思想初探》的论文,可能是改革开放以后第一篇比较系统研究辜鸿铭的学术论文。我之所以对辜鸿铭产生兴趣,是读了冯天瑜先生编辑的《辜鸿铭文集》。这本小书收集了辜鸿铭用汉语写的两本小册子:《读易草堂文集》、《张文襄幕府记闻》。这个人受过西方文化的系统训练,具备深厚的西方文化底蕴,但却极力崇拜中国传统文化,觉得他是一个怪才,所以决定研究此人。我的硕士论文题目是《辜鸿铭思想研究》,试图对辜鸿铭的思想做深入系统的研究。当时写《辜鸿铭思想初探》时,主要依据的材料是《辜鸿铭文集》,写毕业论文,仅仅靠这点资料,那是远远不够的。我先后在北京大学、北京师范大学与中国科学院图书馆复印了辜鸿铭的英文与日文论著,在辜鸿铭的研究方面有所深入。上研究生期间,我还写过《梁启超后期思想新探》,发表在四川《天府新论》杂志上。大家都知道,梁启超是善变的,他常常自嘲是"以今日之我伐昨日之我",就是今天修正昨天的观点,所以大家都说他是变色龙,思想老变化,没有定型。还有一种观点很流行,是梁启超等一辈人是早期进步,后期落后，甚至反动了。我当时就不这么看。我认为，梁启超的思想一直是前后联系的，从来就没倒退。我主要依据梁启超晚年撰写的《欧游心影录》，对其晚年思想做了比较系统地梳理，中心思想是说他前后思想一致，始终在追求进步，只是思想中心点有所不同。时隔将近20年后，梁启超后期思想研究一度成为学术界研究的热点，著名学者耿云志先生、郑师渠先生、李喜所先生都先后撰写论文，重新审视梁启超后期思想的理论与现实意义。这也从另一个侧面说明自己的学术敏感度还是比较高的，能够较早地发现新的学术热点。

第二个感想是注重长时段研究，这是我的一个特点，具体到思想史，就是思潮研究。我比较喜欢研究思潮，所以对个案的研究我做得不是很多，深入也不够。我做思潮的研究都是贯通性的，研究近代史，不仅关注鸦片战争以前，甚至延伸到明末清初。往后呢，一直到现在。关注的时间跨度较大。内容上不仅仅局限于历史学，哲学，政治学、文学艺术等学科相关内容也需要关注，就是说读书要杂，知识要博。方法上也不仅仅是历史学的方法，人类学、文化学及其他社会科学的理论和方法都需要了解。

第三个感想是学术研究一定能够要有怀疑意识和批判精神，而且要有现实关怀，不迷信名人与权威。所以胡适那句老受别人诟病的话，"大胆假设，小心求证"，其实一直是做学问的八字箴言。著名学者萧公权通过其研究实践，认为这个方法是很管用的，并对其做了补充："放眼看书，大胆怀疑，小心求证"。所谓大胆假设，其实就是怀疑精神。放眼学界，凡是学问做得不错的人，大都具备怀疑精神。比方说，杨奎松有一本书，名字就叫《开卷有疑》——中国现代史读书札记，大家有兴趣可以看看。所谓开卷有疑，就是说你看书时要怀疑，不要迷信于权威，迷信前人已经做过的东西。再比如，五四时期，北大的一些学生写文章和章太炎，梁启超直接商榷，讨论学术问题。这在当时很正常，现在学生觉得不可思议。有一天学校开会讨论人才培养问题，经济学院副院长刘瑞指出，为什么七七、七八级学生成才率高呢，是因为这些学生听完老师讲课后，回到宿舍，就开老师的批判会。也就是说，尽量少崇拜老师，要有怀疑精神。只有这样，你才能成才。过于崇拜老师，老师说什么都是真理，你做不了学问。另外，除了怀疑意识和批判精神之外，还要有现实关怀。所谓现实关怀是什么呢？就我们研究思想史而言，必须关注现实问题。比如，当今学界有不少学者，而且是影响很大的学者，一直将文化大革命视为五四新文化运动的继续和发展。对此，我不敢苟同，专门写了篇文章，讨论二者之间的差异。尽管论文不好发表，但毕竟我发表了我的看法。

最后呢，我说一下自己的遗憾吧。遗憾之一，纵观我的研究，广度有余，但深度不足。没有制定一个长期研究的主题和目标，有点像学术游击队。台湾胡适纪念馆馆长潘光哲曾经跟我说他就是个游击队员,打一枪换一地方,研究目标飘忽不定,我也是这样。我的很多东西都是比较早的做的,但是最后人家都发表专著了,我就是发表篇文章就跑了。这个不好,它影响了自己研究的深度。所以人家有些研究让别人跟着走,你要注重研究这些东西,特定一个事件或者你研究特定的一个人物。如果你是专家,开政治会你可以去,开经济会你可以去,开文学会你也可以去,一个人做得深入时,他可以让会议围绕着他转。游击队的人经常是围着会议转,会议讨论什么主题,我们就研究这方面的主题,就是被动的,不是自己真心的研究。

遗憾之二是宏观有余,微观不足。具体细微的研究不扎实,许多问题是自己开始研究的却没有再继续坚持下去。我年轻的时候还能做一些比如搜搜旧报刊,而我现在视力也衰退了,体力也跟不上,到我这个年纪要想重新开辟一个学术领域是太难了。学术研究往往需要花费十年二十年功力才能被广泛认可,因此哪怕是再笨的人要是能在自己钟情的领域蹲上二十年,也能成为大师,是吧!

遗憾之三是我的研究曾经一度中断。我是 1991 年来到人大党史系的,那时我主要负责教中国革命史(全校公共必修课),课讲得很好,也很轻松,那时候也要求不高,学术风气也不浓厚,所以我们那革命史教研室里常常也是吃吃喝喝玩玩。但这么下去也不好,我想到我年轻时候的理想是当编辑,结果我申请调到了《教学与研究》编辑部。我从 1997 年开始做编辑,做了整整四年,期间或没有发表一篇文章,也不太做研究。因为编辑的事务非常繁杂琐碎,最苦恼的是这杂志并不是纯历史的,而是介乎历史和政治理论之间的刊物,不太容易去约稿。后来我决定放弃编辑这份差事,继续搞学术。2001 年我来到人大历史系,近 11 年我才在专心搞学术。这一番波折和我那时浮躁的心态确实影响了我的研究,我也觉得些许遗憾。

目　录
CONTENTS

第一章

中国近代文化的总体审视

第一节 近代中西文化互动的历史考察

近代中国处于一个新旧转型、新陈代谢的变革时代,西力东侵,西学东渐,使中国社会和文化呈现出一种多元格局。认识西方,走向世界,成为当时文化人共同关心的时代课题。从文化认知的角度来看,中国人对西方文化的认知,大致经历了这样三个层次:还原的方式,即西学中源说;沟通的方式,即中西相合说;比较的方式,即文化差异说。这种认识随着时代进步和社会变迁而逐渐深化,从一个侧面反映了近代中国认识西方文化的思想历程。

一、中国文化对西方文化的还原

所谓还原的方式,即"西学中源"说。这用句通俗的话来讲,即"你的原来就是我的";用句学术性话语讲,即西方文化起源于中国。这是国人对西方文化的一种初步认知。具体表现是,中西文化同源同质,内容形式完全相同,西学源出中学,中国文化是西方文化的源头活水,中国古代曾经有一个中学西传的过程。用当时的术语讲,就是"西学源出中国"说,"西人窃我余绪"说,"西法得于中法"说。

"西学中源"说的外来文化源出中国文化的认知方法,在中国历史上源远流长。魏晋时期流行甚广的"老子化胡说"(即老子是印度佛教文化的始祖)是其滥觞。明清之际,西方文化开始传入中国。中国传统学人在认知西方异质文化的过程中,有相当一部分人存在这种认识。代表人物是跨越明清两代的著名学者黄宗羲。黄宗羲认为,耶稣会传教士所带来的有关天文、数学方面的知识,来源于中国古代的科学发明。这一观点,得到了同时代学者王锡阐等人的认可和支持。明亡清立,这一说法又得到康熙皇帝的钦定,后经著名学者梅文鼎、阮元的推波助澜,曾经盛行一时。阮元主持编撰的《畴人传》和《四库全书总目提要》,大量记录和罗列了有关这方面的言论,集其大成。后来因为雍正禁教,正常的中西文化交流被人为中断,这种说法也一度消歇。

鸦片战争以后,西方文化在西方殖民者船舰政策的庇护下,再次来到中国。尽管此时的西方文化与明清之际的西方文化在内涵上已经发生了很大变化,但是,中国传统士大夫依然沿用了过去的认知方法,普遍认为西方文化源出中国。林昌彝就说,"外夷奇器,其始皆出中华。久之,中华失其传,而外夷袭之"。林昌彝为了支持自己的说法,还特意引用了时人的诗句:"西夷制器虽奇巧,半是中华旧制来。"①与林昌彝同时代的学者梁廷枏,也持此看法。他说:"彼之火炮,始自明初,大率因中国地雷飞炮之旧而推广之。夹板舟,亦郑和所图而予之者。即其算学所称东来之借根法,亦得诸中国。"②岭南著名学者、在科技上颇有造诣的邹伯奇为此还专门撰写了《论西法皆古所有》,指出西方科技完全出自中国传统墨学,"尽其伎俩,犹不出墨子范围"③。

洋务运动是近代中国正式走向西方、认识西方、学习西方并尝试近代化的重要历史时期。中西文化交流通过通商贸易、互派使者、出国游历、海外游学等各种媒介得以加强。相应地,国人对西方及其文化的认识也逐渐深化。尽管如此,"西学中源"说在这一时期也十分流行,形成了中国近代思想文化史上独特的风景线。

洋务运动时期的"西学中源"说,与鸦片战争前后相比,有其特色。第一,这一时期的"西学中源"说,在深度和广度上大大超过前一时期。鸦片战争前后的"西学中源"说,主要表现在器物层面,只是认为西方的火器、科技源出中国。而在洋务运动时期,一方面继续前人的看法,依然鼓吹和宣扬西方科技源出中国说;另一方面,诸如西方宗教、政治制度与思想等,也同样源出中国,出现了基督教源出墨家说,议院源出《周礼》说等,而且呈泛化之势。凡是西方近代文明的产物,无论是技术、政治、文化等,都是出自中国。第二,有关源头及其中国文化如何西传的观点五花八门,比比皆是。鸦片战争前后,关于西方文化源出中国,主要是"西学墨源"说一枝独秀。而在洋务运动时期,除了"西学墨源"说继续盛行外,其他西学源出老子说、西学源出荀子说、西学源出庄子说、西学源出列子说、西学源出理学说等,都先后有人提出并加以论证。关于中国文化如何西传,何时西传,也出现了各

---

① 林昌彝:《射鹰楼诗话》,上海古籍出版社,1988 年版,第 43 页。
② 梁廷枏:《夷氛闻纪》,中华书局,1959 年版,第 172 页。
③ 邹伯奇:《论西法皆古所有》,《邹征君遗书》,卷一,第 20 页。

种各样、大相径庭的解释,有三代中国文化西传论,秦代中国文化西传论,汉代中国文化西传论等。其中以秦代西传论最为典型。秦代中学西传说认为,秦始皇焚书坑儒,实行文化恐怖政策,一些文化人为了逃避政治迫害,带着书籍和器械,逃亡西方。于是便把中国文化和科技传到西方。陈炽就说:"迄秦政焚坑而后,必有名儒硕颜抱器而西,致海外诸邦;制度文物转存古意",①"中国大乱,抱器者无所容,转徙而至西域,彼罗马列国,《汉书》之所谓大秦者,乃于秦汉之际,崛兴于葱岭之西,得先王之绪余而已纵横四海矣"。② 第三,这一时期鼓吹"西学中源"说者,不再是以前的单纯的自我炫耀,盲目排外,而是分成两个截然对立、界限分明的阵营:守旧与开新。守旧者继续老调重弹,依然坚持西方文化特别是科技、器物源出中国的观点,如袁祖志的《谈瀛录》、王之春的《国朝柔远记》、张自牧的《蠡测卮言》等书,都分别从不同角度论证西学源出中国。其基本结论是,"凡西人之绝技,皆古人之绪余,西人岂真巧于华人哉?","泰西智士从而推衍其绪,其精理名言、奇技淫巧本不能出中国载籍之外"。③ 就是说,西方科技尽管发达、先进,但是,这既不值得我们去崇拜,更没有必要去学习,因为这些本来就是中国固有的东西,而且是中国士大夫根本不屑一顾、难以登大雅之堂的奇技淫巧和雕虫小技。其根本目的是扬中抑西,反对当时方兴未艾的学习西方的洋务思潮。开新者大多是洋务时期的开明派和改革派,他们对西方世界有一定的了解和认识。在他们的心目中,并不是真正相信"西学中源"说,但是,为了在浓厚的守旧氛围中使西学在中国有一立足之地,为中国引进和学习西方文化扫除思想障碍,他们也大力宣扬"西学中源"说,如王韬、郑观应、陈炽等人。然而,他们宣扬"西学中源"说,出发点和目的却和守旧者大相径庭。他们之所以如此,是想以此多数国人能够普遍认同的方式,来化解中国文化与西方文化的对立和冲突,将"早已尽失其传"的中国文明从西方迎接回来,并以此为契机,来复兴中国文化,"而今西学有东来之法,是能新中国"。④ 王韬、陈炽等对此做了更为明确的解释和阐发。王韬说:"天之聚数十西国于一中,非欲弱中国,正欲强中国;非欲祸中国,正欲福中国。故善为用者,可以转祸而为福,变弱而为强。"⑤陈炽说:"阅二千载,久假焉,而不能不归也。第水陆程途逾数万里,旷绝而无由自通,天乃益资彼以火器、电报、火轮、舟车,长驱以入中国,中国弗能禁也。天祸中国欤? 实福中国也。天厌中国欤? 实爱中国

---

① 赵树贵等编:《陈炽集》,中华书局,1997 年版,第 74 页。
② 赵树贵等编:《陈炽集》,中华书局,1997 年版,第 7 页。
③ 王之春:《清朝柔远记》,中华书局,1989 年版,第 368、370 页。
④ 丁凤麟等编:《薛福城选集》,上海人民出版社,1987 年版,第 424 页。
⑤ 王韬:《弢园文录外编》,上海书店出版社,2002 年版,第 168 页。

也。……物各有主,天实为之……我而终拒之,是逆天也,逆天者不祥莫大焉"。①
陈炽把西学东渐视为中国古代文化复兴的千载良机,希望人们放弃中西之争,畛
域之见,以平和的态度去认知西学,学习西方。从这个意义上来说,开新派的用心
是良苦的,态度是积极的。总的来说,洋务运动时期坚持"西学中源"说者,除极少
数人是出于贬低西学、盲目排外之意外,大多数倡导者都试图通过这种回归、还原
与正名的方式,迂回曲折地认同西学,学习西方。

戊戌维新以后,随着人们对西方文化认识水平的加深,"西学中源"说逐渐淡
出。刘岳云的《格物中法》、王仁俊的《格致古微》等系统宣扬"西学中源"说的著
作,作为"西学中源"说的尾声,尽管曾经影响一时,但同时也遭到时人的批评。

二、中西文化的沟通与融合

所谓沟通的方式,是对还原方式的一种超越。这种方式强调中西文化异源同
质,即内涵一致,源头有异,承认中西文化各有源头,并非独源中国。但在文化内
涵上,认为中西之间相通相合,存在着许多共同性。用当时的术语讲,就是中西文
化"暗合"说,中西"若合符契"说,西学"古已有之"说。谭嗣同的《论今日西学与
中国古学》、唐才常的《〈朱子语类〉已有西人格致之理条证》、孙诒让的《周礼政
要》、刘师培的《中国民约精义》等等,都是这一观点的代表作。近代中西文化相合
说,约而言之,主要有以下几个方面。

其一,西学暗合《周礼》说。《周礼》,也称《周官》,先秦儒家经典之一,是周代
官制和战国时代各国政治制度的汇编。近代中国人初步接触到西方政治制度时,
发现西方的制度设置,与中国古代《周礼》有异曲同工之妙,具有如此相似之处。
唐才常说:"夫泰西为强国,人皆知之,而不知其精要之谊,在在与《周官》合","受
业尝观泰西七大政,往往上符《周官》,窃又自疑其比附之过。既而得见黄遵宪所
著《日本国志》,几乎一官一判,无不出自《周官》精意"。② 谭嗣同说:"又况西法
之博大精深,周密微至,按之《周礼》,往往而合"。③ 蔡元培说:"以西法比附古书,
说者多矣。余尝谓《周官》最备,殆无一字不可附会者"。④ 宋育仁的《采风记》、孙
诒让的《周礼政要》分别从游历观察和学术考证的角度,对西方政治制度与中国古
代《周礼》的不谋而合做了分析和说明,成为西学暗合《周礼》说的集大成者。孙

① 赵树贵等编:《陈炽集》,中华书局,1997年版,第7页。
② 湖南省哲学社会科学研究所编:《唐才常集》,中华书局,1980年版,第3、228页。
③ 蔡尚思,方行编:《谭嗣同全集》,上册,中华书局,1981年版,第202页。
④ 高叔平编:《蔡元培全集》,第1卷,中华书局,1984年版,第76页。

诒让在《周礼政要序》中指出:"中国开化四千年,而文明之盛莫尚于周,故《周礼》一经,政法之精详,今泰东西诸国所以致富强者,若合符契。然则华盛顿、拿破伦、卢梭、斯密亚丹之论所经营而讲贯,今人所指为西政之最新者,吾二千年之旧政已发其端"。① 梁启超还写了一篇《古议院考》,推波助澜,在当时产生了很大影响。

概括起来,宣扬西学暗合《周礼》说者,主要从以下几个方面论证了西方政治制度与中国《周礼》的"暗合":《周礼》中的"询群臣,询群吏,询万民"等,就是西方的下议院;《周礼》中的"古世卿",就是西方的上院议员;《周礼》中的"选举与岷,主于乡老、乡大夫、乡吏",就是西方近代大选制度的滥觞;《周礼》中的"周制禄有田有粟",就是西方公务员的俸禄制度的先声;《周礼》中的"陈诗观风"与"陈书知政",就是西方近代的新闻舆论监督制度。其他诸如西方行政机构的设置、重商政策、专利制度、陪审制度、司法处罚等等,无不与《周礼》不谋而合。

其二,西学暗合诸子说。先秦诸子气势宏伟,博大精深,是中国传统文化的本原,是中国文化发展的一个高峰。以此与西方近代文化做比附,是十分自然的事情。主张西学暗合诸子说者认为,中国先秦诸子之学无论是在政治、经济、科学、军事、外交等方面,都与近代西方存在着许多相通与一致之处。谭嗣同说:"绝大素王之学术,开于孔子。而战国诸儒,各衍其一派,著书立说,遂使后来无论何种新学,何种新理,俱不能出其范围。"②比如,论及西方商学,中国有《管子》;论及西方军事学,中国有《孙子兵法》;论及西方农学,中国有《商鞅子》;论及西方工学,中国有公输子;论及西方科学,中国有墨子;论及西方哲学,中国有庄子、列子;论及西方外交,中国有苏秦、张仪;论及西方法律,中国有申不害、韩非;论及西方逻辑,中国有公孙龙、惠施。如此等等,不一而足。结论是:"近来所谓新学新理者,无一不萌芽于是"。③ 蔡元培在谭嗣同说的基础上,又做了进一步的补充和发挥。他说:"老庄之道学,非哲学乎?儒家之言道德,非伦理学乎?荀卿之正名,墨子之《大取、小取》,以及名家者流,非今之论理学乎?墨子之经说,非今之物理学乎?《尔雅》、《本草》,非今之博物学、药物学乎?《乐记》之言音律,《考工记》之言筍簴,不犹今之所谓美学乎?宋人刻象为楮叶,三年后而成,乱之楮叶之中而不可辨者,不犹今之雕刻乎?"④梁启超在论及西学与先秦诸子的关系时明确表示,"今之西学,周秦诸子多能道之"。⑤ 黄遵宪也说:"以余讨论西法,其立教原于墨子,而

---

① 孙诒让:《周礼政要》序,第1页,浙江,瑞安普通学堂刊行,1902年版,第1页。

② 《谭嗣同全集》,下册,第399页。

③ 《谭嗣同全集》,下册,第399页。

④ 《蔡元培全集》,第2卷,第337页。

⑤ 李华兴等编:《梁启超选集》,上海人民出版社,1984年版,第37页。

其用法类乎申韩,其设官类乎《周礼》,其行政类乎管子者,十盖七八。若夫一切格致之学,散见于周秦诸子者尤多"。①

近代学人极力鼓吹中西文化相合说,目的显然是"以复古为解放",希望从先秦诸子中汲取精神营养,以此为契机和立足点,学习和吸收外来文明的精华。唐才常有一段话很有代表性。他说:"故欲救今日民穷财尽、公私瘀敝之病,则必治之以管学;欲救今日士、农、工、商各怀私心之病,则必治之以墨学;欲救今日吏治废弛、弄文舞法之病,则必治之以申、韩之学;欲画五大洲大同之轨,进一千五百兆仁寿之民,则必治之以孟子、公羊之学。"②

其三,民主中西相合说。戊戌维新前后,经过康有为、梁启超等人的鼓吹与介绍,西方近代民主思想和民主制度逐渐在中国传播。面对西方近代民主思想,反观中国古代思想,许多人认为,西方近代民主思想,中国古已有之,比如孔孟的大同,荀子的小康等,与西方的近代民主理想相通相合。传统墨学的"择天下贤良圣知辨慧之人,立以为天子"的观点,便被很多人认为是中国的"民约论",与西方霍布士、洛克、卢梭的"民约论"基本一致。梁启超就认为,传统墨学论及社会与国家起源,"和欧洲初期的民约论很相类,⋯⋯他们都说,人类未建国以前,人人都是野蛮的自由,漫无限制,不得已聚起来商量,立一个首长,于是乎就产出国家来了。墨子的见解,正和他们一样",③因此,"墨子之政术,民约论派之政术也"。④ 近代国学大师刘师培,以其深厚、博学的国学功底,以卢梭的《民约论》为参照,"搜国籍得前圣曩哲言民约者若干篇",写成《中国民约精义》一书,系统整理了中国古代的民约思想。关于人民主权,刘师培在《尚书》按语中指出,《尚书》中的"民为邦本,本固邦宁"、"天聪明自我民聪明,天明威自我民明威"、"天视自我民视,天听自我民听"思想,已经包含了现代"民约"思想的精髓,即人民主权说。刘师培说:"三代之时,为君民共主之时代,故《尚书》所载,以民为国家之主体,以君为国家之客体。盖国家之建立,由国民凝结而成"。⑤ 关于公意,中国古代思想中早已存在,如"吕氏所谓理,即卢氏所谓公意也。吕氏所谓势,即卢氏之所谓权力也"。⑥ 在《王廷相》按语中,刘师培指出,"王氏所谓理,即西人之所谓自然法也。《民约论》

① 黄遵宪:《日本国志》,上海古籍出版社,2001年版,第332页。
② 《唐才常集》,第31页。
③ 梁启超:《饮冰室合集》专集之三十九,中华书局,1989年版,第28页。
④ 《饮冰室合集》专集之三十七,第37页。
⑤ 刘师培:《中国民约精义》卷一,第2页,《刘申叔先生遗书》,第16册,宁武南氏校印,1936年版。
⑥ 刘师培:《中国民约精义》卷三,第1页。

云:立法之旨,唯视众人之趋向为的。所立之法,俱顺通国人民之趋向,诚以众人之趋向,即为公理之所存。卢氏之言与王氏若出一辙"。① 明清之际的著名思想家黄宗羲,反对君主专制,强调"为天下,非为一姓也;为万民,非为一人也;以君为国家客体,非以君为国家主体也;以君当受役于民,非以民当受役于君也","其学术思想与卢氏同"。② 关于选举制度,刘师培认为中国古代也有类似思想。他说:"吾观泰西民主之国,选举议院之权操于国民,弹劾总统之权操于上议院,孟子之立法殆即此意也"。③

值得注意的是,刘师培在沟通中西民主思想时,并不是一味比附,而是比附中有比较,比较中有比附。比附的同时,也有一定程度的比较。比如,对于中国历史上庄子的自由观,刘师培认为,庄子式的自由,与卢梭思想有本质差异。在他看来,庄子"以自然为宗,惟欲废人造之自由,复天然之自由。虽为一时愤激之言,然与卢氏之旨大背"。④ 刘师培指出,杨子的"君臣兼安,物我两利,古之道也","近于卢氏之平等,而其实不同。杨子所持者个人主义也,非国家主义也"。⑤ 刘师培将西方近代民主思想与中国古代民主做比附与比较,尽管有不少局限性,如将有体系的卢梭的社会契约论与中国古代思想家的散论做比较,拿众多中国思想家的思想与西方近代民主思想的一个派别做比较,都缺乏可比性。但是,刘师培这种沟通中西、消除中西对立的尝试,在思想史上是富有积极意义的,旨在打破中西壁垒,为西方近代民主思想在中国的传播扫清思想障碍。

中西相合说与"西学中源"说相比较,是认识西学上的一大进步,它不再将西学还原为中学,而是寻求古学与西学的共同相似处,试图以西学为参照,来复兴古学,振兴中国固有文化。其比附的痕迹仍然很重,与"西学中源"说还保持着一种藕断丝连的联系。但不可否认,它已经为中西文化比较做了开路先锋。

三、中西文化的宏观比较

所谓比较的方式,就是既讲中西文化的共性,又讲中西文化之间的差异,这是近代中国人认识西学的最高层次。它不再停留在简单的比附与罗列上,而是强调中西文化质的差异,传统的带有强烈感情色彩的华夏文化中心意识已经动摇,开始上升到一个理性批判的高度。从严复、梁启超到陈独秀、李大钊,在对中西文化

---

① 刘师培:《中国民约精义》卷三,第3页。
② 刘师培:《中国民约精义》卷三,第9页。
③ 刘师培:《中国民约精义》卷一,第13页。
④ 刘师培:《中国民约精义》卷一,第16页。
⑤ 刘师培:《中国民约精义》卷一,第17页。

的认识上,已达到了一个很深的层次。

当然,关于中西文化的比较,人们也是经历了一个由浅入深、由片到面的渐进过程。就我所知,中国人最早对中西学做系统比较的是洋务时期出版的一本小册子——《涉洋管见》,即现在所说的"出国指南"一类书,其中有一篇文章叫《中西俗尚相反说》,作者袁祖志,字翔甫,清代著名诗人袁枚的后人,他于 1883 年作为上海轮船招商局总办唐廷枢的随员到西方考察,回国后写成此书。在这篇文章中,他从 50 个方面对中西政治、法律、婚姻家庭、饮食习惯、男女地位、社会风俗、伦理道德等做了比较。其中,重点是中西社会习俗、婚姻家庭差异的比较。

比如,在社会习俗方面,"中土尚左,泰西则尚右";"中土以字纸为最重,到处劝人敬惜,泰西以字纸为最贱,大便皆以拭秽";"中土以牛为耕种之需,而戒食其肉,泰西则专食其肉而以马耕种";"中土以整冠为敬,脱帽为不恭,泰西以脱帽为敬,整冠为不恭";"中土人以手代算,屈指记数,泰西则以伸指计数";"中土以刀削物也,其刃必向外,泰西之削物也,其刃必向内";"中土凶礼乃尚白,而吉礼则尚红,泰西则吉礼反尚白,而凶礼专尚元";"中土以元色为贱服,为素服,泰西则以元色为贵服,为吉服";"中土所重门洞开,四窗八达,泰西则有户必闭,有门必掩"。

在婚姻家庭与男女地位方面,传统中国与近代西方存在着很大差异,如"中土男女婚嫁,悉从父母之命,媒妁之言,泰西则自二十一为始,男女自主之";"中土主人宴客,主妇女深居,避面不与客唔。泰西则主人宴客,必主妇出陪,且须挽上客之手把臂入席";"中土服劳奉养妾妇之道,泰西则执役指挥,夫男听命";"中土男贵于女,泰西则女重于男";"中土男正位于外,女正位于内,泰西则妇女专务出游,裙衩遍乎街市,巾帼杂于舟车";"中土男女授受不亲,泰西则男女握手为敬";"中土男女有别,不同撝柳,泰西则男妇澡浴同盆,便溺同厕";"中土一男可以兼妻妾数人,至十数人不等,女子则事一夫,泰西则一女可以适数人,而男子不得兼妻妾,虽君主亦然";"中土父慈子孝,谊笃天伦,泰西则父不恤其子,子不养其父,既冠而往视同路人";"中土女慕贞洁,妇重节操,泰西则奸淫无禁,帷薄不修,人尽可夫,种皆杂乱"。

在日常生活与卫生习惯方面,中西之间也存在很大差异。比如,"中土每值坐餐,必宽礼服,以为适意,泰西则必整礼服,乃可大餐,家常亦然";"中土进食肴馔居前羹汤居后,泰西则先之以汤,继之以馔";"中土贵山珍海错而贱鱼肉,泰西则崇尚鱼肉而弃置山珍海错";"中土食则不言,多言为人所笑,泰西食则必言,不言则疑为有疾";"中土既餐,乃拭手面,泰西则未餐先拭手面";"中土戒饮凉水,以防坏腹,泰西务饮凉水,以为除热";"中土酒必温而饮之,泰西则皆冷以尝之";"中土靧面之器不以濯足,浣手之巾不以拭膝,泰西则靧面濯足同此一器,拭唇浣体即此一巾"。

关于政治与法律方面,袁祖志着墨不多,但也涉及中西社会的一些差异。比如,"中土君贵民贱,銮舆不轻出宫,出必警跸,泰西则君与民服御不分,时时轻车入市,或入戏园";"中土朝廷务以薄赋轻征为贵,泰西则不以暴征苛敛为嫌";"中土状师讼诉,例有明禁,泰西则状师极尊,讼必索费,明目张胆,权重于官";"中土图圄极苦,坐卧不安,泰西则狱狴极佳,胜于家室"。

袁祖志比较中西得出的结论是:"西土不逮中土",即近代西方远不如传统中国,其目的不言自明,显然是扬中抑西。① 这种中西比较,尽管停留在简单的表象罗列上,但毕竟是颇为系统的文化比较,从中国人认知西方的角度看,无疑是有意义的。

陈炽也就中西文化比较做了初步尝试,他说:"中国求之理,泰西求之数;中国形而上;泰西形而下;中国观以文,泰西观以象;中国明其体,泰西明其用;中国泥于精,泰西泥于粗;中国失诸约,泰西失诸博"。在他看来,中西社会和文化是根本对立的,"一本一末,相背而驰",②中国要走向富强之路,必须向西方学习。

严复以其深厚的中西学功底,剖判古今,比较中西,显然进入了一个更深的层次。他已经不再停留在中西社会风俗的表象罗列上,而是开始对中西文化精神实质差异的比较,"中国最重三纲,而西人首明平等;中国亲亲,而西人尚贤;中国以孝治天下,而西人以公治天下;中国尊主,而西人隆民;中国贵一道而同风,而西人喜党居而州处;中国多忌讳,而西人众讥评。"这是总的方面,至于具体到生活方式和价值观念上,"中国重节流,而西人重开源;中国追淳朴,而西人求欢虞。"在为人处事、个人修养和接人待物上,"中国夸多识,而西人尊新知。"在对待天灾人祸的态度上,"中国委天数,而西人恃人力。"③严复在此虽然特别声明,他不敢随便评判它们之间的优劣,但从字里行间我们不难看出他的文化观。

新文化运动时期,陈独秀、李大钊先后发表《东西民族根本思想之差异》、《东西文明根本之异点》,以一种论战的笔调,提出了他们的东西文明比较观。陈独秀在其《东西民族根本思想之差异》一文中,从三个方面论证了东西民族根本思想之差异:(1)西洋民族以战争为本位,东洋民族以安息为本位,所以西洋民族"好战健斗",东洋民族"雍容文雅";(2)西洋民族以个人为本位,东洋民族以家族为本位,所以西方民族强调个性,追求自由,东方民族注重整体,强调忠孝,个性自由受到

---

① 王锡祺:《小方壶斋舆地丛钞》,第 11 轶,上海著易堂,1891 年版,第 470～473 页。

② 《陈炽集》,第 147 页。

③ 王栻主编:《严复集》,第 1 册,中华书局,1986 年版,第 3 页。

压抑;(3)西洋民族以法治为本位,以实力为本位,东洋民族以感情为本位,以虚文为本位,所以西方无论国家政治、社会家庭以至商业贸易,都以法律为重,东方民族强调亲情和个人关系,法律观念淡薄,往往以情代法。① 陈独秀是一个比较激进的思想家,而且又处在一个新旧文化大论战的情形下,所以言论激烈,这在当时的历史、文化背景下是可以理解的。

李大钊在其《东西文明根本之异点》一文中,将西方文明和东方文明的根本特性概括为"动的文明"和"静的文明",这是受杜亚泉《静的文明与动的文明》一文所影响,但是有所发展,立论角度也不尽相同。他认为东西文化:"一为自然的,一为人为的;一为安息的,一为战争的;一为消极的,一为积极的;一为依赖的,一为独立的;一为苟安的,一为突进的;一为因袭的,一为创造的;一为保守的,一为进步的;一为直觉的,一为理智的;一为空想的,一为体验的;一为艺术的,一为科学的;一为精神的,一为物质的;一为灵的,一为肉的;一为向天的,一为立地的;一为自然支配人间的,一为人间征服自然的。"②从十几个方面对中西文化做了十分系统的比较分析,指出东西文化各有所常,互有侧重,带有很强的哲理性和思辨性。在此基础上,李大钊还着重从政治、经济、思想、宗教、伦理方面比较了东西两类文化的具体特征。从政治上看,东方是一种英雄政治、专制政治,西方是一种国民政治、民主政治;从经济上看,东方是一种无欲与寡欲经济,西方是一种应欲与从欲经济;从思想上看,东方是悲观主义,西方是乐观主义;从宗教上看,东方是一种解脱的宗教,西方是一种生活的宗教;从伦理上看,东方强调亲情,强调为他,西方注重个人,个性至上。李大钊指出,政治、经济、思想、宗教、伦理方面的不同,从而导致了东西社会生活的种种差异。李大钊说:"东人食物,以米蔬为主,以肉为铺;西人食物,以肉为主,以米蔬为辅;此饮食嗜好之不同也。东人衣则广幅博袖,履则缎鞋木履;西人衣则短幅窄袖,履则革履。东方舟则帆船,车则骡车、人力车;西方舟则轮船,车则马车、足蹈车、火车、电车、摩托车。东人写字则用毛笔砚池,直行工楷于柔纸;西人写字则用铅笔或钢笔,横行草书于硬纸。东人讲卫生,则在斗室静坐;西人讲体育,则在旷野运动。东人之日常生活,以静为本位,以动为例外;西人之日常生活,以动为本位,以静为例外。试观东人西人同时在驿候车,东人必觅坐静息,西人必来往梭行。"③由此可见,李大钊与陈独秀一样,在对东西文化进行价值评判时,依据的仍然是个人本位主义的原则和标准。这样,李大钊也就很自

---

① 《独秀文存》,安徽人民出版社,1987 年版,第 27~30 页。
② 《李大钊文集》,上卷,人民出版社,1984 年版,第 557~558 页。
③ 《李大钊文集》,上卷,第 558 页。

然地将东西民族思想的根本差异,归结为西方——工商为本,个人主义;东方——家族为本,集体主义。李大钊还对形成中西文化根本差异的原因,从地理环境、民族特性等方面做了分析,同时提出这样两个观点:一是中国文化曾经对世界文明发展做出了重大贡献,但是中国文化要在当今变动剧烈的时代继续保持它的地位,中国文化要对世界文明做出新的贡献,就必须正视现实,彻底"铲除种族根性之偏执",承认西方文明已较东方文明处于"优越之域",因而应当下决心,"竭力以受西方文明之特长,以济吾静止文明之穷,而立东西文明调和之基础"。① 二是不要妄自菲薄,在学习和接受西方文明长处的同时,一定不要数典忘祖,要努力发掘中国文化的价值,并予以发扬光大。所以,李大钊写完这篇文章后,又做了一些修正和补充。针对中国近代文化保守主义者代表人物,近代怪杰辜鸿铭当时在西方世界产生很大影响这一事实,李大钊写道:"愚以为中国二千五百余年文化所锺,出一辜鸿铭先生,已足以扬眉吐气于二十世纪之世界。"②说明李大钊对东方文化是颇为自豪的,持理性的态度。

新文化运动开始了系统比较中西文化的先河,但中西文化的比较和认识远远没有结束或完成。时代先贤们一直致力于这一工作,关于中西文化的差异、优劣以及各自的思想文化价值,仁者见仁,智者见智,始终没有清晰一致的结论。这足以说明,文化比较是一项极为复杂的系统工程,任重而道远。文化比较是文化创新的前提和基础,只有在系统比较的基础上,才可能创新和建构真正符合时代的新文化。

从还原到沟通,从沟通到比较,大体反映了近代中国认识西方文化的思想历程。在这期间,时起时伏,曲折反复,但总的趋势是由浅入深,由点到面。需要指出的是,在近现代中国历史的发展进程中,人们认识西学,总是以固有文化为出发点的。通过中西比照,发现了西方文化的长处,映照出传统文化的不足,于是,向西方学习,走文化创新之路,便成为中国走向现代化的必然选择;同时,在西方文化的折射下,又发现了中国文化的现代优势,促成了传统文化的近代复兴。

第二节　中国近代建构文化的几种模式

近代一百多年来,面对西方文化的巨大挑战,志士仁人分别从不同角度探索

---

① 《李大钊文集》,上卷,第562页。
② 《李大钊文集》,上卷,第566页。

中国新文化的出路,提出了各种各样的文化建构模式。分析和总结百年文化探索的成败得失,对于我们深刻理解文化建设的复杂性与迫切性,无疑具有重要的历史启示。

一、时代精英畅谈近代文化变迁

　　鸦片战争以前,中国社会虽有佛教、基督教等外来文化成分的存在,但始终没有取得与正统儒学为主体的传统文化分庭抗礼、鼎足而立的地位。两次鸦片战争后,与西力东侵相伴随,西学东渐,欧风美雨,逐渐打破了这种固有格局。西方文化开始向传统文化逐渐渗透,并鼎立有方,成为庞杂的近代社会不可忽视的一种文化势力。从这时起,无论是旧式文人,还是新派学子,都似乎感受到这一点,认为这种态势是中国历史上前所未有的划时代变革。李鸿章称此为"三千余年一大变局"。① 王韬说:"居今日而论中州大势,固四千年未有之创局也。"②郑观应说:"而今则创三千年来未有之局,一切西法西学,皆为吾人目之所未睹,耳之所未闻。"③曾纪泽说:"上古之世不可知,盖泰西之轮楫,旁午于中华,五千年来未有之创局也。"④均表现出一种紧迫的民族危亡感和文化危机感。

　　在这种深创巨变的外来冲击和挑战面前,近人及时做出了反应。首先是经济危机感,即普遍感到物质方面落后于人,军事不如人,工业不如人,技术不如人,财政管理不如人,于是发起洋务运动,希望从经济入手,实现"富国强兵";其次是政治危机感,即在中日战争失败后,上上下下普遍感到中国传统的政治制度有弊病,政治制度不如人,于是相继发起维新、新政、立宪、民主共和等运动,希望从政治层面入手,从传统的专制体制走向现代的民主共和体制;再次是文化危机感,即在辛亥革命失败之后,人们普遍感到文化、精神有问题,文化不如人,道德不如人,伦理不如人,于是有新文化运动和新启蒙运动。对于这个变化,从五四运动开始,一些著名学者和政论家如杨昌济、陈独秀、蔡元培、梁启超都分别从不同角度做了总结。

　　杨昌济认为,中国近代接受和学习西方文明的历程,先后经历了学习西方军事技术、工业制造技术、政治和法律三个阶段,但从总的来看,成效不是很大。因此,他主张从哲学时代精神入手,学习西方的思想与文化。他说:"吾国输入西洋

---

①　《李鸿章全集》,第 2 卷,海南出版社,1997 年版,第 676 页。
②　王韬:《弢园文录外编》,上海书店出版社,2002 年版,第 32 页。
③　夏东元编:《郑观应集》,上册,上海人民出版社,1982 年版,第 166 页。
④　《曾纪泽遗集》,岳麓书社,1983 年版,第 135 页。

之文明,有其进步之次第焉。其始也以为吾宜师其铁船、巨炮,但取敌之而已,他非所宜用也;既乃学其制造,谓工业可以致富也;终乃师其政治、法律。吾则谓吾人不可不研究其精神之科学也。……个人必有主义,国家必有时代精神。哲学者,社会进化之原动力也。一时代有一时代之哲学思想,欲改造现在之时代为较为进步之时代,必先改造其哲学思想。吾国近来之变革虽甚为急激,而为国民之根本思想者,其实尚未有何等之变化。正如海面波涛汹涌,而海中之水依然平静。欲唤起国民之自觉,不得不有待于哲学之昌明"。①

陈独秀认为,中西文化的接触从明代中叶开始,经历了七个时期或阶段:第一阶段,明代中叶,"西教西器初入中国,知之者乃极少数之人";第二阶段,清之初世,围绕火器历法,开始了中国的新旧之争;第三阶段,清之中世,即洋务运动时期,争论的核心是铁路问题;第四阶段,清之末季,即从甲午战争到清朝灭亡,争论的核心是"行政制度问题"与"政治根本问题";第五阶段是民国初元,争论的核心是民主共和国与君主立宪问题;第六阶段,民国二年以后,争论的核心是民主共和与专制独裁;第七阶段,民国五年,争论的核心是宪法问题。在陈独秀看来,随着社会的发展与时代的进步,争论的问题逐步深入和深化,但中国的现实问题并没有得到根本解决,其原因是没有触及中国社会的深层问题,即文化问题、伦理问题。因此,他发出了时代呐喊:"吾人最后之觉悟"。他说:"自西洋文明输入吾国,最初促使吾人之觉悟者为学术,相形见绌,举国所知矣;其次为政治,年来政象所证明,已有不克守缺抱残之势。继今以往,国人所怀疑莫觉者,当为伦理问题。……伦理的觉悟,为吾人最后觉悟之最后觉悟。"②

1921 年 5 月,蔡元培应邀赴欧洲考察,在苏格兰爱丁堡中国学生及学术研究会举行的欢迎会上,蔡元培发表了精彩演讲。在演讲中,蔡元培以通俗的语言,简明扼要地勾画了中国近代认识西方文化的思想历程。蔡元培说:"中国羡慕外人的,第一次是见其枪炮,就知道他的枪炮比吾们的好。以后又见其器物,知道他的工艺也好。又看外国医生能治病,知道他的医术也好。有人说:外国技术虽好,但是政治上止有霸道,不及中国仁政。后来才知道外国的宪法、行政法等,都比中国进步。于是要学他们的法学、政治学,但是疑他们道学很差。以后详细考查,又知道他们的哲学,亦很有研究的价值。他们的好处都知道了,于是出洋留学生,日多一日,各种学术都有人研究了。"③

---

① 《杨昌济文集》,湖南教育出版社,1983 年版,第 200 页。
② 《独秀文存》,安徽人民出版社,1987 年版,第 41 页。
③ 高平叔编:《蔡元培全集》,第 4 卷,中华书局,1984 年版,第 42 页。

　　1923 年,梁启超应《申报》之邀,撰写了《五十年中国进化概论》一文。在这篇文章中,梁启超以他那种"笔锋常带感情"的文风,高屋建瓴,精辟概括西方文化冲击下中国社会半个世纪的历史沧桑。他把这五十年分为三个时期:"近五十年来,中国人渐渐知道自己的不足了。这点子觉悟,一面算是学问进步的原因,一面也算是学问进步的结果。第一期,先从器物上感觉不足。……于是福建船政学堂、上海制造局等等渐次设立起来。……第二期,是从制度上感觉不足。……所以拿'变法维新'做一面大旗,在社会上开始运动……第三期,便是从文化根本上感觉不足。……觉得社会文化是整套的,要拿旧心理运用新制度,决计不可能,渐渐要求全人格的觉悟"。① 器物、制度、文化,清晰准确,近代文化演化轨迹一目了然。

　　1929 年,林语堂发表了《机器与精神》一文,系统讨论中西文化。其中讲道:"五十年以来稍开通的国人,早已承认中国的政治政制不如西洋了,而政治固属精神界的东西;三十年来中国人也渐渐感觉中国的学术思想,科学方法不如西洋了,而科学哲学又是属于精神的东西;十年前的中国人又感觉连文学上,都有不及西洋人了,于是而有近代文学的运动,尽量的翻译西洋文学。……到了现在,也已有一部分人,心中明确认识却未敢说出来,东方的道德是腐败不堪,贪污淫秽,卑鄙懦弱,不如西洋人的道德了。然而政治、学术、文学、道德,以至于图书、音乐及一切美术,都是精神界的东西。所以要拿东方的精神文明与西方的机器文明比较,论理上也就有许多欠妥的地方,恐怕不是事实所容许的"。② 1935 年,林语堂指出:"五十年前中国人就知道西洋战舰枪炮比中国好,三十年前我们才知道西洋政制比中国好,二十年前才知道西洋文学哲学学术比中国好,现在大家才慢慢承认西洋人礼义廉耻社会秩序也比中国好。"③林语堂是一个具有西方情结的学人,代表了一代知识人的理想与追求。

　　1942 年,冯友兰在《抗战的目的与建国的方针》一文中指出:"自鸦片战争以来,清末咸同时代的人,以为近代式底国家的要素是兵船大炮。光宣时代的人,以为近代式底国家的要素是有国会宪法。民初时代的人,以为近代式底国家的要素,是有德先生与赛先生。现在我们知道,近代式底国家的要素,是工业化。"④冯友兰认为,从军事到政治,从科学到民主,这条路径是错的。工业化是中国近代化的核心要素。

---

① 梁启超:《饮冰室合集》,第 8 册,文集 39 卷,中华书局,1989 年版,第 43 页。
② 《林语堂名著全集》,第 13 卷,东北师范大学出版社,1994 年版,第 132 页。
③ 《林语堂名著全集》,第 18 卷,东北师范大学出版社,1994 年版,第 185 页。
④ 中国科学院哲学研究所资料室编:《资产阶级学术思想批判参考资料》,第 3 集,商务印书馆,1959 年版,第 141 页。

1945年,著名哲学家贺麟在其《当代中国哲学》一书中指出:"我们在文化方面,缺乏直捣黄龙的气魄,我们只知道从外表、边缘、实用方面,去接近西洋文化。我们最初只注意到西人的船坚炮利,打了几次败仗之后,才觉悟到他们还有高度有组织的政治法律。最后在新文化运动的大潮中才彻悟到别人还有高深的学术思想。我们才真正明了思想改革和研究西洋哲学思想的必要。"①贺麟曾经被视为保守主义代表人物,其实思想还是很新的。

从王韬、薛福成到康有为、梁启超,从孙中山、鲁迅到梁漱溟、冯友兰,他们都是在民族危机的大背景下,对中西文化做了新的体认和冷静反思,进而提出了建构近代文化的各种主张。这些主张的共同特点是,将救亡图存、实现民族振兴的最后落脚点放到文化的更新与改造上,扬弃了以前的"军事强国"、"政治强国"、"实业救国"和"教育救国"等救亡图存主张。这种反应和主张,从现在的视角来看,不管其意义何在,都是近代先驱上下求索,寻求文化出路的可贵实践,是近代文化创新的有益尝试。对于我们目前的文化讨论和建设,无疑是一笔丰富的思想文化宝藏,需要我们认真地加以总结,给予它历史的、客观的、富有理性的评价,汲其精华,剔其糟粕,为新时代的精神文明建设提供文化营养。

二、中国近代文化建构的六种模式

从文化发展的角度来看,近代哲人接受西学、建构新学大致有六个模式:复古与保守模式、"西学中源"模式、中体西用模式、中西会通模式、全盘西化模式、拿来主义模式。这六种模式也大致反映了近代文化演变的过程和趋向,并和近代社会的发展息息相关,紧密相连。这里主要从宏观角度分别作以论述。

第一,复古与保守模式。这种模式又可分为彻底地复古保守与变通地复古保守,前者主要出于一种强烈地民族文化情感,对于外来文化不加分析地加以全盘排斥,可以说是顽固保守;后者往往是以一种比较理性的态度,从理论上阐述中国文化之长,并比较中西,落脚点依然是中优于西,可以称之为文化保守主义。

我们先看彻底地复古保守,这是一种对外来文化的最初反应模式。持此论者普遍认为,中国文化无论从政治、经济、社会、道德及价值观念上讲,都是尽善尽美、至高无上的,外来文化是难以企及、无法比拟的。实际上是一种"华夏文明中心论"。因此,他们丝毫不承认近代社会的危机是文化的危机,觉得学习西方毫无必要,视其国为"夷狄之邦",视其为"奇技淫巧"。表现得过于自信,缺乏一种危机感。近代"理学大师"倭仁和晚清名臣李元度很有代表性。倭仁在1866年反对

---

① 《资产阶级学术思想批判参考资料》,第4集,商务印书馆,1959年版,第25页。

设立同文馆天文算学馆的争论中,站在正统儒学的立场,阐发了他的文化主张:"立国之道尚礼义不尚权谋,根本之图在人心不在技艺。"并以传统的"夷夏之辨"来反对"师夷长技"。他认为"夷人乃国家之大敌,奉之为师极可虑;夷人传教,读书人不肯为其所惑,今使弟子从夷人学习,适堕其术中;如必须讲习天算,可在国内微访专家,不必求诸夷人。"①在倭仁看来,挽救近代社会衰败、积贫积弱的救世方略只是从传统中去寻找,万万不可假道于外人。李元度在给王元春《国朝柔远记》一书所写的序中,指出西方民族一无是处,其概括的西方民族的十大特性(残忍、机巧、强梁、阴险、狡猾、忘本、黩武、专利、奢侈、忌刻),都是从贬抑的角度出发的。基于这种认识,李元度认为当务之急,不是以西方救中国的问题,而应是以中学挽救西方。他说:"为洋人计,无变今之俗,亦断难必其有终,故惟幡然改从尧舜孔孟之教,然后不失乎人之性,而无犯造物之所忌。此尧舜孔孟所以为天地立心,为生民立命,而吾中国之所以为中国者,在此不在彼也。"②

　　主张彻底复古保守的代表人物,也可分为两类:一是对西方世界根本无知者,除上述倭仁、李元度外,后来的大学士徐桐也颇典型。鲁迅就徐桐的无知顽固说过一段十分精彩的话,他说:"清末之所谓儒者的结晶,也是代表的大学士徐桐氏出现了。他不但连算学也斥为洋鬼子的学问;他虽然承认世界上有法兰西和英吉利这些国度,但西班牙和葡萄牙的存在,是决不相信的,他主张这是法国和英国常常来讨利益,连自己也不好意思了,所以随便胡诌出来的国名。"③其愚昧无知、冥顽不灵的蠢态跃然纸上,活灵活现。就这类人而言,他们毫无新意可谈,更不用提什么思想了。

　　另一类人是了解世界大势,并具有深厚的西学功底与修养。最有代表性的莫过于"晚清怪杰"辜鸿铭。辜鸿铭自幼到英国求学,毕业于苏格兰爱丁堡大学英文系,获学士学位。又先后游历德国、法国、意大利等欧洲国家,对西方国家的社会政治制度、文化传统及宗教习俗有亲身感受,用他自己的话说就是:"于彼邦国政民风曾经考察,略识端倪。"回国之后,醉心于固有国粹,"凡中国经史诸子百家之言,亦尝稍稍涉猎",从此,思想发生巨大变化,走了极端,"笃信孔孟子学,谓理非西方哲人所及"。游学欧洲所学习和掌握的西方文化,成为他证明中国固有文化伟大即"吾周孔之道之大且极矣"的重要参照。④ 因此,在他看来,振兴中国并不

①　《同治朝筹办夷务始末》卷47,第24~25页。
②　王之春:《清朝柔远记》,中华书局,1989年版,第9页。
③　《鲁迅全集》,第6卷,人民文学出版社,1981年版,第314~315页。
④　辜鸿铭:《读易草堂文集》,岳麓书社,1985年版,第7、18页。

需要什么外来文化,只有反身自省,全盘复兴传统文化,中国才有希望。甚至"半章《论语》可以振兴中国"。不仅如此,辜鸿铭还认为,如果中国真心奉行孔孟之学,那么不但能够挽救中国之衰颓,而且可以解救世界文明的危机。他说:"当兹有史以来最危乱之世,中国能修明君子之道。见利而思义,非特足以自救,且以救世界之文明。"①辜鸿铭学贯中西,结果却对西学如此贬抑,转而仰仗固有传统,这是近代史上比较奇特的一种文化现象,需要我们做更深入的研究。

再看变通的复古保守。他们不像前者那样固守传统,一成不变。与其相比,有这样几种明显的特征:其一,他们几乎人人学贯中西,对西方各种社会、文化思潮相当了解,大多是学者和教授,其中多数是留洋出身。如章士钊留日后留英,张君劢留德又留法,梅光迪、吴宓、冯友兰都曾留学美国。梁漱溟、熊十力虽然没有出国留学,但他们对西方文化都有比较深刻的了解。其二,他们多为年轻有为的青年学者,与刚刚覆灭的清王朝没有直接的利害关系和感情依恋,主要是出于一种对文化问题的兴趣和探索精神。其三,他们多是从小就接受西式教育,传统文化的根基远不如倭仁、唐鉴,近不如康有为、林纾深厚,且多在不同程度上经历过民初崇拜西方文化的阶段,后来从对西方文化的失望中回归传统且笃信不疑的。梁漱溟就很典型。他说他"在清季则期望着开国会,在民元则期望着有政党内阁,民二以后则痛心约法的破坏,主张护法,并期望联省自治,无非是在梦想这种制度的成功而已"。② 又说:"谁若没有梦想过西洋政治制度在中国的仿行实现,则他不注意这仿行的困难,实现的无望,自无足怪。然而我是做过这迷梦来的;十数年间,眼看着事实上是怎样的格格不入,愈去愈远;如何能轻易放过而不深求其所以然?"③于是梁"推求他所以不成功之故,最后乃完全从这种迷梦中醒觉出来",④从而转向东方文化。就是说,他们都曾一度醉心于西方文化,最后是从对此的屡屡失望中回过头来,重新审视中国文化,并陶醉其中,流连忘返。其四,他们都深受西方哲学社会思潮的影响,并以此为方法论来阐述和弘扬中国传统文化。梁漱溟、张君劢以德国哲学家柏格森的直觉论来剖判儒佛;梅光迪、吴宓则奉美国的新人文主义代表人物白璧德为师,形成了名噪一时的"学衡派";章士钊则借用法国"重农学派"的思想来阐述他的"以农立国"论。其五,他们大都以理性批判的态度,比较古今,剖判中西,都有一套比较系统的理论体系。大致来讲,"人生观"是

---

① 辜鸿铭:《读易草堂文集》,第16页。
② 中国文化书院学术委员会编:《梁漱溟全集》,第5卷,山东人民出版社,1992年版,第140页。
③ 《梁漱溟全集》,第5卷,第8~9页。
④ 《梁漱溟全集》,第5卷,第140页。

其文化运思的逻辑起点和思维机制,"合理的人生观"是其评判东西文化的基本准绳,"东方精神—西方物质"是其文化模式观。与前者相较,更富于思辨性和理论化,在当今思想文化界依然影响很大。如流行于海内外的现代新儒学,基本上是在这个思路上发展起来的。

第二,西学中源模式。所谓"西学中源",也可称之为"中源西流"。持此论者大都强调中学是源,西学是流,西学出于中学,并认定中国古代有一个中学西渐的过程。用当时的术语讲,就是"西学源于中国"说,"中国古已有之"说,"西人窃我余绪说","西学难出于中学之窠臼"说,"西法得之中法"说。此说萌芽和产生于明末清初,由西方传教士将 Algebra(代数)译名为"东来法"而滥觞,经康熙帝"西学实源于中法"之钦定,王夫之、王锡阐的极力宣扬,阮元、梅文鼎的推波助澜,遂不可一世,终清代而不息。实际上是魏晋时期"老子化胡说"的另一种表述方式。到了近代,随着又一次西学东渐,此说又重新得以盛行,并达到极致。从邹伯奇的"论西法皆古所有"到黄遵宪的"西学实源于墨家",从孙诒让的西学合于《周礼》到唐才常的西学与理学"暗合",从刘岳云的《格物中法》到王仁俊的《格致古微》,从梁启超的《古议院考》到刘师培的《中国民约精义》,总之,"无论何种新学,何种新理,俱不能出其范围"。① 这种文化模式在洋务运动和戊戌时期表现得尤为充分。"每受一新理新学,必附会古人,妄用典故,乱引成语。何者为某人所曾言,何者为某人所已为。帝国主义膨胀,则成吉思汗为东亚拿破仑矣。复仇主义昌盛,则朱元璋而为中国真德矣。民族思想发达,而黄帝轩辕氏为汉民之鼻祖矣。革命风潮普及,而洪秀全为失败之加里波之矣。民权之说入,而黄梨洲奉为卢骚矣。无政府主义盛,则老子为发明家矣。大同博爱主义兴,则墨子为首倡者矣。理化薄为戏法,共产疑为井田。总之,西人之新理新学,皆吾中国古人所已道者也。"② 这时西学中源模式的提出,有助于认同西学,启迪中学,适应了近代社会由旧向新过渡中民族心理的承受力,又是中西文化比较研究的初生形态,具有其合理的时代意义。但是,随着这种模式的固定和僵化,结果严重混淆了中西两大文化质的差异,助长了一种非科学、非理性的盲目自大势力,形成了一种事事缘附、时时比附的思维定式,实是一种民族自大心态的自觉的或不自觉的流露。当时的有识之士已经对此做了尖锐的批评,从邵作舟的"截句断章,一求一合,强颜自豪,其惑尤甚"到徐仁铸的"亦涉自大之习,致为无谓",从严复的"扬己抑人,夸张博雅"到梁启超的"此实吾国虚骄之结习",从鲁迅的"惟张皇近世学说,无不本之古人,一切

① 《谭嗣同全集》,下卷,第399页。
② 民:《好古》,《新世纪》,第24期,1907年。

新声,胥为绍述,则意之所执,与蔑古亦相同"到钱玄同的"这种瞎七搭八的附会,不但可笑,并且无耻"①都分别从不同角度对西学中源模式从文化上作了反思,给我们不少启迪。

第三,中体西用模式。这种模式,旨在强调中国文化的主体性,西方文化的辅助性。其逐渐由"中本西末"、"中道西器"演变成为"中体西用",都是借用传统哲学的概念术语,表达其时代思潮。从冯桂芬的"以中国之纲常名教为原本,辅以诸国富强之术",郑观应的"中学其本也,西学其末也,主以中学、辅以西学"的"中本西末"说,到王韬的"器则取诸西国,道则备当躬",薛福成的"取西人器数之学,以卫吾尧舜禹汤文武周公之道"的"中道西器"说,再到康有为的"中学体也,西学用也,无体不立,无用不行,二者缺一不可"的"中体西用"说,几乎成为当时思想文化界的一种共识。于是沈寿康"中学为体,西学为用"倡其先,孙家鼐"中学为主,西学为辅"继其后。张之洞在这"世人皆乐道之"的时代氛围中,写成有名的《劝学篇》,将"中体西用"进一步系统化、理论化、体系化,成为这一文化模式的集大成者。由于张之洞地位显赫,加上光绪皇帝的支持,《劝学篇》不胫而走,流行全国,且久盛不衰,成为近代最富有思辨性且影响最为深远的一种思想文化思潮。中体西用模式,对于沟通中西文化的联系,促进中国近代文化的形成和发展,确实具有积极意义。

对于"中体西用",历来见仁见智,褒贬不一。就胡适与冯友兰两人来说,前者持否定态度,而后者则加以肯定。1935 年,何炳松、王新命等十教授联名发表了《中国本位文化建设宣言》,主张文化建设要不守旧,不盲从,根据中国此时此地的需要,对旧文化去其渣滓存其精华,对西方文化取长舍短择善而从,以此建设中国的本位文化。宣言发表后,引发了一场规模颇大的文化问题讨论。许多人认为,所谓的"'中国本位的文化建设',正是'中学为体,西学为用'的最新式的化装出现。说话是全变了,精神还是那位《劝学篇》的作者的精神。'根据中国本位',不正是'中学为体'吗?'采取批评态度,吸收其所当吸收',不正是'西学为用'吗?"②到了 20 世纪 40 年代,著名哲学家冯友兰,仍极力论证此说的合理性,并以为它是中国走向"自由之路"的一个必然阶段。他说:"如所谓中学为体,西学为用者,是说:组织社会的道德是中国人所本有底,现在所须添加者是西洋的知识、技

---

① 《邵氏危言·叙》;《輶轩今语》卷四;《严复集》,第 52 页,中华书局,1986 年版;《梁启超选集》,第 40 页,上海人民出版社,1984 年版;《鲁迅全集》,第 1 卷,第 26 页;《钱玄同文集》,第 2 卷,第 21～22 页,中国人民大学出版社,1999 年版。

② 欧阳哲生编:《胡适文集》,第 5 卷,北京大学出版社,1999 年版,第 448 页。

术、工业。则此话是可说底。我们的《新事论》的意思,亦正如此。"①

其实,"体用"本来就是中国传统哲学中的一对范畴,意指主要与次要、中心与边缘、主体与辅助等相应关系。使用"体用"来表述中外文化关系,是文人学士一种十分自然的反应,因为,在他们的知识结构和思想观念中,本来就已经打上了深刻的"体用"印痕。对于这一点,我们不能苛求前辈先贤。问题的关键是,什么是"体"?什么是"用"?"体用"的内涵和外延包括哪些?张之洞主张"中学为体,西学为用"之所以遭到舆论的批评和反对,主要是因为他所讲的"体"已经与时代潮流相背离,而且是以此来遏制时代潮流的。既然是与时代潮流相对抗,其遭到进步舆论的批评,也是十分自然的。几乎与张之洞提出"中学为体,西学为用"同时,康有为提出了"以群为体,以变为用"的变革社会的主张,严复提出了"以民主为体,以自由为用"的立国借鉴,同样是使用了"体用"的概念,康有为与严复不仅没有遇到非难,反而却得到进步舆论的普遍肯定。通过以上分析,我们可以发现,胡适与冯友兰的争论,都只是抓住了问题的一个方面,而没有注意到问题的另一个方面。冯友兰看到了"体用"论的方法论问题,认为任何一个国家,任何一个文化的建构,都离不开何者为主何者为辅的问题。因此,他很欣赏清末的"中体西用"命题。相反,胡适看到的是"体用"的内涵问题,他认为民主化是人类社会发展与进步的方向,中国自然也不能例外。因此,凡是反对中国走民主道路的言论,不管其是否使用"体用"概念,他都一概将之归到"中体西用"之列。这种分歧,实际上反映了中国现代自由主义与保守主义的思想分野。

第四,中西会通模式。会通融合各种文化,是我国学术文化的一种优秀传统。早在明末,面对西学东渐,徐光启就提出了"欲求超胜,必先会通"的文化主张,开会通中西之先。在他之后,王夫之、方以智等学者做了大量会通中西自然科学及其方法的工作。道咸以降,门户之见甚重的汉学、宋学开始会通融合。中西文化会通进入一个新阶段。魏源首倡中西会通,预言"天地气运自西北而东南将中外一家"。王韬认为社会发展的必然趋势是"由异而同"。他说:"数百年后,道必大同。盖天即合,地球之南,朔东西而于一天,亦必化天下之教之异于一源。"唐才常主张:"无判中西,无殊古今",陈继俨说:"夫理者,天下之公理也,法者,天下之公理也。无中西也,无新旧也。行之于彼则为西法,施之于我则中法也;得之今日即为新法,征之古昔则为旧法也。"康有为主张"泯中西之界限,化新旧之门户",章太

---

① 冯友兰:《贞元六书》,上卷,华东师范大学出版社,1996年版,第369页。

炎也主张会通"华梵圣哲之义谛,东西学人之学说"。① 1903 年,邓实主编的《政艺通报》发表《东西洋二大文明》,系统阐发了这种思想。文章说:"吾欲赠西洋文明之花,供养于欧土;吾欲移西洋文明之花,孳殖于东亚;吾欲结东西两洋文明,并蒂之花,亭亭树立于天表。吾为之预视曰:二十世纪以后,大地之上,唯一文明焉。其文明云何? 则曰世界文明也,无东洋、西洋也。"目的都在于"取东西而冶为一炉",从而构成一种"不中不西即中即西之新学派"。

这种"无判中西,无殊古今"的中西会通观,固然是中国人学习西方,力求使中西文化融合的一种良好动机和美好愿望,但在没有系统了解西方文化体系,传统文化根深蒂固的历史背景下,浅尝辄此地"因类比附",以求成"一国之学",产生的最大弊端便是将新文化纳入旧文化的体系之中,使资本主义文化体系封建化。在那个对西方文化缺乏了解、分析和扬弃的时代,讲中西会通融合,漠视了文化传播、交流、吸收和借鉴的规定性,急于求成,超前越位,注定是行不通的。不错,中西会通融合是世界文化发展的一个必然趋势,但它是要建立在对西方文化系统了解和整体把握的基础上。如果不遵循这个规定性,结果肯定是"欲速则不达"。要真正做到会通融合,就必须对在世界上依然发挥着重大影响的各大文明体系、文化模式及其背景和环境进行深入细致的研究和比较。只有这样,才能寻求到各个不同文化的一致性和差异点,进而找到建构新文化的契机。

第五,全盘西化模式。在近代中国的思想文化领域,始终存在着一股西化的潜流。如戊戌时期谭嗣同的"尽变西法",辛亥时期的"欧化主义"思潮,五四时期的全盘反传统主张等,都可说是全盘西化的思想渊源和时代先声。全盘西化文化模式的提出,是针对五四以后复古势力的反扑,而在文化上提出的一种极端主张,直接目的是反击复古保守势力。1929 年,胡适在《中国今日的文化冲突》一文中,第一次使用了"全盘西化"一词,引起了争论。应者寥寥,指责者却蜂拥而起。后来,胡适又陆续发表了《我们对于西洋近代文明的态度》、《请大家来照照镜子》、《漫游的感想》、《介绍我自己的思想》等文,在竭力批判和全盘否定中国传统文化的基础上,喊出了"往西去"的口号,要求人们"死心塌地的去学人家",全盘仿效欧美资本主义文明。他说:"我们必须承认我们百事不如人,不但物质机械上不如人,不但政治制度不如人,并且道德不如人,知识不如人,文学不如人,音乐不如

---

① 《海国图志》,上卷,岳麓书社,1998 年版,第 8 页;《弢园文录外编》,上海古籍出版社,2002年版,第 10 页;《唐才常集》,中华书局,1981 年版,第 173 页;《知新报》,1898 年 5 月 30日;《康有为政论集》,上册,中华书局,1981 年版,第 295 页;《章氏丛书》,第 3 函,第 22册,浙江图书馆刊本,1919 年版,第 74 页。

人,艺术不如人,身体不如人。"并断言:"这种又愚又懒的民族,不能征服物质,便完全被压死在物质环境之下,成了一分像人九分像鬼的不长进民族。"①1933 年底,社会学家陈序经教授在中山大学作了题为《中国文化的出路》的演讲,侧面攻击复古运动,也力主"全盘西化",认为这是中国文化重构的唯一出路。

全盘西化者的理论依据是:其一,文化趋同论。中国近代对西方文化的认同,"逐渐从很小的范围,而趋到较大的范围,从枝末的采用主张,而到根本的采用主张"。这表明全盘西化"是一种必然的趋势","中国事实上是趋于全盘接受西洋文化"。其二,文化优劣观。就是说,"欧洲近代文化的确比我们进步得多",西方文化不仅在衣食住行、工商、经济、科学等物质文明比我们强,就是哲学、道德、教育、文学艺术等"精神文明",也比我们优越得多。上引胡适那段话便很有代表性。这样,东西方文化接触后,经过冲突与融合,双方"都不能存其固有",于是优越的西方文化便成为"世界文化的趋势"。其三,文化系统论。即文化是一个系统,"各方面都有连带及密切的关系",难以分割。因此,不能仅采纳某一方面或取其长而弃其短,只能全盘效仿西方文化。因此,他们坚信"中国百事不如人","中国文化在哪一方面都比不上西洋文化"。只有采纳西方文化,并"诚心诚意地全盘接受它,才是中国文化的新出路。"②

全盘西化模式的提出,是要打破那种"中体西用"折中调和中西文化的四平八稳局面,从而在文化上走了极端。它对于抨击中国固有封建文化,反击复古,以及反对当时蒋介石的新生活运动和尊孔读经,都具有一定的积极意义与进步作用。但是,其彻底否定传统文化,全盘接受西方文明的文化观,以偏概全,极端的方法论,虽然赢得了青年学生的一时喝彩,但在整个思想文化界,反应是冷淡的,并受到一致的反驳,最后也偃旗息鼓,自生自灭了。这说明好走极端的民族虚无主义是没有出路的。无论是当时还是现在,都是如此。

第六,拿来主义模式。所谓拿来,即根据中国社会现实的客观需要,通过对异质文化的综合评估,有针对性地采纳和借鉴外来文明的优秀成果,批判扬弃其不适合中国特定国情的部分。这个模式在文化上有四个明显的特征,即:现实性、实用性、别择性、创新性。代表人物是孙中山、鲁迅、蔡元培等人。

所谓现实性,就是强调和重视国情民性的差异,反对机械地死搬硬套和生吞活剥。孙中山说:"中国几千年来,社会上的民情风土习惯,和欧美的大不相同",

①　欧阳哲生编:《胡适文集》,第 5 卷,北京大学出版社,1999 年版,第 448 页。
②　杨深编:《走出东方——陈序经文化论著辑要》,中国广播电视出版社,1995 年版,第 252、232 页。

"所以管理社会的政治,自然也是和欧美不同,不能完全仿效欧美。""如果不管中国自己的风土人情是怎么样,便像学外国的机器一样,把外国管理社会的政治,硬搬进来,那便是大错"。①

所谓实用性,指凡是对中国革命事业和文化重构有益的好思想,不论古今中外,我们都要学习,为我所用。孙中山说:"大凡一种思想,不能说是好不好,只看他是合我们用不合我们用。如果合我们用,便是好,不合我们用,便是不好;合乎全世界的用途便是好,不合乎全世界的用途便是不好。""我们固有的东西,如果是好的,当然是要保存,不好的才可以放弃。"②鲁迅也主张,凡是有用的,有益于中国的东西,"将彼俘来",即使是我们的敌人,它有长处,我们也要借鉴。他说:"即使那老师是我们的仇敌罢,我们也应该向他学习。"③

所谓别择性,是指在文化接受和取舍上,要有一个批判、分析、扬弃和综合的研究过程。鲁迅对鸦片的态度,就是一种科学的剥离法。他认为,鸦片既有毒素,又有药用价值,也不必全部扔到茅厕里,以见其彻底革命,可以将它送到药房去,发挥其治疗功效。只有烟枪和烟灯,对人民毫无好处,除留一点给博物馆外,其余的可以毁掉。孙中山也主张学习西方不能全盘照搬,而应该有所选择,即吸收那些优秀的东西,扬弃那些糟粕的东西,用孙中山的话讲,就是"取那善果,避那恶果"。对于古今中外一切人类文化,不能故步自封,满足现状,而要敢于怀疑,不断发展完善,要在吸收、消化文化遗产的基础上,创建一种既符合历史传统、又适合国情的现代新文化。

所谓创新性,就是敢于怀疑,既不泥于古法,又不拘于西法,在吸收、消化文明遗产的基础上有所创新。鲁迅说:"倘若先前并无师法的东西,就只好自己来开创。"④蔡元培认为,一种新文化的诞生,固然需要吸收民族精华,接受外来影响,但真正需要的还是自我创新。他说:"贩运转译,固然是文化的助力,但真正文化是要自己创造的。"⑤这也是拿来主义的真髓所在。

此外,还有一种模式,在当代很有代表性。这就是文化综合创新论。现代的主要代表人物是已经去世的张岱年先生。方克立先生把它概括为"古今中外法"。这种模式出发点不错,但是,世界上没有如此简单的美事,尤其是文化。理想与幻想的色彩太浓,更不现实。其实,这种说法也不新颖,1944 年,社会学教授李树青

---

① 《孙中山选集》,下,人民出版社,1963 年版,第 726、728 页。
② 《孙中山选集》下,第 622、649 页。
③ 《鲁迅全集》,第 6 卷,第 82 页。
④ 《鲁迅全集》,第 7 卷,第 183～184 页。
⑤ 《蔡元培选集》,中华书局,1959 年版,第 161 页。

在《说文化的体与用》一文中就提出"创造我们新的综合的文化"。①

三、近代文化建构的历史与现实依据

综观近代国人接受西学、重估古学、建构新学的六种模式,再概括一下,大致可分为四种模式:固守传统,折中调和(西学中源、中体西用)、全盘西化、中西融合(拿来主义、中西会通)。在整个近代此起彼伏,异彩纷呈,展现出一幅绚丽多姿的文化构图。从情感的复古保守到理性的文化保守主义,从中体西用到西体中用,从全盘西化到全方位文化开放。一百余年来,人们始终在这些文化概念的迷宫外左右徘徊,进退维谷,难以跳出这个怪圈。正如台湾学者殷海光先生所说:"自五四以来,中国的学术文化思想,总是在复古、反古、西化、反西化或拼盘式的折衷这一泥沼里打滚,展不出新的视野,拓不出新的境界。"②固有文化思潮概念的屡屡翻版与更新,标志着不同时期民族文化心态的回顾与扩展,但是,企图以固有文化为根基,对传统文化进行现代阐释,以期建构一种新的文化,这固然是适合于保存古文化,符合国情民性的有益尝试,但毕竟科学和理性的成分过少,不免牵强附会,难以摆脱自我中心的窠臼;一味纠缠于本末之辩、体用之争,总不能彻底摆脱孰主孰辅、孰重孰轻的思维模式。要么中学凌驾西学,要么西学排斥中学,二者总是互不相容。这是一种文化偏向。另一种文化偏向,主张文化上的彻底西化,仅仅强调文化的差异性和分离性,却忽略了文化间的包容性和凝聚力,况且从根本上否定本民族文化传统,也悖逆于民族文化心理。在中国这种以和谐中庸为贵的文化氛围中,任何偏激和非理性的极端言行都缺乏市场,同样也是行不通的,无论是早期的复古保守和后期的全盘西化,都已被历史所唾弃,时代所淘汰。听起来振振有词,写起来妙笔生花,但结果没有发生多大的文化效应,难以留下回音。

在我看来,近代先哲大师客观而理性的中西融合说和拿来主义论的有机结合,仍不失为当代文化建构的一条出路。这两种文化模式始终蕴含着这样两种精神,一是现实性,二是宽容性。根据时代需要,在拿来的基础上,进行会通融合,进而建构新文化。具体来说,有以下几点:

第一,会通融合是中国文化的优秀传统。中国哲学自古以来便有讲求合一、相融与和谐的民族特色,"和而不同"更是它的文化传统。"会通"一词早在《易经》中就已出现。所以中国哲人在建构自己的理论体系时,往往将人、社会、自然万物有机地融合贯通起来。于是在中国哲学中,宇宙哲学与道德哲学,本体论与

---

① 李树清:《蜕变中的中国社会》,商务印书馆,1945年版,第192页。

② 张斌峰编:《殷海光文集》,第4卷,湖北人民出版社,2001年版,第102页。

伦理学密切结合,社会伦理、道德规范常常被描绘为与自然规律相通相合,以自然规律为依据的抽象的哲理渗透在非常现实而具体的政治思想中,因而自古就有"究天人之际,通古今之变"的学术传统,这是一种涵盖天地、兼容并包的思维方式和整体观。

正是由于具有这种文化传统,中国文化始终是一包容型的。中国历史上吸收融会各种文化的能力特别强,总是大量融合外来文化而形成自己民族文化的特色。每当遇到异质文化,它总是以豁达大度的姿态和气魄去接受挑战,兼收并蓄,包容万流,取长舍短,佛学东来,虽然和儒道两家发生过争执,结果佛学还是被融化到以儒学为主的中国文化之中,成了具有中国特色的佛教,并成为中国文化有机的难以分割的组成部分,对中国文学、哲学、艺术、建筑等产生了很大影响。秦汉思想以兼宗百家为特色,隋唐时期儒、佛、道三教并立,宋明时期熔儒、佛、道于一炉而形成以"理"为最高范畴的理学。都足以说明中国文化素有融会贯通的传统。这也正是当代会通中西文化的深厚基础。

第二,当今中国已具备了会通中西的现实条件和文化环境。以精神文明为核心的文化建设在当代刻不容缓。弘扬传统文明精华,吸收外来文化成果,已成为国人的共识。中西文化经过150年的接触和交流。西方文化的某些准则(如科学精神、经营管理方式)已普遍为世界各个民族所信奉和实践,中国自不例外。而中国传统文化的一些糟粕(如忠君意识、等级思想、抑商观念),随着外来文化的冲击和自身的更新,也在日渐消除,沉淀下来的则是有生命力的民族精神。它不仅合乎国人的传统心理,而且也与世界性的价值取向共鸣。同时,经过一百多年的文化渗透和交往,我们对西方文明也开始有了比较理性、全面和体系的了解与把握,对西方文化的源头活水、利弊得失已有了我们自己的判断和选择。还有,我们对本民族文化的体认、剖析与反思也更为深刻,更为客观,更为科学。这些都为会通中西,建构新文化创造了良好的文化环境。

所以说,在拿来的基础上,以批评的眼光,会通中西,剖判古今,创造与建构一种新文化,既是我们目前文化建设的理想方案,也是当代文化人责无旁贷的重任。当然,中西文化的融合绝不是彼此糟粕的拼凑,自然是中西文化之经过千锤百炼之精华的凝结。

第三节　近代国学的历史考察

近代中国是一个变动剧烈的转型时期,中西文化的冲突融合,新旧思想的交锋吸纳,构成了一幅绚丽多彩、内涵丰富的历史文化画卷。在这一历史画卷中,国学扮演着至关重要的角色。本节旨在探讨这一时期国学历史命运的起伏兴衰,希望能给当今的国学研究与国学教育提供一些启示与借鉴。

一、近代国学的发展历程

从 1902 年梁启超筹办《国学报》开始,到 20 世纪 50 年代初无锡国学专修学校、齐鲁大学国学研究所以及北京大学《国学季刊》合并或停刊止,近代国学讨论与研究历经半个世纪。① 半个世纪的风风雨雨,映照出近代国学的历史命运。大致而言,近代国学经历了晚清十年、民初一二十年代、三十年代到五十年代三个阶段。

晚清十年时期:国学的肇始阶段。1887 年,中国驻日参赞黄遵宪发表《日本国志》,其中已经提到日本"国学",可惜没有引起时人的注意。1900 年,中国发生义和团事件,西方联军以武力二度占领中国国都北京,震惊朝野。以此次事件为标志,中国社会发生了新的转向:其一是民众对政府已经失去信任,不再抱太大的希望,其二是中国社会开始出现"欧化",特别在青年中表现明显。国学思潮的出现,一是为了挽救中国文化,二是为了改变或抵制"欧化"倾向。1902 年,梁启超在日本筹划创办《国学报》,与好友黄遵宪商议,黄遵宪建议创办《国学报》可以暂缓,不妨先撰写《国学史》。随后,梁启超发表了《论中国学术变迁之大势》一文,主张输入西学与弘扬国学并重,不要担忧西学输入会冲击国学。他说:"近顷悲观者流,见新学小生之吐弃国学,惧国学之从此而消灭,吾不此之惧也。但使外学之输入者果昌,则其间接之影响,必使吾国学别添活气,吾敢断言也。但今日欲使外学之真精神普及于祖国,则当转输之任者,必邃于国学,然后能收其效。以严氏与其他留学欧美之学童相比较,其明效大验矣。此吾所以汲汲欲以国学为我青年劝也。"②1902 年,章太炎流亡日本,发起成立国学讲习会,系统讲授国学。章太炎所讲的国学内容包括:"一、中国语言文字制作之原;二、典章制度所以设施之旨趣;三、古来人物事迹之可为法式者。"③1905 年,学者江起鹏编写的《国学讲义》出版。该书指出,日本明治维新之所以成功,是因为日本奉行"欧化主义与国粹主义相持并进"与"学于人而不至役于人"的学术方针。中国要自立于世界民族之林,也应该走这条路。如何研究国学,该书认为应该坚持这样几个原则:"(一)不徒事诵

① 桑兵:《晚晴民国的国学研究》,上海古籍出版社,2001 年版,第 1 页。
② 梁启超:《饮冰室合集》,文集之七,中华书局,1989 年版,第 104 页。
③ 章太炎:"国学讲习会序",《民报》七号,1908 年 9 月 5 日出版。

读，而实奉圣训。（二）不专事训诂，而通知大义。（三）广参世界之学说，以阐发微言。（四）实体先圣之志愿，以普救同胞。一言以蔽之曰，实尊我孔圣者。务去二千年下似是之学说，而还我二千年上真正之孔子。毋拘牵，毋颟顸，毋自封，毋自隘，则庶乎为圆满之国粹主义乎。"①要求回归先秦，重新振兴古学。1904年，邓实先生发起"国学保存会"；1905年创办《国粹学报》，以"发明国学，保存国粹为宗旨"；1908年成立"神州国学社"。邓实认为："国学者，与有国而俱来，因乎地理，根之民性，而不可须臾离也。君子生是国，则通是学，知爱其国，无不知爱其学也。"②许守微指出："国粹者，精神之学也；欧化者，形质之学也。（欧化亦有精神之学，此就其大端言耳。）无形质则精神何以存？无精神则形质何以立？……国粹也者，助欧化而愈彰，非敌欧化以自防，实为爱国者须臾不可离也云尔。"③。国学保存会还计划开设国粹学堂，其学制为三年，科目包括经学、文字学、伦理学、心性学、哲学、宗教学、政法学、实业学、社会学、史学、典制学、考古学、地舆学、历数学、博物学、文章学、音乐、图画、书法、翻译、武事等④，后来因为经费问题而没有实施，但也反映了时人研究国学的宏大设想。

　　晚清时期，除以上所提相关国学研究机构外，还有章氏弟子马裕藻等人发起的北京国学会、杭州国学会，谢无量、廖平、刘师培、宋育仁等人执掌的成都国学馆（后改名国学学校、国学专门学校），罗振玉、王国维的《国学丛刊》，唐文治的无锡国学专修馆，吴仲、沈宗畸等人的《国学萃编》等。这些国学研究机构的相继建立，无疑推动了国学研究的深入。

　　这一时期国学研究重点主要在于，通过系统整理国学来保护国学。他们认为，只要国学、国粹能够保存，国家即使灭亡，朝代即使更替，中华民族还是有希望的，中国依然会屹立于世界。但是，如果国学衰微，传统消失，国家即使不灭亡，朝代即使不更替，也不过是行尸走肉罢了。他们说："盖以易朔者，一家之事。至于礼俗政教，澌灭俱尽，而天下亡矣。夫礼俗政教固皆自学者出也，必学亡而后礼俗政教乃与俱亡"⑤，"试观波尔尼国文湮灭，而洼肖为墟；婆罗门正典式微，而恒都他属。是则学亡之国，其国必亡，欲谋保国，必先保学。昔西欧肇迹，兆于古学复兴之年，日本振兴，基于国粹保存之论，前辙非遥，彰彰可睹，且非惟强国为然

---

① 江起鹏：《国学讲义》，上海新学会，1906年版，第102页。
② 邓实：《国学讲习记》，《国粹学报》，第2年第19期。
③ 许守微："论国粹无阻于欧化"，《国粹学报》，第1年第7期。
④ 《国粹学报》，第3年第1期。
⑤ 潘博：《国粹学报叙》，《国粹学报》第1年第1期。

也。"①"是故国有学则虽亡而复兴,国无学则一亡而永亡。何者,国有学则国亡而学不亡,学不亡则国犹可再造;国无学则国亡而学亡,学亡则国之亡遂终古矣。此吾国所以屡亡于外族而数次光复,印度、埃及一亡于英而永以不振者,一仅亡其国,一则并其学而亡之也。"②目的是"用国粹激动种姓,增进爱国的热肠",③以实现文化救亡。

民初一二十年代:国学的兴盛阶段。清朝灭亡,民国建立。政权的更替与国体的变更,并没有使刚刚兴起的国学研究夭折,相反,共和体制下的民主、自由气氛,给国学的讨论与研究提供了良好的学术环境。发端于晚清的国学研究依然进行。1914年,罗振玉、王国维在日本东京重新出版《国学丛刊》。同年,陈尔锡、吕学沅等人先后在东京、北京创办国学扶危社及《国学》杂志。1915年,倪羲抱等人在上海创办国学昌明社与《国学杂志》。章太炎重新出山,在上海系统演讲国学,引起时论的高度关注。

1919年,胡适发表《新思潮的意义》,主张"研究问题,输入学理,整理国故,再造文明"④。1923年,胡适为《国学季刊》写"发刊宣言",系统提出他的国学观。在这篇宣言中,胡适首先回答了有些人对国学的担心与忧虑。胡适指出,国学并没有沦亡;孔教并不代表整个国学;国学的衰微归咎于西方学术思想的输入。他说:"有些人还以为西洋学术思想的输入是古学沦亡的原因;所以他们至今还在那里抗拒那他们自己也莫名其妙的西洋学术。有些人还以为孔教可以完全代表中国的古文化;所以他们至今还梦想孔教的复兴;甚至于有人竟想抄袭基督教的制度来光复孔教。有些人还以为古文古诗的保存就是古学的保存了,所以他们至今还想压语体文字的提倡与传播。……这些行为,不但不能挽救他们所忧虑的国学之沦亡,反可以增加国中少年人对于古学的藐视。如果这些举动可以代表国学,国学还是沦亡了更好。"⑤其次,胡适对明末以来三百年的国学研究作了总结,认为在整理古书、发现古书、发现古物等方面取得了很大成绩。但同时存在不少缺陷:一是研究的范围太狭窄了。"这三百年的古学,虽然也有整治古书的,虽然也有研究子书的,但大家的眼光与心力注射的焦点,究竟只在儒家的几部经书。古韵的研究,古词典的研究,古书旧注的研究,子书的研究,都不是为这些材料的本

---

①　《拟设国粹学堂启》,《国粹学报》第3年第1期。
②　许守微:《论国粹无阻于欧化》,《国粹学报》第1年第7期。
③　汤志钧编:《章太炎年谱长编》,上册,212页,中华书局,1979年版。
④　欧阳哲生编:《胡适文集》,2卷,北京大学出版社,1998年版,第551页。
⑤　欧阳哲生编:《胡适文集》,3卷,北京大学出版社,1998年版,第5页。

身价值而研究的。一切古学都只是经学的丫头！"①二是太注重功力而忽略了理解。"清儒有鉴于宋、明学者专靠理解的危险，所以努力做朴实的功力而力避主观的见解。这三百年之中，几乎只有经师，而无思想家；只有校史者，而无史家；只有校注，而无著作。"②三是缺乏参考比较的材料。"他们排斥异端；他们得着一部《一切经音义》，只认得他有保存古韵书古词典的用处；他们拿着一部子书，也只认得他有旁证经文古义的功用。他们只向那几部儒书里兜圈子，兜来兜去，始终脱不了一个'陋'字！"③胡适最后指出："我们现在治国学，必须要打破闭关孤立的态度，要存比较研究的虚心。……我们认清了国学前途的黑暗与光明全靠我们努力的方向对不对。因此，我们提出这三个方向来做我们一班同志互相督责勉励的条件：第一，用历史的眼光来扩大国学研究的范围。第二，用系统的整理来部勒国学研究的资料。第三，用比较的研究来帮助国学的材料的整理与解释。"④

无锡国学专修学校、北京大学国学门、清华国学研究院、厦门大学国学院、齐鲁大学国学所等一批国学专门研究机构在这一时期相继建立。北京大学国学门成立后，高举"以科学方法整理国故"的大旗，借"五四"新文化运动之声威，迅速在学术界崛起，以致国内一些高校纷纷起而效之。1923 年 4 月，东南大学国文系议决设立国学院，并制定了系统整理国学的计划书。1925 年底，厦门大学也开始筹建国学研究院，并于次年，在原北大国学门成员沈兼士、林语堂、周树人、顾颉刚等人的加盟下，按照国学门的模式，制定了厦大国学院《研究院章程》和《办事细则》，设立了考古学会和风俗调查会等机构。而 1928 年 1 月正式成立的中山大学语言历史研究所，不但主事者中顾颉刚、商承祚、容肇祖等多出自国学门，在组织体制上，其所设之考古、语言、历史、民俗四学会，亦多仿国学门而来。清华于 1925 年设立国学研究院。首批聘请王国维、梁启超、赵元任、陈寅恪为教授，李济为讲师。课堂演讲有王国维的《古史新证》、《尚书》，梁启超的《中国通史》、《历史研究法》，赵元任的《方言学》，陈寅恪的《西人之东方学目录学》，李济的《民族学》、《考古学》等；指导学生进行的专题研究，有王国维的《上古史》、《金石学》、《中国文学》，梁启超的《中国文学史》、《中国哲学史》、《中国文化史》、《宋元明学术史》、《清代学术史》、《东西交通史》、《中国史》、《史学研究法》，赵元任的《现代方言学》、《中国音韵学》、《中国乐谱乐调》，陈寅恪的《年历学》、《古代碑志与外族有关

---

① 欧阳哲生编：《胡适文集》，3 卷，北京大学出版社，1998 年版，第 7 页。
② 欧阳哲生编：《胡适文集》，3 卷，北京大学出版社，1998 年版，第 8 页。
③ 欧阳哲生编：《胡适文集》，3 卷，北京大学出版社，1998 年版，第 9 页。
④ 欧阳哲生编：《胡适文集》，3 卷，北京大学出版社，1998 年版，第 15 页。

系者之研究》,李济的《中国人种考》等 27 个科目,细目则有 37 种。至 1929 年,招收 74 人,除 2 人退学与 4 人病故外,实际完成学业者 68 人,其中有姜亮夫、姚明达、王力、徐中舒、陆侃如、杨鸿烈、谢国桢等,成为国学研究的一支生力军,同时推出涉及多种学科的成果。与大学教育相呼应,各类学术刊物竞相问世,成为发表国学研究成果的阵地与平台,如北大的《研究所国学门月刊》、《国学季刊》,东南大学的《国学丛刊》、《国学研究会讲演录》及国学丛书,清华的《国学论丛》、《实学月刊》及教授主编的丛书(注:如国维的《蒙古史料四种校注》、陈寅恪《大宝积经论》、李济的《西阴村史前的遗存》、赵元任的《现代吴语的研究》等),燕京大学的《燕京季刊》。受此影响,有的报纸也开辟了副刊,如《民国日报》的"国学副刊"等。

三十年代到五十年代:国学的衰弱阶段。1927 年,被新旧学人共同尊奉为国学大师的王国维自沉于颐和园昆明湖,1929 年,学贯中西的一代宗师梁启超去世于北平协和医院。国学研究领军人物的谢世,直接影响和削弱了国学的研究与发展。1927 年,成立不到一年的厦门大学国学院宣布解散。1929 年,清华大学国学研究院也宣布解体。"九月,清华改属教育部,改为国立大学,研究院国学门撤消"。① 北京大学研究所国学门改名为国学馆,师资严重外流。国学大师的相继离世及国学研究机构的先后解散,无疑是曾经一度兴盛的国学研究转向的一个标志。另外,在国学研究的热潮中,社会上也出现了一种借用国学而宣扬民族主义的情绪,反对学习西方现代民主与科学。一时,泥沙俱下,鱼龙混杂。对此,一场批判国学的思潮开始形成。1929 年,何炳松发表《论所谓的'国学'》一文,批评国学泛滥。他说:"我觉得近来国人对于国学一个名词,或者误会他的意思,或者利用他的名义,来做许多腐化的事情。我以为如此下去,不但我国学术有永远陆沉无法整理的危险,而且由国学两个字生出的流弊层出不穷,将来一定要使得我国的文化永在混乱无望故步自封的境界里面,我因为见到这种情形,所以要仿现在时行的办法,提出一个口号来,这个口号就是:'中国人一致起来推翻乌烟瘴气的国学!'"其理由是:国学两个字的来历很有点不清;国学两个字的意义广泛模糊,界限不清;国学两个字犯了我国向来囫囵吞枣的大毛病,违反现代科学的分析精神;以一团糟的态度对待本国的学术。这就国学本身而言,稍微引申一点,"国"字风行时髦,也折射出国人一种自我炫耀、狂妄自大的民族主义或小国家主义的情绪。何炳松说:"我国近来'国'字的风靡一时,好像中国无论什么一种丑东西,只要加上一个国字,就立刻一登龙门,声价十倍的样子。五更天、十八扯的调子,现

---

① 浦汉明编:《浦江清文史杂文集》,清华大学出版社,1993 年版,第 262 页。

在不叫小调而叫做'国乐'了。卖狗皮膏药的勾当,现在不叫走江湖而叫做'国医'了,甚至前一个月上海四马路上的混沌铺,亦要叫做'国菜馆'了。这样类推下去,那末,小脚、辫子、鸦片等等东西,亦都可以叫做'国脚'、'国辫'或者'国烟'了。这不但弄得'斯文扫地',而且'国'字竟变成妖魔鬼怪的护身符了。这不是国学两个字所引出来的流弊么?我们要澄本清源,当然非先将谬种拔去不可。这亦是国学应该推翻的一个理由。"①郑振铎也随后发表《且慢谈所谓"国学"》,支持何炳松的观点。

国学衰弱,原因固然很多,如文化激进主义者对国学的攻击与批判。吴稚晖的言论颇有代表性:"这国故的臭东西,他本同小老婆、鸦片相依为命,又同升官发财相依为命。国学大盛,政治无不腐败。"②但主要原因还是国学的概念不清,分类含混。无论是国粹也好,国学也罢,即使是新派人物提出的国故学也不例外。钱穆指出:"学术本无国界。'国学'一名,前既无承,将来亦恐不立。特为一时代的名词,其范围所及,何者应列国学,何者则否,实难判断。"③陈独秀认为,"国学"这一名词,"就是再审订一百年也未必能得到明确的观念,因为'国学'本是含混涂不成一个名词"。④ 曹聚仁试图以国故学替代国学。他批评国学说:"国学二字,浮动于吾人之脑际者经年矣。闻有一二博学者不察,用以为中国旧文化之总摄名词,逐流者乃交相引用;今则国学如麻,略识'之无',能连缀成篇,谓为精通'国学';咿唔诗赋,以推敲词句自豪者,谓为保存'国粹'。他则大学设科研究中国文学,乃以国学名其系;开馆教授四书五经,乃以国学名其院。人莫解国学之实质,而皆以国学鸣其高。势之所趋,国学将为国故学之致命伤。国学一日不去,国故学一日不安。斩钉截铁,惟有轰之一法。"⑤他说:"国学无确定之界说,无确定之范围,笼统不着边际,人乃得盗窃而比附之。故为澄清学术界空气计,不能不轰国学。科学之研究,最忌含糊与武断,而国学二字,即为含糊与武断之象征。……如之何其可不轰耶?"⑥曹聚仁炮轰国学,他的国故学同样遭到别人批评。许啸天指出:"'国故学'三个字,是一个极不彻底极无界限极浪漫极浑乱的假定名词;中国的有国故学,便足以证明中国人绝无学问,又足以证明中国人虽有学问而不能

---

① 何炳松:《论所谓的"国学"》,《小说月报》,第20卷,第1号,1929年1月10日。
② 《吴稚晖学术论著》,上海出版合作社,1925年版,第124页。
③ 钱穆著:《国学概论》,商务印书馆,1997年7月北京重印本,弁言第1页。
④ 任建树等编《陈独秀著作选》,第2卷,上海人民出版社,1993年版,第516~517页。
⑤ 许啸天编:《国故学讨论集》,群学社,1927年版,第88页。
⑥ 许啸天编:《国故学讨论集》,第92~93页。

用"。① 随着新式学科门类的完善,原属于国学核心内容的历史学、哲学、文学及考古学相继独立,国学衰弱亦在情理之中。

二、近代国学讨论的主要内容

近代国学的发展经历了三个阶段,主要围绕国学的定义、国学的分类、国学的研究方法等问题展开。

第一,关于国学的定义。国学基本上是一个外来词,容易产生歧义。经学、古学、中学、旧学、国粹、国故也是国学的不同表达,与哲学、洋学、西学、新学等相对应。概括起来,关于国学的定义主要有以下几个方面。

国学即一国之学,即中国学术的总称。《国粹学报》主编邓实的国学定义是:"国学者何? 一国所有之学也。有地而人生其上,因以成国焉。有其国者有其学。学也者,这其一国之学以为国用,而自治其一国者也。"②吴宓认为,"兹所谓国学者,乃指中国学术文化之全体而言。"③郑奠在《国学研究方法总论》中指出:"愚谓国学之范至广,凡域内固有之学,无间于心与物皆隶焉。即至方技艺术,有理可究,有法可守,有益于民者,亦得被此称。固非词章之士所能专也。"④蔡尚思认为:"国是一国,学是学术,国学便是一国的学术。其在中国,就叫做中国的学术。既然叫做中国的学术,那就无所不包了;既然无所不包,也就无所偏畸了。……仁者见之谓之仁,智者见之谓之智。此皆仅得其一体,而尚未得其大全。在吾却终始以为:中国的固有文化,都不能出此国学二字范围外。"⑤

国学是区别于"君学"的中国思想文化。这种观点在晚清国粹派中比较流行。他们认为,所谓国学,主要是指中国先秦时期的学术。那个时期,"不独九流各成其学也,即学术相同者亦多源远流分,如儒分为八,墨流为三是也。思想日昌,人才日盛","言论思想之自由,至战国而极"。⑥ 这是国学的繁荣与兴盛时期。秦汉以后是"君学"时代。"吾神州志学术,自秦汉以来,一君学之天下而已"。具体而言,"其制度文物,则君主之制度文物也;其人材学术,则君主之人材学术也;其历

---

① 许啸天编:《国故学讨论集》,群学社,1927 年版,第 3 页。
② 邓实:《国学讲习记》,《国粹学报》第 2 年第 19 期。
③ 吴宓:《清华开办研究院之旨趣及经过》,《清华大学史料选编》,第 1 卷,清华大学出版社 1991 年版,第 374 页。
④ 洪北平编:《国学研究》,上海民智书店,1930 年版,第 3 页。
⑤ 蔡尚思:《中国学术大纲》,上海启智书局,1931,第 5 页。
⑥ 转引罗志田:《国家与学术:清季民初关于"国学"的思想论争》,三联书店,2003 年版,第 39 页。

史,则君主一人之历史也;其宗教,则君主一人之宗教也"。① 邓实指出,秦始皇焚书坑儒成为国学衰亡、君学建立的标志性事件。"自汉立五经博士而君学之统开,隋唐以制科取士而君学之统固;及至宋明,士之所读者功令之书、所学者功令之学。遥遥二千年神州之天下,一君学之天下而已,安见有所谓国学者哉?"②国粹派认为,国学乃中国文化之正宗,君学是中国文化之变异。国学代表自由、平等,君学乃是专制独裁的同义语。二者几成水火,势不两立。国粹派倡导国学,反对君学,具有明显的政治含义。

国学即国故学。曹聚仁极力鼓吹国故学,认为它是一门科学。曹聚仁对国、国故、国故学三个词分别加以诠释。关于"国":"中华民族所组织之国家,曰中国。故'国故'之'国',乃专指中国而言,非泛称也。'故'之义为'旧';以今语释之,则与'过去'二字相当。"关于"国故":"中华民族在过去三千年间以文字表达之结晶思想也。"不包括非结晶思想与物质文化部分。关于"国故学":"记载此思想之生灭,分析此思想之性质,罗列此思想之表现形式,考察此思想之因果关系,以合理的、系统的、组织的方式述说之者。简言之,国故学者以'国故'为研究之对象,而以科学方法理之,使成为一科学也。"③沈亦云也大致持此观点:"凡本国前贤往哲最高思想之结晶,讨论人生必要与人生有趣味之问题,发为有系统之学说,其影响于此国,有极长之时间性;其应用于此国,有极广之普遍性;其代表此国,有极大之显著性;谓之国学。"④胡适明确支持这一观点,他说:"'国学'在我们的心眼里,只是'国故学'的缩写。中国的一切过去的文化历史,都是我们的'国故';研究这一切过去的历史文化的学问,就是'国故学',省称为'国学'。'国故'这个名词,最为妥当;因为他是一个中立的名词,不含褒贬的意义。'国故'包含'国粹';但他又包含'国渣'。我们若不了解'国渣',如何懂得'国粹'?"⑤但是,曹聚仁不同意胡适的看法。他说:"斯言妄也。胡氏之说,殆迁就俗称而为之曲解耳。抑知'国故'二字之重心在'故';于'故',乃知所研究之对象为过去文化思想之僵石,乃知此研究对象已考终于'五四运动'之际,乃知此研究之对象与化学室之标本同其状态。使去'故'而留'国',则如呼'西瓜'为'西','太阳'为'太',闻者必茫然不知所云。故愚以为国故学必当称为'国故学',决无可省之理"。⑥ 毛子水认为,

① 罗志田:《国家与学术:清季民初关于"国学"的思想论争》,第35页。
② 邓实:《国学真论》,《国粹学报》,第3年第2期。
③ 曹聚仁:《国故学大纲》上卷,上海梁溪图书馆出版社,1925年版,第7、4、7页。
④ 沈亦云:《国学入门》,第4页,南屏女中印。
⑤ 欧阳哲生编:《胡适文集》,3卷,10页,北京大学出版社,1997年版。
⑥ 许啸天编:《国故学讨论集》,上,群学社,1927年版,第90~91页。

"国故就是中国古代的学术思想和中国民族过去的历史";站在现代的角度,运用科学的理论与方法去研究"中国古代的学术思想和中国民族过去的历史",就是国故学。

此外,蒙文通认为国学就是经学;①邵祖平认为,国学就是国文学;②顾颉刚认为,国学就是历史学。③ 还有人认为,国学就是考古学。④ 综观近代关于国学定义的争论,始终没有得出一个被人们共同认可的概念。"'国学'也好,'国故学'也好,均尚未能确立自身的学术典范,其在很大程度上仍不过是一个涵盖宽泛的虚悬名号"。⑤ 从这个意义上来看,国学的研究任重而道远。

第二,关于国学的分类。定义与内涵搞不清楚,分类自然就很困难。见仁见智,莫衷一是,也成为国学分类的现实困境。

一是特定的中国学术史。章太炎所讲的国学内容包括:"一、中国语言文字制作之原;二、典章制度所以设施之旨趣;三、古来人物事迹之可为法式者。"⑥王易的分类是:"经学、小学、哲学、史学。"⑦钟泰的分类是:"六书篇、声韵篇、章句篇、六艺篇、诸子篇、目录篇、汉宋异同篇、文章体制篇。"⑧李笠的分类是:哲学部:群经哲学、诸子哲学、释氏哲学、哲学史;史学部:别史、通史、史志、史论;文学部:总集、专集、小说、文评;小学部:形义、声韵;类书辞典部。⑨ 吴文祺的分类是:考订学;文字学;校勘学;训诂学。⑩

二是中国学术史。汪震、王正己的分类是:"经学、史学、哲学、自然科学、文学、文章的派别、文字学、清代学术史。"⑪黄毅民的分类是:"语言文字学、文学史、经学、史学、哲学史、科学。"⑫马瀛的分类是:"(一)经学;(二)哲学(诸子学、理学、佛学);(三)史学;(四)文学;(五)其他学术(神秘学术、美艺学术、应用学术、自然学术。)"。⑬

---

① 罗志田:《国家与学术:清季民初关于"国学"的思想论争》,第366页。
② 邵祖平:《国学导读》序,商务印书馆,1947年版。
③ 顾颉刚:《一九二六年始刊词》,《北京大学研究所国学门周刊》第2卷,第13期,1926年。
④ 转引自罗志田:《国家与学术:清季民初关于"国学"的思想论争》,第400页。
⑤ 罗志田:《国家与学术:清季民初关于"国学"的思想论争》,第366页。
⑥ 章太炎:"国学讲习会序",《民报》七号,1908年9月5日出版。
⑦ 王易:《国学概论》,神州国光社,1932年版,第5~7页。
⑧ 钟泰:《国学概论》,目录第1~2页,中华书局,1936年版。
⑨ 转引自马瀛:《国学概论》,上海大华书局,1934年版,第17页。
⑩ 许啸天编:《国故学讨论集》,上,群学社,1927年版,第42页。
⑪ 汪震、王正己编:《国学大纲》,目录,北平人文书店,1933年版。
⑫ 黄毅民著:《国学丛论》,目录,北平燕友学社,1936年版。
⑬ 马瀛:《国学概论》,上海大华书局,1934年版,第19页。

三是中国文化史。胡适指出:"我们理想中的国学研究,至少有这样的一个系统:中国文化史:(一)民族史;(二)语言文字史;(三)经济史;(四)政治史;(五)国际交通史;(六)思想学术史;(七)宗教史;(八)文艺史;(九)风俗史;(十)制度史。"①曹聚仁的"国故学"分类,其实也是一个中国文化史的框架结构:"甲、文学:平民文学、贵族文学、平民化文学、病态文学。乙、史学。丙、哲学:道家、儒家、墨家、法家、佛学、宋明理学、东原哲学。丁、人生哲学。戊、政治学。己、文字学:训诂学、音韵学。庚、论理学。辛、心理学。壬、天文学。癸、算学。子、其他科学。丑、宗教。寅、美术。"②

第三,关于国学的研究方法。如何研究国学,学者们根据自己的治学经验与研究心得,各自发表了自己的看法。

章太炎 1906 年前后在日本东京发起国学讲习会,先后讲授了《论语言文字之学》《论文学》《论诸子学》等,没有讲如何研究国学的方法。1922 年,章太炎应江苏省教育会的邀请,在上海讲授国学。其中,讲到研究国学的 5 个方法:辨书籍真伪;通小学;明地理;知古今人情的变迁;辨文学应用。③ 所谓"辨书籍真伪",就是要搞清楚古书的版本,知晓哪些是真本,哪些是伪书,如果真伪不辨,必将事倍功半。所谓"通小学",必须认识古代的文字。小学分训诂、形体、谐声三种。因为古代文献,有些是古时的白话,有些是各地的土话,意思与如今差别很大,因此,要读唐代以前的书,一定要懂文字学。所谓"名地理",就是弄清楚古今区域沿革。"地理有天然、人为二者,天然者尚易讲,如古今山川,变化极少,试观古籍,亦可知其大概,而人为者则难矣。例如郡县沿革,自古迄今,不知几千万变矣,春秋封建也,而秦置郡县。今之人,于古之大区域之郡,尚能知其梗概,而小区域之县,遂不易辨明,至沿革则更非容易。"④加上中国幅员广大,地名重复繁多,古人在这方面也闹过笑话。因此,了解古今地理变迁,对国学研究关系重大。所谓"知古今人情变迁",即一个时代有一时代特定的道德与价值规范,理学家认为天不变,道亦不变是"不知道德亦随时会而变也"。"盖伦理道德不变,而社会道德实变,盖政体不同,则风俗不同,风俗不同,则道德亦随之不同。例如封建时代今贵族制,而郡县时代则近平民制矣。……唐太宗家庭大变,不可谓能齐家矣,而治国极好,此可见道德之说,亦宜审究。"⑤所谓"辨文学应用",就是写文章,不必讲究什么文体,只

---

① 欧阳哲生编:《胡适文集》,3 卷,北京大学出版社,1998 年版,第 15 页。
② 曹聚仁:《国故学大纲》,上卷上海梁溪图书馆出版社,1925 年版,第 5～7 页。
③ 汤志钧编:《章太炎年谱长编》,下册,中华书局,1979 年版,第 669 页。
④ 《章太炎年谱长编》,下册,第 672 页。
⑤ 《章太炎年谱长编》,下册,第 673 页。

要文笔流畅漂亮即可。"文章之妙,不过应用,白话体可用也。发之于言,笔之为文,更美丽之,则用韵语,如诗赋者,文之美丽者也。约言之,叙事简单,利用散文,论事繁复,可用骈体,不必强,亦无庸排击,惟其所适可矣。"①仔细揣摩章太炎先生的教诲,对我们研究国学还是有启示的。

胡适提出国学研究的方法是:索引式的整理,结账式的整理,专史式的整理。所谓"索引式的整理",胡适说:"我们主张,国学的系统的整理的第一步要提倡这种'索引'式的整理,把一切大部的书或不容易检查的书,一概编成索引,使人人能用古书。人人能用古书,是提倡国学的第一步。"所谓"结账式的整理",胡适认为:"一种学术到了一个时期,也有总结账的必要。学术上结账的用处有两层:一是把这一种学术里已经不成问题的部分整理出来,交给社会;二是把那不能解决的部分特别提出来,引起学者的注意,使学者知道何处有隙可乘,有功可立,有困难可以征服。"②胡适还以《诗经》为例,列举了结账式整理的步骤:异文的校勘;古韵的考究;训诂;见解。所谓"专史式的整理",包括两个方面:第一,用现在力所能及搜集考定的材料,因陋就简的先做成各种专史,如经济史,文学史,哲学史,数学史,宗教史,……之类。这是一个大间架,他们的用处只是要使现在和将来的材料有一个附丽的地方。第二,专史之中,自然还可分子目,如经济史可分时代,又可分区域;如文学史哲学史可分时代,又可分宗派,又可专治一人;如宗教史可分时代,可专治一教,或一宗派,或一派中的一人。这种子目的研究是学问进步必不可少的条件。③ 在胡适的鼓励与引领下,其众多弟子沿着这个思路,在各自领域分别做出了不错的贡献。

学者马瀛在其《国学概论》一书中,系统提出了国学研究的方法。其中包括:观察、会通、怀疑、辨伪、明诬、勘误、归纳、比较、分类、整理、辑补、统计、调查、发掘、评判共计15种研究方法。观察:选择、浏览、圈点及钩识、精读、抄录;会通:治经学应知家数、治哲学应知流派、治史学应辨真妄、治文学当知变迁;怀疑:疑古、疑今;所谓辨伪:作伪之原因、辨伪之巨著、辨伪之方法、前人已考定著名伪书表;明诬:寓言、支词、诬妄、传讹、虚构、疏忽;勘误:校勘之证据、错误之由来;归纳:钱大昕考古音、王引之考古词、俞樾考词品、胡适考词格;比较:思想疏密、理论长短、学说异同、传注得失、文辞优劣、事迹真伪;分类:演绎的分类、归纳的分类;整理:索引式、图表式、总帐式、专史式;辑补:辑佚、补作;统计:前人已作之统计、吾人可

---

① 《章太炎年谱长编》,下册,第674页。
② 欧阳哲生编:《胡适文集》,3卷,北京大学出版社,1998年版,第13页。
③ 欧阳哲生编:《胡适文集》,3卷,北京大学出版社,1998年版,第15页。

作之统计;调查:方言、风俗;发掘:甲骨文字、汉晋木简、敦煌古书、新郑彝器、渑池石器;评判:主观的评判、客观的评判。① 这些研究方法之细密、全面,今天依然有重要的参考价值。

三、近代国学演变的历史启示

综观近代国学的历史演变及其命运,站在当代中国社会发展的新的高度,我们得到的历史与现实启示是:

第一,近代国学的讨论,淡化了中西文化的对立,化解了国内学术的壁垒。近代国学的出现与兴盛,直接的诱因是西学。历史上,中国文化成功地应对了诸如佛教、伊斯兰教等外来文化的冲击,并将其合理成分有机结合到自己的思想文化体系之中。作为意识形态的儒学与政治上的中央集权制度,共同造成了中国社会的发展与繁荣。文景之治、贞观之治、开元盛世、康乾盛世一直是中国的辉煌与骄傲。在西方资本主义兴起之前,中国社会在其固有轨道上有序前行。

19世纪30年代,西方在完成了其政治变革与工业革命之后,开始有计划地东进,东方世界成为西方开发的巨大市场。西方国家曾经一度想通过外交方式实现与中国的正常关系,包括政治、经济、文化、教育等等,比如1793年英国马嘎尔尼访华、1816年英国阿美士德访华,结果都因为清朝政府放不下天朝上国的架子,以所谓的礼仪问题而错过了实现中西交往的机遇。随后,西方国家先后以鸦片问题、中国附属国问题及传教问题为借口,相继对中国发动了多次侵略战争。西方学者把其概括为西方挑战,中国应战。主要还是政治、军事层面的。当时学人及政府官员的普遍认识是:中国之所以失败,主要是武器装备方面的差距,与政治制度、文化思想没有关系。李鸿章"中国文武制度,事事远出西人之上,独火器万不能及"的中西判断,基本上代表了那一时期中国高层官员的价值取向。薛福成说:"今诚取西人器数之学,以卫吾尧舜、禹汤、文武、周孔之道,俾百人不敢蔑视中华。"②张之洞撰写《劝学篇》,系统阐发"中学为体,西学为用",强调在保全中国文化的基础上,有选择地吸收和借鉴与中国政治与文化不冲突的外来成分。这足以说明,这一时期,不论是官员也好,还是学者也罢,都没有感觉到中国文化的问题。即使像以激进著称的谭嗣同发出了"二千年来之政,秦政也,皆大盗也;二千年来之学,荀学也,皆乡愿也。惟大盗利用乡愿;惟乡愿工媚大盗"的呐喊,③对传统政

① 马瀛:《国学概论》,上海大华书局,1934年版。
② 中国史学会主编:《戊戌变法》(一),上海人民出版社,1957年版,第160页。
③ 蔡尚思等编:《谭嗣同全集》,下册,中华书局,1980年版,第337页。

治与传统文化做了犀利批判,但毕竟属凤毛麟角,不代表群体认知。即便如此,谭嗣同对中国儒学、道学甚至中国化的佛学也是礼赞有加、十分欣赏的。康有为托古改制,对孔子及其儒家思想进行新的解读,也只是批评古文经学篡改儒家经典。康有为不但没有对儒家宗师孔子些微非礼,而且对孔子给予高度评价:"天不生仲尼,万古如长夜,信哉。"①也就是说,直到这一时期,学人也没有提出国学概念。之所以没有提出国学概念,说明当时中西文化关系冲突激烈,中国传统学术内部壁垒森严。中国文化用国学来表述,国学替代中学,说明中西文化关系进入一个新的阶段。中西文化由以前的紧张、冲突开始转向和谐、融合,中学与西学、旧学与新学、古学与今学已经不能反映中西文化关系的现实。于是,国学应运而生。所谓国学,就是运用西方近代科学研究方法,对中国学术加以系统整理和总结。这样,国学就与以前的旧学、中学、古学判然有别,国学不再单纯只是中国的过去的学术文化,其中已经包括了西方学术的元素。晚清国粹派的代表人物黄节就认为,对中国有用的固有学术是国粹,对中国有用的西方学术同样也是国粹。他说:"是故本我国之所有而适宜焉者国粹也,取外国之宜于我国而足以行焉者亦国粹也。"②国学大师王国维在为《国学丛刊》作序时明确指出:"今之言学者,有新旧之争,有中西之争,有有用之学与无用之学之争。余正告天下曰:学无新旧也,无中西也,无有用无用也。何以言学无中西也? 世界学问,不出科学、史学、文学。故中国之学,西国类皆有之;西国之学,我国亦类皆有之。所异者,广狭疏密耳。"③就中西关系而言,国学的提出,打破了以往的中学、西学自成一体、壁垒森严的状态,一定程度上实现了二者的相互容纳和彼此认同。同样,国学的提出,也打破了中国学术内部的派别之分。长期争论不休的古文经学与今文经学在国学的旗帜下停止了学术内战;泾渭分明的南派学术与北派学术开始沟通交流。

第二,近代国学的讨论与研究,促成了近代的古学复兴。1905 年,邓实发表《古学复兴论》,指出:"十五世纪,为欧洲古学复兴之世,而二十世纪,则为亚洲古学复兴之世。"④作者主张应该回归先秦,复兴中国周秦时代的诸子之学。文章说:"考吾国当周秦之际,实为学术极盛之时代,百家诸子,争以其术自鸣。如墨荀之名学,管商之法学,老庄之神学,计然白圭之计学,扁鹊之医学,孙吴之兵学,皆卓然自成一家言,可与西土哲儒并驾齐驱者也。"⑤作者对中国古学兴衰历史做了

① 康有为:《万木草堂口说》,中华书局,1988 年版,第 92 页。
② 黄节:《国粹保存主义》,《政艺通报》,第 21 期,1905 年 7 月 17 日。
③ 姚淦铭等编:《王国维文集》,第 4 卷,中国文史出版社,1997 年版,第 365、第 366~367 页。
④ 张枬等编:《辛亥革命前十年间时论选集》,第 2 卷,上册,三联书店,1960 年版,第 57 页。
⑤ 张枬等编:《辛亥革命前十年间时论选集》,第 2 卷,上册,第 57 页。

简要回顾,指出:"学术至大,岂出一途,古学虽微,实吾国粹。孔子之学,其为吾旧社会所信仰者,固当发挥而光大之;诸子之学,湮没既千余年,其有新理实用者,亦当勤求而搜讨之。夫自国之人,无不爱其自国之学。孔子之学固国学,而诸子之学亦国学也。同一神州之旧学,乃保其一而遗其一,可乎?"①将诸子之学与孔子之学并称国学,大大提升了诸子学的地位,丰富了国学的内涵。邓实呼吁,在继承孙诒让《墨子间诂》、俞樾《诸子平议》、刘师培《周末学术史》等清学研究成果的基础上,大力开展国学的研究。他说:"吾人今日对于祖国之责任,惟当研求古学,刷垢磨光,钩玄提要,以发见种种之新事理,而大增吾神州古代文学之声价。是则吾学者之光也。"②欧洲以复兴古希腊文化为契机,开创了欧洲近代文明。同样,国学派也希望通过复兴先秦诸子学,以实现古学的重新振兴。章太炎的《诸子学略说》、《齐物论释》、刘师培的《周末学术史》等,是古学复兴时期的代表作。梁启超英年早逝,其后半生几乎与近代国学运动息息相关。仅就诸子学方面的研究成果,梁启超的著作就有:《子墨子学说》、《管子评传》、《老子哲学》、《墨经校释》、《墨子学案》、《先秦政治思想史》等。胡适以其影响力,发起整理国故运动,并身先士卒,出版了《中国哲学史纲要》、《白话文学史》等具有开创性的论著,成为近代国学研究中的代表人物。近代今文学的复兴、墨学的复兴、佛学的复兴,王学的复兴,很大程度上都是国学复兴催生的产物。

第三,近代国学的兴起,促进了中国近代学术的发展与进步。西方学术的大规模输入,对中国学人发生了很大刺激。特别是西方近代学科分类的完备与细致,多少使国人汗颜。谭嗣同说:"绝大素王之学术,开于孔子。而战国诸儒,各衍其一派,著书立说,遂使后来无论何种新学,何种新理,俱不能出其范围。"③比如,论及西方商学,中国有《管子》;论及西方军事学,中国有《孙子兵法》;论及西方农学,中国有《商鞅子》;论及西方工学,中国有公输子;论及西方科学,中国有墨子;论及西方哲学,中国有庄子、列子;论及西方外交,中国有苏秦、张仪;论及西方法律,中国有申不害、韩非;论及西方逻辑,中国有公孙龙、惠施。如此等等,不一而足。结论是:"近来所谓新学新理者,无一不萌芽于是"。④ 蔡元培在谭嗣同说的基础上,又做了进一步的补充和发挥。他说:"老庄之道学,非哲学乎?儒家之言道德,非伦理学乎?荀卿之正名,墨子之《大取、小取》,以及名家者流,非今之论理

① 张枬等编:《辛亥革命前十年间时论选集》,第2卷,上册,第59页。
② 张枬等编:《辛亥革命前十年间时论选集》,第2卷,上册,第60页。
③ 《谭嗣同全集》,下册,第399页。
④ 《谭嗣同全集》,下册,第399页。

学乎？墨子之经说,非今之物理学乎?《尔雅》、《本草》,非今之博物学、药物学乎?《乐记》之言音律,《考工记》之言筍簾,不犹今之所谓美学乎? 宋人刻象为楮,三年后而成,乱之楮叶之中而不可辨者,不犹今之雕刻乎?"①强制以中学内容附会西方近代学科分类,表面上显得理直气壮,其实骨子里流露出的是自卑意识。通过晚清国粹运动与五四前后的整理国故运动,国学体系逐渐形成,博大精深的国学内涵已经具备了与西方学术对话的条件。以此为基础,中国近代学科分类渐次形成。1905 年,晚清国粹派代表人物刘师培作《周末学术总序》,"采集诸家之言,依类排列",所谓"依类"即仍依西学分类,分出心理学史、伦理学史、论理学史、社会学史、宗教学史、政法学史、计学(今称经济学)史、兵学史、教育学史、理科学史、哲理学史、术数学史、文字学史、工艺学史、法律学史、文章学史等。今人认为:"中国学术自此进入基本按西学分类的时代。"②北大国学门分设文字学、文学、哲学、史学、考古学等 5 个研究室,并相继创立歌谣研究会、风俗调查会、整理档案会、古迹古物调查会(后改名考古学会)、方言调查会,以贯彻其学术宗旨。清华研究院国学科融合中国书院与英国大学制,分中国语言、历史、文学、音乐、东方语言,另设考古学陈列室。燕京大学国学研究所确定的国学范围是,历史、文学、哲学、文字学、考古学、宗教、美术。东南大学国学院计划分科学、典籍、诗文三部,从学说、图谱、器物三方面,运用各种相关学科的方法,研究中国的民族、语言文字、思想学术、文学、诗词曲剧、美术、天文数学、法制、经济学、交通及国际交通、农商工业、哲学、教育、宗教风俗等历史现状。齐鲁大学国学研究所分中国哲学、史地、文学、社会经济四科。厦门大学国学院筹备之际,该校文理商教各科主任均参与其事,结果所订章程囊括一切,分历史古物、博物(指动植矿物)、社会调查、医药、天算、地学、美术、哲学、文学、经济、法政、教育、神教、闽南文化等 14 组,后招聘到北京大学国学所的几位骨干,组织上基本继承北大风格,设语言文字学、史学及考古学、哲学、文学、美术音乐等 5 组,并组织风俗调查会。这些设置,均突破了传统学术七略、四部等分类,体现了近代西学的精神。③

其实,作为民族文化遗产的国学,不管其是有形的还是无形的,其主要价值是精神伦理与教化功能。国学对政治转型、经济发展不具备直接作用。面对近代政治、经济乃至社会的全面衰退,一派学者主张通过振兴国学来挽救政治危机、经济凋敝与社会无序,未免对国学的期望过高,这也是国学难以胜任的。另一派学者

---

①　《蔡元培全集》,第 2 卷,第 337 页。

②　罗志田:《西学冲击下近代中国学术分科的演变》,《社会科学研究》,2003 年,第 1 期。

③　桑兵:《晚清民国的国学研究》,上海古籍出版社,2001 年版,第 12～13 页。

将近代社会全面危机的责任归咎于国学,希望通过彻底毁灭国学、完全西化来实现中国社会的现代化,同样也是漏洞百出,没有抓住问题的症结。近代国学的兴衰沉浮,值得我们认真反思和深刻体悟。

第四节　大同理想与世界主义

中国文化一向不排斥外来文化与思想,具有特别强烈的兼容性与包容度。其中,表现最为突出的是天下观念与大同理想。这种禀性与特质,使中国文化一定意义上具有世界主义的情怀与诉求。关于中国文化中的大同理想与世界主义的内涵及其联系,学界研究不是很多,本文试图对中国文化中所蕴涵的世界主义情结及其中国文化与世界主义的联系做一初探,通过分析与研究,进一步加深对中国文化的认识和判断。

一、中国古代大同理想

中国文化自其发生之初,就具有十分恢宏的气势和广阔的视野。当人类社会还整体处于不发展状态时,中国文化已经具有明确的世界意识。以孔子为代表的传统儒家,比较早地提出了这个理念。孔子说:"四海之内,皆兄弟也,君子何患乎无兄弟也"①。之后,"海内存知己,天涯若比邻"、"海内天涯共岁徂,故乡忆得异乡无"、"知己休忘在海内,天涯原说比邻同"、"闻道天涯健,相期海外还!"、"鹤翅摩天海外游,才名今已播瀛洲"等名句在文献中口口相传,脍炙人口。不论"四海"、"海内"、"海外"、"天涯"如何解释,尽管其并不是现代人们所理解的地理概念,但不可否认的是,孔子及其后人的视野已经远远超越了他们所处的时空,姑且称之为那个特定时代的"世界主义"也未尝不可。孔子作《春秋》,开篇即"元年王正月"。《春秋公羊传》对此解释为:"何言乎王正月,大一统也。"②有学者的解读是:"'王'就是超越国家、超越民族的'大一统'。孔子所作《春秋》的'微言大义',就是此种'大一统'之追求。其'据乱'、'升平'、'太平'三世之说,即是表示由国家主义而区域主义、由区域主义而世界主义之不断进化之阶梯。'据乱世'是国家主义的,故《公羊传》说它'内其国而外诸夏';'升平世'是区域主义的,故《公羊传》说它'内诸夏而外夷狄';'太平世'是世界主义的,故《公羊传》说它'天下远

---

① 《论语·颜渊》,杨伯峻:《论语译注》,中华书局,1980 年版,第 125 页。
② 李宗侗:《春秋公羊传今注今译》,上册,台北:商务印书馆,1974 年版,第 1 页。

近大小若一,夷狄进至于爵'。"①对此论断,我基本表示认可。孔子及其儒家实现"世界主义"的方法与途径,主要是通过弘扬"仁爱"来完成,"天下归仁"是孔子的不懈追求和终极目标。

主张"爱无差等"的传统墨家的世界主义情结更为浓烈。其代表人物墨子认为,天下混乱的根源是人人"亏人自利"。因此,要平治天下,必须要"兼相爱,交相利"。具体来说就是:"视人之国若己之国,视人之家若己之家"。其心目中的理想世界是:"天下之人皆相爱,强不执弱,众不劫寡,富不侮贫,贵不敖贱,诈不欺愚。"②在这个理想社会中,弱势阶层的基本权利能够得到基本保障。墨子指出:"老而无妻子者,有所侍养,以终其寿;幼弱孤童之无父母者,有所放依,一长其身"。③ 传统墨学崇尚平等,注重科技,反对战争,倡导和平等主张,也体现了其开放性与世界性。

在中国文化浓郁的世界主义情怀中,表现最为充分的便是天下观念与大同理想。传诵久远的《礼记·礼运》篇所描绘的人类社会的终极目标:"大道之行也,天下为公。选贤与能,讲信修睦,故人不独亲其亲,不独子其子,使老有所终,壮有所用,幼有所长,矜寡孤独废疾者,皆有所养。男有分,女有归,货恶其弃于地也,不必藏于己,力恶其不出于身也,不必为己。是故谋闭而不兴,盗窃乱贼而不作,故外户而不闭,是谓大同。"成为中国世代学人的梦想与追求。

中国文化在设置了一个终极目标与追求之后,还同时提出了一个实现这一目标的基本路径:"古之欲明明德于天下者,先治其国;欲治其国者,先齐其家;欲齐其家者,先修其身;欲修其身者,先正其心;欲正其心者,先诚其意;欲诚其意者,先致其知;致知在格物。物格而后知至,知至而后意诚,意诚而后心正,心正而后身修,身修而后家齐,家齐而后国治,国治而后天下平。"④

先秦之后,天下主义与大同理想成为中国士人的一种信念和追求,历久不衰。宋儒张载在其著名的《西铭》中指出:"乾称父,坤称母,予滋藐也,乃混然中处。故天地之塞吾其体,天地之帅吾其性。民,吾同胞,物,吾与也。"⑤其意思是,天地是万物和人的父母,人是天地间藐小的一物,天、地、人三者混然共处于宇宙之中。由于三者都是"气"聚之物,天地之性,就是人类之性,所以人类是我的同胞,万物

---

① 张耀南:《中华文明的世界主义对于构建全球伦理可有之贡献》,《北京行政学院学报》2003 年 05 期。

② 《墨子·兼爱中》。

③ 《墨子·兼爱下》。

④ 南怀瑾:《大学微言》,世界知识出版社,1998 年版,第 106 页。

⑤ 章锡琛:《张载集》,中华书局,1978 年版,第 62 页。

是我的朋友。归根结底,万物与人类的本性是一致的。张载这种视人类与自然万物一体平等的观念,一定程度上超越了以往的天下主义,进入一个新境界。"为天地立心,为生民立道,为去圣继绝学,为万世开太平。"①这四句话,被近代大儒马一浮奉为"横渠四句教"的警世名言,不仅是中国古代圣人大同理想的宣言,而且是中国古圣的世界主义的呐喊。陆王心学屡次提及"心同理同"、"天地万物"等理念,不断强化其世界意识。宋儒陆象山说:"东海有圣人出焉,此心同也,此理同也;西海有圣人出焉,此心同也,此理同也;南海、北海有圣人出焉,此心同也,此理同也。千百世之上有圣人出焉,此心同也,此理同也;千百世之下有圣人出焉,此心同也,此理同也。"②东海、西海、南海、北海,正好表明了世界的空间范围;上下千百世,恰恰体现了世界的时间进程。这样如此宽阔的视野与胸怀,其世界主义的情怀跃然纸上。明儒王阳明说:"大人者,以天地万物为一体者也,其视天下犹一家,中国犹一人焉。若夫间形骸而分尔我者,小人矣。"③王阳明将中国视为世界之一分子,强调中国与世界的一体性,展现的同样是一种宏大的世界主义视角。清代大儒顾炎武系统辨析了国家与天下的异同,表现了其世界主义的追求。他说:"有亡国,有亡天下。亡国与亡天下奚辨?曰:易姓改号,谓之亡国;仁义充塞而至於率兽食人,人将相食,谓之亡天下。"既然亡国与亡天下不同,那么保国与保天下也自然有异。顾炎武进而指出:"保国者,其君其臣,肉食者谋之。保天下者,匹夫之贱,与有责焉耳矣。"④梁启超将顾炎武的思想精辟地概括为"天下兴亡,匹夫有责",标志着这种理念的近代转型,使其具有时代意义,成为中国近代世界主义的箴言。⑤

二、西方世界主义内涵

世界主义是一种具有悠久传统的哲学理念,主张世界是一个单一的共同体,所有人皆为其中的平等成员。作为一个相对不大严密的概念,有时被称之为全球化、地球村、一体化,等等。正如英国杰拉德·德兰迪教授所说:"'世界主义'并不是一个清晰可辨的主题,相反,其中充斥着混淆不清的东西。"⑥国际主义、社会主义与自由主义以及世界宗教等理论与世界主义均有程度不同的联系。有学者指

① 章锡琛:《张载集》,中华书局,1978 年版,第 376 页。
② 陆九渊:《陆九渊集》,中华书局,1980 年版,第 388 页。
③ 吴光等编:《王阳明全集》,中卷,上海古籍出版社,2011 年版,第 1066 页。
④ 陈垣:《日知录校注》,中卷,安徽大学出版社,2007 年版,第 722 页。
⑤ 梁启超:《饮冰室合集》,文集之二,中华书局,1989 年版,第 20 页。
⑥ 杰拉德·德兰迪等:《"世界主义"共同体如何形成》,《学术月刊》,2011 年第 7 期。

出,世界主义作为一种理念,经历了三个阶段:古典世界主义时期;18世纪的世界主义;最近时期。① 按照这种思路,我们可以以历史的方法将之分为古典世界主义、近代世界主义与当代世界主义三个时期。由于篇幅的关系,这里重点讨论前两个阶段。

从字面上解析世界主义cosmopolitanism,我们不难发现,其中的cosmos乃指宇宙;politan指都市市民;核心意思是"世界公民"。世界主义理念肇始于古希腊后期及古罗马时代,塞涅卡、芝诺、奥勒留等均不同程度地宣扬世界主义。其中,被黑格尔称为"那时全部著名的文明世界的皇帝"的马可·安托宁·奥勒留,在其传世名作《沉思录》中,给后人留下了极其宝贵的世界主义思想遗产。其主要思想观点是:第一,宏大一体的宇宙观。在奥勒留看来,人类万物仅仅是宇宙的一个组成部分,按照其内在规律有机运动,生生不息。他说:"亚细亚、欧罗巴是宇宙的一角;所有的海洋是宇宙的一滴。阿陀斯山是宇宙的一小块,所有现存的时间是永恒中的一点。"②正因为如此,我们"要经常考察宇宙中一切事物的联系同它们互相间的关系。因为在一种方式之下,一切事物都互相牵涉着,因而在这种情况之下一切事物都是亲密的,因为一件事物按照着次序在另一事物之后出现,这是由主动的运动同相互的协作以及实体的统一性所造成的"。③ 这种宇宙与自然于一体的观念可以说是奥勒留世界主义思想的哲学基础。第二,国家即世界、世界即国家。这种将世界与国家统一起来的观念,超越了以前哲学家将其对立的观点,表现了奥勒留的世界主义理想与追求。这个理念是建立在"理性"、"社会"与"平等自由"的基点之上。他说:"我的本性是理性的和社会的,就我是安东尼(皇帝——引者注)来说,我的城市与国家是罗马;但就我是一个人来说,我的国家就是这个世界。"④他进而指出:"如果我们的理智部分是共同的,就我们是理性的存在而言,那么,理性也是共同的;因此,那命令我们做什么和不做什么的理性就也是共同的;因此,就也有一个共同的法;我们就都是同一类公民;就都是某种政治团体的成员;这世界在某种意义上就是一个国家。"⑤世界与国家的统一性,使奥勒留具备了一种人类关怀和新颖的治理理念,即平等对待和尊重"所有人",使其充分享受到"权利平等"和"言论自由平等",以实现其理想的"王者之治"。奥勒

---

① 袁祖社:《"世界主义观念"的乌托邦想像与"原创文化"智识性理念逻辑》,《陕西师范大学学报》,2008年第4期。
② 马可·奥勒留著,何怀宏译:《沉思录》,商务印书馆,1989年版,第92页。
③ 北京大学哲学系编译:《古希腊罗马哲学》,三联书店,1957年版,第448页。
④ 马可·奥勒留著,何怀宏译:《沉思录》,商务印书馆,1989年版,第95页。
⑤ 马可·奥勒留著,何怀宏译:《沉思录》,商务印书馆,1989年版,第43~44页。

留坦诚指出:"我接受了一种以同样的法对待所有人、实施权利平等和言论自由平等的政体的思想,和一种最大范围地尊重被治者的所有自由的王者之治的观念。"①第三,世界公民观。完整意义上的"世界公民"观念,是近代学者才提出的,但在奥勒留的思想中,已经具备了这一概念。他说:"人啊,你一直是这个伟大国家(世界)里的一个公民,五年(或三年)会对你有什么不同呢?因为与法相合的事情对一切都是公正的。"②在其思想中,世界公民一个具备"爱真理,爱正义"、理性、宽厚、仁爱、真诚、至善、自尊等品性。古典世界主义重点强调的是道德层面,具有理想性与憧憬色彩。

近代历史上世界联系的加强与拓展,世界主义的思想与理念在各种思潮与学派中均得到充分表现和发挥,如国际法、功利主义、自由贸易理论乃至马克思主义的社会主义思想等,都分别从法学、哲学、经济学、政治学及社会学不同层面展示了其各自的强烈的世界主义观念。其中,康德的世界主义思想体系最具有代表性,一定意义上是这一理论的集大成者。

康德认为,随着新航路的开辟,国家与国家间、民族与民族间的政治、经济文化联系越来越紧密,某个国家或地区发生一件事,很有可能对其他国家或地区产生影响。他说:"在我们这部分由于它那贸易而如此紧密地联系在一起的世界里,国家每动荡一次都会对所有其余的国家造成那样显著的影响。"③"既然大地上各个民族之间(或广或狭)普遍已占上风的共同性现在已经到了这样的地步,以致在地球上的一个地方侵犯权利就会在所有的地方都被感觉到"。④ 面对国家与国家之间出现的领土纠纷、贸易摩擦及宗教对立,基本的解决模式是诉诸武力,通过战争解决争端。战争对世界所造成的灾难不仅仅表现为参战国自身战争上的屈辱、领土的丧失以及经济上的巨大损害,更重要的是各个民族国家对应对未来战争的长期准备与忧虑,以及为了应对战争而导致的国内政治、文化、思想进步的严重迟滞。对此,睿智的思想家康德有明确的感受与察觉。他说:"我们必须承认:文明民族所承担的最大灾难就是被卷入战争,并且的确与其说是由于现实的或已有的战争,倒不如说是由于对未来战争的永不松懈的,甚而是不断增长着的准备。国家的全部力量、它那文化的全部成果,本来是可以用之于促进一个更高的文化的,却都被转移到这上面去了;自由在那么多的地方都遭到了重大的损害,国家对于

① 马可·奥勒留著,何怀宏译:《沉思录》,商务印书馆,1989年版,第7页。
② 马可·奥勒留著,何怀宏译:《沉思录》,第219页。
③ 康德著,何兆武译:《历史理性批判文集》,商务印书馆,1990年版,第17页。
④ 康德著,何兆武译:《历史理性批判文集》,第118页。

每一个成员那种慈母般的关怀竟变成了残酷暴虐的诛求,而这种诛求却由于有外来危险的威胁,竟被认为是正当的。"①正是基于对无休无止的战争及其未来战争威胁的忧虑,终生致力于纯粹哲学体系构建的康德,在其晚年开始系统考虑国际政治问题。世界主义就是他长期思考的结果。

康德世界主义体系的建构是通过处理好自由与权力的关系,"建立一部完美的公民宪法",进而构建一个"公民共同体"。康德指出:"大自然给予人类的最高任务就必须是外界法律之下的自由与不可抗拒的权力这两者能以最大可能的限度结合在一起的一个社会,那也就是一个完全正义的公民宪法;因为唯有通过这一任务的解决和实现,大自然才能够成就她对我们人类的其它目标。"②在这个"公民共同体"中,不论是作为个体的公民还是作为权力主体的国家,均充分享有自由、平等、独立。因此,康德提出了"公民状态"的三个原则:作为人的每一个社会成员的自由;作为臣民的每一个成员与其他成员的平等;作为公民的每一个共同体成员的独立。③ 在此基础上,康德提出了建立"伟大的国家共同体"、"各民族联盟"、"世界公民权利状态"、"世界共和国"的主张,比较系统地展现了其近代世界主义宏伟蓝图与目标:建立一个"自由国家的联盟制度",实现"永久和平"。

康德认为,建立一个"自由国家的联盟制度",实现"永久和平",必须具备三个条件:其一,"每个国家的公民体制都必须是共和制。"他说:"由一个民族全部合法的立法所必须依据的原始契约的观念而得出的唯一体制就是共和制。"④康德指出,所谓共和制,必须具备自由、法治、平等三大原则。他说:"这首先是根据一个社会的成员(作为人)的自由原则,其次是根据所有的人(作为臣民)对于唯一共同的立法的依赖原理,最后是根据他们(作为国家公民)的平等法则而奠定的。"⑤其二,"国际权利应该以自由国家的联盟制度为基础",建立一个"和平联盟",在此基础上逐渐扩大,最终形成"世界共和国"。他说:"一个强大而开明的民族可以建成一个共和国(它按照自己的本性是必定会倾向于永久和平的),那么这就为旁的国家提供一个联盟结合的中心点,使他们可以和它联合,而且遵照国际权利的观念来保障各个国家的自由状态,并通过更多的这种方式的结合渐渐地

---

① 康德著,何兆武译:《历史理性批判文集》,第75页。
② 康德著,何兆武译:《历史理性批判文集》,第9页。
③ 康德著,何兆武译:《历史理性批判文集》,第182页。
④ 康德著,何兆武译:《历史理性批判文集》,第105页。
⑤ 康德著,何兆武译:《历史理性批判文集》,第105～106页。

不断扩大。"①其三,"世界公民权利将限于以普遍的友好为其条件"。② 这里的"友好",康德认为是"好客",其实包含的意思就是各个国家间的相互尊重。康德试图通过健全"世界公民权利"进而构建一种"世界公民体制"。其基本逻辑是,作为个人具备自由、平等、博爱的基本道德;作为国家具备独立的主权与共和国体制,以此为基础,实现国家联盟,建立世界公民体制,最终促进国家权利、国际权利和世界公民权利的均衡发展。对其世界主义构想,康德充满信心。他说:"因此,从世界主义的角度看来,下述的论断也就始终是可爱的:凡是根据理性的理由对于理论是有效的,对于实践也就是有效的。"③

对于康德的世界主义理想蓝图,反对者多有质疑。但是,不可否认的是,不论是在学术层面还是在现实实践层面,康德的世界主义的原点与宗师地位依然没有动摇。从学术层面来看,"今天的世界主义研究者们,尽管各自理论的侧重点有所不同,但他们都是以康德为原点";④从实践层面来看,"今天,虽然康德主义式的国际联盟已经失败了,但是同样以康德理想为基础建立的联合国却在有序运行"⑤。

三、中国近代世界主义观念

通过以上对中国文化中的大同理想与西方世界主义思想的简要梳理,我们不难发现,以天下大同为中心的中国世界主义与以世界为中心的西方世界主义存在明显的差别。这种差别主要体现为中国的世界主义仅仅具有古典性,没有完成从古典到近代的转型。中国的世界主义与西方的世界主义都分别通过各自特定的语境,表达了对人及人类社会实现统一、永久和平的关怀与憧憬。正因为如此,当中国文化与西方文化开始接触后,西方世界主义得到了中国知识界的欢呼和接纳。大致归纳起来,中国近代世界主义经历了三个时期:戊戌变法运动前后;五四新文化运动时期;抗日战争胜利以后。在此主要就近代中国文化与世界主义的联系,或者说中国文化与世界主义的结合点做阐述。

第一,"天下一家"的"大同"理想与世界一家观念的高度契合。世界主义在西方,无论是古代还是近代,都反复强调国家与世界的同一性,即国家是世界,世界即国家。这与中国文化所倡导的"天下为一家,中国为一人"有着惊人的一致

---

① 康德著,何兆武译:《历史理性批判文集》,第 113 页。
② 康德著,何兆武译:《历史理性批判文集》,第 115 页。
③ 康德著,何兆武译:《历史理性批判文集》,第 210 页。
④ 龙云杰:《康德世界主义思想研究》,中南大学硕士论文,2010 年,第 42 页。
⑤ 龙云杰:《康德世界主义思想研究》,中南大学硕士论文,2010 年,第 42 页。

性。这一点,精通中西学的张君劢曾经明确指出,大同观念是东西文化的共同观念。他说:"然大同观念,在欧洲亦未尝没有。如海尔德之人类史观,康德主张永久和平,赖思基有超国家组织学说而反对狭义的国家主义。可见大同观念为东西两方之共同愿望。"①康有为的理想蓝图是:"无邦国,无帝王,人人相亲,人人平等,天下为公,是谓大同"。② 显然是西方世界主义与中国古代大同主义有机融合的产物。许多人将世界主义定义为大同主义。有人说:"世界主义,亦同大同主义。主张世界和平及人类互爱,而反对种族及民族的偏见与歧视。"③李石曾毕生致力于鼓吹世界主义,他的定义是:"吾人之所谓'世界主义',简言之,亦可谓为'大同主义';略为引申,亦可曰'世界和平主义连同反侵略与反屠杀而言';再推广言之,则合自然世界宇宙之质力,学典世界精神之智能,大同世界群体之互助而言"。④ 在这个世界主义由理想变为现实的时代,中国文化中的大同思想,理应做出自己的贡献。有人指出:"先秦诸子,儒家主仁义,道家尚自然,墨家言兼爱,法家重法治,其最后目的,皆在于天下为公,世界大同,他们的理想是'车同轨,书同文,行同伦'"。⑤ 有人指出:"'大道之行也,天下为公',这两句话,说明了世界大同的宗旨和原则。所谓'大道',即指人人所共由共行的最普遍,最广大的理,也可以叫作人类行为的原理。所谓'天下为公',即指全世界所有的精神与物质,皆不得自私。此四字实为全人类博爱、自由、平等、幸福的源泉,反此四字,则为残酷、专制、压迫、战争的祸根"。⑥

与康有为重点讨论大同不同,梁启超对中国古代的"天下"理念做了新的解释。梁启超指出,中国文化中的"天下"观,超越了国家与民族,类似于西方的世界概念。他说:"中国人说政治,总以'天下'为最高目的,国家不过与家族同为达到这个最高目的中之一阶段。"⑦梁启超认为,"中国人则自有文化以来,始终未尝认国家为人类最高团体。其政治论常以全人类为其对象,故目的在平天下,而国家不过与家族同为组成'天下'之一阶段。政治之为物,绝不认为专为全人类中某一区域某一部分人之利益而存在。其向外对抗之观念甚微薄,故向内之特别团结,亦不甚感其必要。"⑧儒学的"平天下"、"以天下为一家,中国为一人"等观念,体现

---

① 张君劢:《政制与法制》,清华大学出版社,2008 年版,第 11 页。
② 康有为:《大同书》,中州古籍出版社,1998 年版,第 108 页。
③ 警保辑:《世界主义》,《闽政月刊》,第 1 卷,第 2 期,1937 年。
④ 李石曾:《世界主义与世界政权》,《世界月刊》,第 1 卷,第 1 期,1946 年。
⑤ 袁月楼:《世界大同的理想与实践》,《世界月刊》,第 3 卷,第 8 期,1949 年。
⑥ 袁月楼:《世界大同的理想与实践》,《世界月刊》,第 3 卷,第 8 期,1949 年。
⑦ 梁启超:《先秦政治思想史》,天津古籍出版社,2003 年版,第 231 页。
⑧ 梁启超:《先秦政治思想史》,第 4 页。

了儒家的世界主义；老子的"以天下观天下"、"以无事治天下"、"抱一为天下式"等主张，表现了道家的世界主义；商鞅的"为天下治天下"、斥"区区然擅一国者"为"乱世"等观点，反映了法家的世界主义；墨子的"天兼天下而爱之"、"视人之国若其国"等说法、"天子壹同天下之义"等思想，展现了墨家的世界主义。① 梁启超指出，与西方盛行的国家主义相比较，中国文化中的世界主义似乎更高明些。他说："这样看来，先秦政治学说，可以说是纯属世界主义。像欧洲近世最流行的国家主义，据我们先辈的眼光看来，觉得很偏狭可鄙。所以孔子、墨子、孟子诸人，周游列国，谁采用我的政策，我便帮助他，从没听见他们有什么祖国的观念。因为他们觉得自己是世界上一个人，并没有专属于那一国。又如秦国的政治家，从由余、百里奚起到商鞅、张仪、范雎、李斯止，没有一个是秦国国籍。因为他们觉得世界上一个行政区域（国）应该世界上有才能的人都有权来共同治理。……我们所以能化合成怎么大的一个民族，很受这种世界主义政治论之赐。而近二三十年来，我们模仿人家的国家主义，所以不能成功，原因亦由于此。"②世界主义与国家主义孰优孰劣见仁见智，暂且不论，却明显反映了梁启超晚年对传统文化的情感及价值取向。

第二，建立民主政治是中西世界主义的共识。西方世界主义的倡导者康德指出，实现世界主义应该具备三个条件，其中第一条就是"每个国家的公民体制都必须是共和制"，自由、法治与平等是其基本精神。中国知识界对此表示了积极认同。他们认为，近代西方民主的基本要素，就是中国文化中经常提到的"公理"。"公理"一词在戊戌以后一直比较流行，无论是维新志士也好，还是革命家也罢，甚至五四新文化的领袖们，几乎都对此颇为推崇。如谭嗣同说："君主废，则贵贱平；公理明，则贫富均。千里万里，一家一人。视其家，逆旅也；视其人，同胞也。父无所用其慈，子无所用其孝，兄弟忘其友恭，夫妇忘其倡随。若西书中百年一觉者，殆仿佛《礼运》大同之象焉。"③又如唐才常说："公理者何？大同之道也。一国新而一国大同，万国新而万国大同，一世新而一世大同，万世新而万世大同。大同之迹，破国界，破种界，破教界。大同之精，破世界。"④革命家邹容对"公理"发出由衷的礼赞。他说："革命者，天演之公例也。革命者，世界之公理也。""一国之政治机关，一国之人共司之，苟不能司政治机关，参与行政权者，不得谓之国，不得谓之国民。此世界之公理，万国所

① 梁启超：《先秦政治思想史》，第231页。
② 梁启超：《先秦政治思想史》，第231~232页。
③ 蔡尚思、方行编：《谭嗣同全集》，下卷，中华书局，1981年版，第367页。
④ 湖南省哲学社会科学研究所编：《唐才常集》，中华书局，1981年版，第180页。

同然也。"①陈独秀更明确指出:"凡合乎平等自由的,就是公理"。② 李大钊敬告青年:"我们神圣的青年,应该知道今日的 Democracy,不仅是一个国家的组织,乃是世界的组织。这 Democracy 不是仅在人类生活史中一个点,乃是一步一步地向世界大同进行的一个全路程。我们拥护 Democracy,不是单管国内的事,不管国外的事,就能成功。必要把世界作活动的舞台,把自国的 Democracy 作世界 Democracy 一部分去活动,才能有成功的希望。"③袁月楼指出:"世界大同的政治,毫无疑问的是民主政治,基于'天下为公'的原则,尊重人民的平等权利与自治自决,因为政府与执政者,必由全体人民自行决定,自行选择,而不容许少数人有特殊地位与权利,废除一切专制垄断的法规,才能符合'公'的原则。民主政治的基本精神在选举,孔子理想中的大同政治,标揭'选贤与能',可谓一语中的,二千年前即将现代民主政治的精髓,和盘托出,诚是难能可贵。"④中国近代思想家借用古代大同理想的话语,赋予其西方世界主义的价值观,顺应了时代潮流。

　　第三,反对战争、实现永久和平是中西世界主义的共同期盼与追求。康德主张建立一个"自由国家的联盟制度",实现"永久和平"。中国文化强调和平,反对战争,提倡王道,反对霸道,与西方世界主义有同工异曲之妙。西方世界长期奉行与世界主义相对立的国家主义,结果造成了两次世界大战,给人类文明以巨大伤害。对此,人们从不同角度做了反思。有人指出:"国家主义及至十九世纪后半期和本世纪初叶才发展到了登峰造极的程度。它固然给了近代的文明人以不少的恩泽,但它同时又在人类中产生无穷的灾害。最近三十年来,连续发生了两次大战,争城夺地,炮火连天,数千万的生命无辜被害,资产的损失,一时更难补充。有人计算过,上次世界大战所耗费的财物,足以满足整个欧、非二洲人民的康乐而有余。这次的消费更是巨大。无怪神志清明、思想前进的人士不想极力避免下次的战争。"⑤第二次世界大战首次使用原子弹,其伤害力与危害性震惊世界。二战一结束,如何避免爆发第三次世界大战,立即成为中外思想界讨论的热点。世界主义于是再次高涨。二战以后,"欧美世界主义的同志便如雨后春笋,应时而萌,应运而生。"⑥古今中外思想家所倡导的世界一家观,为避免下次世界大战提供了重要的思想基础。有人指出:"综观以上情形,不惟国界观念,可逐渐消除,以增进人

----

① 邹容:《革命军》,《辛亥革命》,1 卷,上海人民出版社,1957 年版,第 333、336 页。
② 任建树等编:《陈独秀著作选》,第 1 卷,上海人民出版社,1993 年版,第 427 页。
③ 李大钊:《〈国体与青年〉跋》,《李大钊文集》,上卷,人民出版社,1984 年版,第 604 页。
④ 袁月楼:《世界大同的理想与实践》,《世界月刊》,第 3 卷,第 8 期,1949。
⑤ 乐洗:《如何准备迎接世界主义的潮流》,《自由世界论文集》,第 1 卷,第 1 期,1948 年。
⑥ 乐洗:《如何准备迎接世界主义的潮流》,《自由世界论文集》,第 1 卷,第 1 期,1948 年。

类幸福,获致永久和平,而举世所怖三次大战之浩劫,亦可因之无形避免,中华天下一家,世界大同文化,从此推行全球一切地区,万邦协和,天下为公,已肇其端,而全人类,今后出危而入安,拨乱而反正,可操左券矣。"①经济落后、国力相对较弱的中国,唯一能够对世界和平有所贡献的是中国哲人关于和平的智慧。陈立夫说:"中国一直传统的政治,便是协和万邦的政治,以德服人的政治,即王道的政治。中国人反对霸道,反对以力服人。所以中国民族是最爱和平的民族,是最反对侵略的民族。这也是现代世界上所公认。而现代世界所正苦心以求解决的问题,正是如何达到和平,现代世界的人都渐知道爱和平,然而世界上唯一的爱和平而曾努力实践和平之道的先进国家,便是中国。"②

当今世界趋向一体化的趋势越来越明显:政治上,以联合国为主导的国际政治秩序基本确立,世界大战很有可能被避免;经济上,以世界贸易组织为中心的国际经济一体化基本完成,西方社会与东方社会的经济生活已经没有多少区别;体育上,以奥林匹克运动会为展示平台的国际体育竞赛,已经把世界各国融入一个大家庭。北京奥运会"同一个世界,同一个梦想",更是中国文化世界主义的现代诠释。国际互联网的普及,已经从虚拟世界将人类联为一体。

---

① 天和:《天下一家世界大同文化将推行于全世界之感述》,《道德专刊》,第 2 卷,第 5 期,1947 年。
② 陈立夫:《中国文化与世界文化》,《民族正气》,第 4 卷,第 3～4 期,1945 年。

第二章

中西文化源流辨析

第一节　中源西流思潮论

所谓中源西流,就是说"西学出于中学",西方文化,中国"古已有之"。这种说法在近代演化成一种社会思潮和普遍的社会心理,影响颇大。在此仅就中源西流的思想内容、历史动因和社会影响作以剖析,阐明中国近代化过程中的经验教训,扫除中国现代化的思想障碍。

一、中源西流思潮在近代的表现

中源西流之说,最早见于黄宗羲之"中原失传而被篡于西人",嗣经康熙"西学实源于中法",王夫之"西学出于中国古代"之鼓荡、遂不可一世,终清代而不息,近代达到极致。

近代中源西流说十分流行。人们每接受一种新技术、新工艺、新理论,都必须到中国古籍中寻根追据,以示固已有之。"每受一新理新学,必附会古人,妄用典故,乱引陈语,何者为某人所曾言,何者为某人所已为。帝国主义膨胀,则成吉思汗而为东亚拿破仑矣;复仇主义昌盛,则朱元璋而为中国真德矣;民族思想发达,而黄帝轩辕氏为汉民之鼻祖矣;革命风潮普及,而洪秀全为失败之加里波之矣;景教流行,而孔子为教主矣;民权之说入,而黄梨洲奉为卢骚矣;无政府主义盛,则老子为发明家矣;大同博爱主义兴,则墨子为首倡者矣。理化薄为戏法,共产疑为井田。总之,西人之新理新学,皆吾中国古人所已道者也。"①这是中源西流说盛行

---

① 民:《好古》,《新世纪》,第 24 期,1907 年。

的真实写照。这一思潮表现最为突出的则是洋务运动与戊戌变法两个时期。

洋务运动为中源西流思潮的发轫期。其主要内容有这么几个方面。

1. 西方物质文化源于中国。王韬说："铜龙沙漏、璇玑玉衡，中国已有之于唐、虞之世。钟表之法，亦由中国往。……火器之制，宋时已有，……其由中国传入可知也"①。郑观应在《盛世危言·西学》篇中，认为西方的光学、电学、数学、物理学、化学、地理学，都是中国"古已有之"，都发源于中国。郑观应说："自《大学》亡《格致》一篇，《周礼》阙《冬官》一册，古人名物象数之学，流徙而入于泰西，其工艺之精，遂远非中国所及"②。陈炽也认为有一个中国文化西传过程。他说当时"中国大乱，抱器者无所容，转徙而至西域。彼罗马列国，《汉书》之所谓大秦者，乃于秦汉之际，崛兴于葱岭之西，得先王之绪余，而已足纵横四海矣"③。

2. 部分精神文化源于中国。这方面与洋务时期很少涉及政治制度、文化相联系，认识水平模糊朦胧。黄遵宪说："以余讨论西法，其立教源于墨子……而其用法类乎申韩，其设官类乎《周礼》，其行政类乎《管子》者，十盖七八。若夫一切格致之学，散见于周秦诸书者尤多"④。王韬更进一步认为中国文化无所不包。他说："中国，天下之宗邦也，不独为文字之始祖，即礼乐制度、天算器艺，无不由中国而流传及外。"⑤

3. 同谈源流，目的迥异。洋务运动早期维新派与顽固守旧派都谈中源西流，其旨意却截然相反。洋务派为了学习西方物质文化，便将西方的器物附会在中国古籍之中，使其还原为中国固有之宝，这样可以堵顽固派反对之口实，以达其传播西学之目的。既然西学是我国所固有，那我们就应该珍视，而不应视为洪水猛兽而加以排斥。黄遵宪以"秘方"失传复得作了生动的描述和比喻，后来的谭嗣同也有此论。他说："就令如说者之言，西法皆原于中国，则中国尤亟宜效法之，以收回吾所固有而复于古矣。"⑥乘"西风"发扬东方文化，顺应世界之潮流，接受欧美之挑战。这便是洋务派积极的选择。

顽固守旧者也讲中源西流。刘岳云说："夫戎之法，皆中国之法也。"⑦张自牧说："今天下竞谈西学者，蒙以为非西学也"，其"本不能出中国载籍之外"⑧。他们

① 王韬：《弢园文录外编》，上海书店出版社，2002年版，第9页。
② 夏东元编：《郑观应集》上，上海人民出版社，1982年版，第242页。
③ 赵树贵等编：《陈炽集》，中华书局，1997年版，第7页。
④ 陈铮编：《黄遵宪全集》，下卷，中华书局，2005年版，第1414页。
⑤ 王韬：《弢园文录外编》，上海书店出版社，2002年版，第2页。
⑥ 蔡尚思，方行编：《谭嗣同全集》，上册，中华书局，1981年版，第202页。
⑦ 刘岳云：《格物中法序》。
⑧ 王锡祺辑：《小方壶斋与地钞丛书·瀛海论》，15卷。

讲"古已有之",便是为其反对西学、狂妄自大、封闭保守寻求依据。他们认为,既然西洋文化出于中国文化,那么西洋所有的,中国本来就有,中国人优于西洋人。我们何必去学西洋呢? 一副盲目愚昧、夜郎自大的蠢相跃然纸上。从而反映了洋务派和顽固派的实质差异。

戊戌时期为中源西流的盛行期。维新派鼓吹最为有力,其"中源西流"说具有以下特征:

1. 重新塑造孔子形象。

孔子是中国思想之父,本是中国传统文化和民族精神的象征。被历代封建统治者奉为圣人,其学说成为钳制人们思想的理论工具,神圣地位不可动摇。维新志士们为了完成其变法大业,重新对孔子进行了加工改造,使其由封建专制主义的代言人,一举而成为近代资产阶级思想大师。于是孔子便成了近代自由、平等、博爱的化身。康有为说:"世官为诸子之制,可见选举实为孔子创制。"①又说:"儒是以教任职,如外国教士之入议院者。"②并讲:"选举者,孔子之制也。"③谭嗣同更把孔子打扮成一个反专制、主民权、倡平等的民主斗士。他说孔子作《春秋》,"恶君之专","故天子诸侯,皆得施其褒贬"④,又说孔子"废君统,倡民主,变不平等为平等"⑤。这样便重新塑造出了康有为、谭嗣同式的资产阶级时代之孔子,使孔子更加神化和理想化了,成为现代新儒学的先驱。

2. 西方之学术文化出自中国。

著名经学家皮锡瑞认为,西方之政教,中国"古已有之"。他说:"西学出于中学,本周、秦诸子之遗,庄、刘关尹诸书所载,是其明证。……今仍传入中国"。⑥谭嗣同也认为,无论西方的哲学、法学、逻辑学等,在我国先秦诸子中都已有之。他说:"盖举近来所谓新学新理者,无一不萌芽于是。"⑦蔡元培曾对当时流行的观点进行了概括:"老庄之道学,非哲学乎? 儒家之言道德,非伦理学乎? 荀卿之正名,墨子之《大取》、《小取》,以及名家者流,非今之论理学乎?"⑧唐才常专门撰《〈朱子语类〉已有西人格致之理条证》一文,并发出如此感慨:"噫! 就朱子而言格致,既为西学之阿卢力士、托德尔,苟精而求之,安知无贝根、达尔文其人者乎?

① 康有为:《孔子改制考》,中华书局,1958 年版,第 42 页。
② 康有为:《孔子改制考》,中华书局,1958 年版,第 191 页。
③ 康有为:《孔子改制考》,中华书局,1958 年版,第 238 页。
④ 蔡尚思、方行编:《谭嗣同全集》,下册,中华书局,1981 年版,第 333 页。
⑤ 蔡尚思、方行编:《谭嗣同全集》,下册,中华书局,1981 年版,第 337 页。
⑥ 皮锡瑞:《论讲学之益》,载《湘报》第六号。
⑦ 蔡尚思、方行编:《谭嗣同全集》,下册,中华书局,1981 年版,第 399 页。
⑧ 高平叔编:《蔡元培全集》,第 2 卷,中华书局,1984 年版,第 337 页。

至西人论性情、脑气、灵魂诸用，亦多与《语类》印合"。① 他们坚信中国之文明悠久，是任何国家都无法比拟的。"彼欧洲人所谓某学某术受中国之影响者，皆中国古代之学术，非吾人所可引以解嘲者也"②，"以此见吾圣教之精微博大，为古今中外所不能越"。③ 说明他们仍然没有摆脱中国自我中心的传统制约。

3. 西方政治制度出自中国。

关于民权政治，康有为说："孟子言治天下，皆曰与民同之，此真非常异义，全与西人议院民主之制同。"④梁启超也讲"春秋大同之学，无不言民权者"⑤。就是议院"虽创于泰西，实吾五经诸子传记，随举一义，多有其意者"。⑥ 并且写了《古议院考》，认为"《洪范》之卿士，《孟子》之诸大夫，上议院也；《洪范》之庶人，《孟子》之国人，下议院也"。⑦ 就是在孙中山的后期，也常常谈到"中源西流"。他说："两千多年前的孔子、孟子，便主张民权。孔子说：'大道之行也，天下为公'，便是主张民权的大同世界。"⑧蔡元培也说："以西法比附古书，说者多矣。余尝谓《周官》最备，殆无一字不可附会者。"⑨更有甚者，守旧者流以中学诋毁西学，说什么"欧西数十国之学术、宗教、政治、法律，成于数十百专门名家之手者，孟子独以一身赅之。是今日欧西数十国之文明，即谓其拾中国孟子之唾余，亦可夫"。⑩ 其荒谬达到无以复加之地步。后来虽然辜鸿铭等也时断时续喊中源西流，但已不那么理直气壮了，成为一种过时之陈词滥调。

这里需要强调指出的是，近代维新派、革命家讲中源西流，绝不是为了反对学习西方，应该把他们和顽固守旧者区分开来。

二、中源西流思潮产生的历史动因

1. 中国特定社会环境的影响。

鸦片战争后，中国社会发生了深刻变化，自觉或不自觉地从闭关锁国时代进入万邦林立的广大世界；从农业社会走进商业社会；从科举制度走进新式教育的

---

① 湖南省哲学社会科学研究所编：《唐才常集》，中华书局，1980 年版，第 177 页。
② 高平叔编：《蔡元培全集》，第 2 卷，中华书局，1984 年版，第 336 页。
③ 蔡尚思，方行编：《谭嗣同全集》，下册，中华书局，1981 年版，第 399 页。
④ 康有为：《长兴学记·桂学答问·万木草堂口说》，中华书局，1988 年版，第 184 页。
⑤ 《总教习梁启超批》，《觉迷要录》，卷 4，第 29 页。
⑥ 《总教习梁启超批》，《觉迷要录》，卷 4，第 29 页。
⑦ 李华兴等编：《梁启超选集》，上海人民出版社，1984 年版，第 32 页。
⑧ 《孙中山选集》，下卷，人民出版社，1956 年版，第 669 页。
⑨ 高平叔编：《蔡元培全集》，第 1 卷，中华书局，1984 年版，第 76 页。
⑩ 荷介：《孟子学说为西学之祖说》，《东方杂志》，3 卷 7 号，1906 年。

最初阶段。虽然社会发生了变动,但根底深厚的文化传统没有动摇,它对西方文化表现出强大的排斥力和牵制力。这样,有识之士要接受西方文化,必须从传统文化中寻求依据,于是便出现了牵强附会的"中西合璧"现象,企图破除古今中西之分,汇通中西。唐才常说:"今以西人之说,因类比附,则太璞精金,光华迸露,于斯可见天地自然之理,无判中西,无殊古今。"①这是人们迫于传统社会压力而在策略上所作的妥协。同时,因为西学是伴随着武力侵略而传入中国的,本身便引起了人们的反感和仇视。国人普遍称西人为古代之"夷狄",把中西之争看成是传统的"夷夏之辨"、"人禽之争"。从而表现了中国人的普遍的排外心理及蔑视之情。如何在这种传统的氛围中,让人们认识西学,接受西学,思想家们只好选择了这种旧瓶新酒的中源西流学说,并且成为近代中国人学习西方的必然途径。这主要是由近代特定的社会环境及条件所决定的。

2. 传统文化心理模式的制约。

崇祖法古可以说是中国传统文化心理模式的主要特征。长期以来,它深深植根于士大夫大脑之中。因为崇拜祖先,于是在每一个重大社会变革面前,他们自觉或不自觉地要援引三代之盛、孔孟之道,并以此来衡量和估价这场变革的得失。在他们看来,一切社会政治、道德秩序的确立与发展,似乎都是出于古代圣人与圣主有意的创设。这样维新者要变法,就必须打着孔圣人的旗号,把时髦的外装罩在古圣先贤身上,然后才有出笼之机会。正如皮锡瑞所说:"中国人重君权,尊国制,猝言改革,人必骇怪,故必先言孔子改制,以为大圣人有此微言大义,然后能持此说。"②

与崇祖相伴随,中国人便是法古,以为越古越好,以古为宗。"必谓事事必古之从,又常以不及古为恨"。③ 康有为也说:"荣古而虐今,贱近而贵远,人之情哉。"④。因而康有为看到了变法维新的艰巨性。他说:"人情多安旧习,难与图始,骤予更革,鲜不警疑;虽以帝王之力,变法之初,固莫不衔概警蹙者,况以一士之力,依托古先,创立新法者哉?"⑤在这浓厚的崇祖法古气氛中,维新志士们若想实行变革,引进西方新的理论元素,必须克服那些在传统氛围中养成的庞大的顽固势力。要说服这些秉持着"法古先王"思想的守旧官僚士绅,只有将一切新制度、新观念,披上一层中国传统的神圣面纱,用守旧者所熟知的观念来附会陌生而

---

① 湖南省哲学社会科学研究所编:《唐才常集》,中华书局,1980 年版,第 172 页。

② 皮锡瑞:《师伏堂未刊日记》,《湖南历史资料》,1959 年,第 1 期。

③ 王栻编:《严复集》,中华书局,1985 年版,第 51 页。

④ 康有为:《孔子改制考》,中华书局,1958 年版,第 48 页。

⑤ 康有为:《孔子改制考》,中华书局,1958 年版,第 301 页。

又深刻的西学。"借更改名称以改变事物,乃是人类天赋的诡辩法!当直接利益十分冲动时,就寻找一个缝隙以便在传统的范围内打破传统!"①近代思想家也认识到这一点。康有为讲新思想"无征不信,不信民不从,故一切制度托之三代先王以行之"。② 当严复责备梁启超也附会西学时,梁氏坦率承认"中国历古无是物",并表示"最恶引中国古事以证西政"。却又说:"然在报中为中等人说法,又往往自不免。"③流露出难言之苦衷。也是近代思想家借古喻今、托古改制的一个缩影,表现了近代资产阶级思想家还没有彻底摆脱传统的思维模式。

3. 倡导者自身的局限性。

近代西学的倡导者,他们遇到的是一个全然不同于东方文化的大挑战。他们所提出的应变措施,其内涵多半是取自西方或受西方影响。但这些变法者自身始终处于传统的氛围之中,长期承受传统文化的熏陶,从而奠定了他们的思想根基是传统型的,思维方式也是传统型的,中学造诣极高。因而在引进新制度新理论时,很自然地用他们所熟知的观念、制度与词汇来比附,将新的观念制度与传统的文化因素比照。从传统中寻找依托,是变法者自身认识过程中很自然的反应。

同时,他们虽然倡导西学,但他们大部分不通外语,对西学缺乏深入的研究,体系的了解,往往是一知半解,徒袭皮毛。自然对西学产生偏见和误解。康有为便是一典型例子。在二十二岁之前,康已奠定了传统文化的深厚根底。二十二岁时"渐收西学之书,为讲西学之基",二十五岁"大购西书以归讲求焉","自是大讲西学,始尽释故见"。二十六岁"新识深思,妙悟精理,俯读仰思,日新大进"。④ 虽然康在此大讲其如何研究西学,但他所阅读的不过是《万国公报》、《西国近事汇编》、《海国图志》、《瀛环志略》等第二手材料。况且康有为把这些西学又植根于已经确立的传统思想之上,这样便不可避免地出现不伦不类的情形,失去西学本色。正由于他们精于中学,粗于西学,因而自然产生以"中国古事证西政"的思维方式。这是思想家在西学东渐中的一个致命弱点。在这方面,他们和当时具有浓厚西学根底的严复、容闳形成鲜明对照。严复对西学有深入系统地了解和研究,其结论不是肤浅的缘附,而是深入的比较。他说:"中国最重三纲,而西人首明平等;中国亲亲,而西人尚贤;中国以孝治天下,而西人以公治天下;中国尊主,而西人隆民;中国贵一道而同风,而西人喜党居而州处;中国多忌讳,而西人众讥评。

①　《马克思恩格斯选集》,第4卷,人民出版社,1972年版,第51~52页。
②　康有为:《孔子改制考》,中华书局,1958年版,第267页。
③　李华兴等编:《梁启超选集》,上海人民出版社,1984年版,第40页。
④　康有为:《康南海自编年谱》,中华书局,1992年版,第10、11页。

其于财用也,中国重节流,而西人重开源;中国追淳朴,而西人求欢虞。其接物也,中国美谦屈,而西人务发舒;中国尚节文,而西人乐简易。其为学也,中国夸多识,而西人尊新知。其于祸灾也,中国委天数,而西人恃人力"。① 并且对当时流行的"中源西流"说进行了批评。他说:"晚近更有一种自居名流,于西洋格致诸学,仅得诸耳剽之余,于其实际,从未讨论。意欲扬己制人,夸张博雅,则于古书中猎取近似陈言,谓西学皆中土所已有,羌无新奇。"②同时还对梁启超的无奈附会作了批评。这样便在"中源西流"这一问题上,和康梁判若两人,显示了精通西学与半通西学者认识境界的高下之分。

三、中源西流思潮产生的影响

中源西流在近代具有一定的合理性。近代伊始,中国社会严重笼罩在传统思想文化的氛围之中。这个文化体系是一个封闭的、僵化的庞然大物,它具有很强的排他性。西学刚入中国,加上又是与武力相伴随,本已引起国人反感,况且这个文化体系和历史上的"夷狄之学"有很大的不同,也和佛教迥乎有异。如何在这种历史背景下,让国人接受西方先进的科学技术和社会制度,倡导学习西方的先驱们煞费苦心,不得不从传统典籍中寻求依托。试图以传统反传统,以孔子反孔子,在其内部寻找突破口,给西学披上正宗文化的合法外衣,从另一个侧面与本位文化相抗衡。正如马克思撰写的一篇关于路易·波拿巴政变的文章中所说的那样:"他们战战兢兢地请出亡灵来给他们以帮助,借用它们的名字、战斗口号和衣服,以便穿着这种久受崇敬的服装,用这种借来的语言,演出世界历史的新场面。"③这样,他们把西学纳入传统文化体系之中,想借此展示古代之雄姿,想以此恢复中华民族的自尊心、自豪感和自信力,自强不息,发愤图强,这确实具有鼓舞作用。康有为正是这样,他把资产阶级所需要的措施,挂上孔圣人的招牌,把"述而不作"改变为"托古改制",谓"大同"学说是"孔子旧方",只是经过他的"窃用发明,公诸天下"④。因此,减轻了非圣无法的传统压力,冲击了封建的统治观念。"六经皆我注脚,群山皆其仆从"⑤,正是近代学习西方途径的真实写照。

同时,"中源西流"的盛行,也产生了极大的消极作用。主要表现如下:

---

① 王栻编:《严复集》,中华书局,1985 年版,第 3 页。
② 王栻编:《严复集》,中华书局,1985 年版,第 52 页。
③ 《马克思恩格斯选集》,第 1 卷,人民出版社,1972 年版,第 603 页。
④ 汤志钧编:《康有为政论集》,上,中华书局,1981 年版,第 193 页。
⑤ 梁启超:《饮冰室合集》,文集之六,中华书局,1989 年版,第 87 页。

1. 思想理论上的禁锢作用。

由于以古为宗,以孔子为真理,从而使得人们在理论上不敢大胆怀疑、勇于创新,只能守旧,宁爱孔子,而不求真理。这导致了近代理论思维的薄弱和支离破碎,没有产生博大精深、完整深刻的资产阶级哲学思想体系。我们用近代东西方作一参照,就不难看出:近代西方哲学的产生,在其发源地英国、法国、意大利,"至少是从否定亚里士多德哲学起家的"①;而中国的思想家们,却不敢搬倒孔子这个神圣偶像,只是"取近世新学理而缘附之。曰:某某孔子所已知也,某某孔子所曾言也"。② 不是积极创新,而是事事仰俯孔子。不是"新学新理厘然有当于吾心而从之也,不过以其暗合于我孔子而从之耳"。③ 造成了一种皈依孔子、不追求真理的劣习。如果"万一遍索诸四书六经而终无可比附者,则将明知为真理而亦不敢从矣"。④ 因为"万一吾所比附者,有人剐之,曰孔子不如是,斯亦不敢不弃之矣"⑤。造成的后果是,一切社会政治、学术文化,皆以孔子为宗,所有真理和理想,都只能局限于孔学。从而严重桎梏了人们的理论探索,产生了一种僵化的思维模式——以古为宗,惟圣是从。对于"先哲未尝行之制,辄疑其不可行,于先哲未尝治之学,辄疑其不当治"⑥。从而满足现状,固步自封,不求进取,以不变应万变。梁启超对此表示了极大的愤慨:"故吾所恶乎舞文贱儒,动以西学缘附中学者,以其名为开新,实则保守,煽思想界之奴性而滋益之也"⑦。梁启超的剖析,入木三分。近代思想领域之萧条,不能不与冲不破孔学圈子大有关系。

2. 混淆了中西文化质的差异。

中西文化有可通性,可以进行比较,也能找出类似的或一致之处,但是事事比附,却会混淆两大文化机制的差异和实质。无论哪一种文化模式,在其起源与发展过程中,都或多或少受到外来文化的影响和渗透。中西文化尤其如此。在古代,中国文化对西方产生了重大影响;在近代,西方文化又深刻地影响了中国。这是世界文化史上的正常现象。没有一种文化永远处于领先地位,每一种新文化的产生都是各大文化精华融汇的结果。

同时,在文化或文明史上,有些东西是某一民族对人类知识和力量的总和所

---

① 费尔巴哈:《对莱布尼茨哲学的叙述、分析和批判》,商务印书馆,1985 年版,第 15 页。

② 梁启超:《清代学术概论》,上海古籍出版社,1998 年版,第 87 页。

③ 梁启超:《清代学术概论》,上海古籍出版社,1998 年版,第 87 页。

④ 梁启超:《清代学术概论》,上海古籍出版社,1998 年版,第 87 页。

⑤ 梁启超:《清代学术概论》,上海古籍出版社,1998 年版,第 87 页。

⑥ 梁启超:《清代学术概论》,上海古籍出版社,1998 年版,第 88 页。

⑦ 梁启超:《清代学术概论》,上海古籍出版社,1998 年版,第 87 页。

做出的贡献(因为他们已经传播开并被其他各个民族所利用),而有些东西则确实是在几个地方分别独立完成的发明,因而是几个民族的共同贡献。在古代交通十分落后,信息不灵的情况下,很有可能在不同地点同时发明一种东西。这就是文化史上的"趋同现象"。狄克逊说:"对于文化发展来说,传播的作用确实要比独立发明大得多,可是在证据面前,偶然的独立发明是不能否认的。"①因此有些发明确实是从中国传去的,如四大发明;有些是中国与西方同时发明的,如在亚里斯多德和荀子的书中同时出现了"灵魂阶梯"型的理论,日月食的记载,原子论的产生,②有些纯粹是西方发明的,如工业革命的产物。如果绝对地认为西方文化出自中国,那必然走向极端,成为以点概面的"粗浅之论"。因为有些东西有相似之处,也并非毫无二致。"然新理新学有一二合于古说,然同一部分,而非全体也。新既胜旧,以旧说之不完全、不尽善,而包括新理新学之较完全、较尽善,乌乎可?"③况且有些东西是中国根本没有的,有些人还要随意附会,更混淆了两大文化的本质。

3. 纵国人虚骄自大之习。

"天下再没有比要求取得思想所有权更为可笑的事了。"④动辄便讲"古已有之","西学出于中学",我国历史悠久,文明灿烂辉煌。这在产生民族自豪感的同时,也会产生了一种民族自大狂。"辄撷拾以沾沾自喜,谓此制为我所固有","而不复追求其真义之所存",⑤遂成"吾国虚骄之结习"⑥。尤其是近代顽固守旧之流,更以此作为反对学习西方的口实。面对西方先进的科学技术、政治制度,他们不是去积极模仿、学习并加以创新,而是陶醉于古典经籍中类似的字词上面,极尽其缘附之能事,认为"西学出于中学",甚至狂妄自大到以为"半章《论语》亦可振兴中国"之地步,成为妨碍近代社会进步的一大思想阻力。

4. 形成现代化之阻力。

近代我们是落伍了,为了赶超西方,为了激发我们中华民族的自豪感和自信力,这种意义上我们可以引古为荣,而引古为荣的必然结果是以今为耻,自然可以达到奋发向上的目的。不可否认,对古代灿烂文明的追忆曾焕发了近代的民族精神。但若是盲目闭关锁国,过分强调文化的"归属性"和"发明权",就可能忽视现

---

① 李约瑟:《中国科学技术史》第 1 卷,总论,第 2 分册,科学出版社,1975 年版,第 514 页。
② 李约瑟:《中国科学技术史》第 1 卷,科学出版社,1975 年版,第 514～517 页。
③ 民:《好古》,《新世纪》,第 24 期,1907 年。
④ 张玉书编选:《海涅选集》,人民文学出版社,1983 年版,第 103 页。
⑤ 梁启超:《清代学术概论》,上海古籍出版社,1998 年版,第 88 页。
⑥ 李华兴等编:《梁启超选集》,上海人民出版社,1984 年版,第 40 页。

代日新月异的科技发展。更有甚者,就是在对外开放的今天,有些人对于西方出现的新技术、新工艺,不是积极去钻研它,探讨它,而仍然在故纸堆里找依附。难道我们赶不上去的事情就只能用我们早先很优秀这种"阿Q"精神胜利法遮羞吗?因而在今天,我们要正视现实,既不能自卑,也不能自大。

第二节 "西学中源"与近代文化

"西学中源",亦称"中源西流",是近代中国史上一种表现得比较充分的文化现象和学术思想。所谓"西学中源",即西学出于中学,中学是西学的本源,西学是中学的派生;中学孕育了西学,西学的发生和发展是以中学为根基的。它在近代的表现形态主要有:"西学源出中国"说,"西学中国古已有之"说,"西人窃我之余绪"说,"西学难出中学之窠臼"说,"西法得之中法"说。

一、西学中源说的历史演变

严格说来,作为一种文化现象和学术思想,"西学中源"说萌芽和产生于明末清初,是中西文化接触和交流的产物。考诸史籍,此说最早见于黄宗羲的"中学失传而被篡于西人",方以智的"其(指西方)皆圣人之所已言也"。中经康熙帝"西学实源于中法"的钦定,后经王夫之、王锡阐等人的极力弘扬,阮元、梅文鼎的推波助澜,遂不可一世,终清代而不息,从而演化为贯穿整个近代的"西学中源"说。

明清之际的中西文化交流,由于政治和宗教的原因,在雍正朝被强行打断,与此相伴随,"西学中源"说也销声匿迹。历史步入近代,随着西方列强的武力东侵,又是一次西学东渐,中西文化再次发生冲击和交融。在这个过程中,中国人又重新开始了对西方文化的初步体认。这样"西学中源"说再次被提了出来。概括地讲,近代"西学中源"说经历了以下几个阶段。

1. 鸦片战争前后,是"西学中源"说的恢复时期。明末清初文人学士津津乐道的"西学中源"说在新的时代得以翻版和再现。林昌彝说:"外夷奇器,其始皆出中华;久之中华失其传,而外夷袭之。"[①]温训说:"西夷制器虽奇巧,半是中华旧制来。"[②]近代著名学者邹伯奇撰写专文一篇《论西法皆古所有》,系统阐发"西学中源"说。他认为"西法出自中法",西法难以超越中法,并在清初梅文鼎的基础上有

---

① 林昌彝:《射鹰楼诗话》,上海古籍出版社,1988年版,第43页。
② 林昌彝:《射鹰楼诗话》,上海古籍出版社,1988年版,第43页。

所发挥。他说:"梅勿菴言和仲宅西,畴人子弟散处西域,遂为西法之所本。伯奇则谓西人天学未必本之和仲,然尽其伎俩,犹不出墨子范围"①。经过一系列论证,得出了"西学源出墨子"的结论。"西学中源"说有了新的发展。

2. 洋务时期"西学中源"说得到充分的表现。与洋务运动的时代脉搏相适应,"西学中源"说主要反映在器物与技术上的认同,西方科技与工艺出于中国古学的言论俯拾皆是。西学出于墨学说与西学出于《周礼》说也相继流行,无论是新派人物黄遵宪、薛福成,还是旧派人物王闿运、张自牧,都程度不同地提倡此说,只是目的不一。同时就某些政治制度也有比附,如西方的代议制,在《周礼》中找到"古世卿"一词,认为是中国古代的代议制度。总的说来,这一时期"西学中源"说主要是对中西科技"同"的比照和附会,自然是由于当时社会崇尚"器物之学"所决定的。

3. 戊戌时期是"西学中源"说的巅峰时期,表现形态比较复杂。在某一新派人物身上也往往流质异变,前后自相矛盾,时鼓时荡,进退维谷。谭嗣同、唐才常精神与思想上比附的言论和成分相对较多一些,谭嗣同认为西学出于中国古代诸子之学。他说:"无论何种新学,何种新理,俱不能出其范围"。②唐才常写《〈朱子语类〉已有西人之格致条证》,分类逐条比附,然后说:"就朱子而言格致,既为西学中之阿庐力士、托德尔,苟精而求之,安知无贝根、达尔文其人者乎? 至西人论性情、脑气、灵魂诸用,亦多与《语类》印合。"③康有为借文化之力推进政治改革,或托古考制,或托洋改革,"弄术以入新学",主要是手段上的考虑。梁启超从学术与文化比较的角度谈得颇多,但也是起伏不定,徘徊瞻顾。一方面讲中国古代有议院制度,一方面说"启超生平最恶人引中国古事以证西政"④;一方面尖锐批评"西学中源"说,认为"此重诬古人,而奖励国民之自欺欺者也",一方面对中国古文化却心驰神往,坚信古代有民主制度,表现为一种矛盾痛苦、彷徨困惑的二难选择。

4. 辛亥革命前后兴起的国粹思潮,也鼓吹"西学中源"说。他们认为"诸子之书,其所含之义理,于西人心理、伦理、名学、社会、历史、政法、一切声光化电之学,无所不包"⑤。国学大师刘师培将卢梭的《民约论》与中国传统经典相类比,著成《中国民约精义》一书,也受这一学说及思维的深刻影响。但值得注意的是,这一时期的西学中源说已不同于以前,他们以此思路,力图借用西方科学方法论和现

---

① 邹伯奇:《邹征君遗书》(一),第21页。
② 蔡尚思、方行编:《谭嗣同全集》下册,中华书局,1981年版,第399页。
③ 湖南省哲学社会科学研究所编:《唐才常集》,中华书局,1981年版,第177页。
④ 李华兴、吴嘉勋编:《梁启超选集》,上海人民出版社,1984年版,第40页。
⑤ 邓实:《古学复兴论》,《国粹学报》,第9期,1905年。

代思想,来整理和发掘中国古文化的宝藏,也是沟通和融会两大文化的有益尝试。

5. 五四以后兴起的现代新儒学,对传统儒学及其祖师孔子都做了着意打扮和加工改造,将西方文化的民主、自由、平等、博爱的观念、精神和思想都注入进儒学之中,并论证传统儒学中已经孕育了这种东西。这也是"西学中源"文化现象的变相表现。目的是要弘扬儒学,以期在中国文化的土壤上实现现代化。

二、时人对西学中源说的批评

"西学中源"说的盛行,受到当时一些有识之士的批评。这些批评者,大都是西方文化修养较高,主张革新的先进知识分子。

严复学贯中西,"于西学中学皆一流人物",开文化系统比较之先,并对"西学中源"说做了深刻的剖析和批判。他说:"晚近更有一种自居名流,于西洋格致诸学,仅得诸耳剽之余,于其实际,从未讨论。意欲扬己抑人,夸张博雅,则于古书中猎取近似陈言,谓西学皆中土所已有,羌无新奇"。[1] 指出这种观点是与无知("从未讨论")和自大("扬己抑人")密不可分的,斥之为"令人呕哕之论"。在给张元济的信中,恳切而富有理性地剖析了这种流行观点。他说:"中国学者,于科学绝未问津,而开口辄曰吾旧有之,一味傅会;此为一时风气,然其语近诬,诬则讨厌"。并告诫同仁:"我曹当引以为戒也"。[2]

早期无政府主义者创办的《新世纪》第二十四期载有《好古》一文,从文化根源上对"西学中源"展开了批评。《好古》一文的作者认为"中国人最富好古思想",从而形成了"今不如古","食古不化"的思维定式,以致"非古人言不敢言,非古人行不敢行"。于是造成了"言必古人,事事比附古物的习性"。"每受一新理新学,必附会古人,妄用典故,乱引陈语,何者为某人所曾言,何者为某人所已为。……景教流行,而孔子为教主矣。民权之说入,而黄梨洲奉为庐骚矣。无政府主义盛,则老子为发明家矣。大同博爱主义兴,则墨子为首倡者矣"。凡是"西人之新理新学,皆吾中国古人所已道者也",对这种弥漫全国之观点,《好古》一文的作者做了批判。指出西学与中学有可能部分相通,但绝不是全部。他说:"虽新理新学有一二合于古说,然同于一部分,而非全体也"。对那种认为"借古人之名,而欲速达其传播之术"的观点,也认为是多余,"徒增阻力于青年之吸收新理新学也"。由于作者扬西抑中,称西学为"悠久高明",称中学是"鄙陋嚼蜡"、"陈尸枯骨"、"臭味污秽"。这种偏激之立场,便决定了作者的批评只能是情感上的宣泄,

---

① 王栻主编:《严复集》,中华书局,1986年版,第52页。
② 王栻主编:《严复集》,中华书局,1986年版,第550页。

不可能达到理性批判之高度。

鲁迅对流行一时的"西学中源"说，也有深刻而尖锐的解剖和批判。一是"蔑古"，他说："惟张皇近世说，无不本之古人，一切新声，胥为绍述，则意之所执，与蔑古亦相同。"二是"自欺"，"旧国笃古之余，每至不惜于自欺如是。震旦死抱国粹之士，作此说者最多，一若今之学术艺文，皆我数千载前所已具。"①三是"自大"，"外国的东西，中国都已有过，某种科学，即某子所说的云云"。鲁迅称此为"合群的爱国的自大"。②

现代著名学者陈垣先生早年对"西学中源"说也有批评。刊登在 1907 年广州《时事画报》上的《陈垣丁未旧作》十二篇，表明了陈垣先生鲜明的文化观。陈垣指出，中国人太富有爱国之心，民族观念十分强烈，独缺乏历史的观念。他说："独惜中国人徒有爱国之心，而无历史之观念"。因为国人最富于爱国心，"故凡物之出自中国，虽极拙钝，必极口称诩，以为外国莫及焉"。因为国人民族观念极深，"固宁戴秦政、杨广以为君，而不愿威廉、华盛顿之操吾政柄也"。因为缺乏历史的观念，"夷独入中国则中国之"，"故虽德之威廉、美之华盛顿，入中国既久，中国人必圣帝而明王之矣"。陈垣最后指出，这并不是什么真正的爱国观念和民族思想，还是崇古意识和自卑心理的缘故，"而远引古先哲以为光宠也"，③从而点到了实质。

时人的批评，多是随感而发，并不系统，且缺乏理智，但毕竟是发心中之所发，确是一针见血，切中事理，给我们以很大启迪。

三、西学中源说的思想意义

作为一种在近代颇为流行的社会文化现象，"西学中源"说有它的影响，有其时代价值和社会意义，同时又有其消极和落后的一面。需要我们辩证且理性地去分解它，剖析它。

贯穿整个近代的"西学中源"说，对中国文化由传统走向近代具有重要的意义。这是因为：第一，"西学中源"说开始了中学对西学的认同。这种西学即是中国古学的思想，正好迎合了国人论事"必推本于古，以求其从同之迹"的传统心理和"以古为宗"的价值取向。这在开关之初复古保守势力颇为强大的时代，无疑减少了输入西学的阻力。第二，"西学中源"说适应了近代由旧向新过渡中民族心理

---

① 《鲁迅全集》，第 1 卷，人民文学出版社，1981 年版，第 26 页。
② 《鲁迅全集》，第 1 卷，人民文学出版社，1981 年版，第 312 页。
③ 丁守和主编：《中国文化研究集刊》，第 2 卷，复旦大学出版社，1985 年版，第 308~309 页。

的承受力。近代伊始,伴随着洋枪洋炮的西方文化汹涌东侵,对传统的中国文化是一严峻的挑战,对经生士大夫的传统心态更是猛烈地一击,造成极度的失落感和沮丧、颓废情绪,产生了一种自卑自弃情结。"西学中源"说的提出,以西学为参照系,诱发出了中国灿烂辉煌的古代文明,从而使国人由渺茫转向希望,开始了自尊、自信、自立、自强,迈开了近代上下求索的艰苦历程。第三,"西学中源"说是近代中西文化比较研究的最初形态。两大文化比较研究的初期,往往就是以本土文化为主体去体认外来文化,以外来文化的"异"来反观本土文化,从本土文化中寻求与外来文化的"同"。就是说,求同避异是两大文化交流的先决条件。"西学中源"说正是如此,在当时甚嚣尘上的排外气氛中,它以中西文化同源同质给西学在中国找到了一席之地和依托之所。虽然早期的文化比较论十分模糊朦胧、牵强附会,但毕竟开了中西文化比较的先河。正是在早期的"同源同质"文化比较的基础上,近代学人才开始了对中西文化的全面认识和比较研究。第四,"西学中源"说是针对当时影响颇大的、西方学者极力鼓吹的"中国文明西来说"提出的,有其时代意义。

　　"西学中源"说在近代也产生了十分消极的影响。第一,"西学中源"说混淆了中西两大文化的根本区别。实质上,近代西学是资本主义社会的产物,它以科学、理性和实证精神为特征;中学则是传统社会的产物,它以注重道德伦理、经验直觉为特征。不错,中西文化作为人类文化的两种流派有其可通性,能够找出其类似和一致之处,但是事事比附、时时附会,却抹杀了两大文化质的差异。第二,随着"西学中源"说的流行,逐渐演化为一种思维定式,酿成了一种恶习。凡是异质文化,不管其精神实质怎样,体系建构如何,从不做深入细致的个案剖析和研究,动辄便是"古已有之"。从而产生一种思维惯性,凡是外来学说,在我固有文化之中都可找到对应之词和相应之理。于是传统文化便成了包罗万象、涵容一切的膨胀体,造成了不思更新,不思进取而一味被动涵纳异质文化的顽强惰性。第三,"西学中源"说在近代扮演了一种"工具"的作用。新派人物鼓吹此说,是为了引进西学,完成维新和近代化大业;旧派人物提倡此说,是为了排斥西学,固守传统,恪守祖制。不管新派旧派,都将此说作为实现自身目标的工具,本身的实用性和功利色彩便特别强烈,缺乏一种理智的态度和科学的分析方法。古学深厚,西学浅陋,从而造成了对西方文化浮光掠影、望文生义、甚至强行缘附的现象。第四,过分的民族自大与民族自卑感是产生"西学中源"说的心理根源。如前所述,面对西学的汹涌东来,它表现了国人强烈的民族自尊感和不甘落后的民族精神。同时,某种程度上却是国人对于现实和未来缺乏自信的表现,喜欢用夸耀祖先的丰功伟绩来掩饰自我此时此地心理上的不安与惶惑,难以把握自己。一会儿自大得要命,老子天下第一,传统至上;一会儿又自卑得要死,中国什么都不行,事事不如人,要全盘西化。

如何看待本位文化与外来文化的关系,这是近百年来一直论争不休的老话题。从传统的文化保守主义到全盘西化论,从"西学中源"到"中体西用",从"中西会通"到"拿来主义"。先进的中国人都在苦思冥想,探求它的题解和答案。我认为,无论如何,作为人类文明两大分支的东西方文化,应该同为人类文明的宝藏,应以平等为原则展开交流和沟通。那种"西学中源"说的华夏文化中心论和"东学西源"的欧洲文化中心论都是不可取的,这种思想和观念都必须予以扬弃。只有这样,才能寻求到如何辩证处理文化遗产与外来文化关系,并进而创造新文化的完满答案。因为世界各大文化体系之间都是互为渗透,互相影响的,只是或多或少而已。中西文化尤其如此。在古代,中国文化对西方世界产生了重大影响,如四大发明的西传,儒学经典在欧洲 18 世纪启蒙运动中对宗教的冲击作用;在近代,西学东渐,欧美新的文化形态又对中国文化发生了刺激,诱发和促进了中国文化的调整和更新。这是世界文化史上的正常现象。没有一种文化永远处于领先地位和长盛不衰,每一种新文化的产生都是各大文化精华融汇的结果。当今全球化时代,我们应以更加科学和理性的态度来评估中西文化。

第三节　西学中源说及严复对其批评与反思

所谓"西学中源"是指西学源自中国,西方文化,中国"古已有之"。这种说法在中国近代十分流行,成为一种颇为引人注目的文化现象。对此,近代有识之士曾做过批评与反思。其中,严复表现得最为典型,剖析得最为深刻。下面我们依次做一探讨。

一、西学中源说的表现

不管是"西学中源"说,还是"古已有之"说,都是中外文化交流过程中一种国民心态的折射反映。魏晋时期,佛道之争甚为激烈,道家为反对和压制外来的佛学,提出"老子化胡说",认为道家祖师老子是佛教始祖释迦牟尼的先师。这可以说是近代"西学中源"说理论形态的最早表现。但严格说来,作为一种文化现象和学术思想,"西学中源"说产生于明清之际,是西学东渐、中西文化接触和交流的产物。考诸历史,此说最早见于黄宗羲的"中学失传而被篡于西人"、方以智的"其(指西方)皆圣人之所已言也",中经传教士"东来法"即"中国法"的鼓噪,康熙皇帝"西学实源于中法"的钦定,后经王夫之、王锡阐的极力弘扬,阮元、梅文鼎等人的推波助澜,遂不可一世,终清代而不息,从而演化为贯穿整个近代的"西学中源"说,影响十分广泛。概括起来,近代"西学中源"说经历了下列几个时期。

鸦片战争前后,是"西学中源"说的复苏期。随着又一次西学东渐,作为早期认知西学的"西学中源"说又再度重现。林昌彝、梁廷枏、邹伯奇是这一时期的代表人物。林昌彝说:"外夷奇器,其始皆出中华;久之中华失其传,而外夷袭之。"①林昌彝还引用当时诗人温训的"西夷制器虽奇巧,半是中华旧制来,"发挥其"西学中源"观。梁廷枏也坚持这一观点。他说:"彼之火炮,始自明初。大率因中国地雷飞炮之旧而推广之。夹板舟,亦郑和所图而予之者。即其算学所称东来之借根法,亦得诸中国。"②近代著名科学家邹伯奇,写有一篇《论西法皆古所有》,系统论证"西学中源"说。他认为"西法出自中法",西法难以超越中法,并在清初梅文鼎的基础上有所发挥。他说:"梅勿庵言,和仲宅西,畴人弟子散处西域,遂为西法之所本。伯奇则谓西人天学未必本之和仲,然究其伎俩,犹不出《墨子》范围。"③邹伯奇经过一系列论证,得出了"西学源出《墨子》"的结论,发展和拓宽了"西学中源"说。

洋务运动三十年是"西学中源"说表现得最为充分的一个时期。从朝廷重臣到封疆大吏,从洋务派到早期维新派,都不同程度地谈论"西学中源",几乎成为一种共识。晚清洋务运动的主要倡导者奕䜣,在主张开设同文馆天文算学馆时,就利用了"西学中源"说。他说:"查西术之借根,实本于中术之天元,彼西土目为东来法。特其人性情缜密,善于运思,遂能推陈出新,擅名海外耳。其实法固中国之法也。天文算学如此,其余亦无不如此。中国创其法,西人袭之,中国倘能驾而上之,则在我既已洞悉根源,遇事不必外求,其利益正非浅鲜。"④并以此来批驳倭仁等人的学习西法是"以夷变夏"的论点,指出"至于以舍中法而以西人为非,亦臆说也"⑤。学习西法是中法回归的一种努力。

早期维新派也是这一时期"西学中源"说的极力倡导者。王韬、汤震、郑观应为代表人物。王韬说:"铜壶沙漏,璇玑玉衡,中国已有之于唐、虞之世;钟表之法,

---

① 林昌彝:《射鹰楼诗话》卷3,上海古籍出版社,1988年版,第43页。
② 梁廷枏:《夷氛闻记》,中华书局,1959年版,第172页。
③ 邹伯奇:《论西法皆古所有》,《邹征君遗书·学计一得》,第21页,邹达泉拾芥园刊本,1874年。
④ 宝鋆:《筹办夷务始末》同治朝,卷46,台北:文海出版社,1966年版,第4499页。
⑤ 宝鋆:《筹办夷务始末》同治朝,卷46,台北:文海出版社,1966年版,第4499页。

亦由中国往;火器之制,宋时已有,……其由中国传入可知也。"①汤震说:"大抵西人政教,泰半取之《周官》;西人艺术,泰半本之诸子。试取《管》、《墨》、《关》、《列》、《淮南》等书,以类求之,根原具在"。② 郑观应在这方面讲得最多,可以说是集大成者。他说:"自《大学》亡《格致》一篇,《周礼》阙《冬官》一册,古人名物象数之学,流徙而入于泰西,其工艺之精,遂远非中国所及"。③ 因此,他认为西方科技源出中国。郑观应说:"夫星气之占始于臾区,勾股之学始于隶首,地图之学始于髀盖,九章之术始于《周礼》,地圆之说创自管子。"④早期维新派提倡"西学中源",用中学回归来作为认同西学、学习西学的契机,有其时代的积极性。

与此同时,还有一些文人学士讲"西学中源",目的却和早期维新派不同,旨在扬中抑西,反对吸收和引进西方物质文明。代表人物有王之春、张自牧、刘岳云。王之春说:"泰西智士从而推衍其绪,而精理名言、奇技淫巧本不能出中国载籍之外。"⑤张自牧说:"今天下竞谈西学矣,蒙以为非西学也。天文历算本盖天宣夜之术,彼国谈几何者亦译借根方为东来法,畴人子弟类能知之。"⑥刘岳云著《格物中法》,认为"西戎之法,皆中国之法"⑦。他编著这本书的目的,就是要"使天下知戎之技,皆中国所自有,所不有者,则中国鄙屑不为"⑧。由此可以看出其价值取向。

王之春、张自牧、刘岳云不遗余力地强调"西学中源",目的并不在引进西学,借鉴西学,而是认为西学并不是什么时新玩意,中国老早便有了。因此,中优于西,西不如中,根本没必要借西学以自强。用他们的话说,"凡西人之绝技,皆古人之绪余,西人岂真巧于华人哉?"⑨西方文化,无论是"至理名言",还是"奇技淫巧",都是"本不能出中国载籍之外。"完全没有必要舍近求远去学西方。这是洋务时期"西学中源"说的另外一种路向,其作用主要是消极的,也是后来严复批评的主要对象。

戊戌时期,"西学中源"说依然十分盛行,且有所发展。刘桢麟说:"中学者,西之师也,彼得其末而强,我失其本而弱"⑩。杨史彬说:"殊不知技艺机器之功,今

---

① 王韬:《弢园文录外编》,上海书店出版社,2002 年版,第 20 页。
② 汤震:《危言·中学》。
③ 夏东元编:《郑观应集》上册,上海人民出版社,1982 年版,第 242 页。
④ 夏东元编:《郑观应集》上册,上海人民出版社,1982 年版,第 274 页。
⑤ 王之春:《清朝柔远记》,中华书局,1989 年版,第 368 页。
⑥ 张自牧:《瀛海论》卷 7,王锡祺:《小方壶斋舆地丛钞》,第 11 轶,第 487 页。
⑦ 刘岳云:《格物中法自序》,1870 年刻本。
⑧ 刘岳云:《格物中法自序》,1870 年刻本。
⑨ 王之春:《清朝柔远记》,中华书局,1989 年版,第 373 页。
⑩ 台湾近代史研究所:《中国近代对西方及其列强认识资料汇编》,(四),第 1023 页。

虽莫精于泰西,而渊源实创于中国,不得概以西法轻之也。昔者神农刳木为舟,剡木为楫,是造船之技,中国实开其先,斫木为耜,揉木为耒,是制器之艺,中国肇其始。"①无名氏写的《论西学》开篇便说:"今所谓西学者,其源实出中国也,何中西之有哉!"②王仁俊编辑了《格致古微》、《格致精华录》,"思发古书之遗蕴,穷西学之根株",对有清一代流行甚广的"西学中源"说,作了系统地归纳和总结,目的是"表章古学,扬中抑西"。王仁俊在《格致古微·略例》中把这一宗旨说得很清楚。他说:"是编上采四部,旁征群书,表古籍之微,发西学之覆,将以严华洋之辨,大中外之防",使人们明白,"凡有涉于西学者,博采而详论之,使人知西法之新奇可喜者,无一不在吾儒包孕之中。"③显然是以此作为反对学习西方的思想武器,反映了戊戌时期守旧士大夫的一种心态。

这一时期,一些新派人物,诸如谭嗣同、唐才常、梁启超等,也不时地谈论"西学中源"说,而且时鼓时荡,进退维谷,呈现出流质异变的特点。谭嗣同认为西学出于中国古代诸子之学,他说:"无论何种新学,何种新理,俱不能出其范围。"④唐才常写《〈朱子语类〉已有西人之格致条证》,分类逐条加以比附,然后说:"就朱子而言格致,既为西学中之阿庐力士、托德尔,苟精而求之,安知无贝根、达尔文其人者乎? 至西人论性情、脑气、灵魂诸用,亦多与《语类》印合。"⑤梁启超从学术与文化比较的角度谈得较多,但也是起伏不定,徘徊瞻顾。一方面讲中国古代有议院制度,一方面又说"启超生平最恶人引中国古事以证西政"⑥,表现为一种彷徨困惑、痛苦迷茫的矛盾心态。

二、西学中源说的困境

在近代颇为流行的"西学中源"说,当时就有人对其做了批评与质疑。如马建忠说的"泰西政教,肇自希腊,而罗马踵之"⑦。就是讲中西文化各自源头,并非同源异流,实际上就是对"西学中源"说的否定。以著《邵氏危言》而有名的邵作舟,对当时盛行的"西学中源"说也做了批评。他说:"至谓凡彼政学,悉窃吾余,《庄》、《列》、《管》、《墨》、《吕览》、《淮南》,截句断章,以求一合,强颜自豪,其惑尤

---

① 杨史彬:《制造十所》,《皇朝经世文四编》,卷42,台北:文海出版社,1966年版,第770页。
② 佚名:《论西学》,《皇朝经世文四编》卷47,台北:文海出版社,1966年版,第864页。
③ 王仁俊:《格致古微序》。
④ 蔡尚思、方行编:《谭嗣同全集》下册,中华书局,1981年版,第399页。
⑤ 湖南省哲学社会科学研究所编:《唐才常集》,中华书局,1981年版,第177页。
⑥ 李华兴、吴嘉勋编:《梁启超选集》,上海人民出版社,1984年版,第40页。
⑦ 马建忠:《适可斋记言》,中华书局,1960年版,第32页。

甚"①。这可能算是最早对西学中源说作反思和批评的了。戊戌时期，随着人们认知水平的提高，于是对"西学中源"说的批评也就多了起来，而且较以前深刻、全面。徐仁铸、梁启超比较具有代表性。

徐仁铸是戊戌对期的新派人物，时任湖南学政。他对中学、西学皆有造诣，颇有见解。因此对"西学中源"说多有批评。他说："曩者华人震惊西学，以为绝技，谓震旦之人所不能矣，固属自弃；近人有牵合比附，谓西人之学悉出中土者，亦涉自大之习，致为无谓。"②徐仁铸承认中西文化中确实存在许多相通相合之处，毋庸讳言。他引用陆九渊的"四海各有圣人出焉，此心同也，此理同也。"来说明东西文化具有藕合性。他说："此所以东西虽辽绝，而政学之暗符者，不一而足也。"③徐仁铸认为，中西文化有其相同处，但并非同源，更谈不上独源中国，而是各有其文化源头。徐仁铸说："西人艺学原本希腊，政学原出罗马，惟能继续而发明之，遂成富强。我中土则以六经诸子之学，而数千年暗昧不彰，遂以积弱。"④说明只有在对中西文化具有正确认识的基础上，才能抓住"西学中源"说的实质。

同一时期发表的无名氏的《问格致之学与中国有无异同》一文，从文化比较的角度，对"西学中源"说也做了反思。文章认为，中西文化既有差异，又有趋同。文章说："格致之学，中国与泰西有各异者，有相似者，有同而异，异而同者。"所谓差异，即西方科学是实验的，中国的科技是经验的。文章说："泰西格物必以试验得实，卓有成效者为据。"中国格物则"虚论其理。"所谓相似，指中西科技在萌芽与发展的过程中，确有许多类似之处，同中有异，异中有同。因为中国历史悠久，文化源远流长，所以在某些发明与发现上早于西方。文章说："溯泰西之制作，远不过二千余年，而中国三千年前已制作代兴，实开泰西之先。设相传至今，源源不绝，则其精于泰西者当不知凡几。只因务其大而不深究其细，持其本而不急治其末，反令有用之学尽失其传，致与泰西巧拙相判。学问消长之机，实国势强弱所系。"文章指出，对于科学，要实事求是，虚怀若谷，奋力探求，切不可扬此抑彼，应该具有一种宽容的态度和坦诚的精神，不能仅仅强调"相似"的一面，而忽略"差异"的一面。文章说："潜心格致者，亦何必矜古制之流传与泰西争胜哉？但当以是存心，勤求实学，固不可谓中国不如泰西之聪明，亦不必谓泰西尽窃中国之余绪。但观其后，勿论其前；但奋有用之精神，不作无益之辩论。"这篇文章对如何对待中西

---

① 邵作舟：《邵氏危言序》。
② 徐仁铸：《輶轩今语》卷4。
③ 徐仁铸：《輶轩今语》卷4。
④ 徐仁铸：《輶轩今语》卷4。

科学所做的理智分析,具有一定的理论意义,实质上也是对"西学中源"说的批评。

同时代的"新学巨子"梁启超,尽管写有《古议院考》,认为中国古代有议会制度。但他对事事都是西学源于中学的看法,是持批评态度的。梁启超认为,倡导"西学中源"说,"以欧西新理比附中国旧学",是一种爱国心的表露,"亦增长国民爱国心之一法门","并非无用之业也明矣。"①肯定"西学中源"说有合理的一面。同时指出,这种说法如此流行,实是一种民族自大心态的表现。梁启超说:"实则启超生平最恶人引中国古事以证西政,谓彼之所长,皆我所有。此实吾国虚骄之结习。"②梁启超还说:"举凡西人今日所有之学,而强缘饰之,以为吾古人所尝有,此重诬古人,而奖励国民之自欺者也。"③关于中国古代有无民主制度,梁启超认为,民主制度,是近代社会的产物。不仅中国古代没有,西方古代也是没有。梁启超说:"民主之局,乃地球万国古来所未有,不独中国也。"④所以,"民权之说,中国古无有也"。⑤ 对于那些认为中国自古有立宪、共和制度的观点,梁启超给予了批评。他说:"畴昔谈立宪、谈共和者,偶见经典中某字某句与立宪共和等字义略相近,辄撷拾以沾沾自喜,谓此制为我所固有。其实,今世共和、立宪制度之为物,即泰西亦不过起于近百年,求诸彼古代之希腊、罗马且不可得,遑论我国。"⑥承认中西文化各有源流,自成系统,西方近代文化是中国所无,也是对"西学中源"说的批评和否定。

三、严复的批评与反思

戊戌时期对"西学中源"说反思最为深刻,批评最为犀利,剖析最为全面,自然要首推近代启蒙大师严复了。严复学贯中西,"中学西学皆一流人物",对中西文化有其独到的见解,明显高于时人一筹,且在处理二者关系,比较两大文化异同上,游刃有余,从容自然,有一定的深度。

有人认为严复对于当时流行的"西学中源"说,时鼓时荡,进退维谷。对此笔者不敢苟同。我认为,严复一生所做的工作与努力,都是在探讨中西两大文化的起源、发展及其之间的联系与差异,做着一种会通中西的文化比较研究工作。虽然他不是第一人,但完全可以这样说,他是近代系统比较中西文化的开拓者之一。

---

① 梁启超:《饮冰室合集》,专集第37,中华书局,1989年版,第55页。
② 李华兴、吴嘉勋编:《梁启超选集》,上海人民出版社,1984年版,第40页。
③ 梁启超:《饮冰室合集》,专集37,中华书局,1989年版,第55页。
④ 李华兴、吴嘉勋编:《梁启超选集》,上海人民出版社,1984年版,第41页。
⑤ 梁启超:《饮冰室合集》,专集50,中华书局,1989年版,第177页。
⑥ 梁启超:《梁启超史学论著四种》,岳麓书社,1985年版,第85～86页。

严复的中西文化观不仅在当时产生了很大影响，而且在今天看来，其过人的睿智与学识，仍令今人深思。他说："中国最重三纲，而西人首明平等；中国亲亲，而西人尚贤；中国以孝治天下，而西人以公治天下；中国尊主，而西人隆民；中国贵一道而同风，而西人喜党居而州处；中国多忌讳，而西人众讥评。其于财用也，中国重节流，而西人重开源；中国追淳朴，而西人求欢虞。其接物也，中国美谦屈，而西人务发舒；中国尚节文，而西人乐简易。其于为学也，中国夸多识，而西人尊新知。其于祸灾也，中国委天数，而西人恃人力。"①这种洗练深刻、洞察入微的比较，正是建立在对中西文化深入了解的基础之上的。这段名言警句便成了近代系统比较中西文化的开山篇章和不朽佳作，后世流传不已。

正因为此，严复在对中西文化的认识上，与同时期的维新人物相比较，其远见卓识，显然高出一筹。对于当时流行的"西学中源"说，严复深恶痛绝，颇为反感，给予这种说法以辛辣地嘲讽，尖刻地批评。他说："晚近更有一种自居名流，于西洋格致诸学，仅得诸耳剽之余，于其实际，从未讨论。意欲扬己抑人，夸张博雅，则于古书中猎取近似陈言，谓西学皆中土所已有，羌无新奇。"②什么"星气始于臾区，勾股始于隶首；浑天昉于玑衡，机器创于班墨……气学出于亢仓……光学原于关尹"，真是"哆哆硕言，殆难缕述"③，愤激之情溢于言表。严复指出，那种认为"西人窃我中国古圣之绪余"，在此基础上"精益求精"，现在西学东来是"以还中国"的看法，实是"令人呕哕议论，足见中国民智之卑"。④ 在给友人张元济的信中，严复也批评了这种言论。他说："中国学者，于科学绝未问津，而开口辄曰吾旧有之，一味傅会；此为一时风气，然其语近诬，诬则讨厌，我曹当引以为戒也。"⑤

严复认为，在世界文化发展史上，有些发明与发现是中国居先，"顾吾古人之所得，往往先之。"这是客观事实，决"非傅会扬己之言"⑥，必须予以充分地承认。需要指出的是，在研究与比较两个不同的文化时，用本土文化固有的且为人们所熟知的词汇、概念来阐释外来文化，这是比较，不是比附。严复以《易》中的概念来解释西学，就是如此。他说："夫西学之最为切实而执其例可以御蕃变者，名、数、质、力四者之学是已。而吾《易》则名、数以为经，质、力以为纬，而合而名之曰

---

① 王栻主编：《严复集》，中华书局，1986 版年，第 3 页。
② 王栻主编：《严复集》，中华书局，1986 年版，第 52 页。
③ 王栻主编：《严复集》，中华书局，1986 年版，第 52 页。
④ 王栻主编：《严复集》，中华书局，1986 年版，第 53 页。
⑤ 王栻主编：《严复集》，中华书局，1986 年版，第 550 页。
⑥ 王栻主编：《严复集》，中华书局，1986 年版，第 1320 页。

《易》"①。严复在这里,只是想借用《易》中名、数、质、力四个名词概念来指代西学,并无西学出于《易》之意。严复的用意,旨在以近代西方哲学,重新诠释和发明中国古文化,使其隐晦不明之意明晰。如以西方的逻辑学,使人们对《史记》有了深层次的了解。以司马迁的"本隐至现"("外籀")说明"演绎法"(deduction),以"推见至隐"("内籀")说明"归纳法"(induction)②。同样,严复运用西方哲学解释中国的"道",使道家学说也新意迭生。如谓《淮南子》中的"宇"与"宙"即西人所谓之"空间"(space)与"时间"(time);庄子的"储能",即西人所称之"潜力"(Potentiality)等等。又认为杨朱的"为我"可比作西人的"实用主义"(Pragmatism);老子的"小国寡民"可比作法人卢梭的"自然存在"(natural condition existence),道家的"无为"可比西方的"放任"(Laissez faire)与"民主"(democracy),《道德经》中的"天地不仁",比之为斯宾塞的"天择"(natural selection)。其目的并不是比附,而是一种用新学启迪旧学的尝试,以期相互发明,相得益彰。同时,在对异质文化的认知过程中,要创造一个新的词汇是相当不易的,严复就曾有"一名之立,旬月踟蹰"的感慨。因此,必须从本土文化中寻找意义相近的对应之词,而这样做往往会有比附之嫌,其实不然。严复说:"若谓中国开化数千年,于人生必需之学,古籍当有专名,则吾恐无专名者不止计学。名理最重最常用之字,若因果、若体用、若能所权实,皆自佛教东渐而后拈出,而至今政治家最要之字,如right,如obligation,问古籍中何字足与胳合乎?"③这一切说明,在认知异质文化的过程中,难度是很大的,译名也不可能一步到位。因此不仅要求具备思想上的远见卓识,而且还要有知识结构上的博大精深。

严复虽然也说过诸如"卢梭奋笔以对,其说大似吾国之老庄",赫胥黎学说,"尚贤则近墨,课名实则近于申商"之类的话,但主要是指两种文化系统中学派间的偶合,是"近似"而不是"真同"。严复认为,中国古文化与西方近代文化相比照,确有一些偶合与近似处,但这只是"理"同而非"学"同。所谓"理",是指思想观念,是零碎片断的;所谓"学",是指系统的科学,是一门有体系的学问。就是说,中国古代文化含有西方新学之"理",但近代之"学"是绝对没有的。严复说:"故其理虽中国所旧有,而其学则中国所本无,无庸讳也。"④严复还说:"是故取西学之规矩法戒,以绳吾'学',则凡中国之所有,举不得以'学'名;吾所有者,以彼法

---

① 王栻主编:《严复集》,中华书局,1986年版,第1320页。

② 史华慈:《寻求富强——严复与西方》,江苏人民出版社,1995年版,第46页。

③ 王栻主编:《严复集》,中华书局,1986年版,第518页。

④ 王栻主编:《严复集》,中华书局,1986年版,第518页。

观之,特阅历知解积而存焉,如散钱,如委积。"①因此,"学"与"理"切不可混为一谈。关于政治学,严复是这样看的,中国古代只有此"理",其"学"是近代社会的产物。他说:"有科学即有历史,亦有历史即有科学,此西国政治所以成专科。问中国古有此乎?曰有之。如老子,如史迁,其最著者。而《论》、《孟》、《学》、《庸》,亦圣人见其会通,立为公例,无疑义也。顾中国古书之短,在德行、政治杂而不分。而西国至十九世纪,政治一门已由各种群学分出,故其理易明,其学易治。"②但西方近代兴起的民主制度,中国古代却是没有的。严复说:"吾辈考镜欧、美政治,见其现象,往往为吾国历史所未尝有者。即如民主之治,贵族之治,其形式实皆为中国之所无,勉强附会,徒见所言之谬而已。二制不徒中国无之,即亚洲全部,亦所未有。"③自由主义思潮也是如此。严说:"政界自由之义,原为我国所不谈。即自唐虞三代,至于今时,中国言治之书,浩如烟海,亦未闻有持民得自由,即为治道之盛者。"④"地方自治之制,为中国从古之所无。"⑤所以,要严格区分中西文化的"相似"与"真同",严复说:"中国理道与西法自由最相似者,曰恕,曰絜矩。"⑥同时又指出:"然谓之相似则可,谓之真同则大不可也。"⑦这才是一种正确的中西文化比较观。

严复主张,对中西文化的评判、估价,必须实事求是,客观公正,并处理好文化古与今的关系。中国古代文明曾对世界文明做出过贡献,这是毋容置疑的。这方面严复做了肯定性评价。他说:"中土创物之圣,固亦有足令西人倾服者。远之蚕桑司南,近之若书椠火药,利民前用,不可究言。"⑧同时,严复告诫时人,承认古代文明及其贡献,并不能因此而骄傲自大,故步自封,更不应以高谈阔论祖先的奇迹而漠视国家的现实危机。祖先的创造发明只能反映先辈的聪明才智,可以给我们以精神上的鼓舞,但绝不会有"诵五经以退贼兵"的效果,无助于现实问题的解决。就是说:"祖父虽圣,何救子孙之童婚也哉。"⑨在严复看来,只有后人勤奋努力,"去虚务实",才有助于社会现实。他说:"然祖父之愚,固无害子孙之智,即古人之

---

① 王栻主编:《严复集》,中华书局,1986 年版,第 52 页。
② 王栻主编:《严复集》,中华书局,1986 年版,第 1244 ~ 1245 页。
③ 王栻主编:《严复集》,中华书局,1986 年版,第 1269 ~ 1270 页。
④ 王栻主编:《严复集》,中华书局,1986 年版,第 1279 页。
⑤ 王栻主编:《严复集》,中华书局,1986 年版,第 932 页。
⑥ 王栻主编:《严复集》,中华书局,1986 年版,第 3 页。
⑦ 王栻主编:《严复集》,中华书局,1986 年版,第 3 页。
⑧ 《严复集》,第 53 页。
⑨ 王栻主编:《严复集》,中华书局,1986 年版,第 1320 页。

圣,亦何补吾党之狂。争此区区,皆非务实益而求自立者也。"①严复指出,今不如昔,不应以此为荣,而应以此为耻。他说:"古人发其端,而后人莫能竟其绪;古人拟其大,而后人未能议其精,则犹之不学无术未化之民而已。"②

严复通过对中西文化的综合考察与比较,认为曾经灿烂辉煌的中国古代文明,这时确实是落伍了;西方近代文化迅速崛起,已经超过了中国。严复说:"至于今之西洋,则与是断断乎不可同日而语矣。彼西洋者,无法与法并用而皆有以胜我者也。自其自由平等观之,则捐忌讳,去烦苛,决壅蔽,人人得以行其意,申其言,上下之势不相悬,君不甚尊,民不甚贱,而联若一体者,是无法之胜也。自其官工商贾章程明备观之,则人知其职,不督而办,事至纤悉,莫不备举,进退作息,未或失节,无间远迩,朝令夕改,而人不以为烦,则是以有法胜也。其民长大鸷悍既胜我矣,而德慧术知较而论之,又为吾民所必不及。故凡所谓耕凿陶冶,织纴树牧,上而至于官府邢政,战斗转输,凡所以保民养民之事,其精密广远,较之中国之所有所为,其相越之度,有言之而莫能信者。"③当时明确承认中不如西,西优于中,是需要勇气和胆量的。严复冒天下之大不韪,大力呼唤西学,表现出了足够的胆识。严复指出,面对现实,中国必须以西为师,学习西学,即"救亡而以西学格致为不可易"④,"痛除八股而大讲西学"⑤。这是中国近代救亡图存的必由之路,除此之外别无选择,就是古代圣人再现也只能如此。他说:"盖欲救中国之亡,则虽尧、舜、周、孔生今,舍班孟坚所谓通知外国事者,其道莫由。"⑥

要学习西方,必须扫除思想障碍。基于此,严复对崇古法祖的传统意识作了批评。严说:"中土之学,必求古训。古人之非,既不能明,即古人之是,亦不知其所以是。"而且"事事必古从之,又常以不及古为恨"⑦。凡事"以古为宗",衡量文化进步与否的标准便是看其与古代是否相合。这种盲目的崇古恋旧意识,使死的拖住了活的,旧的束缚了新的。也正是这种恋旧怀古心态,使人们往往陶醉于古代那种理想之中,乐融融、喜滋滋,妙不可言,美不胜收。认为这是任何外来文明所难以企及和超越的最佳境界。结果昏昏欲睡,置现实世界于不顾,一味沉浸在虚构的精神世界中,最后形成了一种以贫为荣,以穷为乐的变态心理。严复对此

---

① 《严复集》,第53页。
② 王栻主编:《严复集》,中华书局,1986年版,第1320页。
③ 王栻主编:《严复集》,中华书局,1986年版,第11页。
④ 王栻主编:《严复集》第一册,北京:中华书局,1986年版,第43页。
⑤ 王栻主编:《严复集》,中华书局,1986年版,第43页。
⑥ 王栻主编:《严复集》,中华书局,1986年版,第46页。
⑦ 王栻主编:《严复集》,中华书局,1986年版,第29、51页。

做了辛辣地嘲讽。他说："且天下唯能者可以傲人之不能,唯知者可以傲人之不知;而中土士大夫,怙私恃气,乃转以不能不知傲人之能与知。彼乘骐骥,我独骑驴;彼驾飞舟,我偏结筏,意若谓彼以富强,吾有仁义。"①又说:"回顾一国之内,则人怀穿窬之行,而不自知羞;民转沟壑之中,而不自知救。"②对此情形,严复质问道:"以此傲人,羞恶安在!"③愤激之情充满字里行间。这种对复古保守心态的批判,无疑也是对"西学中源"说产生根源的深层揭示。

严复是近代比较富有理性的思想文化大师,他对中西文化的比较分析,他对"西学中源"说与"古已有之"说的剖析评判,都是十分深刻和精辟的,已成为近代史上一份宝贵的精神财富,很值得我们仔细地回味和深思。

第四节　西学中源说的现代思考

所谓"西学中源",亦称"中源西流"。顾名思义,即西方文化源出中国,近代西方文明,中国"古已有之"。这是中国人早期认知西方文化过程中出现的一种特殊文化现象。其萌芽于清初,兴盛和流行于近代。本人十多年来一直从事这一问题的研究,取得了一些成果。④ 在这篇文章中,我主要就"西学中源"做一总体评价,对其积极作用和消极影响做一现代思考。

一、"西学中源"说的时代意义

站在现代人的角度,冷静而理性地加以考察,便会发现,"西学中源"说对于认同西学、激活中学,会通中西文化,具有一定的时代意义。

其一,认同西学。需要指出的是,"西学中源"说者并不全是以此排斥西学,其中不少人试图通过这种迂回曲折的方式,接受和认可西方文化。他们都不同程度地感到,西方文化是一种全新的文化,西学东渐是近代文化发展的必然趋势,是世界潮流,势不可挡。对于我们不了解或了解不多的异域文化,我们不应该排斥它,而应该接触之、了解之。薛福成说:"降至今日,泰西诸国,以其器数之学,勃兴海

---

① 王栻主编:《严复集》,中华书局,1986 年版,第 46 页。
② 王栻主编:《严复集》,中华书局,1986 年版,第 46 页。
③ 王栻主编:《严复集》,中华书局,1986 年版,第 46 页。
④ 参见拙作:《中源西流思潮论》,载《江汉论坛》1987 年第 6 期,《新华文摘》1988 年第 3 期转载;《西学中源与近代文化》,载《北京社会科学》1990 年第 1 期;《"西学中源"说及严复对其批评与反思》,载《福建论坛》1993 年第 2 期。

外,履垓埏若户庭,御风霆如指臂,环大地九万里,罔不通使互市。虽以尧、舜当之,终不能闭关独治。"①郑观应说:"而今则创三千年来未有之局,一切西法西学,皆为吾人目之所未睹,耳之所未闻。"②"西学犹不可不讲也","讲求西法,千载一时","当今之世,非行西法则无以强兵富国"成为时尚和流行语,反映了人们对西学的积极认同。

针对一些人担心西学输入会给中国社会造成负面影响的观点,他们指出,汹涌而入的西学不仅对中国不构成威胁,相反是给中国送来了福音,正面作用远远大于负面影响。王韬说:"天之聚数十西国于一中国,非欲弱中国,正欲强中国;非欲祸中国,正欲福中国。故善为用者,可以转祸而为福,变弱而为强。"③陈炽说:"阅二千载,久假焉,而不能不归也。第水陆程途逾数万里,旷绝而无由自通,天乃益资彼以火器、电报、火轮、舟车,长驱以入中国,中国弗能禁也。天祸中国欤? 实福中国也。天厌中国欤? 实爱中国也。"④这种对西学的渴望,表现了他们认同异质文化的宽阔胸怀和足够勇气。

他们倡导"西学中源"说,认为西学出于中学,这样就给外来文化在本土文化中找到了一块立足之地,有助于排解那种心理上的自大与自卑的上下偏颇。中国丰富的文化传统和明清以来封关闭国的排外政策,造成了一种自满自大的社会心态。从杨廷熙的"历代之言天文者中国为精,言数学者中国为最,言方技艺术者中国为备"⑤,到刘锡鸿的"中国自天开地辟以来,历年最多;百数十大圣继起其间,制作日加精备,其言理之深,有过于外洋数倍者"⑥,直至辜鸿铭"半章《论语》可振兴中国"的狂妄设想,都是这种心态的深层体现。然而,物极必反,盲目自大的优越感,一旦被严酷的现实所击碎,立即走向另一极端,出现一种自卑情绪。郑观应说:"有剽窃皮毛、好名嗜利者,则震惊他人之强盛,而推崇过当。"⑦这种自大心态与自卑情结都是引进西学的重大障碍。"西学中源"说恰好为此提供了回旋的余地和空间。这种西学是中学的价值认同,不仅使自大者可以接受,又使自卑者不必自卑。郑观应说:"谁谓中人巧思独逊西人哉? 以中国本有之学还之于中国,是犹取之外厩,纳之内厩,尚鳃鳃焉谓西人之学中国所未有,乃必归美于西人。西人

---

①　薛福成:《筹洋刍议》,醉六堂石印,1897 年,第 20 页。
②　夏东元:《郑观应集》,上册,上海人民出版社,1982 年版,第 166 页。
③　王韬:《弢园文录外编》,上海书店出版社,2002 年版,第 168 页。
④　赵树贵、曾丽雅编:《陈炽集》,中华书局,1997 年版,第 7 页。
⑤　朱有瓛:《中国近代学制史料》,第 1 辑,华东师范大学出版社,1983 年版,第 564 页。
⑥　刘锡鸿:《英轺私记》,湖南人民出版社,1986 年,第 20 页。
⑦　夏东元:《郑观应集》,上册,上海人民出版社,1982 年版,第 273 页。

能读中国书者不将揶揄之乎?"①陈炽说:"故知彼物之本属乎我,则无庸显立异同;知西法之本出乎中,则无俟概行拒绝。"②曲折而迂回的解释,目的显然是要人们消除偏见,树立自信,正确对待西学,认同西学,接受西学,使西方文化在中国生根结果。

其二,激活中学。中国是一个历史悠久的文明古国,文化内涵极为深厚,在人类文明进化史上曾经有过重大贡献。在自然科学领域,很早就出现了像《墨经》、《考工记》这样包含了丰富的自然科学的科技文献,产生了被日本史家誉为中国的欧氏《几何原本》的《九章算术》,以及被外国学者称为中国古代百科全书式的生产技术巨著《天工开物》。这些成就自然成为中国与世界宝贵的文化精神财富。然而汉唐以降,儒学独尊,科技被视为旁门左道、雕虫小技,自然科学的探求一直处于被轻视的地位,科举制度更是将科学排除于外。清代登峰造极的文化专制政策更是完全窒息了人们的科学热情,使封建的尘垢淹没了科学的光彩。"西学中源说"的提出,以西学为参照,给中学以启迪与诱导,对于发掘传统文化之精华,反思古学,有其积极的时代意义。

既然要讲"西学中源",就必须探讨中西文化的源流关系,必然要将中学与西学做一比附,从中找出西学与中学的对应点与相似处,使长期被人遗忘的古代科学遗产得以重现天日。经过邹伯奇、李善兰、郑观应、唐才常等人的鼓动,像先秦诸子之学、《周髀算经》、《考工记》、《九章算术》、《天工开物》等包含了较多科技思想萌芽的著作,自然成为其认证西学源出中学的重要依据。于是古代重要的科技成就也得以再现,久被冷落的《墨子》,又重新风行一时。甚至历来被儒者轻视的《管子》、《庄子》、《淮南子》及《吕氏春秋》等古代典籍,都得到时人的普遍重视。

"西学中源"说的出现,一定程度上受到西方文艺复兴的启示。西方文艺复兴回归希腊罗马,在古代西方文化的基础上建构起西方近代文化,从而为西方近代社会的飞跃奠定了坚实的文化基础。对此,中国的思想先驱们心领神会,纷纷效仿。梁启超说:"近世泰西之文明,导源于古学复兴时代。循此例也,故今者以欧西新理比附中国旧学,其非无用之业也明矣。"③这种中西互证、古今比附的"西学中源"说,对于中国古代文化发生了一个强烈的刺激效应,促成了近代古学复兴思潮的产生。近代出现的"诸子学热"、今文经学复兴、墨学复兴、心学的兴盛、颜学的改造,都与此说密切相关。借复古以迎新,借宏中而扬西,这就是"西学中源"说

---

① 夏东元:《郑观应集》上册,上海人民出版社,1982年版,第275~276页。
② 赵树贵、曾丽雅编:《陈炽集》,中华书局,1997年版,第8页。
③ 梁启超:《饮冰室合集》专集,37卷,中华书局,1989年版,第55页。

的用意所在。陈炽说："西人之通中国也,天为之也,天与中国以复古之机,维新之治,大一统之端倪也。"①宋育仁说："今取证于外国富强之实效,而正告天下以复古之美名,名正言顺,事成而天下悦从,而四海无不服。"②谭嗣同说："就令如说者之言,西法皆原于中国,则中国尤亟宜效法之,以收回吾所固有而复于古矣。"③当然,比附并不科学,但与先进的西方文明相比附,以西法激活中法,发掘中法,整理中法,对于人们重新认识传统文化的真实价值,促使传统文化的新陈代谢,有其时代意义。

与发掘传统文化精华相伴随,"西学中源"说的倡导者们,又开始了对传统文化的总体认识与反思。他们在煞费苦心地论证和完善其命题、假想的同时,又提出了一个令人深思、发人深省的问题。那就是,为什么古代的学术文化在西方能够获得如此辉煌的发展和成就,而在其诞生的故土却反而音沉响绝呢?这种"墙内开花墙外香"的现象,启发着人们去思考传统文化的内在结构和特点,去反思传统。通过对中西文化的初步比较,他们看到二者间有一重要的差异:西方"崇实",中国"务虚"。王韬说："英国以天文、地理、电学、火学、气学、光学、化学、重学为实学,弗尚诗赋词章。……故英国学问之士,俱有实际;其所习武备、文艺,均可实见诸措施,坐而言者,可以起而行也"。④ 郭嵩焘说："计数地球四大洲,讲求实在学问,无有能及太西各国者。"⑤推崇西学的"崇实",必然映照出中学的"虚泛"。薛福成对此就有所批评。他说中国教育:"中国缀学之士,聪明才力,岂逊西人,特无如少年精力,多糜于时文、试帖、小楷之中,非若西洋亿兆人奋其智慧,专攻有用之学,遂能直造精微。"⑥郑观应对此"务虚"观也有过评论。他说:"自学者骛虚而避实,遂以浮华无实之八股,与小楷试帖之专工,汩没性灵,虚费时日,率天下而入于无用之地,而中学日见其荒,西学遂莫窥其蕴矣。"⑦务实与务虚作为西学与中学的各自鲜明特征,构成了中西社会强弱、盛衰悬殊的重要原因,"强弱之形,盛衰之势,判若天渊者,何哉?务实学不务虚学者故耳"⑧。沉湎古纸,皓首穷经,重道轻艺,脱离实际,正是传统文化的失误所在。因此,他们的思想认识并没有停留在中西文化"实"与"虚"的差异上,而是更加深入地剖析了中国文化为何"务虚"的原

① 赵树贵、曾丽雅编:《陈炽集》,中华书局,1997年版,第303页。
② 宋育仁:《时务论》,《蜀学报》,第8册,1898年。
③ 蔡尚思、方行编:《谭嗣同全集》上册,中华书局,1981年版,第202页。
④ 王韬:《漫游随录》,湖南人民出版社,1986年版,第116、125页。
⑤ 《郭嵩焘日记》第三卷,湖南人民出版社,1982年版,第203页。
⑥ 薛福成:《海外文编》第3卷,醉六堂石,1897年,第2页。
⑦ 夏东元:《郑观应集》上册,上海人民出版社,1982年版,第275页。
⑧ 王仁治:《中外经世策论合纂》第24卷,鸿雪斋,1902年,第3页。

因。进而指出，科举制度、宋明理学与佛、道思想等是造成“务虚”的思想根源所在。薛福成说：“宋明以来，专尚时文帖括之学，舍此无进身之途。于是轻农工商而专重士，又惟以攻时文帖括者，为自已尽士之能事，而其他学业，懵然罔省；下至工匠，皆斥为粗贱之流。寖假风俗渐成，竟若非性粗品贱，不为工匠者。于是中古以前智创巧述之事，阒然无闻矣。”①陈炽对中国历史文化的虚无意识的批评，更是淋漓尽致，入木三分。他说：“自《大学》‘格致’一篇亡于秦火，西汉黄老之学朝野盛行，东汉明帝夜梦金人，佛教亦乘虚而入中国。迄今二千载，中国贤知之士溺于高远，而清静寂灭之说，遂深中于人心。汉儒守缺抱残，穿凿附会，泥于礼文之迹，未窥制作之原；宋人析理虽精，而流弊之所归，亦苦于有体而无用，与二氏无以大远也。”又说：“中国自格致无传，典章散佚，高明沉潜之士，皆好为高论，而不知自蹈于虚无，遂使万古名邦，气象薾然”②。梁启超也试图探讨近代工业文明为什么没有在中国产生的原因。他认为，儒学定于一尊，阻碍了文化的发展与突破。他说：“国之一统未定，群疑并起，天下多才士；既已定鼎，则黔首戢戢受治，薾然无人才矣。教之一尊未定，百家并作，天下多学术；既已立教，则士人之心思才力，皆为教旨所束缚，不敢作他想，窒闭无新学矣。”③谭嗣同也看到文化专制主义对学术文化发展的桎梏力，他说：“名之所在，不惟关其口，使不敢昌言，乃并锢其心，使不敢涉想。”④他们以西学为参照，把批判的锋芒直接指向封建文化专制统治，对古学的反思更深了一层，迈向了思想启蒙的新境界。

其三，会通中西文化。“西学中源”说对于打破中外文化的对立，融会贯通中西文化，有其现实意义。早在清初，梅文鼎倡导中西会通，就是建立在“西学中源”说基础之上的。在近代，新派人物倡导此说，也是试图在此基础上实现中西会通，古今融贯。他们认为，文化没有新旧之分，东西之别，它是全世界的共同财富，是全人类之公理。王韬说：“东方有圣人焉，此心此理同也；西方有圣人焉，此心此理同也。盖人心之所向即天理之所示，必有人焉融会贯通而使之同。”⑤薛福成提出“西法为公共之理”说，主张“古今中西之学而为一。”⑥唐才常主张文化“无古无今，无新无旧”，应该打破东西、古今、新旧之隔膜。他说：“种无论黄白也，人无论

---

① 薛福成：《海外文编》，第3卷，醉六堂石印，1897年，第16页。
② 赵树贵、曾丽雅编：《陈炽集》，中华书局，1997年版，第125、126页。
③ 梁启超：《饮冰室合集》，文集1，中华书局，1989年版，第109页。
④ 蔡尚思、方行编：《谭嗣同全集》，下册，中华书局，1981年版，第348页。
⑤ 王韬：《弢园文录外编》，上海书店出版社，2002年，第2页。
⑥ 薛福成：《海外文编》，第3卷，醉六堂石印，1897年，第2页。

中西也,心同理同,聪明材武,无弗同也"①,"欲开二千年来之民智,必自尊新始;欲新智学以存于鹰瞵虎视之秋,必自融中西隔膜之见始"②。所以,他一语道破了"西学中源"说的良苦用心,就是"以西人之说,因类比附,则太璞精金,光华迸露,于斯可见天地自然之理,无判中西,无殊古今。"③谭嗣同特别强调中西学兼容并包,认为中西文化有许多不谋而合之处,其实也是他融贯中西的一种努力和尝试。谭嗣同说:"彼此不谋而合者,乃地球之公理,教主之公学问,必大通其隔阂,大破其藩篱,始能取而还之中国也。"④康有为讲"西学中源",其中也包含有"破中西之成见,化新旧之门户"的用意。与他们同时代的学者孙宝瑄也有同样认识,他说:"愚谓居今世而言学问,无所谓中学也,西学也,新学也,旧学也,今学也,古学也。……惟能贯古今,化新旧,浑然于中西,是之谓通学,通则无不通矣。……是地球之公理通矣,而何有中西,何有古今?"⑤所有这些,都不同程度上反映了时人的一种共识和沟通中西文化的良苦用心。

二、"西学中源"说的局限性

前后持续二百余年之久的"西学中源"说,曾对认同和引进西学,起过前驱引导作用。但从文化起源说与科学比较论的角度来加以探讨,不难发现其表象背后的消极影响。

第一,"一源辐射"的文化传播观。在人类文化的起源问题上,始终存在着两种截然不同的文明起源观:即"多源趋同"说与"一源辐射"说。"多源趋同"说认为:处于不同社会环境的、不同生活方式的民族,具有不同的文化形态,文化形态的不同,是其相异的社会环境的映照和折射。但是,在人类不同的文化形态间同时存在一种共性,尤其是在古代交通落后、信息不灵的状况下,很有可能在不同地点同时发明一种东西,即有些文明确实是在几个互无联系的地方同时产生并独立发展起来的。狄克逊说:"对文化发展来说,传播的作用确实要比独立发明大得多,可是在证据面前,偶然的独立发明是不能否认的。"⑥李约瑟博士指出:"趋同这个词用在社会进化上时,不一定要解释为高级独立发明。它可能只意味着在遇到同样的较简单的问题时,世界上不同地方的人用相同的方法来解决它",比如,

---

① 湖南省哲学社会科学研究所编:《唐才常集》,中华书局,1981年版,第141页。
② 湖南省哲学社会科学研究所编:《唐才常集》,中华书局,1981年版,第33页。
③ 湖南省哲学社会科学研究所编:《唐才常集》,中华书局,1981年版,第172页。
④ 蔡尚思、方行编:《谭嗣同全集》,下册,中华书局,1981年版,第399页。
⑤ 孙宝瑄:《忘山庐日记》,上卷,中华书局,1983年版,第80页。
⑥ 李约瑟:《中国科学技术史》,第1卷,总论,第2分册,科学出版社,1975年版,第514页。

"东方和西方过去都一直不断地计算 π 的精确值的历史,就是一个很好的例子"。因此,文化上有许多发现是中国与西方同时产生,如在亚里斯多德和荀子的书中同时出现了"灵魂阶梯型"的理论,还有日月食的记载、原子论的产生等等①。

"一源辐射"说即文化传播论。这种观点认为,世界上丰富多样的民族文化,本来同出一源,如光的辐射一样传播到各地而形成,所以各民族文化有许多相似之处。在人类社会早期,"一源辐射"说势力很大,曾长期统治着人们的头脑。基督教文化、伊斯兰教文化和佛教文化,在文化发生学上都是只承认"一源辐射"的文化发生哲学。德国有学者认为孔子有日耳曼人的血统,安特生说中国仰韶文化源出西方,拉克伯里鼓吹中国文化西源论,都是"一源辐射"说的表现。其实质是一种民族文化中心主义的反映。儒家文化也是如此。"西学中源"说的鼓吹者,长期生活在儒学的氛围中,久受"普天之下,莫非王土;率土之滨,莫非王臣"的影响。他们一直把中国看成是世界的中心,于是中国文化也自然成了世界文化的中心,并由此传播到世界各地。近人王韬一句话颇具有代表性,他说:"中国,天下之宗邦也,不独为文字之始祖,即礼乐制度、天算器艺,无不由中国而流传及外。"②所以当他们在阐释中西文化关系时,就自然而然地把西学看成是中国的派生物,顺理成章地提出"西学中源"说。只讲"一源辐射",不承认"多源趋向",实际上是对中西文化的严重歪曲。事实上,中国古代文明与西方近代文明之存在有鲜明时代差异。中国古代文明对西方文明有过贡献,西方近代文明反过来又促使了中国古代文化的新旧转换,这是中西文明交流的主要趋向。但一种文明要发生质的转变,关键因素还在于其内部结构的变动,外因所产生的作用与影响是相当有限的。

第二,非科学的方法论。科学是近代文明的产物,是一种关于自然、社会和思维的知识体系,是社会实践及其规律的总结,并在社会实践中得到检验和发展。科学的力量在于它能够进行分析与概括,发现客观规律,成为人们改造世界的指南。美国著名科学哲学家 M. W. 瓦托夫斯基在《科学哲学导论》中有系统的阐述,他说:"科学从事实验,作出发现;进行测量和观察,它建立起解释事物的方式和原因的各种理论;发明出技术和工具,提出建议和安排,它作出假设并进行检验;它提出种种有关自然界的问题并对它们作出回答;它进行猜测、反驳、证实和否证,它将真理与谬误相区分,将明智与愚蠢相区分;它告诉你如何到达你想要去的地方,如何做你想要做的事情。"科学的产生,导致了近代社会的全面变革,对全人类产生了重大影响。

---

① 李约瑟:《中国科学技术史》,第 1 卷,科学出版社,1975 年版,第 514～517 页。

② 王韬:《弢园文录外编》,上海书店出版社,2002 年版,第 2 页。

　　"西学中源"说混淆了原始科学与近代科学间的差异,硬将古代的原始科学观来比附近代科学体系,只看到西方科学技术的内容,却排斥了近代科学结构。他们中很多人花毕生的精力去证明西方许多技术成果是中国古已有之,是想把西方科学知识纳入中国的示范体系,完全把近代的科学结构抛弃了,结果起示范作用的仍是中国的注经传统。因为,科学知识如果不在近代科学结构中循环加速地进步,现有的科学技术成果也会过时的。

　　事实上,我们不能否认古代哲学家对于自然现象的观察和认识往往有正确的一面,但这些由直观的认识得出的结论是模糊朦胧的,不能等同于近代科学。因为,在整个科学水平还十分低下的时代,"自然哲学只能这样来描绘:用观念的、幻想的联系来代替尚未知道的现实的联系,用想象来补充缺少的事实,用纯粹的臆想来填补现实的空白。它在这样做的时候提出了一些天才的思想,预测到一些后来的发现,但是也发表了十分荒唐的见解,这在当时是不可能不这样的"①。"西学中源"说的鼓吹者,却把这些"纯粹的想象"当成近代科学的观点和原理,并挟此自傲,就是一种非科学的观点和思想方法论。因为,这些朦胧意识并不等于近代科学成果,那些偶尔出现的真知灼见是他们个人智慧的闪烁,但由于是以模糊方式表达的,缺乏事实、材料作依据,又没有任何手段可以验证,当然不可能构成科学思想的体系。所以既不能代表当时的科学水平,也不可能促进整个科学的发展。如屈原在《天问》中一口气提出一百七十多个问题,对宇宙的起源、日月星辰何以不坠落,太阳每天走过的路径等问题表现出强烈的好奇心。这些问题的答案虽然属于天体力学或宇宙结构的范畴,但这些问题的提出并不能作为具有基础的科学幻想,它们来自于诗人磅礴的感情、博大的胸怀和丰富的想象力,但绝不是科学预见。作为科学问题的提出是需要具备必要的中间环节的,否则不能促进该学科的发展。尽管朦胧的意识早已出现,但科学本身并不将此纳入规范,缺乏基础和中间环节的想象是无法成为科学探索的原动力的。正如恩格斯所说的,在古希腊与近代科学之间,"只有这样一个本质的差别:'在希腊人那里是天才的直觉而在我们这里却是严格科学的以实验为基础的研究的结果,因而也就具有确定得多和明白得多的形式'"②,一语道出了原始科学与近代科学的重大差异。

　　因此,我们可以这样说,"西学中源"说不是建立在科学基础上,而是一种牵强附会的主观臆测,到后来,则是抚慰"天朝上国"现实落后的劣势心理。在这种心态支配下,当时一种科学技术的传入,人们不是去宣传、介绍,研究并推动它向更

---

　　①　《马克思恩格斯选集》,第4卷,人民出版社,1995年版,第246页。
　　②　恩格斯著,于光远译编:《自然辩证法》,人民出版社,1984年版,第15页。

高的层次上发展,而是倾全身心之力,在中国古文献中去寻其"根"。在这种非科学的思维下,等而下之的浅薄比附更是层出不穷。在近代曾经流行一时的刘岳云的《格物中法》、王仁俊的《格致古微》、金永森的《西被考略》,都是这种强制性缘附的产物。还有一本类似的书,名叫《不使西人胜古人》,表现得更为露骨和荒唐。

"西学中源"说是不是一种比较研究呢?显然不是。比附绝不能与比较相提并论。比较科学史研究是科学史研究中的一个重要方法,它把科学技术的发展与其思想背景及其社会结构综合起来研究考察,并以此与具有不同的社会结构的各种文化圈的科学特点和状况作比较研究,其目的是为了求得全人类的科学发展有一个更深入更有意义的理解。"西学中源"说以臆测、想象代替严肃的实证研究,以捕风捉影、似曾相识来比附不同层次上的两种东西,不属于比较研究。主观而武断,决非一种科学的精神。即便"中源"的创造发明,给欧洲文明作过贡献,"回归"后亦不同于"昔日",真是"中发其端,西竟其绪",也是"端"、"绪"大异。不花精力去研究之所以"异",而孜孜以求其"端",就只会自我标榜,自我陶醉,自我满足。而认定外国的一切新的东西都是从中国传去,即使西方也有"竟其绪"之功,但毕竟我是师傅,你是徒弟,"若其导师,实出中国",师傅哪能向徒弟学习?这绝不是什么科学意义上的比较,而是一种非科学的盲目附会和自我炫耀。

第三章

中西文化关系考察

第一节　中体西用文化模式之反思

"中体西用"是近代历史的产物,它已经部分超越了古典哲学的范畴,构成了一个文化模式。或"中本西末",或"中道西器",或精神文化与物质文化,都是"中体西用"文化模式的另一种表达方式。这个模式具有两个明显的特征,第一是它的超时代性,从近代开始一直到现在,它有形或无形地左右着我们的思维范式;第二是它的超空间性,它无处不在,深深渗透在政治、文化、学术、科学等各个领域。成为国人接受新思想、新学说的一种文化模式,对中国近代化、现代化产生了重要影响。重温这一问题,对于中国思想文化的现代重构有一定的借鉴作用。

一、中体西用的表现形态

"中体西用"在近代的表现,形形色色,千姿百态。人们常常利用其熟知的传统观念与固有术语,来表达他们对于新事物的感知与体认。于是传统哲学中原有的"本末"、"道器"、"体用"等概念便被大量使用,传统概念与现实情形的嫁接,从而形成了"中体西用"这一文化模式。其表现形态如下:

第一,本末观念——"中本西末"。

"本末"原指树木的根和梢,后被哲人引申,成为中国传统哲学中的一对概念或范畴,表示主要与次要。所谓"本",是指宇宙的本源或本体,包括道德伦常、君臣之道、农业生产,是关乎国家生存强盛的命脉所在;所谓"末",是指事物非根本、不重要的部分,包括技术工具、商业贸易等,对国家社会也很重要,但比不上前者。中国自古论政者,大都强调以治国之道为根本。而所谓治国之道者,不外乎是礼仪道德,勤政爱民,整饬吏治,任用贤能,重农养民等,至于财物武备,工商之利等,率皆以为末事,器物制作,则被认为是奇技淫巧。重本轻末、重农抑商是中国传统的统治之术,这自然成为近代顽固派反对学习西方的重要理论依据。他们认为,"中国自古以来重农而轻商,贵谷而贱金,农为本富而商为末富。如行泰西之法,是舍本而务末也。况乎中国所产足以供中国之用,又何假外求而有俟乎出洋贸易也哉?"①而主张学习西方者,由于他们认识水平有限,也用本末观念来表述他们的思想,从而提出"中本西末"的见解。李鸿章认为,中国的"文物制度"是本,西洋的"机器"是末,因而主张只学习西方的"机器"制造。左宗棠认为,"中国之睿知运于虚,外国之聪明寄于实。中国以义理为本,艺事为末;外国以艺事为重,义理为轻。"②在这里,左宗棠提出了"虚实"、"本末"和"轻重"三对概念,但其核心仍是"本末"。王文韶指出:"天下事有本有末……就六事而言,练兵、简器、造船、筹饷,其末也;用人、持久,其本也"。③ 郑观应说:"以西学言之:如格致制造等学其本也……语言文字其末也。合而言之,则中学其本也,西学其末也。主以中学,辅以西学。"④冯桂芬也说:"以中国之伦常名教为原本,辅以诸国富强之术"。⑤陈炽主张:"尤宜急建书院,广储经籍,延聘师儒,以正人心,以维风俗。其同文、方言、水师、武备各馆,即可并入其中,并请洋师,兼攻西学。"⑥实际上也是倡导"中本西末"。在这方面,同时代的郭嵩焘、朱采略高一筹。他们不仅看到西学自有本末,而且提出"末中之本"、"本中之本"。郭嵩焘认为,"西洋立国有本有末",何为本末?他说:"盖兵者末也,各种创制皆立国之本也"。又说:"凡为富强,必有其本。人心、风俗、政教之积,其本也。"这样就把西洋富强之本从技术制造层面提高到社会制度、文化层面,认识水平大为提高。进而郭嵩焘对洋务"新政"进行了批评,认为他们学习西方没有抓住根本,学到的只是"末中之末"。他说:"泰西富强,具有本末,所置一切机器,恃以利用致远,则末中之末也。"⑦朱采也对洋务派所醉心从事的制器、造船、防陆、防海是"末",而"练兵、选将、丰财、和众,方为末中之本"。而"本中之本"则是"正人心,移风俗,新主德,精爱立。"⑧遗憾的是,他们的

---

① 王韬:《弢园文录外编》,上海书店出版社,2002 年版,第 36 页。
② 中国史学会主编:《洋务运动》,第 5 册,上海人民出版社,2000 年版,第 14 页。
③ 中国史学会主编:《洋务运动》,第 5 册,上海人民出版社,2000 年版,第 81 页。
④ 夏东元编:《郑观应集》,上,上海人民出版社,1982 年版,第 276 页。
⑤ 冯桂芬《校邠庐抗议·采西学议》,《戊戌变法》,(一),第 28 页。
⑥ 赵树贵等编:《陈炽集》,中华书局,1997 年版,第 30 页。
⑦ 中国史学会主编:《洋务运动》,(一),上海人民出版社,1961 年版,第 142、304、309、319 页。
⑧ 中国史学会主编:《洋务运动》(一),第 352 页。

"末中之本"、"本中之本"仍然脱离不了中国传统的纲常名教,其"正人心"、"移风俗"的法宝依然是至圣先师的谆谆教诲。朱采便说:"人心何以正?躬化导,尊名教,其大纲也;风俗何以变,崇师儒,辨学术,其大要也。"①说到底,仍然是地地道道的"中本西末"论者。需要指出的是,郭嵩焘与朱采相比较,前者无论是在新学造诣,还是对中西社会的洞察和分析,都要远远高于后者,不能相提并论。

第二,道器观念——"中道西器"。

"道器"也是中国一对古老的哲学范畴。"道"指无形的法则或规律;"器"指有形的事物或名物制度。《易·系辞上》讲:"形而上者谓之道,形而下者谓之器。"传统的解释便认为道在器先,器从属道,器常变而道不变。近代早期改良派也将中、西文化纳入传统的道器范畴之中。在他们看来,"道"指的是中国的封建纲常伦理,"器"则指西方的物质技术。比较的结果是中国以道胜,西方以器胜。王韬就说:"形而上者中国也,以道胜;形而下者西人也,以器胜。如徒颂美西人而贬己所守,未窥为治之本原者也。"②对于"西学、西法非不可用,但当与我相辅而行之可已。"③总的原则是,"器则取诸西国,道则备自当躬"。④ 当时以写《危言》而著称的汤震(寿潜),在《中学》篇中,也系统表述了其"中道西器"观。他说:"盖中国所守者,形上之道,西人所专者,形下之器,中国自以为道,而渐失其所谓器;西人致力于器,而有时暗合于道。"言语之间,中西之得失,不言自明。在他看来,中国正是由于放弃了对"器"的追求,才造成了"创巨痛深"的结果。面对这种严峻的形势,中国不管是"自议振新"也好,"自愤自强"也罢,唯一选择便是"善用其议,善发其愤,求形下之器,以卫形上之道。"反之,如果顽固地坚持西学不屑学或不必学,结局只能是:"士夫以口舌相胜而立穷,将士以血肉相薄而立陨,是直医者执古方而咎病之不愈也"。⑤ 因而他们不但不主张变"道",而且要利用西方的科学技术来巩固"道",捍卫"道"。薛福成一语道破天机,他说:"今诚取西人器数之学,以卫吾尧舜、禹汤、文武、周孔之道,俾西人不敢蔑视中华,吾知尧舜、禹汤、文武、周孔复生,未始不有事乎此,而其道亦必渐被乎八荒,是乃所谓用夏变夷者也。"⑥所有这些,反映了当时社会的普遍认识,即在以中国传统政治文化为主的基础上,对西方近代文化做了有限认同。

---

① 朱采:《清芬阁集》,《洋务运动》(一),第353页。
② 王韬:《弢园尺牍》,中华书局,1959年版,第30页。
③ 王韬:《弢园文录外编》,第246页。
④ 王韬:《弢园文录外编》,第266页。
⑤ 汤震:《危言》,卷一,中学,第六页。
⑥ 中国史学会主编:《戊戌变法》,(一),上海人民出版社,1957年版,第160页。

第三，"体用"观念——"中体西用"模式的形成。

"本末"之辨、"道器"之争而形成的"中本西末"、"中道西器"说，是"中体西用"模式之滥觞，是在"中体西用"未明确提出之前中国政治和文化精英群体意识的普遍表露。正是由于这些理论的盛行，从而孕育了"中体西用"说，导致了这一模式的形成。

"体用"是中国传统哲学中比较成熟的一对概念，它与"本末"、"道器"含义基本相同，是在前者的基础上形成的，比前者更具思辨性和理论性。"体"指宇宙的本质或本体，"用"宇宙中的各种现象。具体到现实社会层面，"体"指根本原则，"用"指具体方法。

从现已发现的文献资料来看，最早使用"中学为体，西学为用"一词的人是沈寿康。1895 年 4 月，他在《匡时策》一文中完整提出"中体西用"说。他说："夫中西学问，本自互有得失，为华人计，宜以中学为体，西学为用。"①次年 8 月，工部尚书孙家鼐在《议覆开办京师大学堂摺》中，将"中体西用"作为教育方针和办学宗旨提了出来。他说："今中国京师创立大学堂，自应以中学为主，西学为辅；中学为体，西学为用；中学有未备者，以西学补之；中学其失传者，以西学还之。以中学包罗西学，不能以西学凌驾中学。"②这就多多少少带上了官方色彩，反映了官方之意图。

稍后，谈者颇多，人物繁杂。既有文人学士，也有封疆大吏，甚至后期维新派也乐而道之，津津有味。1897 年 9 月 17 日《湘学报》讲："查泰西各学，均有精微，而取彼之长，补我之短，必以中学为根本。"1898 年 5 月，盛宣怀在《奏筹集商捐开办南洋公学摺》中，明确提出这所新式大学的办学指导思想是："西学为用必以中学为体"。③ 都察院都事长庆在公事呈文中说："说者谓中学为体、西学为用"。④御史宋伯鲁也说："夫中学体也，西学用也；无体不立，无用不行；二者相需，缺一不可"。⑤ 在这种时代氛围中，以康有为、梁启超为代表的新派人物，也没有免俗，也同样谈论"中体西用"。康有为说："中学体也，西学用也，无体不立，无用不行，二者缺一不可。"⑥梁启超虽然想把中西文化并列起来，给予一个平等地位，但也没有超越"中体西用"的流行说法。他说："舍西学而言中学者，其中学必为无用；舍

---

① 《万国公报》，第 75 期，1895。
② 中国史学会主编：《戊戌变法》，（二），上海人民出版社，1957 年版，第 426 页。
③ 盛宣怀：《愚斋存稿》，奏疏，卷二，第 19 页。
④ 国家档案局明清档案馆编：《戊戌变法档案史料》，中华书局，1958 年版，第 311 页。
⑤ 王先谦：《十二朝东华录》，光绪朝，第 7 册，4088 页。
⑥ 汤志钧编：《康有为政论集》，上册，中华书局，1981 年版，第 294 页。

中学而言西学者,其西学必为无本。无用无本,皆不足以治天下。"①但他和其师一样,还得讲"中体西用"。他起草的《京师大学堂章程》中,还是"中学体也,西学用也,二者相需,缺一不可,体用不备,安能成才。"

张之洞便是在这种"世人皆乐道之"、"举国以为至言"的氛围中,将"中体西用"进一步系统化、理论化、体系化了,成为这一文化模式的集大成者。1898 年 5 月,张之洞撰成《劝学篇》,将"体用"的含义作了规定。他说:"新旧兼学。四书、五经、中国史事、政书、地图为旧学,西政、西艺、西史为新学。旧学为体,新学为用,不使偏废。"②"中学为内学,西学为外学,中学治身心,西学应世事。"③在《变法》篇中,他又作了进一步阐发。他说:"夫不可变者,伦纪也,非法制也;圣道也,非器械也;心术也,非工艺也。"④又说:"今欲强中国,存中学,则不得不讲西学。然不以中学固其根柢,端其识趣,则强者为乱首,弱者为人奴,其祸更烈于不通西学者也。"⑤至于"中体西用"的实践之道,张之洞说:"今日学者,必先通经以明我中国先圣先师立教之旨,考史以识我中国历代之治乱、九州之风土,涉猎子集以通我中国之学术文章,然后择西学之可以补吾缺者用之、西政之可以起吾疾者取之,斯其有益而无其害。"⑥正因"中体西用"具有如此广泛的社会基础和充分的舆论酝酿,1898 年 6 月,光绪皇帝颁布"明定国是"诏,宣谕"中外大小诸臣,自王公以及士庶,各宜努力向上,发愤为雄,以圣贤义理之学植其根本,又须博采各学之切于时务者,实力讲求……以成通经济变之才。"⑦这样,"中体西用"已作为晚清实行维新变法的政治思想和文化政策而颁示天下了。朝廷上下,从学士文人到维新志士,从王公大臣到当朝统治者,都一致倡导"中体西用",从而构成了这一文化模式的盛行。

二、思想动因分析

"中体西用"文化模式的形成,虽然与近代帝国主义入侵造成人们的心理反感有关,但主要还是人们始终不能超越中国传统的文化模式。尤其是在戊戌变法之前,中国士大夫们难以从传统氛围中挣脱出来,还是处处以传统的价值尺度、道德

---

① 梁启超:《饮冰室合集》文集之一,中华书局,1981 年版,第 38 页。
② 张之洞:《劝学篇》,华夏出版社,2002 年版,第 94 页。
③ 张之洞:《劝学篇》,第 147 页。
④ 张之洞:《劝学篇》,第 109 页。
⑤ 张之洞:《劝学篇》,第 59 页。
⑥ 张之洞:《劝学篇》,第 59~60 页。
⑦ 朱寿朋:《光绪朝东华录》,第 4 卷,中华书局,1958 年版,第 78 页。

心理规范来衡量和评估西方。这样便始终处于以自我为中心的地位，极力想把西学纳入中学的轨道。这种民族文化自我中心的心理规范，是产生"中体西用"文化模式的主要根源。

第一，中学高于西学。

戊戌以前这种思想十分盛行。或顽固保守之徒，或主张变通的洋务首领，或是早期改良派（甚至维新派），他们都不承认中国精神文化落后于西方，而仅仅认为中国只是在技艺方面略逊一筹。曾国藩认为："且彼外国之所长，度不过技巧制造，船坚炮利而已。以夷狄之不知礼义，安有政治之足言？即有政治，亦不过犯上作乱、逐君弑君，蔑纲常、逆伦理而已。"①既然如此，难以和中国文化媲美。李鸿章也说："中国文武制度，事事远出西人之上，独火器万不能及。"②早期改良派同样持此观点。何启、胡礼垣比较系统地论述了他们的观点。他们说："中国疆宇为天下之至中，风气为天下之至正，山岳为天下之至秀，江海为天下之至通，壤衍为天下之至腴，物产为天下之至富；而京师之建，礼法之防，伦常之立，又为天下之至古、至备而至隆。……又加以尧舜之圣功，汤武之仁义，两汉之道德，唐宋之文章，君子造其极，则有成天平地赞化育之功，小人入大学，亦有齐家治国平天下之责，则治术之纯也。"又说："孔孟距今二千四百年，而置其道于今日公理公法中，仍属坚致精莹，其光莫掩，以此知凡脱尽私心，主持公道者，所立之言虽历千秋万岁，亦不能磨灭也。"③何启、胡礼垣从地理环境、物产民情、政治制度、精神文化等方面，比较系统地论证了中国社会之优越。邵作舟说："中国之杂艺不逮泰西，而道德、学问、制度、文章，则夐然出于万国之上，莫能及也。"④就是《盛世危言》的作者郑观应，也认同西方"礼乐教化，远逊中华。"⑤陈炽就说："夫今不若古，犹可言也，中不若西，不可言也。"⑥甚至康有为也有此论。他说："然以泰西政比于三代，犹不及也。三代有授田以养民，天下无贫民，泰西无之；三代有礼乐之教……泰西则日思机智，以强己而轧人，故其教养皆远逊于我先王也。"如果让他在三代与西方之间选择，康的答案是回归三代。他说："故仆所欲复者，三代两汉之美政。"⑦表明了他们的认识水平还停留在传统文化的视野中，对西学只是皮毛的、肤浅的了解，

① 《东方杂志》第7年，第12期，第83页，商务印书馆，1910年版。
② 宝鋆等编：《筹办夷务始末》，同治朝，第25卷，故宫博物院影印本，1930年版，第9页。
③ 何启、胡礼垣：《新政真诠》，辽宁人民出版社，1994年版，第103、112页。
④ 邵作舟：《邵氏危言·译书》，《戊戌变法》（一），第183页。
⑤ 《郑观应集》，上册，第234页。
⑥ 《陈炽集》，第29页。
⑦ 《康有为政论集》，上册，第48页。

缺乏深入的探究。

第二,中学包罗西学。

中学包罗西学,也可说西学出于中学。考诸历史,它始于黄宗羲之"中原失传而被篡于西人",王夫之也有此论,①经康熙"西学实源于中法"之鼓荡,遂不可一世,终近代而不息。士大夫们以"西学出于中土",西学我们"古已有之"而自我标榜,沾沾自喜,陶醉于传统文化之中。概括起来,有以下几个特点:

西方之科学技术出于中国。郑观应在其《盛世危言》篇中,认为西方的光学、电学、数学、物理学、化学、地理学,都是中国"古已有之"。接着又说:"自《大学》亡《格致》一篇,《周礼》阙《冬官》一册,古人名物象数之学,流徙而入于泰西,其工艺之精,遂远非中国所及。"②王韬也说:"铜龙沙漏,璇玑玉衡,中国已有之于唐、虞之世。钟表之法,亦由中国往。……火器之制,宋时已有……其由中国传入可知也。"③早期康有为也有此论。他说"自墨子已知光学重学之法,张衡之为浑仪,祖暅之之为机船,何敬容之为行城,顺帝之为自鸣钟,凡西人所号奇技者,我中人千数百年皆已有之。泰西各艺,皆起于百余年来,其不及我中人明矣。"④

西方的政治制度出自中国。西方的民权政治,我古已有之。康有为认为,《孟子·梁惠王下》中所讲的"左右皆曰贤,未可也;诸大夫皆曰贤,未可也;国人皆曰贤,然后察之;见贤焉,然后用之"的选拔、表决及其刑罚等模式,"此孟子特明升平授民权、开议院之制。"⑤在康有为看来,孔子不仅是中国文化的开路先锋,而且也是西方文化的创造者。他说:"世官为诸子之制,可见选举实为孔子所创";"吏道是周、秦以来任官之旧,仕学院中人也。儒是一以教任职,如外国教士之入议院者";"选举者,孔子之制也"。⑥梁启超也说:"春秋大同之学,无不言民权者",即使议院"虽创于泰西,实吾五经诸子传记随举一义,多有其意者。"⑦并且写了《古议院考》,认为"《洪范》之卿士,《孟子》之诸大夫,上议院也;《洪范》之庶人,《孟子》之国人,下议院也。"⑧就是在孙中山的后期,也常常讲到"中源西流"。他认为孔子主张的"大道之行也,天下为公",便是主张民权的大同世界。⑨

① 王夫之:《思问录》,中华书局,1956年版,第42页。
② 夏东元编:《郑观应集》上册,第242页。
③ 王韬:《弢园文录外编》,第9页。
④ 《康有为政论集》,上册,第49页。
⑤ 康有为:《孟子微》,中华书局,1987年版,第20页。
⑥ 康有为:《孔子改制考》,中华书局,1958年版,第42、191、238页。
⑦ 苏舆辑:《翼教丛编》,卷五,文海出版社,1971年版,第256页。
⑧ 梁启超:《饮冰室合集》文集之一,第95页。
⑨ 《孙中山选集》下卷,中华书局,1956年版,第701页。

西方的学术文化出自中国。近代经学大师皮锡瑞便说:"西学出于中学,本周秦诸子之遗,庄、刘关乎诸书所载,是其明证。"①谭嗣同认为,"而战国诸儒,各衍其一派,著书立说,遂使后来无论何种新学,何种新理,俱不能出其范围……盖举近来所谓新学新理者,无一不萌芽于是。"②唐才常专门撰写《朱子语类已有西人格致之理条证》一文,并发出如此感慨:"噫!就朱子而言格致,既为西学中之阿卢力士、托德尔(即亚里斯多德),苟精而求之,安知无贝根(培根)、达尔文其人者乎?至西人论性情、脑气、灵魂诸用,亦多与《语类》印合。"③在他们看来,西方的学术文化,中国皆已有之。"老庄之道学,非哲学乎?儒家之言道德,非伦理学乎?荀卿之正名,以及名家者流,非今之论理学乎?"④他们坚信中国之文明悠久,是任何国家都无法比拟的。"中国,天下之宗邦也,不独为文字之始祖,即礼乐制度、天算器艺,无不由中国而流传及外。"⑤因而"以此见吾圣教之精微博大,为古今中外所不能越。"⑥这说明他们仍然没有完全摆脱自我文化中心的传统制约。

第三,中学会通西学。

明末清初,徐光启开创了"欲求超胜,必先会通"的传统。在他之后,王夫之、方以智等清初学者做了大量会通中西自然科学及其方法的工作。鸦片战争后,魏源首倡中西会通,预言"天地气运自西北而东南将中外一家",⑦气魄之宏大超越前古。王韬等新派人物紧随其后,展开了会通中西文化的尝试。王韬说:"天下之道,其始也由同而异,其终也由异而同","盖人心之所向即天理之所示,必有人焉,融会贯通而使之同。"⑧陈炽说:"泰西之所长者政,中国之所长者教。道与器别,体与用殊,互相观摩,互资补救。"⑨王韬还说:"故吾向者曾谓数百年之后道必大同,盖天即合地球之南朔东西而归于一天,亦必化天下诸教之异同而归于一源。"⑩甲午以降,中西会通呼声日高,影响越大。唐才常说:"今以西人之说,因类比附,则太璞精金,光华迸露,于斯可见天地自然之理,无判中西,无殊古今。"⑪陈

---

① 皮锡瑞:《论讲学之益》,《湘报》,第六号,1898。
② 蔡尚思等编:《谭嗣同全集》,中华书局,1981 年版,第 399 页。
③ 《唐才常集》,中华书局,1980 年版,第 177 页。
④ 高平叔编:《蔡元培全集》,第 1 卷,中华书局,1984 年版,第 76 页。
⑤ 王韬:《弢园文录外编》,第 2 页。
⑥ 《谭嗣同全集》第 399 页。
⑦ 魏源:《海国图志》,上卷,岳麓书社,1998 年版,第 8 页。
⑧ 《弢园文录外编》第 1、2 页。
⑨ 《陈炽集》,第 139 页。
⑩ 《弢园文录外编》第 10 页。
⑪ 《唐才常集》,第 172 页。

继俨也说:"夫理者天下之公理也,法者天下之公法也。无中西也,无新旧也。行之于彼则为西法,施之于我则中法矣;得之今日则为新法,征之古昔则为旧法也。"①康有为认为中国之弱是由于中西不能会通的缘故,因此他要"泯中西之界限,化中外之门户。"②从而"欲以构成一种'不中不西即中即西'之新学派。"③章太炎也加入会通行列,他提出会通"华梵圣哲之义谛,东西学人之所说。"④不但要中西会通,而且要东西文化会通。稍后有人还提出"取东西而熔为一炉",以成一国之学,把中西会通推向极致。这种"无判中西,无殊古今"的中西会通,固然是中国人学习西方,力求使中西文化融合的一种良好苦心和美好愿望,但在没有系统了解西方文化体系,传统文化根深蒂固的背景下,浅尝辄止地"因类比附",以求成"一国之学",产生的最大弊端便是将新文化纳入旧文化体系之中,使资本主义文化体系封建化。这是中国近代学习西方出现的悲剧,反映了思想家始终没有超越传统思维的制约。

三、总结与反思

首先,我们有必要对当时批评"中体西用"的观点进行再认识。当"中体西用"十分盛行,且成为一种普遍的社会思潮时,许多人对此作了批评。比较突出的是张树声、何启、谭嗣同、严复等人。

张树声(1824—1884),字振轩,安徽合肥人。淮军出身,历任两江总督、两广总督、直隶总督,洋务派官僚,是清朝统治集团中有见识的封疆大吏之一。他在1884年弥留之际的遗折中说:"西人立国,具有本末,虽礼乐教化远逊中华,然其驯至富强亦具有体用,育才于学堂,论政于议院,君民一体,上下同心,务实而戒虚,谋定而后动,此其体也。轮船火炮,洋枪水雷,铁路电线,此其用也。中国遗其体而求其用,无论竭蹶步趋,常不相及。就令铁舰成行,铁路四达,果足恃欤!"⑤这是目前能见到的最早对"中体西用"所做的系统批评,其实也是对洋务运动的否定和批判。这种思想见解出自一个封疆大吏之口,的确难能可贵,令人叹服。

早期启蒙思想家何启在戊戌时期,也对"体用"分离的"中体西用"说进行了批评。他说:"本末者,事之终始也,指一事之全者而言,谓其有是本,因而有是末也,非指二事之散者而言,谓其本在此,其末在彼也,本末有先后而无不同也。其

---

① 《论中国拘迂之儒不足以言守旧》,《知新报》,1898年5月30日。
② 《康有为政论集》,上册,第295页。
③ 梁启超:《清代学术概论》,上海古籍出版社,1998年版,第97页。
④ 《章氏丛书》,第3函,第22册,第74页,杭州:浙江图书馆刊本,1919年。
⑤ 《郑观应集》,上册,第234页。

本为嘉禾,则其末必不为粮莠。其本为粮莠,则其末必不为嘉禾。体用者身之全量也,指一身之完者而言,谓其有是体,因而有是用也。非指二物之异者而言,谓其体各为体,用各为用也,体用有内外而无不同也。其体为羽翼,其用则为冲天;其体为鳞甲,则其用为伏地"。在此,何启提出了一个重要命题,即体用合一、本末互动,有什么样的体,便有什么样的用;具备什么样的本,就会产生什么样的用。西方文化之所以在近代日益昌盛,技术日新月异,科学突飞猛进,社会充满活力,关键在其"体"发生了根本变化。近代中国之所以积贫积弱,一蹶不振,关键是原来曾经一度辉煌的"体"已经落伍,远远不能适应当今这个变动剧烈的时代需要。何启说:"泰西之学之有是末也,由其有是本也。泰西之才有是用也,由其有是体也。是故富强非末也,借曰末矣,亦必其先有是本然后乃有是末也。富强非用也,借曰用矣,亦必其先有是本然后乃有是用也。无富强之本,则纵使其学极高,亦不能为富强。无富强之体,纵使其才极美,亦不能得富强也。本小则末亦小,本大则末亦大,体弱则用亦弱,体强则用亦强,无本无体,则虽有四万万众之人民,无能为役也,虽有六十万万之地力,亦不能开也。是故末非所虑也,所虑者本也,所虑者本之小也。用非所忧也,所忧者体也,所忧者体之弱也。"①强调解决中国社会政治以及经济危机的出路,不在枝节,不在辅助,而在根本和主体,说穿了,不在技术、器物层面,而在政治伦理层面。何启对张之洞的"体用"论做了批评。他说:"泰西何为而富强?以其有富强之学也。泰西何为而有富强之学?以其有富强之政也。《益智篇》论富强之实,但言为学,而不言立政,是本末体用先后缓急之未能明也。富强之政不立,则虽有富强之学,将安用之?"②换句话说,"体"与"本"这个问题解决了,"用"与"末"的问题自然迎刃而解。何启关于"体用"、"本末"关系的系统分析,从哲学层面点到了"中体西用"将"体用"割裂的痛处,具有重要的理论意义。

"我自横刀向天笑"的变法英雄谭嗣同,不仅浑身是胆,视死如归,而且充满智慧和学识,他对传统儒学、墨学、佛学、道学以及近代西方科学、宗教、哲学等,均有很高的造诣。他试图在综合糅合各家各派精华的基础上,会通中西文化,进而建构近代新学体系。基于此,谭嗣同率先突破了当时流行甚广的"道体器用"观念,提出了"器体道用"的时代新命题。他说:"道,用也;器,体也。体立而用性行,器存而道不亡。……器既变,道安得独不变?……且道非圣人所独有也,尤非中国

---

① 何启、胡礼垣:《新政真诠》,第301、第301～302页。
② 何启、胡礼垣:《新政真诠》,第384页。

所私有也。……彼外洋莫不有之"。① 针对一些人"五伦"为中国所独有的观点，谭嗣同做了批驳。他说："既如君臣一伦，人人知共有，不待言矣。而有所谓民主者，尤为大公至正，彬彬唐、虞揖让之风，视中国秦以后尊君卑臣，以隔绝不通气为握固之愚计，相去奚止霄壤。于族属有姓氏之分，有谱牒之系，长幼卑尊之相次，父子兄弟之相处，未尝不熙熙然。……永无兄弟骨肉争产之讼，与夺嫡争继之讼。……夫妇则自君至臣，无置妾之例，又皆出于两情相愿，故伉俪笃重，无妒争之患，其子孙亦遂无嫡庶相猜忌之患。朋友则崇尚风义，讲信修睦，通财忘势而相赴难"。②

谭嗣同一反传统的"道本器末"、"道体器用"构架，将长期遭人贬抑的"器"升格为"体"，把长期为人尊奉的"道"降格为"用"，从而彻底否定了古圣先贤对"道"的崇拜，也从哲学高度突破了"中体西用"的藩篱，给对外开放尤其是政治文化层面的对外开放，提出了强有力的理论支持。正因为如此，谭嗣同对中国传统政治及文化的批判，也就比其同时代人犀利、尖锐和深刻得多："二千年来之政，秦政也，皆大盗也；二千年来之学，荀学也，皆乡愿也。惟大盗利用乡愿；惟乡愿工媚大盗"。③

近代启蒙大师严复学贯中西，"于中学西学皆一流人物"。他在 1902 年所写的《与〈外交报〉主人书》中，对"中体西用"进行了剖析和批判。他说："体用者，即一物而言之也。有牛之体，则有负重之用；有马之体，则有致远之用。未闻以牛为体，以马为用者也。中西学之为异也，如其种人之面目然，不可强谓是也。故中学有中学之体用，西学有西学之体用，分之则两立，合之则俱亡。议者必欲合之而以为一物。且一体而一用之，斯其文义违舛，固已名之不可言矣，乌望言之而可行乎？"④

不可否认，张树声、何启、谭嗣同、严复对"中体西用"从实践理论和逻辑上的批评，已经触及到了"中体西用"论的某些实质，但远远没有动摇这种文化模式。他们批评"中体西用"背离传统哲学的体用一致性，在近代不能说是无的放矢，至少也没打中要害。严复讲"分之则两立，合之则俱亡"，并没有成为现实，相反"中体西用"一直很盛行，历久不衰。原因就在于"中体西用"在近代已构成人们接受外来文化和文化传播的一种模式，已经远远脱离古典哲学的范畴。这样用传统观

---

① 《谭嗣同全集》，第 197 页。

② 《谭嗣同全集》，第 197 ~ 198 页。

③ 《谭嗣同全集》，第 337 页。

④ 王栻主编：《严复集》第 3 册，中华书局，1985 年版，第 558 ~ 559 页。

点来批评,就显得十分苍白无力。因为当一种文化独自向前发展时,它便表现为体用不分,即体即用,不会产生自体他用的问题;而当一种文化遭受外来文化的积极挑战,而要接受这个外来文化时,这个体用便脱离传统文化的轨道,于是便自觉或不自觉地形成了以我为主体,以外来文化为用的价值标准,并以此去选择主体文化所能容纳的外来文化的某种要素,因而产生自体他用的文化模式。虽然一切"用",无不来自一定的"体",是特定的"体"之"用"。但按照文化传播学的观点,一种文化的传播,却类似于异体移植,而不是异地栽培。它有一个接受者的地理环境、民族文化和民族精神的问题。就是说,接受者主体总是以自己的全体,去认知所接受的文化要素,从而使得挟其体用以俱来的外来者,只现其用,不显其体。① 中国文化之体内涵十分丰富,博大而悠久,因而它在接受外来文化时,难以割爱自我文化之体,并以此排斥外来文化之体,结果接受的只是外来文化之用。这样便产生了异体嫁接的"中体西用"。中国由于传统文化的强烈制约,思想家们难以冲破传统,超越传统,因而产生的"中体西用",在戊戌以前可以说是中国接受外来文化比较开明的一种模式,有其合理性。但随着此模式的凝固与僵化,却成为中国近代化的一大阻力。

其次,我们对"中体西用"模式在近代的演变和特点作一历史的考察。在中国传统哲学中,宋代以前,所谓"体",一般是指有形质的可以感觉得到的具体事物,"用"就是该事物的实际作用、功用、用处。宋代以后,传统的体用观发生了变化。"体"进一步抽象化和理论化,已经成为内在深微的基础,而"用"看作是流行可变的东西。王夫之说:"变者岁也,不变者一也。变者用也,不变者体也";②"无恒器而有恒道"。③ 这样,"用变而体不变"便成为一种传统的思维模式。而这种思维模式在近代逐渐演变成"中体西用"。所以"中体西用"贯穿整个近代而经久不衰,其奥秘就在于用常变而体不变。从洋务时期的"中本西末"、"中道西器"到"中体西用",从戊戌时期的兴民权、建立君主立宪政治制度到五四时期的精神文化与物质文化之争,其体没有发生根本的变化。对于中学的"体",他们率多以抽象的"道"来概括:或曰"伦常名教",或曰"尧舜、禹、汤、文、武、周孔之道",或曰"孔孟之道"。推而及之,中国传统文化皆属之,其核心则为"伦常之教"。对于这个核心,他们认为是不可动摇的,万变而切不可离此"宗"。而"用"却发生了很大变化,从魏源的"师夷长技"(船舰枪炮)到洋务派兴办军事工业和民用工业,从早

---

① 庞朴:《文化结构与近代中国》,《中国社会科学》,1986 年,第 5 期。
② 王夫之:《俟解》,中华书局,1983 年版,第 11 页。
③ 王夫之:《思问录》,中华书局,1983 年版,第 57 页。

期改良派的"兴议院"、办学校到维新变法时的民权、君主立宪等,以至于五四时期的"物质文化",一直徘徊于器物、制度这些文化的外在层次上,始终没有触及西方文化的核心。陈序经先生概括中国近代对于西化的态度,分为三个时期。他说:"从一八六五至一八九四的三十年中,国人对于西化的态度,可以薛福成的'道的文化'(中)与'器的文化'(西)来代表。从一八九五至一九一四的二十年中,国人的西化态度可以张之洞的'中学为体与西学为用'来代表。从一九一五到现在的二十年中,国人的西化的态度可以最流行的'精神文化'(中)与'物质文化'(西)来代表。"①这种文化模式的僵化并且十分盛行,由此而导致了它具有其超时代性和超空间性两大特征。从近代开始很长一段时间内,都充满着"中体西用"的影响,并涉及到广泛的社会科学、政治文化领域,成为中国国民一种普遍的心理规范和思维模式。

对于"中体西用",历来见仁见智,褒贬不一。就胡适与冯友兰两人来说,前者持否定态度,而后者则加以肯定。1935年,何炳松、王新命等十教授联名发表了《中国本位文化建设宣言》,主张文化建设要不守旧,不盲从,根据中国此时此地的需要,对旧文化去其渣滓存其精华,对西方文化取长舍短择善而从,以此建设中国的本位文化。宣言发表后,引发了一场规模颇大的文化问题讨论。胡适认为,所谓的"'中国本位的文化建设',正是'中学为体西学为用'的最新式的化装出现。说话是全变了,精神还是那位《劝学篇》的作者的精神。'根据中国本位',不正是'中学为体'吗?'采取批评态度,吸收其所当吸收',不正是'西学为用'吗?"②到了20世纪40年代,著名哲学家冯友兰,仍极力论证此说的合理性,并以为它是中国走向"自由之路"的一个必然阶段。他说:"如所谓中学为体、西学为用者,是说:组织社会的道德是中国人所本有底,现在所须添加者是西洋的知识、技术、工业。则此话是可说底。我们的《新事论》的意思,亦正如此。"③

其实,"体用"本来就是中国传统哲学中的一对范畴,意指主要与次要、中心与边缘、主体与辅助等相应关系。使用"体用"来表述中外文化关系,是文人学士一种十分自然的反应,因为在他们的知识结构和思想观念中,本来就已经打上了深刻的"体用"印痕。对于这一点,我们不能苛求前辈先贤。问题的关键是,什么是"体"?什么是"用"?"体用"的内涵和外延包括哪些?张之洞主张"中学为体,西学为用"之所以遭到舆论的批评和反对,主要是因为他所讲的"体"已经与时代潮

① 杨深编:《走出东方—陈序经文化论著辑要》,中国广播电视出版社,1995年版,第270页。
② 《胡适文集》,第5卷,北京大学出版社,1998年版,第448页。
③ 冯友兰:《贞元六书》,上册,华东师范大学出版社,1999年版,第369页。

流相背离,而且是以此来遏制时代潮流的。既然是与时代潮流相对抗,其遭到进步舆论的批评,也是十分自然的。几乎与张之洞提出"中学为体,西学为用"同时,康有为提出了"以群为体,以变为用"的变革社会的主张,严复提出了"以民主为体,以自由为用"的立国主张,同样是使用了"体用"的概念,康有为与严复不仅没有遇到非难,反而得到进步舆论的普遍肯定。通过以上分析,我们可以发现,胡适与冯友兰的争论,都只是抓住了问题的一个方面,而没有注意到问题的另一个方面。冯友兰看到了"体用"论的方法论问题,认为任何一个国家,任何一个文化的建构,都离不开何者为主何者为辅的问题。因此,他很欣赏清末的"中体西用"命题。相反,胡适看到的是"体用"的内涵问题,他认为民主化是人类社会发展与进步的方向,中国自然也不能例外。因此,凡是反对中国走民主道路的言论,不管其是否使用"体用"概念,他都一概将之归到"中体西用"之列。这种分歧,实际上反映了中国现代自由主义与保守主义的思想分野。著名哲学家贺麟对"中体西用"也有批评。他说:"清末人所提出'中学为体,西学为用'的主张,实即是单求物质工具的现代化,而不求思想道德之现代化。其所以终归失败,即由于不明了体用之合一而不可分性。'体'的方面,若没有现代化的思想道德以植之基,则'用'的方面,徒生硬地输入些现代化的物质工具,也绝不会消化利用而有成效。离开思想道德的现代化而单谈物质工具的现代化便是舍本逐末。"①

　　"中体西用"在近代作为一种文化模式,戊戌以前具有一定的合理性,是中国人认识西方的一个必然过程,也是中国近代转型社会中出现的一种文化模式,它首次提出了中西两大文化如何结合的重大问题,引发了人们对这个问题的广泛关注和探索。综观"中体西用"在中国近代的演变过程,不难发现,这一文化模式有其时代的合理性。在这一文化模式的引导下,随着人们认识的逐渐深化,中国人采纳西方近代文明的范围逐渐扩大,学习西方文化的步子逐渐加快,最终提出了更加开放的世界观念和文化发展思路。但这种模式的凝固和停滞不前,成为超时代和超空间性的一种学说,严重阻碍了近代化的进程。

第二节　中体西用与近代文化建构

　　"中体西用"说作为近代文化的一种建构方式,从实际运作层面来看,具有历史与现实的合理性。所谓"中学为体",就是中国特色,强调民族文化为主体,是其

---

① 《资产阶级学术思想批判参考资料》,第4集,商务印书馆,1959年版,第229页。

历史合理性;所谓"西学为用",就是学习西方,重视与认可西方近代文化的价值与意义,具有现实合理性。系统梳理曾经在近代发生重大影响而且至今依然争论不断的"中体西用"的历史演变,重新审视其历史地位及其作用,对于中国思想文化的现代建构,无疑具有一定的启示与借鉴作用。

一、"中体西用"说在晚清的历史演变

"体用"是中国传统哲学中比较成熟的一对概念,它与固有的"本末"、"道器"含义基本相同,是在前者的基础上形成的,比前者更具思辨性和理论性。从哲学层面看,"体"指宇宙的本质或本体,"用"指宇宙中的各种现象;从文化层面看,"体"指精神文化或制度文化,"用"指物质文化;从现实社会层面看,"体"指根本原则,"用"指具体方法。

从现已发现的文献资料来看,最早使用"中学为体,西学为用"一词的人是沈寿康。1895 年 4 月,他在《匡时策》一文中完整提出"中体西用"说。他说:"夫中西学问,本自互有得失,为华人计,宜以中学为体,西学为用。"①次年 8 月,工部尚书孙家鼐在《议覆开办京师大学堂摺》中,将"中体西用"作为教育方针和办学宗旨提了出来。他说:"今中国京师创立大学堂,自应以中学为主,西学为辅;中学为体,西学为用;中学有未备者,以西学补之;中学有失传者,以西学还之;以中学包罗西学,不能以西学凌驾中学。"②这就多多少少带上了官方色彩,反映了官方之意图。

稍后,谈者颇多,人物繁杂。既有文人学士,也有封疆大吏,甚至后期维新派也乐而道之,津津有味。1897 年 9 月 17 日《湘学报》讲:"查泰西各学,均有精微,而取彼之长,补我之短,必以中学为根本。"1898 年 5 月,盛宣怀在《奏筹集商捐开办南洋公学摺》中,明确提出这所新式大学的办学指导思想是:"西学为用必以中学为体"。③ 都察院都事长庆在公事呈文中说:"说者谓中学为体、西学为用"。④ 御史宋伯鲁也说:"夫中学体也,西学用也;无体不立,无用不行;二者相需,缺一不可"。⑤ 在这种时代氛围中,以康有为、梁启超为代表的新派人物,也没有免俗,也同样谈论"中体西用"。康有为说:"中学体也,西学用也,无体不立,无用不行,二

---

①　沈寿康:《匡时策》,《万国公报》,第 75 期,1895 年。
②　中国史学会主编:《戊戌变法》,第 2 卷,第 426 页。
③　盛宣怀:《愚斋存稿》,奏疏,卷二,台北:文海出版社,1975 年版,第 19 页。
④　国家档案局明清档案馆编:《戊戌变法档案史料》,中华书局,1958 年版,第 311 页。
⑤　王先谦:《十二朝东华录》,第 7 册,学苑出版社,2000 年版,第 4088 页。

者相需,缺一不可。"①梁启超虽然想把中西文化并列起来,给予一个平等地位,但也没有超越"中体西用"的流行说法。他说:"舍西学而言中学者,其中学必为无用;舍中学而言西学者,其西学必为无本。无用无本,皆不足以治天下。"②但他和其师一样,还得讲"中体西用"。他在参与起草的《筹议京师大学堂章程》中,还是"中学体也,西学用也,二者相需,缺一不可,体用不备,安能成才?"③

1898 年 5 月,张之洞撰成《劝学篇》,将"中体西用"进一步系统化、理论化、体系化了,成为集大成者。他说:"新旧兼学。四书、五经、中国史事、政书、地图为旧学,西政、西艺、西史为新学。旧学为体,新学为用,不使偏废"。④ "中学为内学,西学为外学,中学治身心,西学应世事"。⑤ 在《变法》篇中,他又作了进一步阐发。他说:"夫不可变者,伦纪也,非法制也;圣道也,非器械也;心术也,非工艺也。"⑥又说:"今欲强中国,存中学,则不得不讲西学。然不以中学固其根柢,端其识趣,则强者为乱首,弱者为人奴,其祸更烈于不通西学者也。"⑦至于"中体西用"的实践之道,张之洞说:"今日学者,必先通经以明我中国先圣先师立教之旨,考史以识我中国历代之治乱、九州之风土,涉猎子集以通我中国之学术文章,然后择西学可以补吾缺者用之、西政之可以起吾疾者取之,斯其有益而无其害。"⑧正因"中体西用"具有如此广泛的社会基础和充分的舆论酝酿,1898 年 6 月,光绪皇帝颁布"明定国是"诏,宣谕"中外大小诸臣,自王公以及士庶,各宜努力向上,发愤为雄,以圣贤义理之学植其根本,又须博采各学之切时务者,实力讲求,以成通经济变之才。"⑨这样,"中体西用"已作为晚清实行维新变法的政治思想和文化政策而颁示天下了。朝廷上下,从学士文人到维新志士,从王公大臣到当朝统治者,都一致倡导"中体西用",用梁启超的话说就是,"张之洞最乐道之,而举国以为至言"。⑩

在"中体西用"颇为流行的同时,社会舆论也对此提出了批评与质疑。批评者以传统的"体用"合一说为理论依据,认为任何一种文化,分别有其特定的"体"与"用",二者在一种文化中有机互动,彼此包含。中国文化如此,西方文化亦然。张

① 汤志钧编:《康有为政论集》,上册,中华书局,1981 年版,第 294 页。
② 梁启超:《饮冰室合集》文集之一,中华书局,1989 年版,第 38 页。
③ 中国史学会主编:《戊戌变法》,第 4 卷,上海人民出版社,1957 年版,第 488~489 页。
④ 张之洞:《劝学篇》,北京,华夏出版社,2002 年版,第 94 页。
⑤ 《劝学篇》,第 147 页。
⑥ 《劝学篇》,第 109 页。
⑦ 《劝学篇》,第 59 页。
⑧ 《劝学篇》,第 59~60 页。
⑨ 《光绪朝东华录》,(四),第 78 页。
⑩ 梁启超:《清代学术概论》,上海古籍出版社,1998 年版,第 97 页。

树声指出："西人立国具有本末,虽礼乐教化远逊中华,然其驯至富强亦具有体用。育才于学堂,论政于议院,君民一体,上下同心,务实而戒虚,谋定而后动,此其体也。轮船火炮,洋枪水雷,铁路电线,此其用也。中国遗其体而求其用,无论竭蹶步趋,常不相及。就令铁舰成行,铁路四达,果足恃欤!"①学贯中西的近代启蒙大师严复认为,所谓"中体西用",其实就是"牛体马用"或"马体牛用",张冠李戴,逻辑混乱,是一个伪命题,在理论与实践中都行不通,失败是必然的。他说:"体用者,即一物而言之也。有牛之体,则有负重之用;有马之体,则有致远之用。未闻以牛为体,以马为用者也。中西学之为异也,如其种人之面目然,不可强谓是也。故中学有中学之体用,西学有西学之体用,分之则两立,合之则俱亡。议者必欲合之而以为一物。且一体而一用之,斯其文义违舛,固已名之不可言矣,乌望言之而可行乎?"②严复提出处理中西文化问题关系的设计是:"自由为体,民主为用",但这似乎是从纯政治层面立论的,不足以反映文化的全貌,涵盖文化的整体。谭嗣同认为,所谓"中体西用",就是"道体器用",违反了文化上的体用不可颠倒的原则。因此,他提出了"器体道用"的新命题。如果对应于"中体西用",谭嗣同的"器体道用"说,就是后来引起很大争议的"西体中用"说。他说:"道,用也;器,体也。体立而用性行,器存而道不亡。……器既变,道安得独不变?……且道非圣人所独有也,尤非中国所私有也。……彼外洋莫不有之。"③

综观当时思想家对"中体西用"说的批判,已经触及到了"中体西用"论的某些要害,但是,他们依然没有摆脱"体用"的模式。无论是谭嗣同的"器体道用"也好,还是严复的"自由为体,民主为用"也罢,都先后成为孤独的呐喊,最多是被后来的"全盘西化"论者奉为其思想先驱而已。

二、"中体西用"说在民国的表现与争论

民国建立后,关于中国近代文化的建构,人们依然沿袭着"中体西用"的模式。无论是政治领袖,还是文化精英,以"中体西用"模式处理传统文化与现代化的关系,仍占主流。

从政治层面来看,不管是袁世凯统治的北洋政府时期,还是蒋介石控制的南京国民政府时期,都程度不同地承袭了"中体西用"。比如,袁世凯在任民国大总统期间,也谈到"体用"关系,实际上也是张之洞式的"中体西用"的不同表述而

① 夏东元编:《郑观应集》,上册,上海人民出版社,1982年版,第234页。
② 王栻主编:《严复集》,第3册,中华书局,1985年版,第558~559页。
③ 蔡尚思、方行编:《谭嗣同全集》,上卷,中华书局,1981年版,第197页。

已。袁世凯说:"西儒恒言,立宪国重法律,共和国重道德。顾道德为体,而法律为用。今将使吾民一跃而进为共和国民,不得不借法律以辅道德之用。"①袁世凯之后,即后袁世凯时代,其继承者也念念不忘"中体西用",并将其视为统治中国社会的思想文化武器。孙传芳主张"中学为精神,西学为辅助";吴佩孚认为,治国者应该以"内圣为体,外王为用",军人应该以"忠孝为体,顺逆为用"。在吴佩孚看来,即使孔子所强调的忠恕,也有体用之分:"忠者恕之体,恕者忠之用。"②袁世凯与其继承者相比较,前者还以西方文化为点缀,后者干脆直接中国化了。

以蒋介石为代表的中国国民党及其南京国民政府,其立国根本与精神支柱也没有脱离"中体西用"。1930年代,国民党先后发起了旨在提升民族精神的新生活运动与增强国家实力的国民经济建设运动。关于二者之间的关系,蒋介石指出,前者是体,后者是用。他说:"国民经济建设运动与新生活运动二者实相为表里,故必须相辅而行。盖新生活运动为民族的,为修身的,着重于道德与精神方面为主,实为国民经济建设运动之体。而国民经济建设运动为民生的,为生产的,着重于行动与物质方面为主,实亦为新生活运动之用。新生活运动所以奠立民族之精神的基础,而国民经济建设运动,则所以充实民族之物质的基础,故二者实缺一不可者也。"③国民党元老居正说得更是透彻明了:"四海兄弟、忠孝仁爱、信义和平为其体。天下为公、政治经济、文化交通为其用。"④

从文化思想层面来看,试图否定与取代"中体西用"的"全盘西化"仅仅是昙花一现,在20世纪30年代的中国思想文化界一度激起轩然大波,随即很快像流星一样消失。而"中体西用"却经久不衰,一直被文人学者所称道。梁漱溟虽然没有明确使用"中体西用"这一概念来处理中西文化问题,但他的思维模式显然还是受到这一概念的影响。对此,贺麟曾经指出:"他一面重新提出儒家的态度,而一面主张全盘接受西方的科学和民主,亦未完全逃出'中学为体,西学为用'的圈套。然而他却巧妙地避免了东方优于西方文化的偏狭复古的见解。"⑤1935年,何炳松、王新命等十名教授联名发表了《中国本位文化建设宣言》,主张文化建设要不守旧,不盲从,根据中国此时此地的需要,对旧文化去其渣滓存其精华,对西方文化取长舍短择善而从,以此建设中国的本位文化。宣言发表后,引发了一场规模

---

① 荣孟源等主编:《近代稗海》,第3辑,四川人民出版社,1985年版,第54页。
② 陈志让:《军绅政权—近代中国的军阀时期》,三联书店,1980年版,第142页。
③ "中国国民党中央委员会":《中华民国重要史料初编——对日抗战时期》,绪编(三),台北:中央文物供应社,1988年版,第98页。
④ 郭卫、林纪东编:《中华民国宪法史料》,大东书局,1947年版,第1页。
⑤ 贺麟:《五十年来的中国哲学》,商务印书馆,2002年版,第11页。

颇大的文化问题讨论。胡适认为,所谓的"'中国本位的文化建设',正是'中学为体西学为用'的最新式的化装出现。说话是全变了,精神还是那位《劝学篇》的作者的精神。'根据中国本位',不正是'中学为体'吗?'采取批评态度,吸收其所当吸收',不正是'西学为用'吗?"①

20世纪40年代,著名哲学家冯友兰,仍极力论证此说的合理性,并以为它是中国走向"自由之路"的一个必然阶段。冯友兰的基本价值判断是以一种欣赏的态度看待清末的"中体西用"思潮,而用批评的眼光看待民国初年的西化思潮。他说:"清末人以为,我们只要有机器、实业等,其余可以'依然故我'。这种见解,固然是不对底。而民初人不知只要有了机器、实业等,其余方面自然会跟着来,跟着变。这亦是他们底无知。如果清末人的见解,是'体用两橛';民初人的见解,可以说是'体用倒置'。从学术底观点说,纯粹科学等是体,实用科学,技艺等是用。但自社会改革之观点说,则用机器、兴实业等是体,社会之别方面底改革是用。这两部分人的见解,都是错误底,不过清末人若照着他们的办法,办下去,他们可以得到他们所意想不到底结果;民初人若照着他们的想法,想下去,或照着他们的说法,说下去,他们所希望的结果,却很难得到。"②他说:"如所谓中学为体、西学为用者,是说:组织社会的道德是中国人所本有底,现在所须添加者是西洋的知识、技术、工业。则此话是可说底。我们的《新事论》的意思,亦正如此。"③正面肯定了"中体西用"说这一命题。

著名哲学家贺麟对"中体西用"既有肯定,也有批评。关于前者,他说:"如果中学指天人性命之学,指精神文明,而西学则指声光电化船坚炮利之学,指物质文明而言,则天人性命之形而上学,理论上应必然的为声光电化等形而下之学之体,而物质文明理论上亦应必然的为精神文明之用。如是则'中学为体,西学为用'不仅为常识的应一时之需要之方便说法,而成为有必然性的有哲学意义的说法了"。关于批评,他说:"清末人所提出'中学为体,西学为用'的主张,实即是单求物质工具的现代化,而不求思想道德之现代化。其所以终归失败,即由于不明了体用之合一而不可分性。'体'的方面,若没有现代化的思想道德以植之基,则'用'的方面,徒生硬地输入些现代化的物质工具,也绝不会消化利用而有成效。离开思想道德的现代化,而单谈物质工具的现代化,便是舍本逐末。"④在此基础上,贺麟提

---

①　欧阳哲生编《胡适文集》,第5卷,北京大学出版社,1998年版,第448页。
②　冯友兰:《贞元六书》,上册,华东师范大学出版社,1996年版,第253页。
③　冯友兰:《贞元六书》,上册,华东师范大学出版社,1996年版,第369页。
④　贺麟:《文化与人生》,商务印书馆,1988年版,第229页。

出了"以民族精神为体,以西洋文化为用"的新命题,在"体用"的具体内涵上有所突破。贺麟在他的《文化的体与用》一文中,比较系统地阐释了文化"体用"的三个基本原则:第一,"体用"不可分离原则。凡用必包含其体,凡体必包含其用,无用即无体,无体即无用。没有无用之体,也没有无体之用。第二,"体用"不可颠倒原则。体是本质,用是表现。体是规范,用是材料。不能以用为体,不能以体为用。第三,各部门文化皆有其有机统一性。各部门的文化皆同是一个道或精神的表现,故彼此间有其共通性。① 以此原则为出发点,贺麟指出:"根据文化上体用合一的原则,便显见得'中学为体,西学为用'的说法不可通。因中学西学各自成一整套,各自有其体用,不可生吞活剥,割裂零售。且因体用不可倒置,西学之体搬到中国来决不会变成用,中学之用,亦决不能作西学之体。而且即在精神文明为体,物质文明为用的前提下,或道学为体器学为用的前提下,中体西用之说,亦讲不通。盖中学并非纯道学,纯精神文明,西学亦非纯器学,纯物质文化。西洋的科学或器学,自有西洋的形而上学或道学以为之体。西洋的物质文明亦自有西洋的精神文明以为之体。而中国的旧道德,旧思想,旧哲学,决不能为西洋近代科学及物质文明之体,亦不能以近代科学及物质文明为用。"②贺麟进而提出了他的文化体用观:"以精神或理性为体,而以古今中外的文化为用"。具体就是,"以自由自主的精神或理性为主体,去吸收融化,超出扬弃那外来的文化和以往的文化。尽量取精用宏,含英咀华,不仅要承受中国文化的遗产,切须承受西洋文化的遗产,使之内在化,变成自己的活动的产业。特别对于西洋文化,不要视之为外来的异族的文化,而须视之为发挥自己的精神,扩充自己的理性的材料。"③从而"使体用合一发展,使体用平行前进"。④ 不论是批评也好,欣赏也罢,近代学人始终没有跳出"体用"的框架。

三、"中体西用"的当代反思

第一,"中体西用"的提出与概括,反映了东方民族的思想智慧。亚洲儒家文化圈在应对西方近代文明挑战时,都几乎不约而同地选择了以自我民族文化为主体,以西方近代文明为鉴戒的处理方式。比如中国的"中体西用"、日本的"和魂洋才"、韩国的"东道西器"等。当一种文化独自向前发展时,它便表现为体用不分,

① 宋志明编:《贺麟新儒学论著辑要—儒家思想的新开展》,中国广播电视出版社 1995 年版,第 9、10 页。
② 宋志明编:《贺麟新儒学论著辑要—儒家思想的新开展》,第 12~13 页。
③ 宋志明编:《贺麟新儒学论著辑要—儒家思想的新开展》,第 13~14 页。
④ 宋志明编:《贺麟新儒学论著辑要—儒家思想的新开展》,第 13 页。

即体即用,不会产生自体他用的问题;而当一种文化遭受外来文化的积极挑战,而要接受这个外来文化、进行新文化的建构时,这个体用便脱离传统文化的轨道,于是便自觉或不自觉地形成了以我为主体,以外来文化为用的价值标准,并以此去选择主体文化所能容纳的外来文化的某种要素,因而产生自体他用的文化模式。虽然一切"用",无不来自一定的"体",是特定的"体"之"用"。但按照文化传播学的观点,一种文化的传播,却类似于异体移植,而不是异地栽培。它有一个接受者的地理环境、民族文化和民族精神的问题。就是说,接受者主体总是以自己的全体,去认知所接受的文化要素,从而使得挟其体用以俱来的外来者,只现其用,不显其体。① 日本、韩国表面上看,政治民主化,经济市场化,似乎是全盘西化,实际上这是一种错觉。这是因为,日本、韩国在其进行政治、经济改革与世界接轨的同时,强调"和魂洋才"、"东道西器",比较完整地保留了本民族的文化传统与民族精神。

第二,"中体西用"说是中国近代知识精英的普遍选择。20 世纪文化保守主义者坚持"中体西用"说,比如陈寅恪、吴宓等人,始终不渝。1961 年 7 月吴宓到广州探望陈寅恪之后在日记中写的话也印证了这种态度:"寅恪兄之思想及主张毫未改变,即仍遵昔年'中学为体,西学为用'之说(中国文化本位论)。在我辈个人如寅恪者,决不从时俗为转移。"②20 世纪 40 年代处于创作巅峰的著名哲学家冯友兰,对"中体西用"说更是情有独钟,极力论证其合理性。因此,方克立先生认为,"中体西用"是"半个多世纪里各派知识分子普遍接受的口号",并从历史发展的角度,肯定了"中体西用"说在中国近代文化中的开创作用。③ 20 世纪 80 年代中期有人就指出,"'中体西用'是一种潜含于中国知识分子的心灵深处的要求"④;20 世纪 90 年代,李泽厚坚持认为,今天"仍然是'中体西用'思想占据着主导地位"⑤;张岱年、程宜山则主张对"中体西用"作辩证分析,认为此说"并不是完全没有道理的",甚至,"今天,在确立了马克思主义指导地位和社会主义经济政治制度的情况下,也可以引进外来的先进科学技术、经营管理方式,乃至部分地引进资本主义的经济成分。这也可以说是一种中体西用、变器不变道"⑥。美国学者亨廷顿也认为,"中体西用"作为第三种选择,即以本土文化为体,西方文化为用,

---

① 庞朴:《文化结构与近代中国》,《中国社会科学》,1986 年第 5 期。
② 蒋天枢:《陈寅恪先生编年事辑》,上海古籍出版社,1997 年版,第 158 页。
③ 张立文等主编:《传统文化与现代化》,北京中国人民大学出版社,1987 年版,第 333 页。
④ 刘晓波:《选择的批判》,上海人民出版社,1988 年版,第 8 页。
⑤ 季羡林等:《东西文化讨论集》,下册,经济日报出版社,1997 年版,第 612 页。
⑥ 张岱年、程宜山:《中国文化与文化论争》,中国人民大学出版社,1990 年版,第 324 页。

实际上不限于中国,"在非西方的精英中,这种选择一直是最流行的"①。

第三,"中体西用"说是近代中国文化建构中一种比较系统和成体系的理论。众所周知,围绕中国近代文化的建构,思想精英们先后提出了"西学中源"、"中体西用"、"会通中西"、"拿来主义"、"全盘西化"、"文化综合创新"等主张,可谓五花八门,莫衷一是。但仔细推敲,"西学中源"说表现幼稚,"会通中西"说过于模糊,"拿来主义"过于简单化,"全盘西化"说走了极端,"文化综合创新"说流于虚幻,都没有被学人广泛认同,得到全社会的普遍认可。黄力之先生指出:自19世纪中后期以来,面对西方文化的强大攻势,中国人在认识并处理中西方文化关系时,提出了许多见解,形成了一些带有定型倾向的看法,主要模式有:"中体西用"论、"全盘西化"论、"儒学复兴"论或"中国文化本位"论、"西体中用"论、"综合创新"论等,"上述模式,就其价值取向来说,可以分为极端(如'全盘西化'与'儒学复兴')与折中(如'中体西用'、'西体中用'、'综合创新')两种;就其内部结构来说,可分为明确(如'全盘西化'、'儒学复兴'、'中体西用')与含混(如'综合创新'、'西体中用')两种。"②而"中体西用"说,尽管争议很大,见仁见智,但都是在这个范式中建构其文化理论的,"体用"始终是一个不朽的话题。无论是"中体西用"也好,还是"西体中用"也罢,都是在"体用"的框架内讨论中西文化关系问题。即就是批评"中体西用"者,在提出自己的新文化建构模式时,也同样使用"体用"的表述方式。如康有为的"以孔佛宋明理学为体,以史学西学为用",严复的"以自由为体,以民主为用",贺麟的"以民族精神为体,以西方文化为用"③等无不如此。"中体西用"说之所以有如此强大的生命力,就是因为今天的"体"与"用"和一百年前的"体"与"用"相比,已经发生了巨大的变化,无论是国家综合实力与国际地位,还是民众的生活水平与精神状态,都是积贫积弱的晚清时期所无法比拟的。黄力之先生指出:"'中体西用'提出至今已有一百多年,在此期间,中国的面貌由内到外都发生了很大的变化。其中在精神世界上最显著的一个变化是,来自于西方的马克思主义融入了中国文化,成为了'中学'的有机构成。因此,在今天的中国内地讲'中学',就不可能只是张之洞所言了。"因此,他进而指出:"'中体西用'的当代阐释的基础在于:以中为体之'中学'已经不是历史上的'中学'之翻版,而

---

① 亨廷顿:《文明的冲突与世界秩序的重建》,新华出版社,1999年版,第66页。

② 黄力之:《"中体西用"的当代阐释与马克思主义中国化》,《黑龙江社会科学》,2006年第2期。

③ 梁启超:《饮冰室合集》,文集之六,中华书局,1989年版,第62页;王栻主编:《严复集》,第1册,中华书局,1986年版,第11页;宋志明编:《贺麟新儒学论著辑要——儒家思想的新开展》,中国广播电视出版社,1995年版,第88页。

是具有当代性的'中学',其中历史地包含着中国化了的马克思主义。"①如今的
"中学",绝对不是一百多年前张之洞时代的"中学"了,也不是七十多年前国民党
时代的"中学",而是一种新型的"中学",其中,既有中国历史的智慧和传统文化
的精华,也有中国化的马克思主义与适合中国国情的新型政治制度。同样,当今
的"西学",也与昔日不可同日而语,从其内涵、地位及影响而言,也发生了很大的
变化。

因此,我们认为,"中体西用"说的提出,为正确处理中外文化关系搭建了一个
比较理想的平台,构建了一个以我为体、以它为用的建设新文化的基本原则。当
代中国文化的发展与创新,也正在沿着这个思路,不断取得新的进展。

第三节　20 世纪 30 年代的中国文化建设运动

20 世纪 30 年代中期,在国统区,围绕着如何建设中国新文化,展开了一场本
位文化与全盘西化的论战。在此兹就本位文化问题,略论一二。

一、中国文化建设运动前的中国社会

20 世纪 30 年代前后的中国社会,特点是动荡不宁,处于一个剧烈变动的
时代。

首先,由于日本帝国主义的侵略,东北沦陷,华北危急,中华民族处于生死存
亡之秋。而国民党反动政府却奉行"攘外必先安内"之策,相继与日签订"塘沽协
定"、"何梅协定",激起国人强烈反对。于是在文化界,掀起了抗日救亡运动的高
潮。"中国民权保障同盟"的成立,一大批救亡刊物的出版,说明民众抗日反蒋的
要求越来越高。

其次,继五四运动以后,马克思主义在中国迅速传播,共产主义思想影响愈来
愈大。30 年代中国思想理论界相继爆发了"中国社会性质问题"、"中国社会史问
题"、"辩证唯物主义和反辩证唯物主义"三次大论战,结果都以进步的、马克思主
义思想获胜而结束。说明了马克思主义在文化思想理论战线上的生命力。

再次,蒋介石也在极力强化其反动统治及个人独裁。为了对付进步的文化界
及中国共产党,发动了一场反革命"文化围剿",趁复兴民族来宣传复古,借焕发民

---

① 黄力之:《"中体西用"的当代阐释与马克思主义中国化》,《黑龙江社会科学》,2006 年第 2
期。

族精神来鼓吹法西斯主义,以此反对共产主义。军事、文化"围剿"双管齐下,企图将新兴的马克思主义思想及红军扼杀在摇篮中。

这样,随着法西斯主义的宣传和新生活运动的开展,挂羊头卖狗肉的本位文化运动便鸣锣开场了。这是蒋介石在当时形势下为了达到其反共目的而玩弄的一个阴谋手段。①

二、何谓"文化建设运动"

1935 年 1 月 10 日,国民党"中国文化建设协会"唆使何炳松、王新命、陶希圣等十名教授发表《中国本位的文化建设宣言》,提出了建设中国新文化的基本大纲,从而揭开了"文化建设运动的序幕"。

这场运动可以分成两个阶段。第一阶段是从"一十宣言"的发表到"五十宣言"的出笼,第二阶段是从"五十宣言"到抗战爆发。

"一十宣言"的发表,既是整个文化建设运动的开始,也是第一阶段争论的核心。《宣言》主要有以下几点精神:(一)认为中国已经面临亡国灭种的危险。在他们看来,已经"没有了中国",中国民族的特征,文化的特色已丧失殆尽;因而提出了中国文化建设的五条原则,来挽救中国民族,恢复中国文化。一切为了中国现实的需要,此时此地的需要,就是中国本位的基础。整理国故必须"加以检讨,存其所当存,去其所当去。"接受西方文化要以需要为原则,"吸收欧、美的文化是必要而且应该的,但须吸收其所当吸收,而不应以全盘承受的态度,连渣滓都吸收过来。吸收的标准,当决定于现代中国的需要。"反对全盘西化,认为中国新文化的建设应该是"迎头赶上去的创造",展望中国文化建设的未来是"大同的理想"。(二)以第三者身份自居,提出文化建设的方法:"不守旧;不盲从;根据中国本位,采取批评态度,应用科学方法来检讨过去,把握现在,创造将来。"②

这个宣言,冠冕堂皇,耸耳动听,实际上却没有提出什么具体的,切实可行的建设性意见,仅仅是一系列陈腐东西的翻版,一大套空洞、笼统概念的组合,一大篇华丽辞藻的堆积。《宣言》一发表,在文化界便产生了很大影响,全国主要报刊几乎都卷入进去。名流学者纷纷投稿撰文,就如何建设中国新文化问题,各自发表其不同意见和主张。于是形成了本位文化派和全盘西化派两大阵营。壁垒森严,互不相让。前者以陈立夫、李绍哲、何炳松、陶希圣为主要代表人物,以《文化建设》为舆论阵地;后者以陈序经、胡适、张佛泉为主要代表人物,以《独立评论》为

---

① 王青云:《论中国的文化建设问题》,《济南通俗日报》,1935 年 4 月 11 日。
② 王新命等:《中国本位的文化建设宣言》,《文化建设》,1935 年第 1 卷,第 4 期。

舆论阵地。由于"一十宣言"只是用一些概念、口号式的语言,要求建设所谓本位文化,基本上涉及到一些具体主张。因而在第一阶段,双方主要围绕东西文化的理论问题展开争论,目的都是想为自己的政治主张建立一个牢固的、完整的理论体系。主要观点如下:

首先,文化是否具有可分性。本位文化派认为,文化是可分的。文化可分为世界性和国别性两种文化。所谓世界性文化,包括自然科学、工业、交通、医学及衣食住行等方式,所谓国别性文化,包括政治制度,教育设施,交际礼仪,生活习惯等等,①文化可分为物质文化和精神文化。② 据此,他们提出了建设中国新文化的标准:"凡属含有世界性之文化,必须尽量吸收他人之长,以补己之不足;至含有国别性之文化,则当求其适合于本国国情,而不可盲从他人也。故几一切政治制度教育制度等,中国决不能抛弃本国背景。"③这实际上是"一十宣言"的再翻版。就是要在以中国文化为体的基础上,以我所需,吸收西方物质文化。

对于这一观点,全盘西化派针锋相对,提出了自己的见解。他们认为,文化是不可分的,它具有完整的体系。第一,当今文化,只有世界性文化一种,而中国当前所急需的也就是一种世界文化。因为"中国现在已经不是一闭关自守的中国,她是要生存于国际之林的,所以我们需要一种国际环境的文化。"④同时由于近代科学的进步,交通的发达,学术的交流,民族间的交往,已朝着"世界同化"的方向发展。所以文化无论在哪一方面都已经形成了一种世界体系,各个国家文化之精华已纳入世界文化之轨道。第二,文化是一有机体,有其完整而不可分割的体系,它本身是一种分开不得的系统,并且这系统的演变亦有绝对的不可分性,连带和密切的关系使文化的趋势成为整个全部的。牵一发而动全身,所以它表现的各方面"设使因了内部或外部来的势力,冲动或变更任何一方面,则他方面也受影响。"因为西方文化本身是一种系统,有一套它的整个体系,所以我们接受西洋文化,必须是"全部的而非部分的"⑤,提出要像五四运动建设新文化那样,"介绍西方文化不至于零星批发,而有整个认识,一面既向中国旧的一切投以炸弹,一面又灌输中国青年以新的思想,从而发出新的精神,"而达到"使中国人思想一变之目的"⑥,指出本位文化派的文化物质精神说"简直是和六十年前的薛福成所谓'器的文化

---

① 程天放:《对于建设中国本位的文化之意见》,《晨报》,1935 年 2 月 14 日。
② 马芳若:《中国文化建设讨论集》,方治谈话,经纬书局,1936 年版,附录,第 29 页。
③ 程天放:《对于建设中国本位的文化之意见》,《晨报》,1935 年 2 月 14 日。
④ 马芳若:《中国文化建设讨论集》,柯象峰谈话,经纬书局,1936 年版,附录,第 20 页。
⑤ 陈序经:《东西文化观》,《社会学刊》,第 2 卷,第 3 期,1935 年。
⑥ 沈昌晔:《论文化的创造》,《国闻周报》,第 12 卷,第 14 期,1935 年。

与道的文化',和二十年来的'物质文化和精神文化'等分类,名称上虽是不同,事实上没有大异",①"正是'中学为体西学为用'的最新式的化装出现。"②

其次,如何保存中国文化。本位文化派认为,自从近代维新开始,尤其是经过五四新文化运动,几乎是西学取代了中学,于是中国文化之特征消失了,面目全非了。使得中国思想危机,人心大乱。"共产主义、无政府主义乘虚而入,造成今日之祸。"③他们担心长此下去,则国将不国。因而发出"若在此时不加选择与判断,而整个盲从西人,则我们的个性将因之消失,国家也许再不能立足大地之上"④。于是提出加强中国本位文化建设,以恢复发扬固有文化。

对此,全盘西化派同样提出了不同主张。他们认为,文化自有其稳定性,世界上每个民族之文化都有一定特性,而这种特性是不会消失的。这是文化的"惰性"力在起作用。从历史上看,罗马人接受希腊文化,北欧野蛮民族接受罗马及希伯来文化,中国接受印度文化,日本接受中国文化及西方文化。都"未见到接受旁人文化的将自己的个性完全失掉"。而中国的文化"惰性",用胡适的话来说"实在大的可怕,我们正可以不必替'中国本位'担忧","物质生活无论如何骤变,思想学术无论如何改观,政治制度无论如何翻造,日本人还只是日本人,中国人还只是中国人"。就是说,无论社会发生多大的变迁,每个民族的特征都不会消失。因而人们不要为此而忧心忡忡,不要保守,而要放开胆子,"努力于全盘接受这个新世界的新知识,不但要接受科学工艺的世界文化,而且要接触精神文明的世界文化。让这个世界文化充分地和我们的老文化自由接触,自由切磋、琢磨,借它的朝气锐气来打掉一点我们老文化的惰性和暮气……那一部分不可磨灭的文化便是中国文化的精华。"⑤这就是全盘西化派的文化观。

再次,中西文化有无优劣之分。本位文化派认为,文化无优劣之分,"各种文化的消长完全以能否适应环境为标准,无所谓优劣问题。"⑥在他们看来,西方的物质文化优于中国,而中国的精神文化却超过它们。"西洋文化,偏重于物质方面之发展,中国文化,偏重于精神方面之发展"⑦,"中国有卓越的精神文明,西洋有进步的物质文明"⑧。就是说,中西文化各有其长,互有其短,无所谓高下,更没有

---

① 陈序经:《关于全盘西化并答吴景超先生》,《独立评论》,142 号,1935 年。
② 胡适:《试评所谓"中国本位的文化建设"》,《大公报》,星期论文,1935 年 3 月 31 日。
③ 马芳若:《中国文化建设讨论集》,孙伏园谈话,经纬书局,1936 年版,附录,第 23~24 页。
④ 张佛泉:《西化问题之批判》,《国闻周报》,第 12 卷,第 12 期,1935 年。
⑤ 胡适:《试评所谓"中国本位的文化建设"》,《大公报》,星期论文,1935 年 3 月 31 日。
⑥ 何炳松:《论中国本位文化建设并答胡先生》,《文化建设》,第 1 卷,第 8 期。
⑦ 李绍哲:《文化创造的基本原则》,《晨报》,1935 年 6 月 14 日。
⑧ 李绍哲:《文化创造的基本原则》,《晨报》,1935 年 6 月 14 日。

什么优劣之差。

西化派认为文化有优劣之分。认为文化本身也是一种"优胜劣败"的竞争,有先进与落后之分,中西文化尤其如此。在他们看来,中国没有什么东西是值得赞誉,值得炫耀的,中国有的,外国统统有;而外国有的,中国却没有。中国好的东西,根本无法与西方相比,而坏的东西,却超过西方千倍。① 具体来说,无论是物质文化还是精神文化,西洋都高于中国,"有超越中国文化的高超价值"。概括起来,"中国文化是静的、西洋文化是动的;中国文化是保守的,西洋文化是创造的,中国文化是中庸的,西洋文化是超越的;中国文化是不科学的,西洋文化是科学的;中国文化是农业封建的,西洋文化是工业生产的"。② 指出本位文化派在这国既弱而文化又似不如人的形势下,"偏妄想借保护旧有文化来维护民族生命,很明显的只是一种欺人欺己之谈。"③于是得出了"中国文化在哪一方面都比不上西洋文化"④的结论。此论有些偏激、片面,但和他们全盘西化的观点没有矛盾:正因为中国都不如人,才要全盘西化。

马克思主义认为,"一定的文化是一定社会的政治和经济在观念形态上的反映。"⑤文化属于上层建筑,受经济基础的制约。文化的产生和发展是随着一定社会历史发展、经济基础变迁而产生和发展,从而形成其历史性、地域性、民族性、社会性、人类性、融合性、排他性、稳定性等特征。它是一个整体,其内涵包罗万象,几乎可以总结、概括人类认识世界,改造世界的一切活动和成果。作为一个完整体系,它是不能分开的,作为类型,它又是可分的。问题的核心不在这里,而是要看其表象后面所掩藏的实质。本位文化派坚持文化的可分性,是有其政治目的的。他们漠视文化是一上层建筑,而上层建筑是建立在经济基础之上的唯物主义原则,不顾中国社会现实,全盘继承洋务时期"中学为体,西学为用"的思想,为国民党反动统治效力。所谓"中学为体",就是以"尧舜禹汤文武周公孔子之道"为体,表现了他们对传统社会的向往和留恋,而"西学为用"并不是以西学否定中学,代替中学,而只是出自"为我所需"、"此时此地的需要"之目的。以西学补中学之不足,以西学加固中学。在这里,本位文化派犯了六十年前洋务派同样的错误,就是"遗其体而求其用"。⑥ 忽视了封建之"体"和资本主义生产之"用",性质迥异,

---

① 陈序经:《关于全盘西化并答吴景超先生》,《独立评论》,142 号,1935 年。
② 王青云:《论中国的文化建设问题》,《济南通俗日报》,1935 年 4 月 11 日。
③ 张佛泉:《西化问题之批判》,《国闻周报》,第 12 卷,第 12 期。
④ 陈序经:《关于全盘西化并答吴景超先生》,《独立评论》,142 号。
⑤ 毛泽东:《毛泽东选集》,第 2 卷,人民出版社,1991 年版,第 694 页。
⑥ 郑观应:《盛世危言》自序,《戊戌变法》(一),上海人民出版社,1957 年,第 41 页。

不可调和这一矛盾,幻想在不改变其封建生产关系与经济基础的前提下,吸收外国先进的科学技术,在封建的堡垒上建立起资本主义之文明。其结果是不现实的,无异于空中楼阁,废墟之塔。本位文化派重蹈洋务运动的覆辙,没有逃出失败之命运。另一方面,他们积极追随蒋介石,提出发扬忠孝仁爱信义和平之固有的民族精神,参以近代西方民族思想,建设民族主义文化;继承以孟子、黄黎州、顾亭林诸先儒为代表的民权思想,混合德谟克拉西之精华而弃其糟粕,实现民主集权的中心政治,建立民权主义的文化。其思想本质是在维护中国半封建半殖民地制度这一本体的前提下,引进西方生产手段和科学文化,并达到强化这一本位的目的,完成蒋介石的中西合璧治国建国方案。这就是他们的实质。

全盘西化派在当时是有一定进步性的。首先,全盘西化派的最主要代表人物,表现最坚定者是陈序经而不是胡适。他们是资产阶级的代表、先锋,用资产阶级文化来反对封建文化,无疑是进步的;其次,西化在当时是一种趋势。《新生周刊》以艾思奇、胡绳为首的一百多位进步人士,发表《我们对于文化运动的意见》,主张西化。他们认为"假如'中学为体西学为用'的主张可以救国,那么,李鸿章和张之洞早已成了大功了","凡伟大的民族差不多都吸收外来的文化","惟有文化工作,欲固步自封,不愿受外来影响,这岂是可能之事?"①代表了一种进步思潮。同时鲁迅先生也主张学生要多读些西方的书,在他开列的书单上,全是西方之典籍。② 再次,在本位派猖狂鼓吹封建文化,宣扬孔孟之道甚嚣尘上之时,主张全盘西化,吸收西方进步文化,不能不给本位派以很大冲击,又给中国人以震动。虽然他们的理论有些片面,甚至错误,但在当时是起了进步作用的。

第二阶段以"五十宣言"为标志。由于全盘西化派在理论上比较有体系,同时又在一定程度上顺乎社会时代的潮流,而本位派逆社会思潮而动,复古倒退不得人心。这样西化派一时占了优势。本位派招架不住,处于窘态。于是在五月十日,十名教授又联名发表《我们的总答复》,即"五十宣言"。在这篇宣言中,一方面再次申明了他们的观点,标榜他们所主张的中国本位,"不是抱残守缺的因袭,不是生吞活剥的模仿,不是中体西用的凑合,而是以此时此地整个民族的需要和准备为条件的创造。"另一方面他们打出了"三民主义"的旗号。从此中国文化建设运动进入第二阶段。这时的全盘西化派,一方面因为没有坚实稳固的后台作为支柱,一方面又缺乏明确的政治主张和完整的理论体系,开始偃旗息鼓,退下阵来。虽然陈序经仍然坚持全盘西化,但由于胡适等人的妥协、退化,已是寡不敌众

---

① 艾思奇等:《我们对于文化运动的意见》,《新生周刊》,第 2 卷,第 26 期,1935 年。
② 鲁迅:《青年必读书》,《鲁迅全集》,第 3 卷,人民文学出版社,1956 年版,第 9 页。

了。这样,本位文化派在当时政治力量的支持下,在"三民主义"旗号的掩护下,很快在论战中占了优势,压倒了对方。因而在这一阶段,理论论战已经结束,人们主要围绕如何建设中国新文化而献计献策,以"三民主义文化"来建设中国,复兴民族,成了他们讨好主子的共同愿望。于是,一场令人啼笑皆非的戏开演了。

他们认为,"三民主义"就是中国本位文化,建设中国本位文化就是建设"三民主义"文化。"本位文化运动"就是把"三民主义"作为其奋斗目标和最高原则。在他们看来,"三民主义"包括三个方面,一部分采取欧美文化精神思想,一部分是中国旧有文化,一部分是孙中山个人的独见。同时还有孙中山的自由平等原则,国防计划,实业救国等具体主张。所以说,"三民主义"是如何的完美无缺、伟大正确,"集我国社会科学之大成"。① 是千古不变的信条,真理的化身,建设新文化的金科玉律。历史已经证明了它的伟大作用,"国民革命的成功发展,是依据最高原则三民主义而努力的结果。""近来剿匪胜利的事实,是告诉我们共产主张与三民主义何者足以适应中国需要,而证明共产主义文化是不能建设得起来的。同样,虚伪的民主政治固执者,高谈其自由主义,落伍的思想必为现实所遗弃"。所以说"三民主义是合于中国时间空间而发生发展,在主观客观上都是合理的存在,其现实化已奠定了中国新文化的基石"。② 就是说,只有"三民主义",才能救当时的中国;只有"三民主义",才能成为建设国家的基本方案;只有"三民主义",才能作为统治文化,建设新文化的标准。一句话,就是要建设所谓的中山本位文化。

在这里,"三民主义"到底是什么货色呢? 他们极力兜售"三民主义",又居心何在呢? 我们说,这时的"三民主义",虽然挂着孙中山的招牌,而孙中山的"三民主义"早已名存实亡,他们不仅全部背叛了孙中山的新三民主义,而且也抛弃了孙中山旧三民主义思想中积极、进步、合理的因素,却继承、扩大和发展了其思想中消极落后和不合理的成分,杂糅成一种新的反动思想。经过蒋介石的穿凿附会,发挥解释,仍然打出孙中山三民主义的旗号,以便达其迷惑和欺骗之目的。实际上,他们所谓的"三民主义",就是一个大杂大烩。他们发展了孙中山思想中的消极部分,认为中国民族精神就是所谓的"礼义廉耻"、"忠孝仁爱信义和平"的四维八德,同蒋介石不谋而合。恢复和发扬这些旧有文化,便是"三民主义"的中心原则,同时他们还大肆鼓吹孙中山的民主主义体系,提倡西方民族精神。所有这些,都包括在蒋介石所解释的三民主义之中。这时的三民主义,既不是新三民主义,

---

① 罗敦伟:《中山文化与本位文化》,《文化建议》,第 1 卷,第 10 期。
② 李绍哲:《论存在即合理与把握现实》,《晨报》,1935 年 6 月 2 日。

也不是旧三民主义,而是一种"反动的三民主义"①,是国民党反动政府在新形势下推行独裁专制的护身符和挡箭牌。而本位派,则是起了一个吹鼓手作用。

于是在"三民主义"旗号下,本位派很快喊出提倡国魂,发扬固有文化的口号。他们认为,孙中山三民主义中之中国旧有文化部分,便是中国的传统道德和民族精神。由于西方各种思潮的涌入,动摇和瓦解了中国封建伦理道德及思想体系。尤其是伟大的五四运动,使人们开始扬弃那些落后而且陈腐的东西,思想发生了深刻变化。而本位派认为要发扬中国固有文化,恢复"国魂"。而"国魂"是什么呢?在他们看来,"国魂"就是中国固有的道德,固有的民族精神,具体讲就是"尧舜禹汤文武周公孔子之道"、"忠孝仁爱信义和平"、"格物致知诚意正心修身齐家治国平天下"、"礼义廉耻"等传统理念。在他们那里,这些东西决不是什么"旧的东西"、"封建的残骸",而且具有"迷恋的现实价值"。② 并且"在整个人类文化史上都有它的地位"③,"无论在哪一个时代哪一个社会都是需要的礼节,正是不变的存在"。④ 换句话说,"国魂",就是中国的民族精神和自信力,就是中华民族的精华部分,也就是振兴民族、复兴中国的一把万能钥匙。因而于此时提倡"国魂",便是当务之急了。那么如何"收魂"呢?这时候他们便将真相大白于天下。首先,加强精神建设,提倡新生活运动。他们认为中国人最缺乏的是"热情",因此"发扬固有道德以及新生活运动,都可以说是精神建设的要图"⑤,从而使人们在政治、经济、文化教育、生活习惯等方面养成"以古为戒",从而光大国故;其次,鼓励国民"好学、力行、知耻",恢复民族竞争力,树立民族自信心,以谋我之自由平等,创造一个新文化的中国;再次,以我民族辉煌的历史成就,来增强民族的信念。"回忆中国过去的光荣,唤醒民族精神"。⑥

实际上,发扬固有文化,提倡国魂,正是蒋介石"民族复兴运动——复古运动"的全部内容。蒋介石认为,"国魂"便是一个民族的立国精神,要复兴中华民族,就必须恢复"四维八德",养成好学、力行、知耻三达德,加强心理建设。蒋介石发起新生活运动,就是将具体的封建伦理道德推行到"衣食住行"的日常生活中去,强迫人民组织军事化,思想奴隶化,"明礼义,知廉耻,负责任,守纪律","由生活革命而完成心理建设,发扬民族精神",企图使人们永远恪守那经过蒋氏加工的现代封

---

① 毛泽东:《毛泽东选集》,第 2 卷,人民出版社,1991 年,第 694 页。
② 徐彝君:《读上海十教授我们的总答复后》,《南京正论旬刊》,第 28 期,1935 年。
③ 张大同:《文化的选择问题》,《中央日报》,1935 年 6 月 5 日。
④ 李绍哲:《论存在即合理与把握现实》,《晨报》,1935 年 6 月 2 日。
⑤ 马芳若:《中国文化建设讨论集》,李登辉谈话,经纬书局,1936 年版,附录,第 2 页。
⑥ 萨孟武:《论中国本位文化建设答胡适先生》,《文化建设》,第 1 卷,第 8 期。

建思想。由此可知,本位派所强调的本位文化,便是蒋氏的复古文化,二者殊途同归。本位派只是起了留声机的作用。他们极力兜售"国魂"、"国故",实际上是为蒋介石反动统治服务。

在加强精神建设的同时,他们没有忘记三民主义之民生主义,仍然强调加强物质建设,二者并重。他们继承了孙中山先生"充实人民生活,扶植社会生存,发展国民生计,延续民族生命"之遗训,并奉它为"吾辈努力建设民族文化者所宜服膺之目标"。① 他们认为,百年以来,我民族外受帝国主义之压迫,困难深重,四面楚歌,国内则荒芜一片,民生憔悴,农村破产,百姓贫困不堪。这是什么原因造成的呢? 在他们看来,就是中国的物质建设太落后,因此建设三民主义要"以民生主义为出发点,以民生主义为归宿点"。② 因为它是充分实现三民主义的物质条件。什么社会主义、资本主义、共产主义等经济政策,都不适宜中国的经济状况,唯有建立三民主义体系,才是中国物质建设的出路。

具体讲,民生主义的重心是农村建设。因为中国农村幅员广大,人口众多。占全国总面积及总人口的百分之八十以上,同时又处于极端的贫困和愚昧之中。而中国农村"以乡治为基础,以孝治为本"的社会机构,"实大巩固中国社会基础之重要条件"。③ 首先推广新生活运动到农村,恢复忠孝,其次是发展农村教育,提倡读经,给乡农灌输一套封建的东西,使他们安分守己,忍耐度日,以维系社会现状。

本位派所极力鼓吹的"民生主义"体系,实际上便是蒋介石的"唯生论"和"民生史观"。蒋认为社会的进化和发展只是"人类求生存的意志和努力"④,否认阶级和阶级斗争的存在,把民生看成是社会发展的唯一功力,陷入了唯心主义泥坑。本位派正顺应了蒋的需要,宣扬民生主义来反对马克思主义关于阶级和阶级斗争学说,反对社会主义,否认中国存在阶级和阶级斗争,认为只有大贫和小贫之分,和蒋介石遥相呼应。

公开鼓吹独裁政治,这原不是本位派的意图。但随着讨论的深入,他们便原形毕露。他们根据"军政""训政""宪政"三个阶段论,认为目前尚处于第一阶段。为了完成扫除封建势力,抵抗外来侵略,就必须实行统制主义。就是要"一党专政",建立一个"不同于德义(意)的中国式的独裁",并且认为独裁是民主主义"必

① 何炳松:《文化建设方式与路线》,《中国社会》,第1卷,第8期。
② 罗敦伟:《中山文化与本位文化》,《文化建设》,第1卷,第10期。
③ 马芳若:《中国文化建设讨论集》,寿毅成谈话,经纬书局,1936年版,附录,第29~30页。
④ 蒋介石:《三民主义之体系及其实行程序》,《总裁言论选集》,中国国民党训练委员会编印,1942年,第8页。

经"的阶段,二者丝毫没有冲突和矛盾。并且公然提出,在政治上要建立国民党独裁,并在党上树立一个独裁的领袖,思想上确定一元的唯生观,立己立人的道德观①。明目张胆鼓吹蒋介石的个人独裁。

　　一言以蔽之,本位派和国民党所鼓吹的"三民主义",其目的就是从精神建设和物质建设入手,进而达到文化统治和经济统治,完成领袖独裁,确立专制统治。

三、"中国文化建设运动"之性质

　　"中国文化建设运动",并不是一次孤立的、纯粹的文化运动,它是第二次国内革命战争时期国民党实行反革命"文化围剿",反对马克思主义在中国传播,反对中国共产党,宣扬复古,树立蒋介石个人独裁的运动。

　　由上所述,我们知道,1935 年国民党对共产党,无论是实行"军事围剿",还是"文化围剿"都没有达到预期效果。于是便在思想战线上展开了活动。他们认为,"光喊攘外安内和拥护领袖还是不行,应该从范畴更大的整个民族文化前途着眼,提出我们反对什么和要求什么,这才能建立起一个巨大文化思潮来更有力地对抗共产党"②。开展一个全面性的文化运动,在思想界,以几千年来中国的传统思想来抗衡新兴的马克思主义思想。于是"中国文化学会"和"中国文化建设协会"便应运而生。他们鼓吹所谓的文化建设运动,标榜"以三民主义为中国文化运动之最高原则,发扬中国固有文化,吸收各国进步文化,创设新中国文化"③。配合蒋介石的复古运动,贩卖一些封建的人生哲学,目的在于"引起全国人民对革命领袖之一绝对信仰与拥护"。并根据"三民主义指斥共产主义与资本主义之谬误,辟除阶级斗争与自由竞争之主张"④。显而易见,这是国民党为反对马克思列宁主义,建立独裁统治而掀起的一个"文化思潮"。

　　这个文化建设运动,发生在国家民族处于生死存亡之秋的 1935 年,自始至终没有提到当时深重的困难,更没有涉及抗日救亡,而是企图以文化理论之争转移文化界抗战的锋芒和目标。宣言一发表,就受到当时进步人士的一致谴责。他们指出中国目前最大的问题是"如何摆脱出日本的爪牙",目前中国的危机"不是文化的问题,而是生存的问题"。质问本位派:"将来弄得领土都不见了,还有什么中国本位?"告诫他们"在中国的旧文化里,是永远找不到出路的"。所以说,这个文

---

　　①　李俚人:《再论中国本位的文化建设》,《文化建设》,1 卷 10 期。
　　②　萧作霖:《复兴社述略》,《文史资料选辑》第十一辑,中华书局 1961 年版,第 32 页。
　　③　萧作霖:《复兴社述略》,《文史资料选辑》第十一辑,第 39 页。
　　④　马芳若:《中国文化建设讨论集》,郑振铎谈话,经纬书局,1936 年版,附录,第 3 页。

化建设运动脱离了中国当时的现实社会,奉行蒋的"攘外必先安内"投降政策,逆历史潮流而动。在民族危亡关头,不是挺身而出,担当起救亡大任,而是高唱其复古论调,企图挽救处于危机的国民党反动统治,暴露了其丑恶嘴脸与阴险目的。

同时,他们标榜自己既反对模仿苏俄,又反对模仿意德,以第三者面孔出现,以"第三种人"自居,挂着孙中山先生三民主义的招牌,极力鼓吹封建文化,为建立独裁统治服务。"隐而不露",更藏杀机,更富有欺骗性。这是国民党反动派极为毒辣、阴险,尤为"高明"的一个反革命手段,当时起了很坏的影响。

所以我们说,所谓的中国文化建设运动,就是在民族危亡的紧要关头,一伙"帮闲文人"为转移抗日目标,反对马克思主义在中国传播,极力兜售封建本位文化,鼓吹蒋介石个人独裁,建立专制统治而搞起的一个文化思想运动,是一个反动的文化思潮,在中国现代政治思想史上产生了恶劣影响。

第四节　中西会通与近代文化融合

所谓会通,即会合变通。《易·系辞上》:"圣人有以见天下之动,而观其会通。"中西会通作为一种文化思潮出现,则是近代的产物,是近代中西文化冲突融合的一个有机组成部分,旨在寻求两大文明的接合点,重构中国新文化。它与中国近代文化的诞生、成长息息相关,骨肉相连,密不可分。在此试图对此文化思潮的演变、形态、成因做一历史的考察和文化上的反思,总结近代中国会通中西文化的成败得失和经验教训,以助于当前文化讨论的深层展开。

一、近代中西会通说的演变

近代伊始,魏源首倡中西会通,预言"天地气运自西北而东南将中外一家"。①气魄之宏大超越前古,揭开了这一文化思潮的序幕。其后,王韬论天下之道"将由异而同",深信"必有人焉,融会贯通而使之同"。②陈炽说:"泰西之所长者政,中国之所长者教,道与器别,体与用殊,互助观摩,互相补救。"③他们坚信中西文化的会通融合是历史发展的必然趋势和时代潮流。但是在这一时期,他们虽然提出了会通中西的初步主张,但是比较笼统模糊,没有也不可能提出融贯东西会通古

---

① 魏源:《海国图志》,上卷,岳麓书社,1998 年版,第 8 页。
② 王韬:《弢园文录外编》,上海书店出版社,2002 年版,第 2 页。
③ 赵书贵等编:《陈炽集》,中华书局,1997 年版,第 139 页。

今的具体方案。

戊戌时期各种思潮及理论形态都异常活跃,中西会通的呼声日渐高涨,影响也越来越大。他们的一些代表人物普遍要求打破东西之界限,古今新旧之拘泥,倡导科学无国界,技术为公有。唐才常说:"今以西人之说,因类比附,则太璞精金,光华迸露,于斯可见天地自然之理,无判中西,无殊古今"。① 陈继俨也认为:"夫理者,天下之公理也,法者,天下之公法也。无中西也,无新旧也。行之于彼则为西法,施之于我则为中法也。得之今日则为新法,征之古昔则为旧法也。"②陈宝瑄说:"愚谓居今世而言学问,无所谓中学也,西学也,新学也,旧学也,今学也,古学也。皆偏于一者也。惟能贯古今,化新旧,浑然于中西,是之谓通学,通则无不通矣。仲尼、基督、释迦,教异术也。贯之以三统,由浅入深,不淆其序,三教通矣。君主、民主,政异治也。民愚不能自主,君主之,唐虞三代是也。民智能自主,君听于民,泰西是也。而凡所以为民,是政通矣。号之曰新,斯有旧矣。新实非新,旧亦非旧。惟其是耳,非者去之。惟其实耳,虚者去之。惟其益耳,损者去之。是地球之公理通矣,而何有中西? 何有古今?"③启蒙大师康有为、严复、章太炎也极力鼓荡,大肆播扬。康有为要"泯中西之界限,化新旧之门户",④严复要"统新故而视其通,苞中外而计其全",⑤章太炎主张会通"华梵圣哲之义谛,东西学人之学说",⑥目的都在于"构成一种不中不西即中即西之新学派"。⑦ 他们试图打破东西社会之隔阂,在通晓中西文化的基础上,系统整合和重新建构中国新文化。这种博西通今,汇合中西的宏大气魄和宽阔胸怀,始终体现在他们的思想体系之中,贯穿于他们著作的字里行间。

戊戌以后,中西会通在更深一层意义上展开,要会通中西成一国之学,熔一炉而冶出中国新文化。湖北留日学生主办的《湖北学生界》也极力倡导。其中指出:"吾国诚取东西而熔为一冶,发挥之,光大之,青青于蓝,冰寒于水,岂非由新旧二者调和而生耶?"⑧随之而起,会通之声不绝于耳,俯拾皆是。他们试图通过"融合东西"学说来洗垢穷理,扬新阐旧,"总括古今中外之学问","熔中外为一冶",而成一新文化。

① 《唐才常集》,中华书局,1981 年版,第 172 页。
② 陈继俨:《论中国拘于迂之儒不足以言守旧》,《知新报》,1898 年 5 月 30 日。
③ 孙宝瑄:《忘山庐日记》,上,上海古籍出版社,1983 年版,第 80 页。
④ 汤志钧编:《康有为政论集》,上册,中华书局,1981 年版,第 295 页。
⑤ 王栻主编:《严复集》,第 3 册,中华书局,1986 年版,第 560 页。
⑥ 《章氏丛书》,第 3 函,第 22 册,浙江图书馆刊本,1919 年版,第 74 页。
⑦ 梁启超:《清代学术概论》,上海古籍出版社,1998 年版,第 97 页。
⑧ 《湖北学生界》第 1 期,1903 年 1 月。

五四时期,西方文化的引进输入,传统文化的剖析批判,中西文化的会通融合,折中调和几乎在同一时空全面展开,自由讨论,互相驳难,真正是百家争鸣,流派林立,出现了中国思想史上罕见的繁荣局面。中西会通作为一种文化思潮,这时成为一股洪流,影响颇大。如李大钊的"第三文明调和论",终生以"善调和者,斯为伟大之国民"①为格言的梁启超的东西文化互补论,及五四前后,西方文化界知名人士罗素、杜威等相继来华访问讲学,都力主中西文化的调和融会,表现了这一思潮的盛行。

二、近代中西会通的理论形态

自从魏源倡导中西会通后,敏感的中国人便开始了融会中西文化的尝试。大致说来,近代会通中西文化的理论形态有三种形式,即回归的形式,嫁接的形式,融贯的形式。需要指出的是,近代会通中西是比较庞杂的,很难在时间和空间上对三种会通法划出一截然明确清晰的界限,三种形式往往交叉重叠或同时并存,这与近代社会变迁的急剧突然所导致的新旧杂陈并立大有关联。

回归的形式

所谓回归,即"西学源出中国","礼失而求诸野"。这是中国人会通中西的最早尝试和初步形态。为了学习和借鉴西学,为了避免强大的保守势力的反对和刁难,为了使东西之学成为一国之学,近代先知们煞费苦心地构思出这种文化接受范式,某种程度上也是出于策略上的考虑。于是他们极力将西政西法与古圣先贤之微言大义相通相合。近代伊始,这种说法便流行起来,什么"西学之渊源,皆三代之教所有事",②什么"今天下竞言洋学矣,其实彼……无一非暗袭中法而成",③等等,不一而足。目的都在于论证西学即中学,以此沟通中西两大文明。戊戌时期,维新志士们以此为理论武器,此唱彼和,蔚为大观。学贯古今的康有为,列举中国古代的科学成就,发挥诸子百家哲学命题中朦胧的科学意识,声称"凡西人所号奇技者,我中人千数百年皆已有之",④笔锋常带感情的梁启超,也不时道出"今之西学,周秦诸子多能道之"的深切感慨,⑤壮怀激烈的谭嗣同,也侃侃而谈:"西法之博大精深,周密微旨,按之《周礼》,往往而合。"因此,"近来所谓新

---

① 李华兴等编,《梁启超选集》,第 212 页。
② 《郭嵩焘诗文集》,岳麓书社,1984 年版,第 68 页。
③ 《郑观应集》上册,上海人民出版社,1982 年版,第 306 页。
④ 《康有为政论集》,第 49 页。
⑤ 《梁启超选集》,第 37 页。

学新理者,无一不萌芽于是"。① 维新志士之所以不遗余力,不厌其烦地鼓吹"西学中源"说,除了他们思想深处传统的制约因素外,很大程度上出于一种渴求会通中西文化的良好愿望,迎合了国人论事"必推本于古","以古为宗"的传统心理,只有把西学说成是"古圣贤之意",才能"出证于外国富强之实效,而正告天下以复古之美名,名正言顺,事成而天下悦从,而四海无不服",②从而达到"弄术以入新学",借此传播西学之目的。

嫁接的形式

中西会通的第二种形式,就是人所皆知的"中体西用",它试图将中国的精神文化与西方的物质文明以主体与功用的形式嫁接起来,构成一种新的文化形态。"中体西用"作为整个19世纪后半期的时代思潮,不仅仅是洋务派,当时的各派知识分子,凡是讲西学、谈时务者,差不多都"乐而道之"或受到它的影响。康有为认为"中学体也,西学用也,无体不立,无用不行,二者相需,缺一不可",③因而主张"以孔学佛学宋明学为体,以史学西学为用"。④ "中体西用"在当时世人"皆乐道之,举国以为至言",⑤就说明它的影响的至深且巨,覆盖面的宽和广。

如何看待"中体西用"的实质及其历史作用呢? 我认为,"中体西用"可以看作近代中西文化交流融合的一个阶梯和一个不可逾越的阶段。它企图在两种文明之间来一折中,融西方物质文明与中国精神道德文化于一体,建立一种中西合璧而以中国传统文化为本位为主体的新文化。"中体西用"论的集大成者张之洞在其《劝学篇》中专列《会通》一章,对"通"做了系统阐释。张之洞认为,所谓"通",就是"好学深思,心知其意",⑥新学与旧学之所以相互交恶,彼此攻击,根源即在"不通"。在中西文化关系上,张之洞坚持认为,应该承认,中国文化在"理"和"制"方面有先驱开创贡献,但在"技"与"器"方面相对落后。他说:"然谓圣经皆已发其理,创其制,则是,谓圣经皆已习西人之技,具西人之器,同西人之法,则非。"⑦基于此,张之洞对国人对于西学的三种态度做了批评:一是恶西法者,对西学不加分析,一概排斥,是为"自塞",即自我封闭,"自塞者,令人固蔽傲慢,自陷危亡";一是略知西法者,一味附会,以为西学皆中学所已有,是为"自欺",即自我欺

① 《谭嗣同全集》,下,第399页。
② 宋育仁:《时务论》。
③ 《康有为政论集》,第294页。
④ 《饮冰室合集》,文集之六,第62页。
⑤ 《清代学术概论》,第97页。
⑥ 张之洞:《劝学篇》,华夏出版社,2002年版,第144页。
⑦ 《劝学篇》,第146页。

骗,"自欺者,令人空言争胜,不求实事";一是溺于西法者,以为中西一家,中西无别,是为"自扰",即自我纷扰,"自扰者,令人眩惑狂易,丧其所守"。① 张之洞的最后结论,便自然落脚到他的"中体西用"上,"中学为内学,西学为外学,中学治身心,西学应世事",②中西学各有其固有的地位和作用,不得逾越。张之洞这一会通的尝试,实际上并没有多少新意,依然在体用的范畴里徘徊。

总的来说,"中体西用"作为一种会通形式,是一形而上学的折中调和说和强行嫁接论。它代表了在中西文化冲突中力图保持中国传统文化的本体或主导地位,并以此为基础来会通西学,调和中西的一种努力。这既能满足国人"爱国的自大"心理,又可免于固陋迂腐,不识时务之讥,似乎两全其美,公正全面,因而在整个近代余音绕梁,具有顽强的生命力,成为近代会通中西十分流行的一种文化思潮。从梁漱溟"三路向"的文化观到 20 世纪 30 年代的"十教授宣言";从贺麟的"以儒家精神为体,以西洋文化为用"到 20 世纪 50 年代港台现代新儒家的"承续儒家内圣之教,开出当代外王之学",都是突出儒家心性之学的本体或本源地位,从儒学这一源头活水出发,然后去融会西方新潮,开出科学与民主。其致命弱点是民族自我中心的味道太浓,传统的因袭负担过于沉重,因此难以成为建设现代新文化的理想选择。

融贯的形式

融贯作为第三种会通形式,情况比较复杂。大体上可以分为两个方面:有机调和论,整体融会观。

第一,有机调和论。以章士钊、李大钊为代表人物。章士钊思想的主要特色是文化调和发展观及调和立国论。他认为,调和是文化发展的重要动力源泉,即"社会化同以迎异则进,克异以存同则退",并以西方文化作例证,说:"是故哥白尼之言天,奈端之言动,达尔文之言天演,欧人迎之,遂成为新旧世界相嬗之枢机。当时立说之不合于群众心理,殆过于为我无君、兼爱无父之说。倘欧人视若洪水猛兽,亦如吾之所以排杨墨者而排之,则欧洲之文化,至今无过于吾可也"。③ 在此,章士钊指出了中西文化的一个重大差异——相斥与相容,颇有新颖之感。特别值得一提的是,章士钊的调和发展观具有两个重要的哲学支柱。其一是任何事物必然是永恒存在的,近似于黑格尔的"存在即合理"的命题。他说:"大凡一意之生,生必不灭。一象之进,进必不退。有时见为灭为退者,非真灭而退也,乃正其

---

① 《劝学篇》,第 147 页。
② 《劝学篇》,第 148 页。
③ 《章士钊全集》,第 3 卷,上海:文汇出版社,2000 年版,第 7 页。

迂回宛转,所以为生与进也。"①按照他的逻辑,任何新生的进步事物,固然不可能被消灭,就是旧的事物,也有其顽强的生命力。因此,两者只能"存异"。"存异"论有其合理性,但却忽略了具体事物都有其发生、发展和灭亡的自然法则,企图以此证明新旧永恒并存、调和的合理性,具有很大的局限性和片面性。其二是两极之外有中。用章的话来说就是:"天下事未有只存两端,而无所谓中者。"②基于此,章士钊提出"调和立国论",宣称:"调和生于相抵,成于相让,无抵力不足以言调和,无让德不足以言调和。"③于是调和便成了立国的根本,"调和者立国之大经也"。④ 虽然章士钊的调和之道有其片面性及其缺陷,但不可否认的是,章士钊的"迎异"说和"存异"论,无疑是在思想文化领域倡导宽容精神和学术自由,反对独断专行和专制独裁,显然具有其合理性和进步性。

李大钊基本同意章士钊的"调和"主张,认为凡是善于调和者,必然是生机无限;反对调和者,肯定是死路一条。李大钊说:"盖遵调和之道以进者,随处皆是生机,背调和之道以行者,随处皆是死路。"在此,李大钊还提出了如何调和的四项法则:"言调和者,须知调和之机,虽肇于两让,而调和之境,则保于两存也";"言调和者,须知新旧质性本非绝异也";"言调和者,须知各势力中之各个分子,当尽备调和之德也";"言调和者,当知即以调和自任者,亦不必超然于局外,尽可加担于一方,亦未必加担一方,其调和之感化,乃有权威也"。⑤ 在东西文化如何会通融合的讨论中,李大钊提出了其第三文明调和论。他认为东西洋文明各有特征,前者崇尚静,后者欣赏动,一动一静,两大文明共同构成了世界文化发展的两大源头活水。李大钊说:"东洋文明与西洋文明,实为世界进步之二大机轴,正如车之两轮、鸟之两翼,缺一不可。而此二大精神之自身,又必须时时调和、时时融会,以创造新生命,而演进于无疆。"⑥在东西文化激烈论战,各持一端、势成水火之际,李大钊提出了"第三文明"调和说,认为十月革命后的苏维埃文明是中国文化发展的新方向,在近代第一次提出了会通中西文化的具体方案。李大钊说:"由今言之,东洋文明既衰颓于静止之中,而西洋文明又疲命于物质之下,为救世界之危机,非有第三新文明之崛起,不足以渡此危崖。俄罗斯之文明,诚足以当媒介东西之任,而东西文明真正之调和,则终非二种文明本身之觉醒,万不为功。所谓本身之觉醒

---

① 《章士钊全集》,第3卷,第275页。
② 《章士钊全集》,第3卷,第60页。
③ 《章士钊全集》,第3卷,第253页。
④ 《章士钊全集》,第3卷,第253页。
⑤ 《李大钊文集》,第549、第550~553页。
⑥ 《李大钊文集》,第560页。

者,即在东洋文明,宜竭力打破其静的世界观,以容纳西洋之动的世界观;在西洋文明,宜斟酌抑止其物质的生活,以容纳东洋之精神的生活而已。"①在他看来,"俄罗斯之精神,实具有调和东西文明之资格",因为"俄人既受东洋文明之宗教的感化,复受西洋文明之政治的激动,'人道'、'自由'之思想得以深中乎人心。故其文明,其生活,半为东洋的,半为西洋的,盖犹未奏调和融会之功也。今俄人因革命之风云,冲决'神'与'独裁君主'之势力范围,而以人道、自由为基础,将以统制一切之权力,全收于民众之手。世界中将来能创造一兼东西文明特质,欧亚民族天才之世界的新文明者,盖舍俄罗斯人莫属"。② 李大钊的"第三文明调和论",为马克思主义在中国传播从文化上做了开路先锋。

需要指出的是,李大钊承认西方近世文明比中国固有文明先进,强调要竭力学习西洋文明之长,这个长处既包括科学技术和物质生产方面的成就,也包括个性自由与民主政治。而且,李大钊认为东洋文明能对世界文明发展有所裨益的,仅是"近世精神相近"的民族文化精华,而不是早已陈腐的纲常礼教;李大钊还认为两大文明调和的前提是"二种文明本身之觉醒",即一种动态的、自然的、有机的融合,这与那种机械地将两大文明拼凑嫁接有本质不同。

第二,整体融会观。所谓整体融会观,就是把中西文化从整体上加以抉择、吸收和消化,最后深深融化于自创的思想体系之中。谭嗣同、康有为、孙中山等表现的比较突出。

谭嗣同的思想体系,实际上是中西包罗和融会的结晶。在其庞杂的思想渊源及理论构架中,中学与西学、宗教与科学杂糅其中,中国的民本思想,墨子的兼爱,佛学的平等,王船山的民族民主思想与西方自然科学知识,自由平等博爱观念,都有机地融合在一起。正如他在其传世名作《仁学》开篇所说:"凡为仁学者,于佛书当通《华严》及心宗、相宗之书,于西书当通《新约》及算学、格致、社会学之书;于中国书当通《易》、《春秋公羊传》、《论语》、《礼记》、《孟子》、《庄子》、《墨子》、《史记》及陶渊明、周茂叔、张横渠、陆子静、王阳明、王船山、黄梨州之书。"③这种中西文化遗产的罗列,表现了谭嗣同欲将东西文化于一炉而冶之的远大抱负和宏伟气魄。尽管有些成分是杂糅混合,但毕竟是融贯中西的最初尝试。

康有为一生中最光辉照人、最有价值的思想也是中西文化融贯的产物,他有机地将两大文明融合一起,从而建构了自己的进化历史观——公羊三世说;他把

① 《李大钊文集》,第560~561页。
② 《李大钊文集》,第574~575页。
③ 《谭嗣同全集》,下,第293页。

西方平等博爱思想和儒家仁学理论结合起来,建立了自己的仁爱哲学——自然人性论;他把西方某些空想社会主义理论和儒学的大同说结合起来,构成了大同世界的神圣殿堂,从而构成一种不中不西即中即西的近代新文化。这反映了早年康有为那种通古博今、融贯中西的宽阔胸怀和自强不息的进取精神。

孙中山的思想精髓——三民主义也是中西文化融贯的产物。在《中国革命史》一书中,孙中山阐述了自身思想的三个渊源。他说:"余之谋中国革命,其所持义,有因袭吾国之固有思想者,有规抚欧洲之学说事迹者,有吾所独见而创获者。"①他同历史上开创新时代的大思想家一样,对以往诸多学说力求综合,兼收并蓄,然后形成自己的思想理论形态。"取欧美之民主以为模范,同时仍取数千年前旧有文化而融贯之",②贯穿孙中山思想的始终。

民族主义包括"驱除鞑虏,恢复中华"两项内容,即推翻清王朝,变半殖民地半封建中国为民族独立的中国,实际上是传统的华夏社稷观念与近代民族主义思潮融贯的产物;民权主义的具体目标是"建立民国",即推翻专制,建造共和,既取法于西方自由平等的民权学说与议会制度,又继承和融贯了中国固有的民本思想,并且借鉴了传统的监察、考试制度,建立了三民主义的五权宪法;民生主义就是"平均地权",很大程度脱胎于亨利·乔治和约翰·穆勒,但同时又参考了中国古老的大同思想及其均田、公仓等法,③所以成为其思想的有机组成部分和必要的补充。

三、中西会通思潮出现的文化原因

近代中西会通思潮的产生,固然有其社会政治、经济的因素,但其思想文化因素更不容忽视。这里仅就后面略谈一二。

第一,新文化不可能建立在空中楼阁之上,民族文化是新文化的依托之地和理论土壤。任何一种新文化的诞生,都必须通过一定的民族形式与内涵来体现,都要反映出本民族的时代特色与历史风貌。因为与来自西方的近代文化相比,植根于中国的传统文化,不仅以经典文献、器物制度等客体形式存在着,而且以长期历史发展过程中积淀而成的民族的共同心理素质、思维模式、价值系统、知识结构和行为规范等主体的形式存在着。因此,每个时代的认识者都无法随心所欲地抛弃传统,而只能从既有的民族文化出发,根据新的社会条件进行自我扬弃,并对外

---

① 《孙中山全集》,第 7 卷,第 60 页。
② 《孙中山全集》,第 1 卷,第 560 页。
③ 章开源:《从离异到回归——孙中山与传统文化的关系》,《历史研究》,1987 年,第 1 期。

来文化进行认同、选择、配置,经过两种相斥相纳的会通过程,逐渐导向新文化的诞生。近代中西文化冲突与会通融合的过程正是如此。就中国文化来说,其历史悠久,源远流长,内涵丰富深厚,自古以来一直居于世界前列。所以从这块土壤里产生和成长起来的传统士人,他们通常都带有深重的民族文化印痕,饱受传统的熏染和陶冶,固有文化先入为主首先占据和充实了他们的大脑。这样,异域而来的西方文化一入中国,首先造成了中国传统士大夫阶层的"裂变",在土生土长的士大夫中间产生了开明与保守之分,进步与落伍之别。一些开明的士大夫部分地超越了传统,一举变为近代先觉,开始接受西学。康有为、梁启超、严复等人皆是如此。正是由于他们的出身和所处的文化氛围,使得他们在对待中西文化的选择上,首先考虑到的是文化的民族属性。他们往往运用其所熟知的概念范畴、认知方法和思维模式去会通融合西方之学。康有为讲历史发展观,便是儒学三世说与达尔文进化论的会通,而体现出来的理论形态则是中国式的三世进化论。就连以大讲西学,播西学于国民为己任的严复,也认为新文化必须建立在民族文化的土壤上,否则将成无源之水,无本之木。在严复看来,如果尽去吾国之旧而谋欧化之新,"则其民之特性亡,而所谓新者从以不固"。① 所以说,近代先觉通常是在具备了较深的民族文化素养的基础上来接受西方新思想的,对封建制度腐败的深切了解和对西方社会弊端的初步体认,于是很自然地使他们对两大文化产生自觉或不自觉的比较判断和价值取向选择,从而以其朦胧的历史自觉来区分新旧文化中的精华和糟粕,试图将民族文化中的精华与外来的优秀文化融贯为一而铸旧陶新,于是便有中西会通融合思潮的出现和近代新文化的诞生。

第二,中国素有融贯会通的文化传统。

中国哲学自古以来便有讲求合一、相融与和谐的民族特色,"和而不同"更是它的文化传统。所以中国哲人在建造自己的理论体系时,往往将人、社会、自然万物有机地融会贯通起来。于是在中国哲学中,宇宙哲学与道德哲学,本体论与伦理学密切结合,社会伦理、道德规范常常被描绘为与自然规律相通相合,以自然规律为依据的抽象的哲理渗透在非常现实而具体的政治思想中,因而自古就有"究天人之际,通古今之变"的学术传统。这是一种涵盖天地、兼容并包的思维方式和整体观。

正是由于具有这种文化传统,所以说中国文化始终是包容型的,中国历史上吸收融合各种文化的能力特别强,总是大量融合外来文化而形成自己民族文化的特色。每当遇到异质文化的进入,它总以豁达大度的姿态和气魄去接受挑战,兼

---

① 《严复集》,第 3 册,第 560 页。

收并蓄,包容万流,取长舍短。佛学东来,虽然和儒道两家发生过严重争执,结果佛学还是被融化到以儒学为主体的中国文化之中,变成了中国式的佛教,并成为中国文化有机地且难以分割的组成部分之一,对中国文学、哲学、艺术、建筑等产生了很大影响。秦汉思想以兼宗百家为特色,隋唐时期儒、佛、道三教并立,宋明时期,熔儒、佛、道于一炉而形成以"理"为最高范畴的理学。这一切都足以表明,中国文化素有融会贯通的传统和积淀。

正因于此,明末清初中西文化初次接触时,徐光启、李之藻及后来的焦循等一批学者便开始了中西学术文化的会通。但近代中西会通是在强敌压顶、民族危难、国家存亡的紧急时刻展开的,士大夫们长期幽闲,昧于世界大势,缺乏近代意识,面对西方文化的汹涌进入,心理一时失衡,自我中心、唯我自大的观念仍很强烈,于是在这传统文化整合观引导和启迪下,便出现了强制性的中西文化一源的回归说,中西文化强行结合的异体嫁接说,中西文化折中的调和说,冶东西文明于一炉的融贯说,千姿百态,形形色色,复杂而又丰富。

四、中西会通及其中国文化出路

中西会通融合是近代文化发展的必由之路和最佳选择。然而这个任务没有得到很好的完成。无论是回归、嫁接,还是调和折中,都缺乏一个明确严格的界限,互相盘根错节,纵横交汇,结果没有摆脱传统文化自我中心的束缚,几乎异口同声、众口一词地以中国文化融会西方文化,而不是中西文化互为融会。就是中西会通的最高形态"冶东西文明于一炉"也是极其含糊不清、朦胧费解的。到底何为中国文化的特征,何为中国文化之精粹,熔铸什么样的西方文明,都缺乏明晰的回答。至于怎样冶铸,如何融合,更是海市蜃楼,虚无缥缈,于是会通中西很大程度上变成了中外混合,东西杂糅。科学与宗教,哲学与政治,卢梭与黄宗羲,老子与无政府主义,或以同源,或以嫁接,或以调和的形式自觉或不自觉地强行糅合起来,简直成了一堆大杂烩。喊了几十年"熔东西文明一炉而冶之",然而综观近代,始终没有发现到底冶炼出了什么新的文化。

这种"无判中西,无殊古今"的会通法,一定程度上也抹杀了中西文化质的差异,是一相对主义的形而上学诡辩观。《忘山庐日记》中一段话很有代表性,说:"愚谓居今世而言学问,无所谓中学也,西学也,新学也,旧学也,今学也,古学也。皆偏于一者也。""号之曰新,斯有旧也。新实非新,旧亦非旧。惟其是耳,非者去之。惟其实耳,虚者去之。惟其益耳,损者去之。是地球之公理通矣,而何有中西,何有古今?"①力图证明所有思想、学说、信念无新旧之分,古今之限,混淆了东西文化的时代差异和质的不同,从而掩盖了中西文化冲突和碰撞的一面,也将中西文化会通融合简单化了。

近代中西文化会通融合之所以没有达到应有的高度和广度,至少有以下几方面的原因。其一,近代中国没有一个稳定良好的社会政治环境。为了"保种"、"保教",一切文化建设都带上了深深的功利色彩,政治目的性十分强烈,传统的"经世致用"一跃而成时代精神。处于民族生死存亡关头的文化先行者,大都同时是维新志士和革命家。燃眉之急的中国近代严重的民族矛盾和阶级斗争,迫使他们无暇旁顾,而把注意力大都集中投放到当时急迫的社会政治问题研究讨论和实践活动中去了,现实的需要使他们不可能长期躲在书斋中进行抽象的理论思辨和文化建构。他们对文化思想理论的阐发,基本上是被直接运用来论证政治问题,并立即施行到政治实践中去。为了唤起民众觉醒,便极力鼓吹卢梭的民权学说;因为日本借鉴阳明学维新成功,于是陆王心学也成了近代先觉的重要精神武器和力量源泉。还有复兴墨学、佛学的呼声,都很能说明这种急功近利,想一蹴而就,举社会、政治与文化的重构于一役的迫切心情。其二,中国文化从古代向近代的转换仅仅在不到一百年的行程中完成,像雷驰电闪一般,超过了欧洲思想从发生到成熟的四百年历程。于是就使整个文化带有浮光掠影、浅尝辄止的特点,对许多重要问题常常是一掠而过,没有展开广泛深入的探讨,科学冷静的分析。因此就不可能产生比较成熟、完整、系统、深刻的思想文化体系,在整个文化领域显得浮浅、贫乏和杂乱。其三,近代文化先行者在这急剧变迁中,无暇调整和转换自己的知识结构,没有实现思想体系的新陈代谢。早有的思想根深蒂固,外来的思想又浅尝辄止,一知半解,于是便出现了在原有的思想基础上强行镶嵌进外来的异质文化。梁启超的自述,便栩栩如生、惟妙惟肖地道出了当时的真情实景。他说:"康有为、梁启超、谭嗣同辈,即生育于此种'学问饥荒'之环境中,冥思枯索,欲以构成一种'不中不西即中即西'之新学派,而已为时代所不容。盖固有之旧思想,既深根固蒂,而外来之新思想,又来源浅觳,汲而易竭;而支绌灭裂,固宜然矣。"②现代学者汤用彤对此也有评论,他说:"时学浅隘,故求同则牵强附会之事多;明异则入主出奴之风盛。世界宗教哲学各有真理,各有特质,不能强为撮合。"汤用彤指出,不同文明接触,人们喜欢互相附会,这是文化交流史上的正常现象,但是,不能强制性比附。"夫取中外学说互为比附,原为世界学者之通病。然学说各有特点,注

① 孙宝瑄:《忘山庐日记》(上),上海古籍出版社,1983 年版,第 80 页。
② 梁启超:《清代学术概论》,第 97 页。

意多异,每有同一学理,因立说轻重主旨不侔,而其意义即迥殊,不可强同之也"。① 之所以如此,原因在于"对于学问犹未深造,即中外文化之材料实未广搜精求",②可谓点到了要害。

从文化发展的进程来看,各种民族文化和平共处,会通融合,是未来文化进步的必由之路。中国文化素有融会贯通的优良传统,近代先哲又做了大量尝试和奠基工作,建设中国新文化只能在此前驱先路上继续前进,完成其未竟之业。因为真正能在世界文化发展中起影响的必定是全球意识下具有民族特色的文化。世界文化的发展在今后相当长一个时期应该而且必然是多元化和会通融合的。这样世界文化才能真正是丰富多彩,绚丽多彩的,我们始终深信不疑!

---

① 汤用彤:《汤用彤学术论文集》,中华书局,1983 年版,第 184 页。
② 汤用彤:《汤用彤学术论文集》,第 185 页。

第四章

传统与现代

第一节　墨学复兴与近代思潮

从晚清到民初,思想文化界有一个特别引人注目的现象:一方面是西方的进化论、民权论思潮被思想界普遍接受;另一方面,长期被冷落的今文经学、墨学、陆王心学等,也相继复苏,出现了一个认知西学与复兴国学相互激荡的局面。在国学复兴的时代浪潮中,墨学脱颖而出,得以复兴。关于这方面的研究,20世纪90年代以后发表和出版了不少文章和专著。墨学研究者主要是哲学界从事哲学史与逻辑学研究的学者,着重探讨墨学本身,同时涉及晚清到民初的墨学复兴。实际上,关于传统墨学百年历史轨迹的研究,始终存在两条路径:一是学术史的角度,主要是从校注、读本、学术源流及其沿革等方面,系统整理墨学著作;一是从思想史的角度,将墨学与西方近代思想文化做比附和比较研究,以此来发掘墨学的现代思想价值。历史学研究,重点是把墨学复兴作为一个思想文化现象来考察。因此,这里仅就传统墨学在近代的复兴阶段、复兴原因等做一分析。从中我们可以发现中国近代思想文化的丰富性和复杂性,或许能认清和把握中国传统思想文化转换的某些契机。

一、墨学的由盛而衰

在中国思想史上,墨学的结局极其悲壮,先是大红大紫,然后是无人问津。春秋战国时代,百家争鸣,诸子并立,其中,就规模及影响而言,无疑以儒墨为最盛。《墨子引得·序》说:"墨翟声名炳耀,几与仲尼相埒,其徒属之众,亦几与洙泗比肩。"故先秦诸子率以孔墨并称,同尊为圣人。直至战国之末,墨学与儒学一样,以其独特的思想和行动,感染与影响着当时社会,主宰和支撑着当时思想和学术的发展方向,被时人称之为两大显学。《韩非子·显学》说:"世之显学儒墨也。"《孟子·滕文公》说:"杨朱、墨翟之言盈天下,天下之言不归杨则归墨。"《吕氏春秋·尊师》说:"孔墨徒属弥众,弟子弥丰,充满天下。"《淮南子·泰族训》说:"墨子服役者百八十人,皆可赴火蹈刃,死不还踵。"先秦墨学之盛,由此可以想见。梁启超在《子墨子之学说》中认为,在战国时代,儒墨两家"皆有可为国教之势"。

然而,令人不解的是,秦汉以降,墨学突然中绝。一代宗师、两大显学的创始人之一的墨翟,却逐渐被人所遗忘。在汉代著名史学家司马迁的笔下,墨学鼻祖墨翟竟然无缘于人物列传,其生平事迹仅仅附于《史记·孟荀列传》之尾,学识渊博的太史公竟是如此轻描淡写,只是用寥寥数语述之:"盖墨翟宋之大夫,善守御,为节用,或曰并孔子时,或曰在其后。"轰轰烈烈几与儒家中分天下的墨家,竟已中断,令人惊叹,令人困惑。对此,著名哲学家冯友兰写道:"墨子为中国历史中一甚大人物。由战国至汉初,人多以孔墨并称。但《史记》对于墨子之记载,则极简略。盖司马迁作《史记》时,思想界已成为儒家之天下。故孔子跻于世家,而墨子不得一列传。"①从孔墨并称到"孔子跻于世家,而墨子不得一列传",二者地位竟然发生了如此悬殊的变化。

兴盛一时的墨学突然中衰,原因何在? 我们认为,导致或造成墨学衰微的因素主要有以下几个方面:

第一,墨家"慢差等"、"尊卑无别"、"兼爱"的平等思想与儒家强调上下秩序、纲常伦理的等级思想形成鲜明对照,前者对平等的追求及向往与秦汉以后需要强化专制主义的等级制度格格不入,而后者的等级思想正好迎合了秦汉以后强化专制主义等级制度的现实及理论需要。

第二,墨家的"非攻"思想不合战国兼并攻战的时宜。战国时期是一个列国争雄、军事竞争的战争年代,社会上普遍崇尚的是实力至上,武力统一成为大势所趋。于是,墨家所崇尚的"非攻"反战思想显然不合时宜。《管子·立政》说:"寝兵之说胜,则险阻不守。兼爱之说胜,则士卒不战。"胡适说:"它的兼爱和非攻的学说与时代的需要不适应。公元前三世纪是大战的世纪,而这种大战终于使所有'战国'为秦国所征服。……这个战争年代对于科学研究和哲学思考也是不利的。国家所重视的是经验丰富的政治家和军事天才"。②

第三,墨家"以处苦为极"的精神,违背了一般的人性追求,为常人所难忍受,

---

① 冯友兰:《三松堂全集》,第 2 卷,上,河南人民出版社,1988 年版,第 82 页。

② 《胡适文集》,第 6 卷,北京大学出版社,1998 年版,第 58、59 页。

其勤生薄死,兼爱天下,非众人所能行。《庄子·天下》说:"恐其不可以为圣人之道,反天下之心,天下不堪。墨子虽独能任,奈天下何？离于天下,其去王也远矣!"

关于墨学中衰的原因,学者们见仁见智。胡适认为,墨家的失传是"由于儒家的反对","遭政客的猜忌";郭沫若认为,"墨学的失传倒是由于自己瓦解。第一是由于墨家后学多数逃入了儒家道家而失掉了墨子的精神。第二是由于墨家后学过分接近了王公大人而失掉了人民大众的基础。"①梁漱溟认为,墨学的失传是社会原因。他说:"儒家墨家同为尔时著名伟大学派。墨家有许多近似宗教之处,却未能成为宗教而传于世。倒是性质颇违远于宗教的儒家,卒为后世统治阶级所装扮成宗教模样,达千余年之久。""儒家盛于后世,而墨家却不流传者,其故正在社会"。②

秦汉以后,墨学中衰。其流风所及,或为任侠,或为农民起义,影响潜入社会下层。在思想文化领域几乎无人问津。甚至在清代考据学中,治墨学者也为人所讥贬。汪中治《墨子》,翁方纲便骂他是"名教罪人"。传统墨学的衰落,由此可以管中窥豹,略见一斑。

二、墨学在近代复兴的三个阶段

墨学沉沦千年之后,随着近代西学的输入和刺激,又重现天日,突然兴盛起来。奕调甫在《二十年来之墨学》一文中说:"《墨子》书自汉以来,已不甚显闻于世。宋元而后,益弗见称于学人之口。独至晚近二十年中,家传户诵,几如往日之读经。而其抑扬儒墨之谈,亦尽破除圣门道统之见。"③墨学由衰微到复兴,前后相比,判若天壤,形成鲜明对照。

大致说来,近代墨学复兴经历了三个阶段,每一阶段都呈现出极其鲜明的特点。第一阶段是鸦片战争到洋务时期,主要强调西学源于墨学,表现为一种自我中心的文化心态,同时也有吸收西学的考虑;第二阶段是戊戌和辛亥时期,旨在寻求墨学与西学的相通性,并倡导以墨学的伦理精神救世;第三阶段是五四前后,以西方的价值观念、科学方法为尺度,选择墨学作为新文化的生长点。墨学复兴至此登峰造极,此后又趋于沉寂。

第一阶段:西学源出墨学。最早发掘墨学的是近人邹伯奇,著有《学计一得》

---

① 《郭沫若全集》,历史卷,第1册,人民出版社,1984年版,第463页。
② 《梁漱溟全集》,第8卷,山东人民出版社,1993年版,第30、31页。
③ 奕调甫:《墨子研究论文集》,人民出版社,1957年版,第139页。

一书。他通过对墨经和西方科技的比较研究,发现《墨子》中有算术、光学、重学等原理,于是认为西人"天学"之伎俩,"不出墨子范围",断言"西学源出墨子"。① 邹伯奇的观点,经由其后继者的不断阐发,终于酿成科学源出墨学之说。继邹伯奇之后,推波助澜者益多。西学源出墨学之说,从科学进而宗教,由宗教进而政治,各种观点,纷然杂陈,五花八门。

近代著名思想家、诗人黄遵宪,曾著《日本国志》。其中论及西学,认为西学源出墨学。他说:"余考泰西之学,其源盖出于墨子。"在他看来,西学主张人人自主,本于墨学之"尚同";西学独尊上帝,本于墨学之"尊天"、"明鬼";西学倡导博爱,本于墨学之"兼爱";西学擅长的器械之学,源出墨学之备攻、飞鸢之术;西方精通物理,则本于《墨经》上、下篇。他说:"至于今日,而地球万国行墨之道者,十居其七。"②正因为此,他深为国人数典忘祖、遗珠于夷而叹息,故尝试以复兴墨学寻求治国富强之路。薛福成、郭嵩焘、王闿运、张自牧则将基督教精神归本于墨学。薛福成说:"余常谓泰西耶稣之教,其原盖出于墨子,虽体用不无异同,而大旨实最相近。……如第九卷《经说下》篇,光学、重学之所自出也。第十三卷《鲁问》、《公输》数篇,机器、船械之学之所自出也。第十五卷《旗帜》一篇,西人举旗灯以达言语之所自出也。……又按《墨子》所云:'近中,则所见大,景亦大;远中,则所见小,景亦小。'今之作千里镜、显微镜者,皆不出此言范围"。③ 郭嵩焘说:"大率耶苏术士,而其为教主于爱人。其言曰:'视人犹己',即墨氏兼爱之旨也。"④王闿运说:"释迦、耶稣皆无位而奉为圣师,墨学之赐也。"⑤张自牧说:"其教(指基督教)以煦煦为仁,颇得墨氏之道。耶稣二大诫:一曰全灵魂,爱尔神主,即明鬼之旨也;二曰爱尔邻如己,即兼爱之旨也。凡欧罗艺术文字皆著于《经上》之篇,以此知墨为西学之鼻祖也。"⑥

以西学比附墨学,强调西学墨源。这是墨学复兴的第一阶段。在这个阶段,墨学以西学为镜子,在与西学的比照中,不断发现自己。所谓墨学的新发现,主要是指中国传统文化中所缺少的而又与西方现代文化相类似的科学与宗教思想。同时,由于时人的自我文化中心以及对西学的一知半解,使他们沉浸在扑朔迷离

---

① 邹伯奇:《学计一得·论西法皆古所有》。
② 黄遵宪:《日本国志》,上海古籍出版社,2001年版,第332页。
③ 薛福成:《出使英法义比四国日记》,岳麓书社,1985年版,第252页。
④ 郭嵩焘:《伦敦与巴黎日记》,岳麓书社,1984年版,第932页。
⑤ 王闿运:《湘绮楼文集》,文海出版社,1967年版,第184页。
⑥ 张自牧:《蠡测卮言》,见《小方壶斋舆地丛钞》第十五轶,上海著易堂1891年版,第506页。

的幻象之上,自我陶醉的氛围之中,从而制造出上述种种荒诞不经、亦真亦假的神话。用神话来补偿现实的缺陷,能满足人的心理需要,却难以改变现实。近代中国人以其幼稚的文化心态对西学的挑战所做的最初回应,的确令人啼笑皆非。然而,尽管如此,这一观点还是有意义的,它以曲折的方式表达了国人对于西学的认同,表现了国人初步开放的文化心态。

墨学复兴的第二阶段,是戊戌维新和辛亥革命时期。无论改良派还是革命派,都以墨家的平等意识、人格理想和自我牺牲精神,作为自己变革社会、拯救人类的信念源泉和人生楷模。皮嘉祐认为,西方的社会政治学说,根柢在墨学。他说:"夫平等之说,导源于墨子,阐义于佛氏,立法于泰西。墨子兼爱尚同也,佛法之平等也,泰西之人人有自主权利,爱汝邻如己,而倡为君民一体也,名不同而旨则一也。佛法之平等,即出于墨子之兼爱尚同,泰西人人有自主权利,亦出于墨子之兼爱尚同。"①谭嗣同说:"吾自少至壮,遍遭纲伦之厄,涵泳其苦,殆非人生所能任受,濒死累矣,而卒不死。由是益轻其生命,以为块然躯壳,除利人之外,复何足惜。深念高望,私怀墨子摩顶放踵之志矣。"②墨学精神成为谭嗣同傲岸一切、视死如归的人格动能。唐才常针对当时社会的"私竞之风",提出以墨学移风易俗,救世之弊。他说:"欲救今日士、农、工、商各怀私心之病,则必治之以墨学。"③梁启超"幼而好墨",自称"墨学狂"。他认为墨家"轻生死,忍苦痛"的武侠精神"可以起中国之衰"。因此,"欲救今日之中国,舍墨学之忍苦痛则何以哉,舍墨学之轻生死则何以哉!""今欲救之,厥惟墨学。"④

资产阶级革命派也高扬墨家精神。1905 年《民报》创刊号发行,于卷首列古今中外四大伟人肖像,将墨子与黄帝、卢梭、华盛顿并列,尊之为"世界第一平等、博爱主义大家。"革命派认定"墨子之学说在我国今日"乃是"起死回生之妙药"。⑤孙中山对墨子的"兼爱"推崇备至,他认为中国"古时最讲爱字的莫过于墨子,墨子所讲的'兼爱',与耶稣所讲的'博爱'是一样的"。⑥ 他独许墨子之"爱",以为墨子的"兼爱"是一种平等意义的爱。章太炎对墨家多有批评,但却对墨家的道德观极为赞赏。他说:"墨子之学,诚有不逮孔、老者,其道德则非孔、老所敢窥

① 皮嘉祐:《平等说》,《湘报》,上,中华书局 1965 年影印本,第 495 页。
② 《谭嗣同全集》中华书局,1981 年版,第 289～290 页。
③ 唐才常:《治新学先读古子书说》,《唐才常集》,中华书局,1980 年版,第 31 页。
④ 《饮冰室合集》专集之三十七,中华书局,1989 年版,第 43、48、1 页。
⑤ 觉佛:《墨翟之学说》,《觉民》,第 7 期,1904 年。
⑥ 《孙中山选集》,下卷,人民出版社,1956 年版,第 650 页。

视也。"①

1904 年，梁启超发表了《子墨子学说》，将墨学与西方的宗教、社会政治思潮做了比较研究。认为墨学中的某些思想和精神与西方的政治思想及宗教伦理精神有相通之处，可以作为中国近代接受西方文化并在此基础上建构中国新文化的桥梁和中介。具体来说，有这样几个方面：

其一，墨学精神与基督教精神相通。他说："平等无差别之爱普及于一切人类，泰东之墨子，泰西之耶稣，其所宣示之爱说，皆属此类。耶教谓在上帝之前，无尊卑贵贱亲疏远近，一切平等。墨子谓天之与人，兼而有之，兼而食之，兼而爱之，兼而利之。其根本之理想全同。"②又说："窃意墨子之政治，宗教主权之政治也。墨学之组织，与景教殆无一不密合，景教有教皇，而墨学有钜子。两者之精神形式全同。"③

其二，墨学精神与西方民主精神相通。梁启超独具只眼，率先从墨学中发现了民约论思想，认为墨子之思想与霍布士的学说惟妙惟肖，较之霍氏学说，墨学似乎还要略胜一筹。他说："墨子之政术，民约论派之政术也。泰西民约主义，起于霍布士，盛于陆克，而大成于卢梭。墨子之说，则视霍布士为优，而精密不逮陆卢二氏。"他认定墨子的"择天下贤良圣知辩慧之人，立以为天子"的国家起源说，"与霍氏陆氏卢氏及康德氏之说，皆绝相类者也。"④梁启超感慨系之，"吾读此而叹二千年前吾墨子之学说，与二百年前彼霍布士之学说，何其相类也。"⑤但梁又认为墨学究竟不同于霍氏之学。他说："今墨子民约之精神，果与霍氏一辙乎？是又不可不深察也。墨子所以欲举万民以法天子者，以为天子固天下之仁人也。"⑥墨子倡导的是贤人政治，而霍氏则主张法制政治，二者迥异。

其三，墨家理想与社会主义相通。梁氏发现墨学与先秦诸子之学截然不同。先秦诸子虽然众说纷纭，但就本质而言则大同小异，惟墨学为一出类拔萃之奇葩，其根本精神与西学相类相通。"墨子之政术，非国家主义，而世界主义社会主义也。其言曰：'天下无大小国，皆天之邑也。人无长幼贵贱，皆天之臣也。'又曰：'视人国若视其国，视人家若视其家。'举国界家界尽破之，而一归于大同，是墨子

---

① 《章太炎政论选集》，上，中华书局，1977 年版，第 295 页。
② 《饮冰室合集》专集之三十七，第 30～31 页。
③ 《饮冰室合集》专集之三十七，第 39 页。
④ 《饮冰室合集》专集之三十七，第 37 页。
⑤ 《饮冰室合集》专集之三十七，第 38 页。
⑥ 《饮冰室合集》专集之三十七，第 38～39 页。

根本之理想也。"①实际上,墨学是一回事,西方各种社会政治思潮是另一回事。二者之间从简单比较的角度看,似乎有许多相通之处,但如果加以深入分析,还是有实质区别的。

梁启超关于墨学的研究,整整影响了一代人,对墨学复兴起了推动作用。对此,胡适后来在给梁启超的《墨经校释》作序言时写道:"梁先生在差不多二十年前就提倡墨家的学说了,他在《新民丛报》里,曾有许多关于墨学的文章,在当时曾引起了许多人对于墨学的新兴趣,我自己便是那许多人中的一个人。现在梁先生这部新书,一定可以引起更多更广的新兴趣,一定可以受更多读墨子的人的欢迎,是无可疑的。"②

这一时期的墨学复兴有两个特点:第一,它是以实践理性的方式表现出来的,也就是说,它不再是那种幼稚而狭隘的心理补偿的需要,而是现实斗争的需要。墨学理想及其精神成为改良先锋和革命志士的道德准绳。它的复兴体现了不断从传统汲取智慧和活力的中国文化的特性。追根溯源与其说是为了再现古代世界,还不如说是着眼于现实和未来的世界。正是现实斗争的需要,使改良和革命志士从封闭的自我满足的心理幻象中走了出来,以实践的方式去理解古代墨学精神。第二,它逐渐扬弃了"西学墨源"的神话,以一种新的文化心态反思传统,涵化异质文化,努力寻求墨学与西学的相通性,不再将西学还原于墨学,用"热昏的胡话"来欺骗自己。梁鼓吹墨学,并非有复古癖,而是以古化今,从传统中寻求与近代世界同构的契合点。梁启超的态度,具有鲜明的实践理性的特色。

"五四"前后,墨学研究一时称盛,墨学复兴进入第三阶段。五四时期的墨学复兴有两个显著特点:第一,继续发掘传统墨学的现代精神,以此作为反对儒学、倡导科学与民主的思想武器;第二,"墨辩"成为墨学讨论的焦点和核心。

关于第一方面,主要有这么一些内容:

一个是继续宏扬和倡导墨学的救世精神。著名思想家易白沙在《新青年》第一卷第二号发表《述墨》一文,对墨学的救亡思想和道德追求给予高度评价。他说:"先秦诸子之学,差可益于国人而无余毒者,殆莫如子墨子矣。其学勇于救国,赴汤蹈火,死不旋踵;精于制器,善于治守,以寡少之众,保弱小之邦,虽大国莫能破焉。今者四郊多垒,大夫不以为辱,士不以为忧,战既不能,守复无备,土地、人民,惟人之宰割是听,非举全国之人,尽读《墨经》,家有禽子之巧,人习高何之力,不足以言救国。"易白沙认为,墨学精神是根治中国社会时弊的灵丹妙药:如要反

---

① 《饮冰室合集》专集之三十七,第41页。
② 《饮冰室合集》专集之三十八,第99页。

对外来侵略,争取国家独立,就必须学习墨学的反战思想,以战争制止战争;如果要矫正社会的奢靡风气,就必须学习墨学的"勤俭之说",反对浪费和相互攀比;如果要消除社会上普遍的冷漠、欺诈,就必须学习墨学的"兼爱"。

　　一个是从传统墨学中寻求与社会主义思潮以及俄国新政权相呼应的本土资源。于是,在他们眼中,不管是社会主义也好,还是劳农政府也罢,都可以从传统墨学中找到依据。吴虞说:"他的通约,就是卢梭的《民约论》;他的主张,就是列宁的劳农主义。所以墨子的学说,和儒家根本绝对的不能相容。"[1]共产主义者蔡和森早期思想倾向是尊墨非儒。蔡在新民学会通信及留法预备班讲课中都盛赞墨学,并试图把墨子的"兼爱"思想与列宁的平等思想融合起来,力求在消灭贫富贵贱等差别的基础上实现"兼爱"和平等原则。蔡和森说:"只计大体之功利,不计小己之利害。墨翟倡之,近来俄之列宁颇能行之,弟愿则而效之"。[2] 日本明治时代的共产党人幸德秋水,自称是"从儒家进入社会主义"的,同样,蔡和森也是带着他早期的墨学精神进入共产主义运动的。与时俱进的梁启超,作为近代墨学复兴的健将,自然不甘人后,也发表了不少这方面的言论。他说:"墨子之生计学,以劳力为生产独一无二之要素。其根本概念,与今世社会主义派所持殆全合。"[3]"墨子是个小基督,从别方面说,墨子又是个大马克思。马克思的共产主义是在'唯物观'的基础上建设出来,墨子的'唯物观'比马克思还要极端";"近代马克思一派说,资本家的享用,都是从掠夺而来。这种立论根据,和二千年前的墨子正同。现在俄国劳农政府治下的经济组织,很有几分实行墨子的理想。内中最可注意的两件事:第一件,他们的衣食住,都由政府干涉,任凭你很多钱,要奢侈也奢侈不来。墨子的节用主义,真做到彻底了。第二件,强迫劳作,丝毫不肯放松,很合墨子'财不足则反诸时'的道理。……看劳农政府居然能够实现,益可信墨子不是个幻想家了"。[4]

　　一是扬墨抑儒的需要,即把墨学视为传统儒学的对立面,试图以墨抑儒,以墨代儒。"五四"精神素以倡导民主、科学和反儒学而著称于世。在一片反儒学的呐喊声中,墨学作为被传统所遗弃的一颗明珠,而为时人所独许。当时最为激进的反儒学的思想权威陈独秀,对于墨学心驰神往,将墨学奉为国粹,对墨学长期遭受儒学压制而鸣不平。他说:"墨氏兼爱,庄子在宥,许行并耕,此三者诚人类最高之

---

①　赵清等编:《吴虞集》,成都,四川人民出版社,1985 年版,第 190 页。
②　《蔡和森文集》,人民出版社,1980 年版,第 8 页。
③　《饮冰室合集》专集之三十七,第 22 页。
④　《饮冰室合集》专集之三十九,第 20、14、18 页。

理想,而吾国之国粹也。奈何为孔孟所不容何?"①反传统最彻底的思想界英雄鲁迅也极力推崇墨学精神。他在《非攻》和《铸剑》这两篇小说中,塑造了两个墨家人物。一个是救世之斗、自苦为极的英雄墨翟,另一个是被鲁迅注入墨学精神的传说中的人物。在鲁迅的慧眼中,他们就是那种埋头苦干的人,舍身求法的人,是中华民族的脊梁。吴虞崇尚墨学,也是从墨学是儒学的对立面立论的。他说:"我读荀子的书,看见荀子极力攻击墨子学说的地方,我方才恍然大悟。墨子的主义,根本上和儒家绝对不相容。""他(墨子——作者注)的意思,更要废去儒家所主张的阶级制度,把君尊臣卑、崇上抑下的礼教,一扫而空之"。② 五四运动的健将傅斯年认为,墨家与儒家虽然形式上基本相同,但二者的实质精义却大相径庭。他说:"墨家所用之具全与儒同,墨家所标之义全与儒异"。墨家与儒家的相同主要是:"儒者称诗书,墨者亦称诗书;儒者道春秋,墨者亦道春秋;儒者谈先王,谈尧舜,墨者亦谈先王谈尧舜;儒者以禹为大,墨者以禹为至"。对于墨家与儒家的差异,傅斯年用列表的形式做了比较:墨家讲"尚贤",儒家讲"亲亲";墨家主张"尚同",儒家主张"爱有差等";墨家强调"兼爱",儒家强调"爱有等差";墨家主张"非攻",儒家主张"别义战与不义战";墨家主张"节用",儒家"居俭侈之间";墨家主张"节葬",儒家主张"厚葬";墨家强调"天志",儒家强调"天命";墨家主张"明鬼",儒家主张"敬鬼神而远之";墨家强调"非乐",儒家主张"放郑声而隆雅乐";墨家讲"非命",儒家讲"有命"。③ 因此,在现代反儒学者心目中,自然是把墨子作为他们反儒学的先驱。实际上,从纯学术的角度来看,儒家与墨家、孔子与墨子之间的区别和差异是十分明显的。对此,著名学者冯友兰有一精彩的评论。他说:"孔子是古代文化的辩护者,辩护它是合理的,正当的,墨子则是它的批判者。孔子是文雅的君子,墨子是战斗的传教士。他传教的目的在于,把传统的制度和常规,把孔子以及儒家的学说,一齐反对掉。"④

这一时期墨学复兴的另一个突出特点,是"墨辩"成为墨学讨论的焦点和核心。不论新派人物梁启超、胡适,还是旧派人物章士钊、章太炎都先后发表阐释"墨辩"的专著和专论。对此,章士钊说道:"迩来诵《墨经》者日多,谈士每好引经中一二事以相高。梁启超、胡适之尤有此癖,愚亦不免。"⑤梁启超的《墨子学案》、《墨经校释》,胡适的《墨子与别墨》、《墨辩新诂》,易白沙的《述墨》,章太炎的《释

① 《新青年》第三卷第三号,1917 年 5 月 1 日。
② 《吴虞集》,第 189、190 页。
③ 《傅斯年全集》,第 2 册,台湾联经出版事业公司,1980 年版,124 页。
④ 冯友兰:《三松堂全集》,第 6 卷,第 45 页。
⑤ 《章士钊全集》,第 7 卷,上海:文汇出版社,2000 年版,第 588 页。

名》，章士钊的《墨辩今注》、《章氏墨学》等著作，都是当时的代表作。

当时尚墨成风，嗜墨者众，归根结底，在于科学精神的觉醒。这一时期，研究墨学的方法也从荒唐的比附和空泛的议论转向实证的研究，其价值取向大抵以科学为指南，试图将集中反映西方价值的科学精神植入中国的历史文化之中。梁启超毕生致力于从中国的历史中发掘与西方相似的价值观念，汲汲于寻求墨学与西学的相通性；而胡适则用西方的价值观念来改写中国的历史，以西学为范式来整合墨学。因此胡适认为墨辩六篇是"中国古代第一奇书"，他按照西学传统，将墨辩分门别类如下：

（一）论算学。如"一少于二而多于五"诸条。

（二）论形学（几何学）。如"平，同高也"；"中，同长也"；"圆，一中同长也"；"方，柱隅四讙也"诸条。

（三）论光学。如"二，临鉴而立，景到，多而若少，说在寡区"；"景之大小，说在地缶远近"诸条。

（四）论力学。如"力，形之所以奋也"；"力，重之谓，下与重奋也"诸条。

（五）论心理学。如"生，形与知处也"；"卧，知无知也"；"梦，卧而以为然也"诸条。

（六）论人生哲学。如"仁，体爱也"；"义，利也"诸条。

（七）论政治学。如"君，臣萌通约也"诸条。

（八）论经济学。如"买无贵，说在仮其贾"诸条。①

这种分类，没有顾及墨经自身所固有的整体性，对墨学的致思方向、途径、目标也缺乏全面的考察，把需要论证的问题当作了自明的前提，从而导致了逻辑上的恶性循环。本来我们只有认定了墨学与西学同构，才能做这种分类。但是胡适在这里分明是要通过这种分类来证明墨学与西学的同构。况且整体不同于部分之和，墨经中虽然有许多科学思想，但是这些思想还是由经过知性分析的经验所组成的。从整体上来说，我们无论如何也不能将《墨经》视为科学体系的原型，它的意义只有在西学背景中才能充分显现出来。尽管如此，胡适的阐释仍然很有意义。因为它预示了一种新的方向，它标志着墨学复兴超越了神话思维和实践理性阶段。主张全盘西化的胡适，其实并没有放弃传统。他之所以推崇墨学，是因为他想从传统中找到一个新文化的生长点。他致力于墨学复兴，目的是为了推进现代中国的新文化运动。

---

① 《胡适文集》，第 6 卷，第 306 页。

三、传统墨学复兴的原因分析

传统墨学在近代复兴,绝不是偶然现象,自有其深刻的社会、历史和文化根源。

第一,近代精神与传统价值的冲突和融合导致了墨学复兴。所谓近代精神,概括起来有三个方面:一是自由民主精神,二是科学理性精神,三是宗教伦理精神。中国人有着根深蒂固的精神优越的信念。然而西方的挑战是深刻的,它触到了我们民族自下而上的根柢,从物质到精神,从文明到文化,它第一次使自以为得天独厚的中国人在精神上滋生了自卑情绪。正是这种精神上的自卑情绪,使国人开始了近代化的历程,同时也使国人产生了一种亘古未有的异常深刻的危机感。至少有两个原因导致了近代思潮向传统的回归:一是近代中国人对传统的执着,一是对西方文艺复兴的借鉴。但回归决非复古,而是从传统中寻找近代精神的契合点,即以近代精神对传统价值作出新的选择。比如,"公羊三世说"受西方进化论的启迪,而演化成中国的进化三段论;大同主义受西方乌托邦思想的启发,而变成孙中山的民生主义和康有为的大同理想;孟子的"民本"论与《尚书·洪范》因西方民权思想的倡行而备受推崇,受西方耶稣纪年影响而采用孔子纪年和黄帝纪年等,都反映了传统思想在近代精神催化下的复苏。从传统中发掘新思想,以时代意识整理国粹,其灵感很大程度上来自西学。

墨学的全面复兴更是如此。墨学的"兼爱尚同"成了自由民主精神的原型,墨辩六篇成了科学理性精神的原型,"天志明鬼"成了宗教伦理精神的原型。近代许多有识之士之所以与儒学分道扬镳,而回归墨学,就因为他们认定墨学与西学同构,可能成为新文化的生长点。这种认同,实际上是以西方价值尺度所作的选择。无论其如何古色古香,终掩不住自卑的阴影,就连"西学东源"和"中体西用"说,也不过以不同方式在不同程度上认同了西方价值。然而这种精神自卑是积极的建设性的,因为它以超越为目的,在自卑中寻求超越,这正是中国近代精神的一个特征,"以复古为解放"。向传统回归,其实质是超越。

第二,儒学主体地位的动摇导致了墨学复兴。近代以来,积贫积弱、被动挨打的严酷现实,促使人们以西学为鉴反思儒学,逐渐认识到儒学难以救世,对儒学的信念由怀疑而动摇。虽然当时没有出现要求铲除儒学、否定孔子的主张,但许多有识之士却另辟蹊径,改弦更张。从传统文化中重新发掘用以取代儒学的思想武器,于是诸子之学兴起。"清代末造,异族交侵,有识者渐谂儒术不足以拯危亡,乃转而游心于诸子群言与夫西方学术,墨子由晦而稍显,时使然也。"①张之洞对此更是洞若观火,他说:"道光以来,学人喜以纬书、佛书讲经;光绪以来,学人尤喜治周秦诸子,其流弊恐有非好学诸君子所及料者。"并坦率地承认:"儒术危矣!"②说明儒学的独尊地位,由动摇而转趋没落。他提出的以儒学精神为本位的"中体西用"论,亦如落日余晖,无力回天,较之儒学旧观,可谓黯然。儒学既遭鄙夷,有识者转而试图建立新的信仰中心,以寻求新的精神支柱和人生价值。严复要求建立"墨教"。胡适也认为中国新文化的建立,取决于中国古代非儒学派的复兴。基于此,胡适对非儒学派的墨翟、惠施、公孙龙和墨辩诸学派,做了重点而详尽的研究,并以其卓越的眼光从先秦名学所隐含的科学理性中,发现了近代精神与传统价值的焊接点,以及移植西方文化所必须具备的"合适的土壤"。《先秦名学史》就是他努力弘扬非儒学思潮的结晶。正是在这种儒学日薄西山,非儒学应运而生的背景下,墨学得以复兴。

第三,救亡需要促使墨学复兴。甲午战后,救亡图存迫在眉睫,强兵尚武之论遂风行于世。康有为在 1895 年《上清帝第二书》中,主张"以民为兵",并建议开设学堂,"学习布阵、骑射、测量、绘图","以强天下之势"。蔡元培、章太炎等组织爱国学社,发起"军国民教育会",倡导尚武,以提高国民素质。清末民初,许多学校还组织"少年义勇军"和"童子军",从小培养学生的尚武精神和军事技能。为了弘扬民族精神,梁启超写了《中国之武士道》一书,对墨子做了高度评价,认为"墨子,圣人也,其教泽远矣,救世之患,急人之难,无所为而为之。""综观墨学实行之大纲,其最要莫如轻生死,次则忍苦痛。"因此,梁氏呼吁"欲备军国民资格者,不可不学墨。"③由于梁启超等人的推动,当时形成了以尚武为核心的军国民教育思潮。在这一思潮中,墨学之价值,灿烂夺目,益显于世,深得近代志士仁人的认同。"孔子之徒皆习礼乐诗书,墨子之徒能使蹈汤赴火,故孔教近文,墨教近武。""谈经术、擒文词者,儒家其事也……冲锋陷阵,效节捐生者,墨氏之学也"。④ 这一儒墨比较,同时也表明了近代中国人普遍的尚武的价值取向。正是这一价值取向,促使墨学在近代还魂。

第四,挽救世风的需要,促使墨学复兴。有清以来,吏治腐败,且官场病毒,侵入士林,弥漫社会。进入近代,西学东渐,使传统观念开始离析,旧有之价值观发

① 王焕镳:《墨子校释商兑》序,中国社会科学出版社,1986 年版。
② 张之洞:《劝学篇》,第 46、61 页。
③ 《饮冰室合集》专集二十四,第 25、26 页。
④ 孙宝瑄:《忘山庐日记》,上,上海古籍出版社,1983 年版,第 232 页。

生动摇,而新的价值观,则如飘篷,无所归依,文化呈现出无序态。近代之有识者,目睹道德沦丧,私欲膨胀,深忧民心涣散,国将不国。唐才常忧心忡忡地说:"今日之天下,官私其权,民私其力,商私其利,士私其学,而四万万其人,且四万万其心焉。"①梁启超则将人欲横流归结为"杨学"害人。所谓"杨学",即先秦杨朱之"贵生为我"之学,其学以"全生"作为人生的终极意义和最高目的。这种个人重于天下的价值砝,虽遭儒学排斥,但潜移默化,植于人心之中。近代之有识者多以为中国如一盘散沙,乃杨学之害。为矫世风,"一人心",梁启超等主张以墨辟杨。儒学与杨学,虽然势不两立,但其间仍有"曲径通幽处",惟墨学与杨学针锋相对,全不相容。杨学"为我",墨子"兼爱";杨学"重己",墨学为天下;杨学"贵生",墨学"轻生死"。然而儒学之重"身之发肤"和"爱有差等",似与杨学藕断丝连,故以儒辟杨,杨学仍在人心中泛滥成灾。因此,梁启超认定"今欲救之,厥惟墨学!"唐才常也认为:"欲救今日士、农、工、商各怀私心之病,则必治之以墨学。"②此为当时改革家之共识。胡适极力推崇《左传》的"立德"、"立功"、"立言"的三不朽说。讲到"立德"时,便特别提到墨子。他说:"'德'便是个人人格的价值,象墨翟、耶稣一类的人,一生刻意孤行,精诚勇猛,使当时的人敬爱信仰,使千百年后的人想念崇拜。这便是立德的不朽。"③

第五,西方逻辑学的输入,促使了墨学复兴。近代以来,经过严复、王国维等人的翻译介绍,中国人开始了解西方的逻辑学体系。反观传统,发现国学逻辑薄弱且不成系统,而逻辑却是西学之根柢。于是流行于西方与日本的"东方无逻辑"论一时甚嚣尘上。蒋维乔在《论理学讲义》中说道:"东方向无论理学(逻辑),有佛家所谓因明略似之。我国古时所谓名家似是而实非。"④这多多少少对近代学人产生了一种刺激作用,促使他们从墨学中发掘出了一个颇具特色的可与西学相颉颃的逻辑体系。胡适说:"依我看来,墨家的名学在世界的名学史上,应该占上一个重要的位置。"⑤他们实际上是以西学为卤汁,来点化中国传统这块老豆腐。墨辩逻辑因之而化腐朽为神奇,从被人遗忘的角落里脱颖而出。如果说西学之种种社会政治思想,诸子学尚能牵强比附,那么唯独逻辑,舍墨学则无以应。无论儒道之学,还是管、法之学,都没有首尾一贯的形式化的逻辑系统。惟有墨辩六篇汲汲于使思维过程形式化,它第一次从逻辑学的高度全面地论述了"辩"(推理、论

---

① 《唐才常集》,第35页。
② 《唐才常集》,第31页。
③ 《胡适文集》,第2卷,第526页。
④ 蒋维乔:《论理学讲义》,商务印书馆,1912年版,第1页。
⑤ 《胡适文集》,第6卷,第306页。

证)的对象、范围和性质,提出了名、辞、说等基本思维形式,总结了假、或、效、譬、侔、援、推等许多具体论式,揭示了推理论证中的思维规律等。凡此种种,已接近于今天普通逻辑学体系所包含的基本内容,它与印度因明学、古希腊逻辑学一起,构成世界三大逻辑体系。《小取》可以说是中国式的古典逻辑学体系大纲。梁启超说:"此学在中国之发达,固甚幼稚也。然秦汉以后,则并其幼稚者而无之。萌芽之稍可寻者,惟先秦诸子而已。诸子中持论理学最坚而用之最密者,莫如墨子。墨子一书,盛水不漏也,纲领条目相一贯,而无抵牾者也。何以故? 有论理学为之城堡故。故今欲论墨子全体之学说,不可不先识其根据之论理学。"①近代逻辑学的兴起,并非基于一种简单的学理兴趣,而是有着更为深刻的原因,其根本着眼点在于新文化的建设。众所周知,科学精神的贫乏,是中国传统文化的一个根本缺陷。这一缺陷表示在思维方式上,便是逻辑思维的弱化。近代之有识者逐渐认识到,新文化的建立须从思维方式的改变入手。这是当时学界普遍重视逻辑学的一个原因,也是墨辩逻辑为时人所注目的一个根本原因。近代学者想通过高扬墨辩逻辑,来克服和弥补儒道辩证法中逻辑思维不足的缺陷,以改变传统的以儒道互补为特征的思维方式。它反映了近代文化重建的一个基本思路:回归传统,从传统中寻求实现创造性转化的契机。

四、近代墨学复兴的局限性

综观近代的墨学复兴,不难发现它的局限性。

第一,近代墨学复兴缺乏对墨学本身的批判。这一点无论是早期的"西学出于墨学"说,还是梁启超、胡适等人的观点,都如出一辙。他们或忽略,或回避对墨学本身的批判和反思,结果使整个墨学复兴带有一定的盲目性和片面性。梁启超前扬后抑(中国政治思想史);胡适一味抑儒扬墨(中国古代哲学史),引起争论,梁漱溟起来批评胡适,又走了一个极端,扬儒抑墨。(东西文化及其哲学)20 世纪40 年代,郭沫若发表了《墨子的思想》一文,矛头直指胡适等人,对墨子及其墨学予以全盘否定。郭沫若指出:"墨子始终是一位宗教家。他的思想充分地带有反动性——不科学,不民主,反进化,反人性,名虽兼爱而实偏爱,名虽非攻而实美攻,名虽非命而实皈命。象他那样满嘴的王公大人,一脑袋的鬼神上帝,极端专制,极端保守的宗教思想家,我真不知道何以竟能成为了'工农革命的代表'!"②

① 《饮冰室合集》专集之三十七,第 55~56 页。
② 郭沫若著作编辑出版委员会编:《郭沫若全集》,历史卷,第 1 册,人民出版社,1982 年版,第 463 页。

142

这种批判,也不是客观的学术研究,没有引起学者的共鸣。

第二,近代墨学复兴偏重于强调墨学与西学之同,而忽视了二者之异。其实,墨学是在完全不同于西学的文化背景中形成的,墨学与西学具有本质上的差异,毋庸置疑。但近代倡导墨学复兴的人却大都忽略了这一点。因此,他们对于墨学的认识,明显地具有比附西学的特点,失之偏颇。对此,现代新儒家代表人物牟宗三在其《中国哲学的特质》一书中有所批评。他说:"五四前后,讲中国思想的,看中了墨子,想在墨子里翻筋斗。其他皆不能讲。既无兴趣,也无了解。原来中国学术思想中,合乎西方哲学系统的微乎其微。当时人心目中认为只有墨子较为接近美国的实验主义。实则墨学的真精神,彼等亦不能了了。彼等又大讲墨辩。盖因此篇实含有一点粗浅的物理学的知识,又含有一点名学与知识论。虽然这些思想都极为粗浅,而又语焉不详,不甚可解,但在先秦诸子思想中,单单这些已经足够吸引那些浅尝西方科学哲学的中国学者。因此,研究墨子,其实是墨辩,一时蔚为风气。钻研于单词碎义之中,校正训诂,转相比附。实则从这里并发现不出真正科学的精神与逻辑的规模。而那些钻研的人对于逻辑与西方哲学,也并无所知,连入门都不可得,更不用说登堂入室了。舍本逐末,以求附会其所浅尝的那点西方哲学,则于中国学术之主流,则反茫然不解"。①

第三,近代文化建立的基本思路是从传统文化中寻求创造性转化的契机。墨学复兴便是以西学为参照对传统文化所作的尝试性选择。它一方面反映了近代人对传统的固执和依恋,另一方面又表现了他们对移花接木的西学在中国传统中扎根发芽充满信心。仅此而言,他们的努力是积极的和富于建设性的。但是,他们没有从生机勃勃的现实中去寻求文化转变的阿基米德点,这就使得近代古学复兴显得迂远和苍白,缺乏活生生的现实的力量。因为,现实不仅是传统的积淀,它更是对传统的超越,二者之间不仅有连续性,更有飞跃性。文化建构不能忽略了传统的积淀,但是新文化的生长点则应该从现实中去寻找。墨学复兴的倡导者们,以墨学为新文化的生长点,并以之救世,无疑是舍近求远,舍本逐末。我们认为,文化的根本永远在现实中,而不仅仅在传统中。

由于上述局限性,使得近代墨学复兴始终停留在纸上谈兵上。它既没有如梁启超等人所希望的那样,形成一种实际的社会政治运动,也不像胡适等预期的成为新文化的生长点。在经历了一段辉煌的时期后,并没有结出成熟的果实。不仅墨家之组织无人恢复,甚至连新墨学也没有出现。尽管近代人倡言以墨学救世,但墨学始终没能走出学者的书斋,成为一种风行于世的主义,也没能升华为一种

① 王岳川编:《牟宗三学术文化随笔》,中国青年出版社,1996年版,第168页。

新的文化精神。而固有的墨学精神毕竟与近代精神有着质的差别。以墨学之"兼爱尚同"比附西学之"自由平等博爱",显系穿凿附会,"兼爱"与"博爱",形似而神异。"兼"虽然具有普遍的意思,但同时又含有"兼并"的意味,它在某种程度上取消了个体的自由选择和自主性;同样,"尚同"说中也没有西学之平等精神,恰恰相反,它是等级与平均的混合体,反映了小生产者在承认专制等级的前提下要求均平的心理取向。我们知道,西方社会政治学说的根本,在于个体本位,而中国传统文化精神,却以取消个体作为终极追求。在这一点上,墨学较儒学为甚。就其积极面而言,墨学以舍身救世为目的,确实是义薄云天,高尚无比。就其消极面而言,墨学又否定了个人的独立思考和自主判断。因此,墨学与西学,从根本上来说,仍然格格不入。

墨学与西学,不仅在社会政治学说方面迥异,而且在科学理性方面也截然不同。墨学由于缺乏一种关于物质世界的普遍的哲学(如西学之"原子论")作为基础,缺乏一种公理化的逻辑体系(古希腊之《几何原本》)作为普遍的范式,因而其科学思想始终停留在经验水平,从来没有上升到为自然立法的理性阶段。如果说近代科学对于物质世界的把握是以基于理性前提的实验操作为基础的,那么墨学对于物质世界的理解则是以经验累积为基础的手工业式的,前者表现了一种纯粹的学理精神,后者则囿于狭隘的功利性。正是这种狭隘的功利性,限制了墨学科学理性的发展。梁启超在《先秦政治思想史》一书中,对墨学的功利性作了淋漓尽致的批判。他说:"墨家计算效用之观念,根本已自不了解人生之为何。……此其所以'不足为圣王之道'也。"①

"五四"以后,随着马克思主义在中国的广泛传播,墨学救世之论遂绝。众所周知,墨学精神凝聚着小生产者的理想,反映着小生产者的要求。但是,现代社会的主导力量却不是小生产者,而是代表着社会化大生产的工人阶级。墨学根本不能为这一阶级的自下而上和发展提供思想基础,只有马克思主义才能掌握这一改造世界的最现实的物质力量。另外,欧战以后,梁启超等人对西方文化价值做了重新估价和反省,这一反省连带地影响了他对墨学的评价,开始从过去的推崇备至,转向苛刻的批评。方授楚在《墨学源流》一书中指出:"其毁墨子可谓至矣。而三年之中所以前后不同至于此极者,则前说为胡适化,后说为梁漱溟化。"梁漱溟以倡导儒学复兴著称于世,梁启超也转而扬儒抑墨,回归儒学。而胡适则采取了更为激进的"全盘西化"的立场,他在《再论信心与反省》一文中说:"一面学科学,一面恢复我国固有的文化,还只是张之洞一辈人说的'中学为体,西学为用'的方

---

① 梁启超:《先秦政治思想史》,天津古籍出版社,2003 年版,第 149、150 页。

案。老实说,这条路是走不通的。如果过去的文化是值得恢复的,我们今天不至糟到这步田地了"。① 他不再认为非儒学派的全面复兴可以拯救中国文化了。他的这一反省,实际上也给墨学复兴运动亮起了红灯。

近代墨学复兴,至此告一段落。了解百年墨学的历史兴衰,对我们今天的文化建设和社会变革,无疑具有深刻的启迪作用和借鉴意义。

第二节 传统墨学与现代社会主义

我在研究近代墨学时发现,近代思想家们从不同角度讨论传统墨学与现代社会主义的一致性,特别是传统墨学的社会经济思想与现代社会主义的理论与实践的一致性。对此产生了很大兴趣。由此联想到毛泽东晚年的社会主义的理论与实践,一定程度上也深受传统墨学的影响。其实,关于毛泽东受传统墨学的影响这一话题,早已经引起当代学者的注意。② 遗憾的是,他们没有就这一问题进行深入、系统的考察。这里试图对此做一探讨,希望引起学界的关注。

一、晚清民国时期的墨学思潮

从晚清开始,中国思想文化界兴起了一股思潮,即通过弘扬传统墨学来应对西学冲击。特别是到民国二三十年代,随着西方社会主义思潮的广泛传入,许多知识精英以此重新解读传统墨学。在近代思想文化界,最早发现马克思的科学社会主义与传统墨学具有同质性的人,是被称之为中国百科全书式学者的梁启超。梁启超通过研究发现,墨学与先秦诸子之学截然不同。先秦诸子虽然众说纷纭,但就本质而言则大同小异,惟墨学为一出类拔萃之奇葩,其根本精神与社会主义相类相通。梁启超还形象地将墨子比做"小基督"、"大马克思"。梁启超说:"要而论之,墨子之政术,非国家主义,而世界主义、社会主义也……举国界家界尽破之,而一归于大同,是墨子根本之理想也。"③"墨子之生计学,以劳力为生产独一

---

① 《胡适文集》,第 5 卷,第 394 页。
② 李泽厚曾经指出,在强调运动、斗争、相对性和自我精神、意志等等方面,"毛与强调'力'、'强'、体力'劳动'的墨家和颜元哲学倒有更多的相同处"。《中国现代思想史论》,东方出版社,1987 年版,第 127~128 页。蔡尚思说:"墨子较近于马克思,孔子较远于马克思"。《蔡尚思自选集》,重庆出版社,1999 年版,第 56 页。许纪霖也曾经指出:"对毛泽东文化性格影响最深的却是鲜为人注意的墨家"。
③ 梁启超:《饮冰室合集》专集之三十七,北京,中华书局,1989 年版,第 41 页。

无二之要素,其根本观念,与今世社会主义派所持殆全合。"①不仅如此,墨子的理想和实践,与社会主义的创始人马克思和苏联社会主义实践,也有惊人的相似之处。梁启超说:"墨子以为凡奢侈的人,便是侵害别人的生存权,所以加他个罪名,说是'暴夺人衣食之财'。近代马克思一派说,资本家的享用,都是从掠夺而来。这种立论根据,和两千年前的墨子正同"。② 梁启超将传统墨学与社会主义思潮做比较是很有眼光的,看到了传统墨学中所包含的朴素社会主义的一些因子。五四运动时期著名的思想启蒙家吴虞也把墨学与列宁的"劳农主义"完全等同。吴虞说:"他的通约,就是卢梭的《民约论》;他的主张,就是列宁的劳农主义。所以墨子的学说,和儒家根本上绝对的不能相容。"③此后这种将墨学与社会主义等同起来的说法更为流行。朱偰1926年在《现代评论》上发表了《墨学与社会主义》一文,系统论述传统墨学与近世社会主义的相通相合。把墨学的"赖其力则生"与社会主义的人人劳动等同;把"有余力以相劳,有余财以相分"看作财产公有;把"兼以易别"看作消灭阶级差别。文章说:"倘若我们要在中国的思想史上,找出一种类似近世社会主义的思想,而发之于二千年前的,那我们一定推举墨家的学说了"。文章认为,中国先秦伦理思想中,明显分为两派:一派强调"义",以儒家为代表;一派强调"利",以墨家为代表。"由此可见墨学的出发点,与近世社会主义的出发点,根本相同"。文章指出:"墨子的根本主张是贵'兼'恶'别',就是平等。可是墨子所主张的平等,不只是欧美十八世纪学者所主张的法律平等,他并且主张经济平等。在他的《兼爱》、《节用》、《节葬》、《非儒》等篇,他对于儒家的'亲亲有术,尊贤有等'的阶级主义,固然表示反抗;他对于贫富不均的事实,尤其表示愤慨。在他的《非命》篇中,他似乎还称赞商汤的均富主义。他说:'古者汤封于亳,绝长继短,地方百里。与其民兼相爱,交相利。移则分。'""移"字作者认为是"多"字之误。

　　文章认为,近世社会主义主张经济平等,主要从伦理与经济方面加以展开。"从伦理上说,社会主义者以为一切人类都赋有一种基本权利:即生存权。在现代社会中,一部分人便连生存权也被剥夺。欲救此弊,社会主义者认为应采均富主义,得以生存"。"从伦理上说,近世社会学者以为一切人类俱负有一种基本义务,即劳动义务。在贫富不均的社会里面,一部分人是劳作而不得生存,另一部分人却又不劳而获,且是生活的非常悠闲。所以在今近俄德等国带社会主义色彩的宪

① 梁启超:《饮冰室合集》专集之三十七,第22页。
② 梁启超:《饮冰室合集》专集之三十九,第14页。
③ 赵清等编:《吴虞集》,第190页,四川人民出版社,1985年版,。

法里,劳动义务,至列为宪条之一"。关于这一点,墨家也有相似的表述。朱偰指出:"墨子并且承认劳作与不劳作,是人类与禽兽之所由分;因此墨子主张强制作工。""自从经济学者之'限界效用学'出,社会主义者之均富主张,于伦理的根据而外,并且得着一个经济学上的根据,因为依据这个学说,我们可以剀切地说,同量的财富置诸一个社会里,均之则效大,不均则效小。墨子《节用》,《非乐》,《辞过》诸篇之所以反复辨析,实际上也就是这层道理。"

文章最后围绕当时普遍争论的几个问题,发表了自己的见解。第一,传统墨学与西方的非马克思主义的社会主义思潮相似,与马克思主义的社会主义在目标上相同,但在实现手段上不同。他说:"墨子的思想,只与圣西蒙、克鲁泡特金、托尔斯泰诸人的社会主义相似,与马克思的主义,在手段上,是完全相反的。他是不相信以一阶级压迫另一阶级的。"第二,传统儒学与近世社会主义没有联系。他说:"儒家的言论,有时诚与近世社会主义之口吻相类……从大体上说,儒家的主义,是一种阶级的主义,我们如果根据几句零零碎碎的话,便说儒家思想邻于近世社会主义,那便是穿凿附会"。① 朱偰的上述评论不一定完全准确,但不可否认其思想的敏锐性。

二、早期中国共产党人对墨学的认识

早期共产主义者在批判传统儒学的同时,对长期遭到压制的传统墨学给予深切的同情。陈独秀以质问的口气指出:"墨氏兼爱,庄子在宥,许行并耕,此三者诚人类最高之理想,而吾国之国粹也。奈均为孔孟所不容何?"②传统墨学艰苦卓绝、无私奉献、勇于牺牲的人格魅力与精神感召,一定程度上成了早期共产主义者决心投身革命、救国救民的动力与楷模。比如,蔡和森曾经表示,他决定以古代墨翟为先驱,献身于列宁所开创的革命大业,为现代中国社会的进步与发展有所贡献。因此,他在给毛泽东的信中说:"只计大体之功利,不计小己之利害。墨翟倡之,近来俄之列宁颇能行之,弟愿则而效之。"③另一位早期共产主义者萧楚女,也对传统墨学的献身精神给予了高度评价,并予以积极认同。他说:"列裳裹足,以急宋难;磨顶放踵,以利天下,无非是由于他时时刻刻只记得他人,不记得自己而已!"因此,他向世人大声疾呼:"在我们现在这个时代,我们需要墨翟,不需要陶

---

① 朱偰:《墨学与社会主义》,《现代评论》,第4卷,第84期,1926年。
② 《新青年》,第三卷,第三号,1917年5月1日。
③ 《蔡和森文集》,人民出版社,1980年版,第8页。

潜、李白。"①

陈伯达在《墨子新论》一书中，将传统墨学视为现代社会主义的思想先驱。他说："对于这位伟大的古代思想家和所谓'贱人'的战士，我的景仰是无限的。如果把他的思想和近代科学共产主义混同起来，这当然是荒谬可笑的；但我总这样想：他的思想是我们的古代先驱。"②该书第一章的标题赫然写道："中国封建社会战国时代'农与工肆之人'的代表"。陈伯达指出，"在中国古代哲学史上，首先完整地提出了名实问题，并给以初步明确的解决的，就是墨子"。③　他进而指出，"墨子所代表的，如上所述的，是当时一般'其生也勤，其死也薄'的社会群。在社会压榨下，这种刻苦的、愁惨的劳动生涯，使他们接近了真实的世界，创造了真实的世界，因而体会了劳动的伟大，因而体会了世界的创造和改造，体会了人类对于世界的真正认识，不在于'名'，而在于'取'，不在于'荡口'，而在于'迁行'。"④

陈伯达认为，"就《墨经》看来，墨子是当时物理学、几何学、政治学、经济学、心理学等科学最大的创见者，是当时真正富有百科全书头脑的代表人，是代表当时中国精神文明的精华；而他的原始唯物论观点和原始辩证法观点，就是他的最优美的知识的综合。"⑤

同时，陈伯达对墨子思想的局限性及与科学社会主义的本质差别作了比较深刻的分析，认为墨子的理想也仅仅是一种原始民主，不可能走向真正意义上的现代民主。他说："墨子所幻想的，不是一个剥削阶级统治的国家，而是幻想一个'余力相劳，余财相分'的'国家'，但墨子所幻想的这样的'国家'，也不是近代无产阶级的科学的共产主义，而是含有小私有者平分主义的空想，而只是共产主义思想原始的一种形式。墨子在这里交叉地表现了某种原始形式的民主思想"。⑥　陈伯达指出："事实上，如果集中不是在民主的基础上，集中就成为专制。墨子在这点上，并没有明确的思想，这是墨子的弱点，同时也反映了墨子当时所代表的'农与工肆之人'的直接生产者还不能真正经过广大民主的方式，民主的制度，来组织自己广大的力量。"⑦"墨子企图叫天下的人们用墨子所代表的社会层的意志为准则，企图依照自己所代表的社会层的意志，创造一个'食饥息劳，持养其万民……

---

①　《萧楚女文存》，中共党史出版社，1998年版，第71、第71～72页。

②　陈伯达：《墨子新论》，作者出版社，1943年版，第3页。

③　陈伯达：《墨子新论》，第9页。

④　陈伯达：《墨子新论》，第14页。

⑤　陈伯达：《墨子新论》，第23页。

⑥　陈伯达：《墨子新论》，第51～52页。

⑦　陈伯达：《墨子新论》，第52页。

百姓皆得暖衣饱食,便宁无忧'的天国。……这里的天志,就是墨子及其所代表的社会层的意志。墨子企图用自己的'兼爱'意志来范围天下,企图使天下之人都放在自己的法度制裁之下。"①

尽管墨子思想存在严重的局限性,但是,作为反映中国普通民众利益诉求的传统思想资源,依然可以成为中国革命的精神动力。陈伯达指出:"可以说,这些墨者——我国古代最伟大的圣哲之精神,数千年来即已渗透于我人民的灵魂中。这个民族的人民,曾最善于艰苦奋斗,善于死里求生,善于主持正义而厌恶强暴,善于对不平反抗,善于'虽经挫挠而必光复旧物',这些都是和墨家的精神不可分开的,而在今日民族多难,祖国存亡垂于呼吸的时候,发挥墨家的伟大精神宝藏,尤具特殊的意义。凡是知道近代中国的历史运动的,就能知道我国古代这些伟大的圣哲,已在近代获得了一种真正能够继承其言行最优美的传统的后代——中国共产主义者,他们在近代中国无产阶级的基础上,把墨家伟大的精神、从自己伟大的有组织的行动中再现出来。他们在颠扑不破的世界科学共产主义学说的基础上,发挥墨家各方面优美的学说,克服墨家的弱点,他们所表现的,已不是被压迫者的叹息,而是已充满着自信力的活跃,坚实地踏上了、展开了墨子的'迁行'的道路,他们从事保国卫民的事业,他们科学地追求'兼爱'的大同前途,他们继承我民族先人的事业,在从事于伟大的历史之解决。"②

1942年,在中共中央主办的《解放日报》上,围绕墨家的性质,展开了一场学术讨论。范文澜在《中国通史简编》一书中指出,墨家是"中国劳苦人民最早的结社",刻苦生活,自我牺牲,严格的纪律,言行一致以及分财互助等,是墨家的特点。"正当兼并益趋激烈,儒家声势兴盛的时代,墨子创造新学派,代表下层社会农工奴隶要求解放"。③ 对此,庞公写了《关于墨家》一文,提出质疑。他说:"它所提出的墨学的特点,如'刻苦生活'、'自我牺牲'等等,是没有问题的。但它把墨子学派看成是'代表下层社会农工奴隶要求解放'的学派,我认为是有问题的;把墨子学派的组织看做是'中国劳苦人民最早的结社',更是有问题的。墨子同样是'士人',不过有些左的言词与行为罢了"。④ 对此,叶蠖生发表了《答庞公先生的'关于墨家'》一文,给予回应。文章指出,尽管墨家思想依然具有改良主义的倾向与诉求,但它与儒家相比,还是有重大差别的。文章说:"墨家代表被压迫阶级所要

---

① 陈伯达:《墨子新论》,第55~56页。
② 陈伯达:《墨子新论》,第60页。
③ 庞公、范文澜主编:《中国通史简编》,上海新知书店,1941年版,第86、87页。
④ 庞公:《关于墨家》,《解放日报》,1942年11月5日。

求的解放,也只能是改良派的要求。但它却与儒家所主张的单纯地自上而下的改良不同,它还希望在说服王公大人自动放弃过分剥削之外,也来教育'匹夫徒步之士',以求唤起和依靠群众的力量,来达到其改良的政治目的;这与儒家主张的'民可使由之,不可使知之'的精神是截然不同的。"①文章坚持认为,墨家代表着下层人民的利益,核心是人民代表"天志"。文章指出:"墨家的中心,不止于尚同天子,而在于被尚同的天志,天志所喜的是人人相爱,不相攻伐,能够代表天志的人物,不是受命君临的贵种,而是众人推选的贤人。墨家在他的尚同说教中反对了儒家的天命不改,主张人民代表天志来选择贤能,立为天子,带有民约论的色彩,正表现他代表着下层人民的利益。"②

三、毛泽东与传统墨学

青年毛泽东天赋很高,聪颖过人,阅读了古今中外大量经典著作。《墨子》一书,自然也在其中。在《〈伦理学原理〉批注》这篇颇能代表毛泽东早期思想形成与变化的文献中,毛泽东多次提到墨子,并对墨子及其思想有积极的评价。比如,毛泽东在读到《伦理学原理》"牺牲其身以救他人之生命,以殉国民之公益,是为大善。不能自制其欲,因而陷他人于不幸,则恶也"这段话后批注道:"与墨子之兼爱亦合,因墨子之兼爱系互助,并非弃吾重大之利益而供他人之小利,乃损己利人而果有利于人也"。③ 将墨子的"兼爱"解读为"互助",这是毛泽东对传统墨学的新发现。道理很简单,只有人们之间相互爱护,才有可能互相帮助。因此,青年毛泽东曾经一度把墨子理想作为他人生的目标之一。他说:"释迦、墨翟皆所以达其个人之正鹄也"。④ 所谓"正鹄",即正确的目标或方向。青年毛泽东的思想来源是十分庞杂的,多少都对他后来产生了程度不同的影响。墨家思想自然也不例外。

1939年4月24日,毛泽东在"抗大"生产运动初步总结大会上发表讲话,号召知识分子深入到劳动第一线,把自己塑造成既有学问又具备工人、农民、商人以及军人等各项技能于一身的文武全才。毛泽东说:"历史上几千年来做官的不耕田,读书人也不耕田,假使全国党政军学,办党的,做官的,大家干起来,那还不是一个新的中国吗?你们将工农商学兵结合起来了。你们读书叫学,开荒是农,打窑洞做鞋子是工,办合作社是商,你们又是军,你们是工农商学兵结合在一个人身上,

---

① 叶蠖生:《答庞公先生的'关于墨家'》,《解放日报》,1942年11月18日。
② 叶蠖生:《答庞公先生的'关于墨家'》,《解放日报》,1942年11月18日。
③ 《毛泽东早期文稿》,湖南出版社,1990年版,第252页。
④ 《毛泽东早期文稿》,湖南出版社,1990年版,第203页。

文武配合,知识与劳动配合起来,可算是天下第一。"①在这次讲话中,毛泽东就儒家与墨家的创始人孔子与墨子做了比较,认为墨子"是比孔子高明的圣人"。②1939年,陈伯达写成《墨子的哲学思想》一文,按照惯例,呈请毛泽东审阅。毛泽东在给陈伯达的信中指出:"《墨子的哲学思想》看了,这是你的一大功劳,在中国找出赫拉克利特来了"。③认为墨子比孔子高明,把墨子比喻为中国的赫拉克利特,并不是附和应景,随口一说,而是毛泽东发自内心的感叹,是毛泽东在对儒家与墨家做了系统考察后经过深思熟虑而得出的价值评判。导致毛泽东做出这一价值评判的主要标准是知识分子与劳动的关系。在毛泽东看来,墨子之所以比孔子高明,是因为孔子不耕地,而墨子却自己动手做桌子和椅子。孔子与墨子同为当时中国知识界的精英和代表,孔子不劳动,而且鄙视劳动,远远脱离工农大众;墨子不但尊重工农劳动大众,而且身体力行,亲自参加劳动。两者相互比较,思想境界的高低自然不言而喻。毛泽东指出:"区分革命的、不革命的和反革命的知识分子的标准只有一个,就是看他是不是同工农相结合"。④这一界定,影响了毛泽东的后半生。

以毛泽东为代表的中国共产党进行新民主主义革命的实践中所奉行的思想与精神,其中所包含的浓厚的墨家痕迹,已经被时人所察觉。1948年,著名社会活动家张澜总结了自己多年的学墨体会,写成《墨子贵义》一文,后几经修改,于1951年11月将此文敬呈毛泽东。在给毛泽东的信中,张澜先生说:"毛先生:澜近年常阅《墨子》,对其兼爱交利尚同一义之说,辄联想及于社会主义。两年来,亲见新民主主义之施行,益了然于兼爱交利尚同一义的真理,古今不异。兹将所写《墨子贵义》一篇敬呈,能于万几之暇赐以教正,至为企感"。⑤对于这封来信,毛泽东批示如下:"表方先生:十一月二十六日惠书及大著《墨子贵义》抄本,均已收到,极为感谢。俟研读后,如有意见,当再奉陈。此复。顺祝贵体康吉。毛泽东十一月廿七日。"⑥毛泽东对张澜的猜测没有明确表态,但不管怎么说,毛泽东对传统墨学比较推崇应该是没有问题的。

① 《毛泽东年谱》(1893—1949),中卷,人民出版社,1993年版,第120页。
② 陈晋主编:《毛泽东读书笔记解析》,上册,广东人民出版社,1996年版,第683页。
③ 陈晋主编:《毛泽东读书笔记解析》,上册,第683页。
④ 《毛泽东年谱》(1893—1949),中卷,第120页。
⑤ 《张澜文集》,成都:四川教育出版社,1991年版,第327页。
⑥ 转引郑杰文:《20世纪墨学研究史》,清华大学出版社,2002年版,第244页。

第三节　梁启超与传统墨学

历史发展到 20 世纪初,经过西方文化与中国文化的冲突、融合,人们开始以新的方法,从新的角度反思和总结固有文化,于是促成了"国学复兴"。传统墨学作为先秦时期与儒学并称的显学,在遭受了长期的冷落与汩没之后,经过众多学者的梳理和辨析,在诸子学中脱颖而出,成为中国固有文化的宝贵财富,获得新生。关于墨学复兴与近代思潮的关系,本人曾经写有专文论述①。这里主要就梁启超 20 世纪初叶对墨学的研究及其贡献做一论析。

一、梁启超对墨学的喜好

梁启超的后半生,逐渐远离政治旋涡,主要致力于中国学术史的研究。在中国学术史的研究中,兴趣主要在先秦诸子之学。其中,用心最多、贡献最大的是传统墨学。关于这一点,我们从他晚年的学术成就即可发现。梁启超晚年研究中国学术史的著作有 6 部,即《子墨子学说》(1904)、《管子评传》(1908)、《老子哲学》(1920)、《墨经校释》(1920)、《墨子学案》(1921)、《先秦政治思想史》(1922)。其中,研究墨学的论著就有 3 部,《先秦政治思想史》虽然不是研究墨学的专著,但其中有不少关于墨学的论述。

其实,梁启超对传统墨学心仪已久,用他自己的话讲,即"启超幼而好墨,二十年来于兹经有所校释"②。在广州万木草堂跟随康有为求学期间,就"好《墨子》,诵说其'兼爱'、'非攻'诸论"③。1896 年,梁启超撰写了《西学书目表后序》,提倡系统研究先秦诸子之学,并特别强调"墨子之学当复兴"④。梁启超坦言,在先秦诸子中,他是"左祖墨子"的,⑤因为墨家学说精深博大,"俊伟而深挚",远非其他学派所能比拟⑥。因此,梁启超多次向世人表明自己对传统墨学的偏爱和喜好,认为自己是"极为崇拜墨学的人"。梁启超号"任公"、"兼士",就渊源于对墨学精神和墨子人格的钦佩和叹服。他说:"我是心醉墨学的人,所以自己号称'任公',

---

① 马克锋:《墨学复兴与近代思潮》,《中州学刊》,1991 年第 4 期。
② 梁启超:《墨经校释自序》,《饮冰室合集》专集之三十八,中华书局 1989 年版,第 2 页。
③ 梁启超:《清代学术概论》,《饮冰室合集》专集之三十四,中华书局 1989 年版,第 61 页。
④ 梁启超:《西学书目表后序》,《饮冰室合集》文集之一,中华书局 1989 年版,第 128 页。
⑤ 梁启超:《墨子学案》,《饮冰室合集》专集之三十九,中华书局 1989 年版,第 42 页。
⑥ 梁启超:《先秦政治思想史》,《饮冰室合集》专集之五十,中华书局 1989 年版,第 130 页。

又自命为'兼士'"。① 梁启超认为,"任"是传统墨学的根本精神,即"士损己而所为","为身之所恶,以成人之所急",一种以天下为己任的神圣责任感和大无畏的牺牲奉献精神。正因为梁启超对墨学的陶醉,被挚友夏曾佑戏称为"墨学狂"②。梁启超博闻好学,"凡事都有兴味",虽然出身康有为门下,却很少门派之见。时时刻刻"以今日之我伐昨日之我",不断修正和完善自己的学术观点,与时俱进,是梁启超学术思想上的一个闪光点。近代著名学者孙诒让,花费十年工夫,系统整理《墨子》,写成《墨子间诂》一书。孙诒让在此书中,对墨子"摩顶放踵利天下为之"的献身精神和"勇于振世救敝"的拳拳之心极力称颂,大加赞扬,认为传统墨学"救世多方",有助于现实社会。《墨子间诂》一书刊印后,孙诒让特意赠送梁启超一部,并殷切期望梁启超"道究其说,以饷学子",完成其未竟之业。梁启超没有辜负学界前辈的期望和重托,以其深厚而扎实的国学功底,运用西方近代社会科学研究的理论和方法,对传统墨学进行了系统的整理和发掘。不仅如此,梁启超还以其在思想界的巨大影响,揭开了近代墨学复兴的序幕,成为近代墨学复兴的精神领袖。

二、梁启超对墨学的研究

梁启超对传统墨学的系统整理和发掘,主要表现在两个层面:一是学术史的研究,即沿着前辈先学孙诒让的学术路径,继续整理和注校《墨子》原著,还原墨子原始文本。这方面的学术成果主要是《墨经校释》、《今本墨经》。一是思想史的研究,即站在时代的高度,借鉴西方近代社会科学的理论和方法,发挥墨学的"微言大义",为现实政治和社会改造服务。这方面的学术成果主要有《子墨子学说》、《墨子学案》等。这里我们主要就梁启超对传统墨学的思想史研究所取得的成果做一分析。

第一,墨学的中心思想是"义利一致观念"③,即道德观与幸福观的有机结合。梁启超在精读墨学原典的基础上,精辟概括和提炼出墨学的中心思想——"兼相爱交相利"。他说:"要而论之,道德与幸福相调和,此墨学之特色也。……所谓道德者何? 兼爱主义是已;所谓幸福者何? 实利主义是已。"④梁启超认为,墨学的

---

① 梁启超:《亡友夏穗卿先生》,《饮冰室合集》文集之四十四(上),中华书局 1989 年版,第22 页。
② 梁启超:《亡友夏穗卿先生》,《饮冰室合集》文集之四十四(上),中华书局 1989 年版,第23 页。
③ 梁启超:《先秦政治思想史》,《饮冰室合集》专集之五十,中华书局 1989 年版,第 119 页。
④ 梁启超:《子墨子学说》,《饮冰室合集》专集之三十七,中华书局 1989 年版,第 10 页。

思想特色是"兼爱","墨子之以兼爱立教"人所共知。但问题是,墨子"兼爱"的内容及相互逻辑关系是什么,人们却没有注意到。梁启超指出,"兼爱"作为墨子思想的核心,主要包含以下内容:爱情与社会秩序的关系,即把发生社会冲突和动乱的原因归结于人与人之间缺乏"爱情";"兼爱"为维持社会不二法门;"兼爱"与"别爱"的关系,即平等之爱与差别之爱的关系;"兼爱"与"自爱"的关系,"兼爱"即"自爱",二者是统一的有机体;"兼爱"理想与"兼爱"实践的关系。梁启超认为,"兼爱"作为一种理想和追求是高远的,但付诸实践,则走了极端,不切实际,类似于柏拉图的"理想国"和后来的"乌托邦"。他说:"墨子之极端无差等说,所谓爱人身若其身,爱人家若其家,爱人国若其国者,其仅为一至善之理论,而断不可行于实际,殆无待辩"①。墨子的"兼爱"说超越了时代,始终停留在理想层面,与现实社会之间存在着很大的距离。这也是其没有广泛传播的原因之一。

梁启超认为,墨子的"交相利"反映了墨子的实利主义,其基本精神有三个方面:"第一,凡事利余于害者谓之利;害余于利者谓之不利。……第二,凡事利于最大多数者谓之利,利于少数者谓之不利。……第三,凡事能使吾良心泰然满足者谓之利,否则谓之不利。此实实利主义最高尚之一条件也。"②墨子的实利主义思想,已经初步接近了西方功利主义的一些命题,有其现实意义。但是,墨子的实利主义与其兼爱主义一样,也仅仅停留于理论层面,其具体实施办法,与社会现实大相径庭。为了实行其实利主义,墨子极力鼓吹"节用"、"节葬"、"非乐"、"非攻"。其中,墨子主张节约,反对浪费,主张和平,反对战争,都有可取的一面,是在当时生产力水平条件下对上层社会的一种忠告,有进步意义。然而,墨子及其墨学过分强调"节用"、"非乐",主张"以自苦为极",反对任何享受,甚至连基本的娱乐也要排斥,却违背了社会经济发展和人的全面进步的基本规律,表现出了墨学本身的局限性。梁启超说:"墨子所谓必要之欲望,知有消极的而不知有积极的。彼严定一格,以为凡人类之所必要,止于如是,而不知欲望之一观念,实为社会进化之源泉。苟所谓必要者不随地位而转移,则幸福永无增进之日,而于其所谓兼而利之之道正相反也。此墨氏生计学之缺点也。"③"墨子非乐之精神,全起于生计问题,盖墨子以严格消极的论必要之欲望,知有物质上之实利,而不知有精神上之实利;知娱乐之事,足以废时旷业,而不知其能以间接力陶铸人之德性,增长人之智

<hr>

① 梁启超:《子墨子学说》,《饮冰室合集》专集之三十七,中华书局1989年版,第34页。
② 梁启超:《子墨子学说》,《饮冰室合集》专集之三十七,中华书局1989年版,第29页。
③ 梁启超:《子墨子学说》,《饮冰室合集》专集之三十七,中华书局1989年版,第20~21页。

慧,舒宣人之筋力,而所得者足以尝所失而有余也。……盖墨学之最大缺点在是。"①"墨家学说一大缺点焉,彼似只见人生之一面而不见其他一面,故立义不免矛盾。"②梁启超对传统墨学的兼爱主义与实利主义利弊得失的综合分析和批判总结,是比较客观的,反映了梁启超的敏锐的学术眼光和深刻的洞察力。

第二,传统墨学与西方近代思潮的比较研究。1904 年与 1921 年,梁启超先后发表了《子墨子学说》和《墨子学案》。在这两部著作中,梁启超将传统墨学与西方的宗教、社会政治思潮做了比较研究,指出传统墨学中的某些思想和精神与西方的政治思想及宗教伦理精神有相通之处,可以作为中国近代接受西方文化并在此基础上建构中国新文化的桥梁和中介。具体来说,有这样几个方面:

其一,墨学精神与基督教精神比较。梁启超认为,传统墨学的一大特色是具有丰富的宗教思想,因此,墨学与西方的基督教具有可比性,而且许多一致之处。他说:"平等无差别之爱普及于一切人类,泰东之墨子,泰西之耶稣,其所宣示之爱说,皆属此类。耶教谓在上帝之前,无尊卑贵贱亲疏远近,一切平等。墨子谓天之于人,兼而有之,兼而食之,兼而爱之,兼而利之,其根本之理想全同。"③又说:"窃意墨子之政治,宗教主权之政治也。墨学之组织,与景教殆无一不密合,景教有教皇,而墨学有钜子。两者之精神形式全同。"④梁启超进而指出,传统墨学的宗教观,具有中国特色,与一般宗教不同:"墨子之宗教,与寻常之宗教颇异。寻常之宗教,或迷信一神,或迷信多神,二者必居一于是,而墨子则兼一神众神而并尊之者也。寻常之宗教,必为出世间的,而墨子则世间的也。"⑤传统墨学的宗教观具有中国传统文化的特色,它由三部分构成:"尊天之教","墨子常以天为其学说最高之标准",包括"天为万事万物之标准"、"天者人格也"、"天者常在者也,全知全能者也"、"天者至高贵"、"天之所欲恶者何在"等;"鬼神教",即借用虚构的鬼神的力量,作为"改良社会之一方便法门",使之具有震慑力,并不探讨其有否;"非命",反对把人的"贫富寿夭"等生活境遇看成是天命决定的,主张"强力有为"⑥。梁启超对墨学的"非命"论十分欣赏,"墨子非命,真千古之雄识哉"⑦,是对儒家流传千年的宿命论的有力反叛。近代中西文化比较的最直观的差异是,西

---

① 梁启超:《子墨子学说》,《饮冰室合集》专集之三十七,中华书局 1989 年版,第 24 页。
② 梁启超:《先秦政治思想史》,《饮冰室合集》专集之五十,中华书局 1989 年版,第 123 页。
③ 梁启超:《子墨子学说》,《饮冰室合集》专集之三十七,中华书局 1989 年版,第 30~31 页。
④ 梁启超:《子墨子学说》,《饮冰室合集》专集之三十七,中华书局 1989 年版,第 39 页。
⑤ 梁启超:《子墨子学说》,《饮冰室合集》专集之三十七,中华书局 1989 年版,第 4 页。
⑥ 梁启超:《子墨子学说》,《饮冰室合集》专集之三十七,中华书局 1989 年版,第 4~17 页。
⑦ 梁启超:《子墨子学说》,《饮冰室合集》专集之三十七,中华书局 1989 年版,第 17 页。

方文化有宗教意识,中国文化没有宗教意识。许多学者将中国的落后,归结于缺乏宗教。于是,从传统墨学中寻求宗教伦理精神的原型,成为当时学界的一大热点。在那种学术氛围中,梁启超将传统墨学与西方基督教做比较,是很自然的事情。

其二,墨学民主精神与西方民主精神比较。梁启超独具只眼,率先从墨学中发现了民约论思想,认为墨子之思想与霍布士的学说惟妙惟肖,较之霍氏学说,墨学似乎还要略胜一筹。他说:"墨子之政术,民约论派之政术也。泰西民约主义,起于霍布士,盛于陆克,而大成于卢梭。墨子之说,则视霍布士为优,而精密不逮陆卢二氏。"①他认定墨子的"择天下贤良圣知辨慧之人,立以为天子","国家为民意所公建"的国家起源说,远远超出了当时学者的"神权起源说"与"家族起源说","墨子论国家起源,与霍氏陆氏卢氏及康德氏之说,皆绝相类者也"②。梁启超说:"霍陆卢诸氏,皆以为未建国以前,人人恣其野蛮之自由,而无限制,既乃不胜其弊,始相聚以谋辑睦之道,而民约立焉。墨子所谓一人一义,十人十义,即意欲自由之趋于极端者也。其谓明乎天下之乱生于无正长,故选择贤圣立为天子,使从事乎一同。谁明之? 民明之;谁选择之? 民选择之;谁立之? 谁使之? 民立之,民使之也。然则墨子谓国家为民意所公建,其论甚明。中国前此学者,言国家所以成立,多主张神权起源说、家族起源说,惟墨子以为纯由公民同意所造成。此其根本的理想,与百家说最违异也。其一切政术之大原,皆在于是。"③对此,梁启超感慨系之,"吾读此而叹二千年前吾墨子之学说,与二百年前彼霍布士之学说,何其相类也。霍氏既大发民约原理,顾复以为既相约建国之后,所以护持此国者,不可不用威力。而此威力者,谁用之乎? 则谓宜众人各抛其意欲,而委任于一人之意欲,以此为政约之所不得已。此正墨子上同于天子之说也。"④但梁启超又同时清醒地看到,传统墨学毕竟不同于霍氏之学。他说:"今墨子民约之精神,果与霍氏一辙乎? 是又不可不深察也。墨子所以欲举万民以法天子者,以为天子固天下之仁人也。"⑤关于君主的选举与继承,霍布士强调程序,主张依法办事,而墨子对此语焉不详,大多停留在理想的层面上。因此,墨子倡导的是贤人政治,而霍布士则主张法制政治,二者有本质的差别。而且,以墨家为代表的中国古代民约思想,还仅仅停留在霍布士、洛克的水平,远远没有达到卢梭的高度。梁启超说:"我

①　梁启超:《子墨子学说》,《饮冰室合集》专集之三十七,中华书局 1989 年版,第 37 页。
②　梁启超:《子墨子学说》,《饮冰室合集》专集之三十七,中华书局 1989 年版,第 37 页。
③　梁启超:《子墨子学说》,《饮冰室合集》专集之三十七,中华书局 1989 年版,第 38 页。
④　梁启超:《子墨子学说》,《饮冰室合集》专集之三十七,中华书局 1989 年版,第 38 页。
⑤　梁启超:《子墨子学说》,《饮冰室合集》专集之三十七,中华书局 1989 年版,第 38~39 页。

们讲国家起源,颇有点和近世民约说相类,可惜只到霍布士、洛克一流的见地,没有到卢梭的见地。这也是时代使然,不足深怪。"①尽管如此,也可以发现传统墨学的现代意义。

其三,墨家理想与现代社会主义的比较。梁启超发现,墨学与先秦诸子之学截然不同。先秦诸子虽然众说纷纭,但就本质而言则大同小异,惟墨学为一出类拔萃之奇葩,其根本精神与社会主义相类相通。梁启超说:"要而论之,墨子之政术,非国家主义,而世界主义社会主义也。……举国界家界尽破之,而一归于大同,是墨子根本之理想也。"②"墨子之生计学,以劳力为生产独一无二之要素,其根本观念,与今世社会主义派所持殆全合。"③不仅如此,墨子的理想和实践,与社会主义的创始人马克思和社会主义的实践国家苏联,也有惊人的相似之处。梁启超说:"墨子以为凡奢侈的人,便是侵害别人的生存权,所以加他个罪名,说是'暴夺人衣食之财'。近代马克思一派说,资本家的享用,都是从掠夺而来。这种立论根据,和二千年前的墨子正同。"④梁启超将传统墨学与社会主义思潮做比较,是很有眼光的,看到了传统墨学中所包含的朴素社会主义的一些因子。以蔡和森为代表的一批共产主义者,正是以传统墨学为根基,接受了马克思的科学社会主义。这又从另一个侧面说明了传统墨学与社会主义具有某些相似处。梁启超对传统社会主义局限性的分析和预言,被后来的社会主义实践所证实,如将劳动力作为分配的唯一依据,而忽略了资本、技术等生产要素的重要作用,从而影响和制约了生产力的发展等。这反映了梁启超思想的敏锐,表现了他的远见卓识。

三、梁启超研究墨学的思想意义

作为近代墨学复兴的中坚人物,梁启超不遗余力地鼓吹墨学,弘扬墨学,探寻和比较传统墨学与近代西方社会政治思想学说的异同,是有极其深远的思想意义与文化意义的。

第一,复兴传统墨学,意在弥补中国传统学术之短处,以求与世界学术发展同步。梁启超在《论中国学术思想变迁之大势》一书中,通过与希腊学术派别的比较,对中国先秦学术派别的长短得失做了较为系统的分析和总结。梁启超认为,中国传统学术的长处与优势是:国家思想发达;生计问题昌明;世界主义光大;学

---

① 梁启超:《先秦政治思想史》,《饮冰室合集》专集之五十,中华书局1989年版,第189页。
② 梁启超:《子墨子学说》,《饮冰室合集》专集之三十七,中华书局1989年版,第41页。
③ 梁启超:《子墨子学说》,《饮冰室合集》专集之三十七,中华书局1989年版,第22页。
④ 梁启超:《墨子学案》,《饮冰室合集》专集之三十九,中华书局1989年版,第14页。

派众多;影响深远。中国传统学术的短处与弱势是:缺乏逻辑思想;缺乏物理学;没有"抗论别择"(辩论)的风气;门户之见太深;崇古保守观念过重;师法家数之界过严①。如何弥补中国传统学术之短,除大力介绍和借鉴西方近代社会政治学说外,还必须系统发掘和整理中国传统学术与文化,"以复古为解放"。于是,传统墨学因为包含比较丰富的逻辑学、科学以及民主思想,而格外受到以梁启超等为代表的先进知识分子的垂青和喜爱。复兴墨学,提升传统墨学的地位,旨在弘扬中国文化,树立民族文化自信心。梁启超指出,《墨辩·七法》"这部名著,是出现在阿里士多德以前一百多年,陈那以前九百多年,倍根、穆勒以前二千多年。他的内容价值大小,诸君把那四位的书拿来比较便知,我一只字也用不着批评了。只可惜我们做子孙的没出息,把祖宗遗下的无价之宝,埋在地窖子里二千年。今日我们在世界文化民族中,算是最缺乏论理精神缺乏科学精神的民族,我们还有面目见祖宗吗?"②因此,要使中国学术文化与世界同步,必须对传统学术做系统整理。要完善和丰富中国的逻辑学,必须从复兴墨学开始,"诸子中持论理学最坚而用之最密者,莫如墨子。墨子一书,盛水不漏者也,纲领条目相一贯,而无或牴牾者也。"③从中国传统文化典籍中探寻近代精神,墨学最有资格。于是,墨学的"兼爱尚同"成了自由民主精神的原型,墨辩六篇成了科学理性精神的原型,"天志明鬼"成了宗教伦理精神的原型。近代许多有识之士之所以与儒学分道扬镳,而回归墨学,就因为他们认定墨学与西学同构,可能成为新文化的生长点。

第二,复兴墨学,是对孔子儒学至尊地位的挑战和否定。墨学与儒学在先秦并为两大显学,同为中国传统文化的源头活水。但是,二者的命运却大相径庭:墨学自秦汉以后逐渐销声匿迹,一蹶不振;而儒学却一枝独秀,从汉代起,便被历代统治者所独尊,主宰了中国二千年的思想和学术。近代中国积贫积弱的严酷现实,使人们在反思封建专制制度的同时,也对儒学产生了怀疑。于是,作为儒学对立面的传统墨学,自然而然地引起人们的关注。墨学的"兼爱"、"尚贤"、"非攻"、"节用"、"天志"、"明鬼"以及"非命",都与儒家判然有别。梁启超这一判断,也得到时人的共鸣和认可。吴虞说:"他的通约,就是卢梭的《民约论》;他的主张,就是列宁的劳农主义了。所以墨子的学说,和儒家根本上绝对的不能相容。"④五四运动的健将傅斯年认为,墨家与儒家虽然形式上基本相同,但二者的实质精义却大

---

① 梁启超:《饮冰室合集》文集之七,中华书局1989年版,第31~38页。
② 梁启超:《墨子学案》,《饮冰室合集》专集之三十九,中华书局1989年版,第65页。
③ 梁启超:《子墨子学说》,《饮冰室合集》专集之三十七,中华书局1989年版,第55页。
④ 赵清等编:《吴虞集》,四川人民出版社1985年版,第190页。

相径庭。他说:"墨家所用之具全与儒同,墨家所标之义全与儒异"。墨家与儒家的相同主要是:"儒者称诗书,墨者亦称诗书;儒者道春秋,墨者亦道春秋;儒者谈先王,谈尧舜,墨者亦谈先王谈尧舜;儒者以禹为大,墨者以禹为至"。对于墨家与儒家差异,傅斯年用列表的形式做了比较:墨家讲"尚贤",儒家讲"亲亲";墨家主张"尚同",儒家主张"爱有差等";墨家强调"兼爱",儒家强调"爱有等差";墨家主张"非攻",儒家主张"别义战与不义战";墨家主张"节用",儒家"居俭侈之间";墨家主张"节葬",儒家主张"厚葬";墨家强调"天志",儒家强调"天命";墨家主张"明鬼",儒家主张"敬鬼神而远之";墨家强调"非乐",儒家主张"放郑声而隆雅乐";墨家讲"非命",儒家讲"有命"①。运用墨学来反对儒学,以墨学复兴来全面振兴中国传统非儒学文化,是以梁启超为代表的一代学者试图建构新文化的努力和尝试。这一点,梁启超对胡适的影响很大。

第三,传统墨学的牺牲精神和高尚人格,可以成为挽救民族危机和重塑国民性的精神力量。传统墨学勇于牺牲和奉献的伦理精神和人格魅力,受到了近代志士仁人的一致推崇。不仅始终高扬墨学精神的谭嗣同、唐才常等人如此,就是连对传统墨学持批评态度的章太炎,也对墨学的道德观给予了高度评价。章太炎说:"墨子之学,诚有不逮孔、老者,其道德则非孔、老所敢窥视也。"②梁启超正是沿着同时代人的思路,做了更为系统的总结和概括。在《中国之武士道》一书中,梁启超对墨子和墨学做了高度评价,认为"墨子,圣人也,其教泽远矣,救世之患,急人之难,无所为而为之","欲备军国民资格者,不可不学墨。"③在《子墨子学说》中,梁启超对墨学精神做了总结和概括。他说:"综观墨学实行之大纲,其最要莫如轻生死,次则忍苦痛。……欲救今日之中国,舍墨学之忍苦痛则何以哉? 舍墨学之轻生死则何以哉?""墨学可以起中国之衰者,其精神皆在此点。"④对于墨家的人格力量,梁启超十分钦佩,他说:"论到人格,墨子真算千古的大实行家,不惟在中国无人能比,求诸全世界也是少见。"⑤在讲完墨子劝解公输般放弃帮助楚国攻打宋国的故事后,梁启超发表了以下评论:"这一段故事,把墨子深厚的同情,弥满的精力,坚强的意志,活泼的机变,丰富的技能,都表现出来,细读可以见实行家

① 《傅斯年全集》,第 2 册,台湾联经出版事业公司 1980 年版,第 124 页。
② 章太炎:《诸子学略说》,汤志钧编:《章太炎政论选集》,中华书局 1977 年版,第 295 页。
③ 梁启超:《中国之武士道》,《饮冰室合集》专集之二十四,第 25、26 页。
④ 梁启超:《子墨子学说》,《饮冰室合集》专集之三十七,第 48、43 页。
⑤ 梁启超:《墨子学案》,《饮冰室合集》专集之三十九,第 30 页。

的面目。"①"墨子既专以牺牲精神立教,所以把个'死'字看成家常茶饭。"②梁启超指出,后世学者对墨家的评价,也可以足以印证。比如,《淮南子》中说:"墨子服役者百八十人,皆可使赴火蹈刃,死不旋踵";陆贾《新语》说:"墨子之门多勇士"③。墨子"轻生死、忍苦痛"的牺牲奉献精神所塑造出的伟大人格,深深感染了他的后学弟子,"当时墨教的信徒,怎样的以身作则,怎样的为教义牺牲自己,不是受墨子伟大人格的感化,安能如此。这种精神,真算得人类向上的元气了。"④梁启超还说:"古今中外哲人中,同情心之厚,义务观念之强,牺牲精神之富,基督而外,墨子而已。"⑤对此,梁启超最后总结说:"就坚苦实行这方面看来,墨子真是极像基督。若有人把他钉十字架,他一定含笑不悔。……当时墨者的气象,所以能如此其好,大半是受墨子人格的感化。他门下的人物,比孔门强多了,所以能成为一时的'显学'。直至秦汉之间,任侠之风还大盛,都是墨教的影响。"⑥由于梁启超等人的推动,当时形成了以尚武为核心的军国民教育思潮。在这一思潮中,墨学之价值,灿烂夺目,益显于世,深得近代志士仁人的认同。"孔子之徒皆习礼乐诗书,墨子之徒能使蹈汤赴火,故孔教近文,墨教近武","谈经术、擒文词者,儒家之事也;冲锋犯难、效节捐生者,墨氏之学也。"⑦这一儒墨比较,不仅表明了时人对儒墨的不同态度,同时也凸显了近代中国人普遍的尚武的价值取向。正因为如此,梁启超在对中国国民性进行系统清理时,传统墨学的赴汤蹈火、冲锋陷阵、效节捐生的英勇牺牲精神,深深感染和启发了他。因此,他在寻求建构新文化、新道德的生长点时,首选墨学,正是看中了传统墨学的这一精神。

　　总而言之,梁启超运用西方近代社会科学的理论与方法,站在时代的高度,从中西文化比较的角度,对中国传统墨学做了较为系统的梳理和新的解读。其中,梁启超扬弃了传统墨学片面强调体力劳动而忽略了其他要素在社会生产中的作用、抹杀个性主体、反对一切艺术享受、缺乏审美意识等不足;批判吸收了传统墨学的原始民主观、宗教伦理观、科学精神和逻辑思维以及勇于牺牲的人格魅力。梁启超这一努力和尝试,丰富了中国传统文化的内涵,并为近代中国建构新文化提供了新的参照点。

---

① 梁启超:《墨子学案》,《饮冰室合集》专集之三十九,第 33 页。
② 梁启超:《墨子学案》,《饮冰室合集》专集之三十九,第 33 页。
③ 梁启超:《墨子学案》,《饮冰室合集》专集之三十九,第 33 页。
④ 梁启超:《墨子学案》,《饮冰室合集》专集之三十九,第 34 页。
⑤ 梁启超:《先秦政治思想史》,《饮冰室合集》专集之五十,第 126 页。
⑥ 梁启超:《墨子学案》,《饮冰室合集》专集之三十九,第 34～35 页。
⑦ 孙宝瑄:《忘山庐日记》(上),上海古籍出版社,1983 年版,第 232 页。

第四节 "打孔家店"与"打倒孔家店"辨析

从胡适提出"打孔家店",到随后"打倒孔家店"成为流行口号,对现代中国思想、文化乃至学术等都产生了很大影响。"打孔家店"与"打倒孔家店"尽管只有一字之差,但其中却有质的差别。在此试图对这两个口号的源流做一考辨,并对其中的价值取向和思想理路做一梳理。

一、胡适等新青年同人的"打孔家店"主张

1921 年 6 月 16 日,胡适给吴虞即将出版的文集作序,第一次提出了"打孔家店"。原文是:"我给各位中国少年介绍这位'四川省之手打孔家店'的老英雄——吴又陵先生!"①在这篇二千字的序文中,胡适对吴虞给予高度评价,说"吴又陵先生是中国思想界的一个清道夫";"吴先生和我的朋友陈独秀是近年来攻击孔教最有力的两位健将"。② 同时,胡适提出了两个重要概念:一个是"孔家店",有老店和冒牌两种,给儒家思想冠以字号称谓,富有调侃意味;一个是"打",拿下招牌,即对儒家思想的基本态度。关于"孔家店"的来由,钱玄同指出:"孔家店本是由'吾家博士'看《水浒》高兴时,擅替二先生开的,XY 先生(钱玄同笔名——引者注)便以为着重点,论得'成篇累牍',以思想比货物,似乎不怎样恰当。"③

对于胡适提出的"打孔家店"主张,钱玄同予以积极回应。他说:"孔家店真是千该打、万该打的东西;因为它是中国昏乱思想的大本营。它若不被打倒,则中国人的思想永无清明之一日;穆姑娘(Moral)无法来给我们治内,赛先生(Science)无法来给我们兴学理财,台先生(Democracy)无法来给我们经国惠民;"④钱玄同认为,在打孔家店之前,必须搞清楚两个问题:"一,孔家店有'老店'和'冒牌'之分。这两种都应该打;而冒牌的尤其应该大打特打,打得它一败涂地,片甲不留! 二,打手却很有问题。简单地说,便是思想行为至少要比冒牌的孔家店里的人们高明一些的才配得做打手。若与他们相等的便不配了。至于孔家店里的老伙计,只配做被打者,绝不配来做打手!"⑤为什么要打老牌孔家店,理由是:"这位孔老板,却

① 欧阳哲生编:《胡适文集》,第 2 卷,北京大学出版社,1998 年版,第 610 页。
② 欧阳哲生编:《胡适文集》,第 2 卷,北京大学出版社,1998 年版,第 608、609 页。
③ 刘思源等编:《钱玄同文集》,第 2 卷,中国人民大学出版社,1999 年版,第 75 页。
④ 刘思源等编:《钱玄同文集》,第 2 卷,第 58 页。
⑤ 刘思源等编:《钱玄同文集》,第 2 卷,第 58 页。

是纪元前六世纪到前五世纪的人,所以他的宝号中的货物,无论在当时是否精致、坚固、美丽、适用,到了现在,早已虫蛀、鼠伤、发霉、脱签了,而且那种野蛮笨拙的古老式样,也断不能适用于现代,这是可以断定的。所以把它调查明白了,拿它来摔破,捣烂,好叫大家不能再去用它,这是极应该的。"①也就是说,孔家店无论式样和内容已经远远落后于时代,根本没有继续存在的必要。"至于冒牌的孔家店里的货物,真是光怪陆离,什么都有。例如古文、骈文、八股、试帖、扶乩、求仙、狎优、狎娼,……三天三夜也数说不尽",②因此必须狠打。钱玄同作为一个文化激进主义者,主张全盘西化,他用的词语是"全盘受西方化",特别强调"以科学为基础的现代思想"。因此,他不但反对儒家思想,而且反对所有中国传统思想。他说:"此外则孔家店(论老店或冒牌)中的思想固然是昏乱的思想,就是什么李家店、庄家店、韩家店、墨家店、陈家店、许家店中的思想,也与孔家店的同样是昏乱思想,或且过之。"③

对于胡适称赞吴虞是"打孔家店的老英雄",钱玄同给予质疑。他有针对性地指出:"那部什么《文录》中'打孔家店'的话,汗漫支离,极无条理;若与胡适、陈独秀、吴敬恒诸人'打孔家店'的议论相较,大有天渊之别。"④钱玄同认为,吴虞并不是什么打孔家店的英雄,只不过是孔家店的老伙计,"至于孔家店里的老伙计,只配做被打者,绝不配来做打手!"像胡适、顾颉刚那班整理国故者,才配做打孔家店的打手。他说:"近来有些人如胡适、顾颉刚之流,他们都在那儿着手调查该店的货物。调查的结果能否完全发见真相,固然不能预测;但我认他们可以做打真正老牌的孔家店的打手,因为他们自己的思想是很清楚的,他们调查货物的方法是很精密的。"⑤周作人曾说钱玄同"在新文化运动中间,主张反孔最为激进,而且到后来没有变更的,莫过于他了"。⑥ 这种态度和主张,是新文化运动时期矫枉必须过正的典型表现。

胡适提出的'打孔家店'表态,由于他特有的地位、立场和影响,传播甚广,同时也带来非议。对此,胡适在其一生的不同阶段,对此都有解释和辩护。1929 年,胡适在批评国民党打压思想自由时指出:"新文化运动的一件大事业就是思想的

---

① 刘思源等编:《钱玄同文集》,第 2 卷,第 58 页。
② 刘思源等编:《钱玄同文集》,第 2 卷,第 59 页。
③ 刘思源等编:《钱玄同文集》,第 2 卷,第 59 ~ 60 页。
④ 刘思源等编:《钱玄同文集》,第 2 卷,第 57 页。
⑤ 刘思源等编:《钱玄同文集》,第 2 卷,第 58 ~ 59 页。
⑥ 周作人:《钱玄同的复古与反复古》,《文史资料选辑》,第 94 辑,文史资料出版社,1984 年版,第 18 页。

解放。我们当日批评孔孟，弹劾程朱，反对孔教，否认上帝，为的是要打倒一尊的门户，解放中国的思想，提倡怀疑的态度和批评的精神而已。"①1932年，胡适在《论六经不够作领袖人才的来源》中回应道："人才之缺乏不自今日始，孔家店之倒也，也不自今日始也。满清之倒，岂辛亥一役为之？ 辛亥之役乃摧枯拉朽之业。我们打孔家店，及今回想，真同打死老虎，既不能居功，亦不足言罪也！"②1947年，胡适回答后学提问，再次谈到"孔家店"。他说："关于'孔家店'，我向来不主张轻视或武断的抹杀。你看见我的《说儒》篇吗？ 那是很重视孔子的历史地位的。但那是冯友兰先生们不会了解的。"③胡适晚年还说："人家说我打倒孔家店，是的；打倒孔家店并不是打倒孔子。孔子的学说，经过两千年，至少有一部分失去了时代性，同时经过了许多误解。三十年前，我们的确领导批评孔子。我们批评孔子，是要去掉孔子一尊，是与诸子百家平等。如果不打倒一尊的孔家店，没有法子使得思想解放，思想自由。但是我六十二年来，还是继续对于孔子佩服，我觉得他这个人，是很了不得的。中外古今像他作到学而不厌、诲人不倦的境界的，不容易看到。"④胡适晚年谈到这件公案时，特别声明，"并不要打倒孔子"。胡适指出："我们从前喊打倒孔家店，不是打倒孔子，而是打倒二千年来，只此一家，并无分店的一尊"。⑤ 胡适坦承："有许多人认为我是反孔非儒的。在许多方面，我对那经过长期发展的儒教的批判是很严厉的。但是就全体来说，我在我的一切著述上，对孔子和早期的'仲尼之徒'如孟子，都是相当尊崇的。我对十二世纪'新儒学'（Neo – Confucianism）（'理学'）的开山宗师的朱熹，也是十分崇敬的。"⑥胡适这一系列表白，足以说明胡适所谓的"打孔家店"并不是彻底摧毁和全盘否定儒家文化。

二、梁启超及文化保守主义者对孔学的态度

著名国学大师梁启超对五四新文化运动中的激烈反传统，一方面表示一定程度的理解，另一方面，又给予批评。他说："近来有许多新奇偏激的议论，在社会上渐渐有了势力。所以一般人对于儒家哲学，异常怀疑。青年脑筋中，充满了一种

① 欧阳哲生编：《胡适文集》，第5卷，北京大学出版社，1998年版，第579页。
② 欧阳哲生编：《胡适文集》，第5卷，北京大学出版社，1998年版，第421页。
③ 中国社会科学院近代史研究所中华民国史组编：《胡适来往书信选》，下册，中华书局，1980年版，第352页。
④ 胡适：《胡适演讲集》，台北远流出版公司，1988年版，第149页。
⑤ 胡适：《胡适演讲集》，台北远流出版公司，1988年版，第150页。
⑥ 欧阳哲生编：《胡适文集》，第1卷，北京大学出版社，1998年版，第418页。

反常的思想。如所谓'专打孔家店','线装书应当抛在茅坑里三千年'等等。此种议论,原来可比得一种剧烈性的药品。无论怎样好的学说,经过若干时代以后,总会变质,搀杂许多凝滞腐败的成分在里头。譬诸人身血管变成硬化,渐渐与健康有妨碍。因此,须有些大黄芒硝一类瞑眩之药泻他一泻。所以哪些奇论,我也承认他们有相当的功用。但要知道,药到底是药,不能拿来当饭吃。若因为这种议论新奇可喜,便根本把儒家道术的价值抹杀,那便不是求真求善的态度了。"①梁启超还从历史、时代、儒学属性、儒学价值、儒学与科学五个方面做了简要分析,提醒时人应该客观审视儒学,不要简单否定,一概打倒。他说:"诚然儒家以外,还有其他各家。儒家哲学,不算中国文化全体;但是若把儒家抽去,中国文化,恐怕没有多少东西了。中华民族之所以存在,因为中国文化存在;而中国文化,离不了儒家。如果要专打孔家店,要把线装书抛在茅坑里三千年,除非认过去现在的中国人完全没有受过文化的洗礼。这话我们肯甘心吗?"②梁启超的得意门生张君劢对打倒孔家店给予批评。他说:"五四运动以后之'打倒孔家店'、'打倒旧礼教'等口号,是消灭自己的志气而长他人威风的做法。须知新旧文化之并存,犹之佛教输入而并不妨碍孔门人伦之说。欧洲有了耶教,何尝能阻止科学技术民主政治之日兴月盛?"③

　　冯友兰从捍卫儒家思想的角度,对五四新文化运动期间"打孔家店"的主张做了批评。他指出:"民初人要打倒孔家店,打倒'吃人的礼教',对于孝特别攻击。有人将'万恶淫为首'改为万恶孝为首。他们以为,孔家店的人,大概都是特别愚昧底。他们不知道,人是社会的分子,而只将人作为家的分子。孔家店的人又大概都是特别残酷,不讲人道底。他们随意定出了许多规矩,叫人照行,以至许多人为这些规矩牺牲。此即所谓'吃人的礼教'。当成一种社会现象看,民初人这种见解,是中国社会转变在某一阶段内,所应有底现象。但若当成一种思想看,民初人此种见解,是极错误底。""民初人自以为是了不得底聪明,但他们的自以为了不得底聪明,实在是他们的了不得底愚昧。"④冯友兰认为,民初人的错误是:"他们不知,人若只有某种生产工具,人只能用某种生产方法;用某种生产方法,只能有某种社会制度;有某种社会制度,只能有某种道德。在以家为本位底社会中,孝当然是一切道德的中心及根本。"⑤

①　梁启超:《饮冰室合集》专集一百三,中华书局,1989 年版,第 6 页。
②　梁启超:《饮冰室合集》专集一百三,中华书局,1989 年版,第 7 页。
③　张君劢:《立国之道》,台湾商务印书馆股份有限公司,1971 年版,第 274～275 页。
④　冯友兰:《贞元六书》,上,华东师范大学出版社,1996 年版,第 278、第 279～280 页。
⑤　冯友兰:《贞元六书》,上,第 280 页。

　　以南京高师——东南大学为主体的"学衡派",对以新文化运动中提出的'打孔家店'主张给予了激烈回应。他们认为,这种对儒学和孔子的态度,是对中国传统文化的肆意攻击和诽谤。学衡派主将吴宓专门撰写文章,回击新文化派,阐明孔子的价值和孔教的精义。他说:"自新潮澎湃,孔子乃为人攻击之目标,学者以专打孔家店为号召,侮之曰孔老二,用其轻薄尖刻之笔,备致底讥。盲从之少年,习焉不察,遂共以孔子为迂腐陈旧之偶像,礼教流毒之罪人,以谩孔为当然,视尊圣如诳病。"①学衡派的另一个代表人物柳诒徵也有回应,他认为无论是打倒孔家店还是以孔教号召天下,都是对孔子和儒学的曲解。他说:"近年来有所谓专打孔家店呵斥孔老头子者,固无损于孔子毫末,实则自曝其陋劣。然若康有为陈某某等,以孔教号召天下,其庸妄亦与反对孔子者等。真知孔子之学者,必不以最浅陋之宗教方式,欺己欺人,且以诬蔑孔子也。"②柳诒徵认为,孔子是中国文化中心的地位决不能动摇。他说:"孔子者,中国文化之中心也。无孔子则无中国文化。自孔子以前数千年之文化,赖孔子而传;自孔子以后数千年之文化,赖孔子而开。"③又进一步提升了孔子的地位。因此,在新文化运动期间,形成了以北京大学为中心的打孔家店与以东南大学为中心的护孔家店的南北对峙。对此,后者多次津津乐道。比如,郭斌龢回忆说:"当举世狂呼打倒孔家店,打倒中国旧文化之日,南高诸人独奋起伸抗与之辩难。曰中国文化决不可打倒,孔子为中国文化之中心,决不可打倒。风雨如晦,鸡鸣不已,南高师生,足以当之。"④后来有人在此说的基础上继续发挥说:"犹忆民国八九年间,当举世狂呼打倒孔家店,打倒中国旧文化之日,本校学衡诸撰者,独奋起与之辩难曰,中国旧文化决不可打倒。孔子为中国文化之中心,决不能打倒。殆其后新说演变而为更荒谬之主张,其不忍数千年之文化,听其沦丧者。又一反其所为,乃大声疾呼:宏扬固有道德,建立本位文化,排斥浪漫思想者。"⑤1931 年 11 月 2 日,也就是"九一八事变"刚刚发生不久,南高学人郭斌龢在《大公报》文学副刊发表《新孔学运动》,认为孔学是中国国魂,积极倡导孔学立国,挽救民族文化危机。其具体内容是:第一,发扬光大孔学中具有永久与普遍性的部分,如忠恕之道、个人节操的养成等等,而铲除受时空的影响所产生的偶然成分,如繁文缛节易流为虚伪的礼仪,及后人附会的阴阳家言等;第二,应

---

① 吴宓:《孔子之价值与孔教之精义》,《大公报》,1927 年 9 月 22 日。
② 柳诒徵:《孔学管见》,《国风月刊》,第 3 号,1932 年。
③ 柳诒徵:《中国文化史》,上,东方出版中心,1988 年版,第 231 页。
④ 郭斌龢:《南京高等师范学校二十周年纪念之意义》,《国风月刊》,第 7 卷,第 2 号,1935 年。
⑤ 马骕程:《国立中央大学校史》,国立中央大学学生自治会编印,1944 年,第 5 ~ 6 页。

保存有道德意志的天之观念;第三,应积极实行知、仁、勇三达德,提倡儒侠合一、文人带兵的风气。知耻近乎勇、杀身成仁、士可杀不可辱等古训,应尽量宣传,成为全国国民牢不可破的信条;第四,应使孔学想象化、具体化,使得产生新孔学的戏剧、图画、音乐、雕刻等艺术。郭斌龢的主张,得到其南高同仁的响应。但总体而言,其产生的影响并不是很大,主要局限在固有的圈子。

贺麟在其《儒家思想的新开展》一文中,比较系统地阐述了他对五四新文化运动批孔的观点。他说:"五四时代的新文化运动,可以说是促进儒家思想新发展的一个大转机。表面上,新文化运动是一个打倒孔家店、推翻儒家思想的一个大运动。但实际上,其促进儒家思想新发展的功绩与重要性,乃远远超过前一时期曾国藩、张之洞等人对儒家的提倡。"贺麟进而指出:"新文化运动的最大贡献在于破坏和扫除儒家的僵化部分的躯壳的形式末节,及束缚个性的传统腐化部分。它并没有打倒孔孟的真精神、真意思、真学术,反而因其洗刷扫除的工夫,使得孔孟程朱的真面目更是显露出来。"①贺麟对胡适的批评儒学也予以积极评价。他说:"新文化运动的领袖人物,以打倒孔家店相号召的胡适先生,他打倒孔家店的战略,据他英文本《先秦名学史》的宣言,约有两要点:第一,解除传统道德的束缚;第二,提倡一切非儒家的思想,亦即提倡诸子之学。但推翻传统的旧道德,实为建设新儒家的新道德做预备工夫,提倡诸子哲学,正是改造儒家哲学的先驱。用诸子来发挥孔孟,发挥孔孟以吸取诸子的长处,因而形成新的儒家思想。假如儒家思想经不起诸子百家的攻击、竞争、比赛,那也就不成其为儒家思想了。愈反对儒家思想,儒家思想愈是大放光明。"②贺麟认为,代表中国文化主流的儒学遭到系统批评是在新文化运动,但儒学自身的危机却很早就出现了。他说:"中国近百年的危机,根本上是一个文化的危机。文化上有失调整,就不能应付新的文化局势。中国近代政治军事上的国耻,也许可以说是起于鸦片战争,中国学术文化上的国耻,却早在鸦片战争之前。儒家思想之正式被中国青年们猛烈地反对,虽说是起于新文化运动,但儒家思想的消沉、僵化、无生气,失掉孔孟的真精神和应付新文化需要的无能,却早腐蚀在五四运动以前。儒家思想在中国文化生活上失掉了自主权,丧失了新生命,才是中华民族的最大危机。"③

三、中共对孔家店的基本态度

1936 年 9 月,时任中国共产党北方局宣传部长的陈伯达在《读书生活》第 4 卷

---

① 贺麟:《文化与人生》,商务印书馆,1996 年版,第 5 页。
② 贺麟:《文化与人生》,商务印书馆,1996 年版,第 5~6 页。
③ 贺麟:《文化与人生》,第 5 页。

第 9 期上发表了《哲学的国防动员——〈新哲学者的自己批判和关于新启蒙运动的建议〉》一文,率先倡议开展新启蒙运动。随后,艾思奇、张申府、何干之、胡绳等人起来响应,形成了一场新启蒙运动。主题是继承五四,超越五四。主要是提倡民主与科学,完成五四的未竟之业。"基本纲领,就是:继续并扩大戊戌、辛亥和五四的启蒙运动,反对异民族的奴役,反对礼教,反对独断,反对盲从,破除迷信,唤起广大人民之抗敌和民主的觉醒"。① 其中涉及对孔子及儒学的态度,"打倒孔家店"作为五四运动的精神被人为强化。陈伯达对此发表了一系列言论,反复强调。他说:"五四时代一批思想界的人物:如'打倒孔家店','反对玄学鬼',在考古学上推翻传统历史的这一切老战士,我们都应该重新考虑和他们进行合作。"又说:"接受五四时代'打倒孔家店'的号召,继续对于中国旧传统思想,旧宗教,作全面的有系统的批判"。② 陈伯达指出:"以《新青年》为首的五四新文化运动,这是中国第一次以群众的姿态,向'中古的'传统思想和外来的文化,公开宣告了反叛。'打倒孔家店','德谟克拉西和赛因斯','提倡白话文'——这是当时新文化运动的中心口号。"③在这里,陈伯达把"打倒孔家店"视为五四新文化运动的主要精神,并将其列在首位,绝不是信笔一挥,而是有深刻含义的。陈伯达说:"我们的新启蒙运动,是当前文化上的救亡运动,也即是继续戊戌以来启蒙运动的事业。我们的新启蒙运动是五四以来更广阔,而又更深入的第二次新文化运动。五四时代的口号,如'打倒孔家店','德赛二先生'的口号,仍为我们的新启蒙运动所接受,而同时需要新酒装进旧瓶,特别是要多面地具体地和目前的一般救亡运动相联接。这些口号的接受,也就是我们和五四时代的人物合作的要点。"④陈伯达在回应学者质疑时说:"在我所有的文章中,关于这点(指文化运动的派别——引者注),我实在采取了审慎的态度。比如关于孔子的问题,我算是强调地指出了孔教的奴役作用,但还是留了与崇信孔子者合作的余地。艾思奇先生在一些文章中关于'孔家店'的态度,我认为是完全正确的。五四时代'打倒孔家店'的口号,在目前应由反独断反礼教反复古的口号表现出来。"⑤

新启蒙运动的另一个代表人物张申府对五四新文化运动中的两个口号予以质疑,并响亮提出了他对孔子和儒学的主张:"打倒孔家店","救出孔夫子"。张

---

① 陈伯达:《哲学的国防动员——〈新哲学者的自己批判和关于新启蒙运动的建议〉》,《读书生活》,第 4 卷,第 9 期,1936 年。

② 陈伯达:《哲学的国防动员——〈新哲学者的自己批判和关于新启蒙运动的建议〉》。

③ 陈伯达:《论新启蒙运动》,《新世纪》,第 1 卷,第 2 期,1936 年 10 月。

④ 陈伯达:《论新启蒙运动》。

⑤ 陈伯达:《再论新启蒙运动》,《认识月刊》,创刊号,1937 年 6 月。

申府说:"今日的新启蒙运动,显然是对历来的一些启蒙运动而言。对于以前的一些启蒙运动,也显然有所不同。比如,就拿五四时代的启蒙运动来看,那时有两个颇似新颖的口号,是'打倒孔家店','德赛二先生'。我认为这两个口号不但不够,亦且不妥。多年的打倒孔家店,也许孔子已经打倒了,但是孔家店的恶流却仍然保留着,漫延着。至于科学与民主,本都是客观的东西,而那时的文人滥调,却把它人格化起来,称什么先生,真无当于道理。至少就我个人而论,我以为对这两口号至少都应下一转语。就是:'打倒孔家店','救出孔夫子';'科学与民主','第一要自主'。"张申府强调指出:"五四时代的启蒙运动,实在不够深入,不够广泛,不够批判。在深入上,在广泛上,在批判上,今日的新启蒙运动都需要多进几步。"①1940年到1942年,张申府又对他的观点做了重申:"'线装书扔在茅厕里'。羊皮典束之高阁上。人人师心凭臆,各簧鼓其所好。天下从此,四无猖狂。""狂妄者说,'打倒孔家店。'孔家本无店,要打倒那里? 我尝救正说,'救出孔夫子。'仲尼本自在,就也用不着。"②这时张申府的思想又变化了,认为孔子根本没有必要救,言下之意是孔子思想不朽。

四、孔家店与孔老二

通过上述对历史文献的初步梳理,我们不难发现,"打倒孔家店"确实是从"打孔家店"衍化而来,而且是以讹传讹。比如,陈伯达1937年发表的《论五四新文化运动》一文中,不知是有意还是无意将胡适评价吴虞的话语加以错误引用,将"打孔家店"演绎为"打倒孔家店"。陈伯达说:"吴虞——这位曾被胡适称为'四川省双手打倒孔家店的老英雄',却是最无忌惮地、最勇敢地戳穿了孔教多方面所掩藏的历史污秽。《吴虞文录》——这是五四启蒙运动中中国人民指责孔教罪过之最有力、最精辟的控诉书,而且也是中国数千年来文化史上最珍贵的一种文献。"③另一个马克思主义历史学家何干之也同样错误引用。他说:"吴虞,胡适之先生叫他做'四川省双手打倒孔家店的老英雄'。他的文笔很质朴,思想很谨严,意志很坚强。他以渊博的知识,严肃的理知,平淡的笔法,来描出儒教的虚伪,揭破旧思想的遗毒。"④两个人在其引用中,都明显引错了两个地方:一是将"只手"错引为"双手";一是将"打孔家店"错引为"打倒孔家店"。范文澜也有类似提法:"五四

---

① 张申府:《什么是新启蒙运动》,《实报》,第1卷,第7期,1937年5月。
② 张申府:《家常话》,《张申府文集》,第3卷,河北人民出版社,2005年版,第363、364页。
③ 陈伯达:《论五四新文化运动》,《认识月刊》创刊号,1937年6月。
④ 刘炼编:《何干之文集》,第2卷,北京出版社,1994年版,第69页。

运动'名将'之一的吴虞先生,曾被称为'打倒孔家店'的老英雄。"①对此,当代学者王东有一段评论。他说:"细致分析起来,从胡适的原来提法,到陈伯达的后来概括,至少发生了五点微妙变化:一是从一句幽默戏言,变成了理论口号;二是从胡适对吴虞的介绍,变成了胡适本人的主张;三是从五四后期的个别提法,变成五四时代的主要口号;四是从胡适个人的一个说法,变成了整个五四运动的理论纲领;五是从'打孔家店',变成了'打倒孔家店'"。②

另外,王东认为,"'只手打孔家店'这个提法,经过30、40年代陈伯达等人加工改造,变成了'打倒孔家店'的提法,并开始被曲解夸大为五四新文化运动的纲领性口号。"③这个论断也只说明了问题的一个方面。其实,按照严格的时间概念,就我目前所看到的资料,最早提出或者说把"打孔家店"衍化为"打倒孔家店"的,并不是陈伯达,而是时任中央大学教授的郭斌龢。他在1935年9月发表的一篇文章中提出了"打倒孔家店"这一说法,而且予以随意夸大,在此我们不妨再重复引用一次。他说:"当举世狂呼打倒孔家店,打倒中国旧文化之日,南高诸人独奋起伸吭与之辩难。曰中国文化决不可打倒,孔子为中国文化之中心,决不可打倒。风雨如晦,鸡鸣不已,南高师生足以当之。"④这里需要注意的是,郭斌龢提出"打倒孔家店"概念,并不是他及南高学派的文化主张,而是将其发明权冠之于五四新文化派。我们上文已经指出,以北京大学为核心的新文化派是主张"打孔家店"的,而以东南大学为核心的学衡派是注重护孔家店的,两派旗帜鲜明,明显对立。在当时那个特定时代,"打倒孔家店"不得人心。南高学人将五四新文化运动视之为"打倒孔家店"的重镇,目的显然是树立一个反击的靶子,借以孤立或矮化五四新文化运动,同时提升其在文化界、思想界的地位和影响。

对于孔家店是"打"还是"打倒",长期以来大多数学者没有注意到二者的差别和异同,混用者居多,而且不少人认为两个意思完全相同,没有差别。但是,也有一些学者发现并注意到这一问题。比如,王东教授从文字字义上做了比较分析,指出:"'打'在这里主要是进攻、挑战之意,而'打倒'则是彻底推翻、完全否定之意,二者之间虽是一字之差,却有质与量上的微妙差异,程度上大为不同,不可混淆。"⑤宋仲福、赵吉惠教授从内容上做了分析,指出:"'打倒孔家店'就是胡适

① 范文澜:《中国经学史的演变》,《中国文化》,第2卷,第2期,1940年。
② 王东:《五四新文化运动若干问题辨析》,《哲学动态》,1999年第4期。
③ 王东:《五四新文化运动若干问题辨析》,《哲学动态》,1999年第4期。
④ 郭斌龢:《南京高等师范学校二十周年纪念之意义》,《国风月刊》,第7卷,第2号,1935年9月。
⑤ 王东:《五四新文化运动若干问题辨析》,《哲学动态》,1999年,第4期。

文'打孔家店'一词衍讹而来。但是,一字之差,却反映出对五四新文化运动批孔精神的两种不同的理解和概括。'打孔家店'即是批评儒学;'打倒孔家店'却是全面否定儒学。……'打倒孔家店'这个口号,不是五四新文化运动本身的产物,而是由于历史的误会,后人给新文化运动的附加物。而这个附加物又不能恰如其分地反映这个运动的主要精神,还大大歪曲了它的精神"。① 耿云志指出:"人们往往抓住一两句口号,一两句概括的话,就望文生义,把胡适说的'打孔家店',说成是'打倒孔家店',更进一步把'打倒孔家店'说成是'打倒孔子'、'打倒孔学'。其实'打孔家店'与'打倒孔家店',意味已有不同,而'打倒孔家店'与'打倒孔子'、'打倒孔学'就更不能同日而语了。"②这种解读,已经明晰了二者本质的不同。

另外,还有一个"孔老二"的问题。所谓"孔老二",即对孔子的贬称。冯友兰说:"新文化运动对于孔丘和儒家思想完全否定,称孔丘为'孔老二',儒家为'孔家店'。当时流行的口号是'打倒孔老二','打倒孔家店'。"③关于"打倒孔家店",上文已经讨论,这里主要谈谈"孔老二"问题。其实,早在1927年,吴宓已经提到,新文化运动称孔子为"孔老二"。对此,吴宓深表不满,他说:"自新潮澎湃,孔子乃惟攻击之目标,学者以专打孔家店为号召,侮之曰孔老二,用其轻薄尖刻之笔,备致底讥。"④吴宓认为,时人称孔子为"孔老二",有侮辱不敬之意,当然也属大逆不道。冯友兰、吴宓所说与事实不符。就我所看到的材料,五四新文化运动时期,大多数学人对孔子还是尊敬的,基本都称其为孔子,如陈独秀、李大钊、胡适,即使反传统特别激烈的钱玄同,也没有在称呼上贬低孔子本人。对孔子名称不大尊敬的,只有吴稚晖、鲁迅、吴虞等少数人,如吴稚晖称孔子为"死鬼"、"枯骨",但也是与先秦诸子并列的,并不特意针对孔子。鲁迅、吴虞称孔子为"孔二先生",暗含讥讽,却也基本符合事实,因为孔子在家排行老二,老大名孟皮,字伯尼。至于什么"孔老二"甚至"打倒孔老二"的提法,纯粹是后人强加的,和历史事实相去甚远。

"打孔家店"衍化为"打倒孔家店",基本上反映了中国近代学人对中国文化的三种态度:五四新文化运动的倡导者主张对中国文化中的劣根性及其与现代民主政治和社会生活不适应的部分做深入批判,同时继承其合理精华;五四新文化

① 宋仲福、赵吉惠等:《儒学在现代中国》,中州古籍出版社,1991年版,第69、70页。
② 耿云志:《再谈五四时期的"反传统"问题——以家族制度为中心》,《中华文史论丛》,第62辑,上海古籍出版社,2000年。
③ 冯友兰:《中国现代哲学史》,广东人民出版社,1999年版,第82页。
④ 吴宓:《孔子之价值与孔教之精义》,《大公报》,1927年9月22日。

运动的继承者认为其批评中国文化力度不够,要对中国维护传统做彻底清算,甚至根本否定;五四新文化运动的对立面认为其批评孔子及儒学是对中国文化的大不敬,将其视为对中国文化传统的叛逆。总之,情况比较复杂。但有一点需要强调的是,对孔家店是"打"还是"打倒",明显反映了中国近代不同的价值取向和思想理路。

第五章

近代文化与社会变迁

第一节　民族危机与思维转型

历史的发展和社会的进步往往要经历巨大的危机和灾难,并以此为契机,开始新的转机和生机。正如恩格斯在甲午战争前一年所说:"没有哪一次巨大的历史灾难不是以历史的进步为补偿的。只有活动方式在改变,让命运实现吧!"①中日甲午战争,酿成了中国近代史上又一次巨大的历史灾难,造成了中华民族的空前耻辱,同时也促成了全民族的觉醒,导致了近代思潮的巨变,引发了传统思维的转型。

一、民族危机意识的深化

鸦片战争以来,随着西方列强的不断入侵,传统的"中夏外夷"的民族意识被注入了抵御西方列强侵略的新内容,在思想界逐渐复苏和强化。尤其是第二次鸦片战争失败以后,统治阶级集团内部的有识之士就已经感觉到这是中国历史上前所未有的巨大"变局",自己所遇到的敌人已不是过去的"边患",而是一个十分强大且难以对付的竞争对手。于是练海军、办工厂,"自强"、"求富",发起了洋务运动。但是,苦心经营了二十多年的洋务事业,却在甲午之战中毁于一旦,而且败的是那样的惨,条约定的是如此的苛刻。这无疑是一种巨大的冲击波,强烈地震撼了国人的心灵,使蔓延已久的"变局"观念扩大为普遍的全民族的危机意识。

---

① 《马克思恩格斯全集》,第 39 卷,人民出版社 1974 年版,第 149 页。

　　最先感到这种危机的是一批思想敏锐的有识之士。文廷式目睹现实,忧心忡忡,引用外国人的话告诫国人:"中国若再不改行新政,吾数年复来,不见此国矣。""中国人心至是纷纷,欲旧邦新命矣。"①梁启超说:"虽其言或通或塞,或新或旧,驳杂不一,而士气之稍申,实自此始。"所以"唤起吾国四千年之大梦,实自甲午一役始也。"②著名经学大师皮锡瑞说:"自甲午战败,各国对我态度顿变。……外患日亟,国势危弱,朝野咸主变法自强。"③著名诗人兼政治家黄遵宪,当时正在湖北办理教案,在与友人游览黄鹤楼,"忽闻台湾溃弃之报,遂兴尽尽而返"。《马关条约》签字的消息传来,黄遵宪更是痛心疾首。他在给好友建侯的信中说:"新约既定,天旋地转。"这个条约不仅把"东南诸省所恃以联络二百余年所收为藩篱者","拱手而让之他人","而且敲骨吸髓,输此巨款,设机造货,夺我生产"。他发出了"时势至此,一腔热血,无地可洒"④的深沉叹息。康有为后来回忆说:"非经甲午之役,割台偿款,创巨痛深,未有肯翻然而改者。至此天下志士,乃知渐渐讲求,自强学会首倡之,遂有官书局、《时务报》之继起,于是海内缤纷,争言新学,自此举始也。"⑤甲午战败给中国知识界的冲击不言而喻。

　　戊戌维新的杰出代表康有为,也正是在这时崭露头角的。他目睹和约签订后"举国哗然"的社会现实,毅然于1895年集合激荡已久的京师与地方改革力量,发起"公车上书",从而揭开了维新运动的序幕。在这次上书中,康有为痛切地揭示当时普遍存在的严重的社会、政治和生存危机,以"四邻交逼,不能立国","瓜分豆剖,渐露机牙"这样险象环生、朝不保夕的严峻态势,来刺激统治者麻木的神经,唤醒昏睡且不明世界大势的国人,力图促使全社会和全民族的觉醒。在民族存亡千钧一发的情势下,无论怎样深刻而精辟的理论说教,也比不上"危机! 危机! 危机!"的强烈呐喊。在以后的几次上书中,康有为依然是反复陈述这种危机感,旨在长鸣警钟,唤醒国人。

　　民族危机意识成为具有不同政治倾向、政治观点的思想者选择中国出路的共同的基点。中国民主革命的先行者孙中山,在这场巨大的危机刺激下,彻底放弃了改良政治的希望,进而举起了反清革命的大旗。"方今强邻环列,虎视鹰瞵,久垂涎于中华五金之富、物产之饶,蚕食鲸吞,已效尤于接踵,瓜分豆剖,实堪虑于目

①　文廷式:《闻尘偶记》,《近代史资料》,1981年第1期,第27页。
②　梁启超:《戊戌政变记》,《饮冰室合集》专集之一,第113页。
③　皮名振:《皮锡瑞年谱》,《戊戌变法》第4册,上海人民出版社1957年版,第192页。
④　陈铮编:《黄遵宪全集》,上,中华书局,2005年版,第351~352页。
⑤　汤志钧编:《康有为政论集》上,中华书局1981年版,第238页。

前。有心人不禁大声疾呼,亟拯斯民于水火,切扶大厦之将倾"。①《兴中会宣言》的中心思想,就是唤醒全中国人民奋发图强,通过改变专制制度来挽救民族危机。这正是革命志士和爱国侨胞危机意识的强烈流露。

华侨革命家谢缵泰感慨风云,悲愤时事,特意绘制了《东亚时局形势图》。该图以熊代表俄国,以犬代表英国,以蛙代表法国,以鹰代表美国,以太阳代表日本,以肠代表德国。将这些代号放置到中国地图上,形象地揭示了列强瓜分中国的急迫情形。画完图,意犹未尽,于是在图边题诗一首:"沉沉酣睡我中华,那知爱国即爱家,国民知醒宜今醒,莫待土分裂似瓜。"警告国人速起救亡。

甲午战争之后,高涨的民族意识,具有两个鲜明的特征:一是社会覆盖面较以往更为广泛。丧师失权、割地赔款的深创巨痛,震惊朝野,在社会的表层和中层,人心激愤,"士气大昌",形成了"慷慨爱国之士渐起",关心国事、忧患时局者"在所多有"、"遍地皆是"的态势②。即使是平时相对远离政治中心的社会底层,也是"人心愤激久矣。每言及中东一役,愚父老莫不怆然泣下"③。素朴的乡村民族意识,逐渐地在酝酿,在扩散。二是人们对民族命运的自我体认比以往远为深刻。这种体认,是以对世界大势较为深切的把握为基础的。资本帝国主义势力迫在眉睫的威胁,造成了思想界空前的屈辱感。中西政治制度、经济格局的强烈反差,导致了人们深切的落伍感。这种心理情结同中华民族悠久、光荣的历史传统相撞击,又激发了国人不甘于沉沦的自尊心。这样,普遍的屈辱感,就成为民族意识高涨的心理基础;痛切的落伍感,迫使人们在面临外部挑战时做出民族生存的抉择。民族自尊则导致了这种巨大的精神力量的走向和归宿,将人们的愿望和信念集中在一点——倡扬民族意识,争取民族自存,从而迈出了自我改革的艰难一步。某种意义上可以这样说,耻辱激成了自尊,危机蕴含着转机。

二、新文化运动的巨澜

民族危机意识催化了以振兴民族为目标的文化更新。如果从思想史、文化史的角度出发,1894年爆发的甲午战争,应该说是中国近代思想文化新旧转换的分水岭,揭开了近代资产阶级新文化运动的序幕。这种变化,具体表现在两个方面。

其一,认同西学,成为文化界越来越多的人的共识。甲午战争惨败的严酷事实,迫使更多的人不得不去了解"近日列国情事",从而以广阔的视野,去注视那异

① 《孙中山选集》,上卷,人民出版社,1963年版,第19页。
② 《戊戌变法》,第1册,上海人民出版社,1957年版,第303页。
③ 故宫博物院明清档案部编:《义和团档案史料》,上册,中华书局1959年版,第178页。

彩纷呈的外部世界,承认西方资本主义的进步性,肯定向西方学习的必要性。谭嗣同的经历很具有典型性。他早年是一个沉溺于旧学的官宦子弟,"即嗣同少时,何尝不随波逐流,弹抵西学,与友人争辩,常至失欢。"①"三十年之后,适在甲午,地球全势忽变,嗣同学术更大变"②。甲午惨败促使谭嗣同人生路径发生重大变化,即开始将个人发展与国家民族命运紧密联结,专心致力于政治变革。谭嗣同说:"平日于中外事虽稍稍究心,终不能得其要领。经此创巨痛深,乃始屏弃一切,专精致思。"③"三十以后,新学洒然一变,前后判若两人。"④1895 年,他邀集有志变法的同人,率先在家乡浏阳设立学会,讲求新学,又设立了算学格致馆,介绍西方科学知识。严复从此决定"以西学为要图","致力于译述以警世",从此开始了他那系统翻译介绍西方学术名著的文化输入工程。

同时,在一些随笔作品和小说散文中,也时常流露出学习西方的要求,反映了普通民众和下层士大夫的文化追求。例如在黄庆澄的《榴筋醉语》中有一段话:"中国欲自强,必讲西学;欲讲西学,必先立议院,上下通情,而后可祛蒙蔽诸弊。"⑤小说《中东大战演义》中,作者用抗日名将刘永福教训儿子的话,道出了他的文化倾向。他说:"宦海风涛,升沉无定,自后不必再习武事,以求仕进。凡有余力,可讲求西学,以为立身之基。"⑥晚清著名作家李伯元创作《官场现形记》,也是渊源于甲午战争的刺激。他的族弟李锡奇说:"伯元愤于满清政治腐败,戊戌变法未成,甲午惨败之后,国家瓜分之祸迫在眉睫,非大声疾呼,不能促使全国上下觉悟。"⑦《孽海花》一书的作者曾朴,也是受了甲午丧师割地的刺激,"觉悟到中国文化需要一次除旧更新的大改革,更看透了故步自封的不足以救国,而研究西洋文化实为匡时治国的要图"⑧。遂于 1895 年进入总理衙门开办的北京同文馆特班学习法语,而且开始与康、梁等维新人士有所交往,思想深处已发生变化。这些动向,构成了"自是人士渐渐倾向西人学说"的思想主潮。

其二,对中国政治制度和文化传统的初步反思。仁人志士通过探讨中国败于日本的原因,对封建君主专制政体的合理性产生了质疑。在康有为等人看来,中国败于日本,固然有武器陈旧、枢臣主和、战将贪懦、士兵怯弱、调度无方

---

① 谭嗣同:《报贝元征》,蔡尚思、方行编:《谭嗣同全集》,中华书局,1981 年版,第 228 页。
② 《湖南历史资料》,第 4 期,湖南人民出版社,1959 年版,第 124 页。
③ 蔡尚思、方行编:《谭嗣同全集》,第 167 ~ 168 页。
④ 《湖南历史资料》,1959 年第 4 期,第 124 页。
⑤ 阿英编:《甲午中日战争文学集》,中华书局 1958 年版,第 449 页。
⑥ 阿英编:《甲午中日战争文学集》,第 211 页。
⑦ 魏绍昌:《李伯元研究资料》,上海古籍出版社 1980 年版,第 37 页。
⑧ 魏绍昌:《孽海花资料》,上海古籍出版社 1982 年版,第 158 页。

等因素,但究其主要原因,还是在政治制度的陈旧和腐败。"尝考中国败弱之由,百弊丛积,皆由体制尊隔之故"①,可谓一语中的。而日本恰恰是通过明治维新,用君主立宪取代了君主专制政体,才"有今日之强而胜我也"。他们还进而指出,君主立宪政体的日本战胜君主专制政体的中国,是历史之必然,因为日本"人君与千百万之国民,合为一体,国安得不强? 吾国行专制政体,一君与大臣数人共治其国,国安得不弱? 盖千百万之人,胜于数人者,自然之数矣"②。墨守成规,不知变革;上下不通,君主孤立;对内镇压,对外屈服,都是专制主义所酿成的弊端。

在这种腐败丛生的政治体制下,仅仅搞枝节性、边缘性的改革是很难成功的。康有为等人站在改革现行政治体制的认识高度,既肯定了风行几十年的洋务运动具有某种近代化的先驱作用,又对其严重局限性提出了批评。谭嗣同说:"中国数十年来,何尝有洋务哉? 抑岂有一士大夫能讲者? 能讲洋务,即又无今日之事。足下所谓洋务,第就所见之轮船已耳,电线已耳,火车已耳,枪炮、水雷及织布、炼铁诸机器已耳。"而这些"皆洋务之枝叶,非其根本","于其法度政令之美备,曾未梦见"③。康有为对洋务活动多有批评,他说:"今天下之言变者,曰铁路、曰矿务、曰学堂、曰商务,非不然也。然若是者,变事而已,非变法也。"④结果,"变其甲不变其乙,变其一不变其二,牵连相累,必至无成"⑤。严复更痛斥洋务派是"盗西法之虚声,而沿中土之实弊"⑥。他一反洋务派所津津乐道的"中体西用"的文化主张,对近代西方"自由为体,民主为用"的体用合一论表示了高度赞赏,从而给中国政治文化思想注入了新的内涵。

以儒学为主干的正统文化是封建专制政治的理论基石,也是洋务思潮的主要依据。因此,剖析当朝政治,反思洋务思潮,必然要引发到对中国正统文化的重新评估上。谭嗣同等为代表的知识分子,开始以先知者和开拓者的勇气和锐气,批判旧学,弘扬新学,成为向封建文化勇猛挑战的时代先锋。谭嗣同说:"二千年来之政,秦政也,皆大盗也;二千年来之学,荀学也,皆乡愿也。"⑦他认为如果不改弦易张,除旧布新,依然故步自封,死守旧学,其结果将使"中国所谓道德文章,学问

---

① 汤志钧编:《康有为政论集》上,中华书局1981年版,第277页。
② 汤志钧编:《康有为政论集》上,中华书局1981年版,第238页。
③ 蔡尚思、方行编:《谭嗣同全集》第202页。
④ 汤志钧编:《康有为政论集》上,中华书局1981年版,第338页。
⑤ 汤志钧编:《康有为政论集》上,中华书局1981年版,第338页。
⑥ 《严复集》,中华书局1986年版,第48页。
⑦ 《谭嗣同全集》,第337页。

经济,至贤名士,一齐化为洋奴而已矣"①。两千年来,被奉为神圣不可侵犯的圣道,被尊为万代不易的封建旧学的英灵,在谭的眼里已成为粪土,这无疑是刺向专制文化的一把利剑。

至于接触西学比较早的康有为、梁启超、严复等人,此时更以他们的中西文化功底,通过初步的文化比较和类比,批判旧学,反思中学,推崇西学。康有为在1898年6月的上皇帝书中,把中国历史的发展划分为两个不同时代,他称中国传统社会为"一统之世",以"静"、"隔"、"散"、"防弊"为统治思想和社会特征,使上下隔绝,人群之间"不相往来",人民"不识不知",无为寡欲,终至国弱民贫。而西方当代是"竞长之世",以"动"、"通"、"聚"、"兴利"为思想导向和社会特征,使上下相通,人群之间团结协作,"民心发扬,争新竞智",而成人才济济、国家兴旺之局。两相比较,孰优孰劣,不言而喻。与康有为相比,深通西学的严复将中西文化的优劣分析得更加细微和明确。他在著名的政论《论世变之亟》中,列举了中国和西方在伦理、政治、经济、学术和风习等方面的十二项差异,以重三纲、明平等;亲亲、尚贤;尊主、隆民;夸多识、尊新知;委天数、恃人力等各方面的反差,概括了中国传统文化和西方近代文化的不同的价值观。尽管这仍是平面的罗列,而严复又自称"未敢遽分其优拙",但读者还是可以深深感到他那种强烈的新学优于旧学的文化意识和倾向。

三、救国思潮的昂扬

恩格斯曾经指出:"当一个富有生命力的民族受外国侵略者压迫的时候,它就必须把自己的全部力量、自己的全部心血、自己的全部精力用来反对外来的敌人"②。甲午战后的民族危机意识和文化更新要求,逻辑地导向爱国主义思潮的涌动和昂扬。

19世纪的最后几年,爱国救亡运动席卷神州大地,关心国事、参与政治的阶级、阶层和社会组织超过了以往历史上的任何一个时期。这个世纪下半期在思想界逐渐形成的"变局"意识和主权观念,经受更为深刻的民族危机的刺激,迸发为振动人心的救亡呼声。深刻地表现了近代历史主题"振兴中华"的口号,就是在这个时期,被救国营垒中的各个阶级、阶层用类似的语言呼喊出来的。前面提到的孙中山在海外组织的兴中会,从团体名称到章程内容都鲜明地反映了爱国救亡的时代主题,并在中国近代史上第一次提出了"振兴中华"的响亮口号。随后,康有

① 《谭嗣同全集》,第224页。
② 恩格斯:《支持波兰》,《马克思恩格斯选集》,第2卷,人民出版社,1972年版,第632页。

为等维新志士于1888年4月在北京组织保国会,大声疾呼亡国在即,"惟有合群以救亡,惟有激耻以振之。"一时间,"国民"、"国地"、"国教"、"国耻"成为流行性的政治概念;"立国自强"成为思想界共同的认识。而几乎就在康有为在京师发表保国会演说的同一个月,地处偏僻的冀鲁交界地区,以乡野民众为主干的义和拳(人称义民会)也发出第一批传单,召示"各省爱国志士"行动起来,用暴力驱逐蹂躏自己故土的征服者①。此后诸如"扶保中华,逐去外洋"、"捉拿洋教,振兴中国"的宣传,连续出现在拳民运动的揭帖传单里。兴中会、保国会和义民会,各自代表了不同的阶级和阶层,从思想到组织上不存在任何联系,他们的救亡思路和政治实践,也有许多互相抵牾,甚至格格不入之处。但是,这几个团体在短短的几年时间内,都相继发出了振兴中华的口号,聚集起斗争的人群。这足以说明救亡图存已经成为时代的要求,社会的主流,历史的必然。

需要进一步指出的是,救国呼声并不仅仅只反映在为时人和后人所关注的革命思潮、维新思潮和"灭洋"浪潮里,而是具有更广泛的社会覆盖面。可以这样说,近代中国的诸如尚力思潮、实业救国思潮、教育救国思潮,几乎都是在这时萌生和出现的,它们从不同的棱面反映了国人救亡图存的种种思路和努力。以张謇为代表的"实业救国"思潮就是一个典型的个案。

张謇(1853—1926年),字季直,号啬庵,江苏南通人,出身于一个富农兼商人的家庭。甲午之前,他一直过着科举、说客兼幕僚的生活。1894年,张謇考中状元,授翰林院修撰。当他实现了一个旧式知识分子毕生追求的最高人生目标之后,目睹的却是清朝中枢的专制和腐败。一次慈禧太后在大雨滂沱中从颐和园返回宫禁,张謇杂于迎驾群僚之间,匍匐泥泞,状若伏犬,全身沾濡,而轿里的慈禧却对他们不屑一顾。科举制度培养奴性,封建等级摧残人格,三十年寒窗落此结局,使张謇发出了深深的感叹:"读圣贤书,志气何在?"

紧接而来的是甲午战败和瓜分狂潮,"看看中国国势,一天比一天危迫下去,朝局用人政事,也是一天比一天的紊乱黑暗起来;就想到日本是一个小国,何以反走到中国前面去?它怎样强的?怎样救贫救弱的?因此就想到要中国不贫不弱,救醒它起来,除掉振兴工商业,决没有第二样办法"②。对官场的厌倦,对国事的焦虑,和受到西方文化的启示,促使他投身于为封建士大夫一向贱视的工商实业,提出了"实业救国"的设想。

张謇以"救醒"中国为目标,解释了经济、军事和教育三者之间的关系:"救国

① 吴宣易节译:《庚子义和团运动始末》,正中书局,1941年版,第8页。
② 张孝若:《南通张季直先生传记》,中华书局,1930年版,第67页。

为目前之急……譬之树然,教育犹花,海陆军犹果也,而其根本则在实业,若骛其花与果之灿烂甘美而忘其本,不知花与果将何附而何自生"①。在他看来,只有具备强大的以近代化工业实业为标志的社会经济体系,中国的自强即迎刃而解,"国非富不强,富非实业不能","救贫之法惟实业,致富之法亦惟实业",这一系列论述,构成了当时"实业救国"论的理论基础。

张謇运用自己优越的政治地位和广泛的社会关系,从 1895 年起陆续创办或参与投资了包括工、农、牧、垦、交通等在内一系列近代工业企业,形成了大生资产集团。这一事件在近代经济史上表现了中国民族资本主义工业的初步发展,而在思想文化史上,则一定程度地反映了一批封建士大夫的自救意识与价值观念的转型。在中国传统文化氛围中生长的士大夫阶层,一直奉行耕读结合、重农轻商的价值观念。封闭的、宗法的、耕读结合的精神体系和生活方式所支配的士绅阶层,一向以内圣功夫、外王事业为最高的奋斗目标。内圣是最高的独善和自修,外王是最高的兼善和他修,所谓"己立立人,己达达人",是内圣外王的最佳注解;圣人风范和君子气度,是儒者理想的自我要求和公众形象。《大学》所说的"诚意、正心、修身、齐家、治国、平天下",则是内圣外王法则的一套由内到外、由己到人的修炼方法。这些,都体现了儒者面向社会现实并积极为皇权政治服务的人文精神,士或"君子"则是人文精神的主要载体。因为人文精神是全幅的展现,"君子"也就必须是一个无所不知的全才,"一物不知,儒者之痴",就是很好的说明。而仅具一技一艺之能的专才,特别是以功利为目标的专才,一向为儒家所不为。孔子所强调的"君子不器",就是让读书人纯粹成为一个读书人,并不是为了训练专才。所以一些西方学者认为儒家文化是一种"反职业主义"的文化,孔子教育是一种"反职业的经典主义",缺少一种"理性的专业化"心理,应该说是有一定道理的。张謇放弃仕途,投资近代工业,在某种程度上具有向传统价值观念挑战的代表性。其他如状元出身的孙家鼐、陆润庠,也在甲午后投资办厂,随后许多具有功名地位的士人纷纷投身于工商业。这反映了一批旧式士大夫在时代刺激下对人生理想的新的选择,也是对儒家救世精神的重新解释。社会的变迁,引发了士农工商这一传统社会角色结构和职业结构的新错动。实业救国虽然当时是一种不切实际的方案,但作为革命思潮、维新思潮的补充,反映的是救国思潮的广泛性和多样性。祖国的危急状态,促使中华民族中不同的利益群体,都在不同程度上调整着自己的思想认识和组织阵容。这标志着中国传统知识分子开始由旧向新的转变。

---

① 曹从坡等主编:《张謇全集》,第 1 卷,江苏古籍出版社,1994 年版,第 154 页。

第二节 救亡图存与天演图说

民族危机诱发了社会危机,社会危机又引发了理论危机。时代和社会,都提出了中国向何处去的现实问题,是重蹈印度、越南、缅甸的覆辙,任人宰割;还是破釜沉舟,致力变革,发愤图强?两种命运严重地摆在了人们面前。当时,无论是传统社会的纲常名教,还是半新半旧的"中体西用",都已经难以承担救亡图存的时代要求。形势逼迫思想界更积极地进行救国理论的探索,在努力发掘传统文化优秀因子的同时,人们把更多的眼光投向了外部世界。"要救国,只有维新,要维新,只有学外国"①,成为当时先进思想界的共识。在汹涌而入的西方文化中,通过众多思想家的筛选和抉择,进化论脱颖而出,成为中华民族救亡图存的思想文化武器,对近代社会产生了极为深远的影响。

一、严复对进化论的介绍与解读

达尔文在《物种起源》一书中所阐述的生物进化论是十九世纪自然科学的伟大成果之一,它以大量的事实和资料,揭示了生物体与外界环境通过自然选择、优胜劣败的较量,提出了"物竞天择,适者生存"的生物进化规律,奠定了生物学的基础。被誉为十九世纪人类科学的三大发现。《物种起源》一书出版以后,"欧美二洲几于家有其书,而泰西之学术政教,一时斐变"②。

严复译撰《天演论》在 1898 年出版,是进化论比较系统、完整地传入中国的开始。值得注意的是,严复介绍进化论,并没有直接翻译达尔文的著作,也没有照搬将达尔文的自然进化论应用到人类社会各个领域的斯宾塞的《生物学原理》,而是翻译了达尔文的学生赫胥黎的《进化论与伦理学》。严复认为,达尔文的《物种起源》,是一部阐述自然界生物进化规律的纯学术著作,而斯宾塞又把达尔文的观点发展成为社会达尔文主义,强调文明的民族征服落后的民族是社会进化的通律,与严复救亡图存的本意不符。只有赫胥黎的思想见解,与他深切的危机意识和中国所处时代的特殊需要基本契合,也与中国传统的文化精神和基本信仰相切近。可见,严复对西方流行的进化论是站在一种危机意识的时代高度进行了慎重选择的。

---

① 毛泽东:《论人民民主专政》,《毛泽东选集》,第 4 卷,人民出版社,1991 年,第 1470 页。
② 王栻主编:《严复集》,第 1 册,中华书局,1986 年,第 15 页。

赫胥黎是达尔文进化论的忠实捍卫者和宣传者。他所著的《进化论与伦理学》,通过对地质学、古生物学、比较解剖学、生物学等学科领域的研究和考察,认为自然界是"不断变化的过程",并且到处可以发现"生物相互竞存的生死斗争的痕迹"。这种进化过程不仅仅局限于生物界,而是遍及整个宇宙,"作为那种遍及于无限空间并持续了无限时间的秩序的证据的亿万个类似星体,都在努力完成他们进化的宇宙过程"。生存斗争、优胜劣败便是生物进化的普遍规律。"在生物界,这种宇宙过程的最大特点之一就是生存斗争,每一物种和其他所有物种的相互竞争,其结果就是选择。"①最后能够生存下来的,必定是与生活环境相适应的生命的强者。

严复正是把这种进化论作为自己的世界观的。"物竞者,物争自存也;天择者,存其宜种也。"所谓"物竞",就是生存竞争;所谓"天择",就是自然筛汰。种与种争,群与群斗,其结果是"弱者常为强肉,愚者常为智役"②,难以适应生存环境者为环境淘汰,能够得以生存的,都是强悍优良的品种。在严复看来,这种自然规律同样支配着人类社会,"动植如此,民人亦然"③,"知人为天演中一境,且演且进"④。

但是,严复对西方进化论是有所取舍的,他并没有全盘照搬某一流派的思想体系,而是根据救亡和改革的时代需要,在介绍达尔文进化论的基础上,综合了赫胥黎和斯宾塞的进化论,创造了自己哲学思想中独特的进化观。

赫胥黎认为,在人类社会中起作用的是先验的道德准则。人类社会靠一种内在的感情,即同情心或良心相维系,正是这种同情心产生快乐与痛苦。赫胥黎指出:良心"是社会的看守人,负责把自然人的反社会倾向约束在社会福利所要求的限度之内"⑤。他把这种感情的进化,称作"伦理过程",而伦理过程本身则是对社会生存竞争的一种抑制。这就是所谓"伦理过程"和"宇宙过程"的对抗。因为在伦理过程中,法律和道德对于人类自然发展过程中的"自行其是"倾向不断加以抵制,才能使社会更趋于完善,这就是赫胥黎的"保群之论"。严复指出,这种观点有"倒果为因之病"⑥,他认为,同情心或良心并不是与生俱来的,而是一种进化的结果,是经过自然选择以后才有的。人类"由散入群",组成社会,主要因为人与人之

---

① 赫胥黎:《进化论与伦理学》,导论一,科学出版社,1971 年版,第 3 页。
② 王栻主编:《严复集》,第 1 册,中华书局,1986 年,第 16 页。
③ 王栻主编:《严复集》,第 1 册,中华书局,1986 年,第 16 页。
④ 王栻主编:《严复集》,第 5 册,中华书局,1986 年,第 1325 页。
⑤ 赫胥黎:《进化论与伦理学》,导论十,第 21 页。
⑥ 王栻主编:《严复集》,第 5 册,中华书局,1986 年,第 1347 页。

间存在相互依赖关系。所以他说:"赫胥黎执其末以齐其本,此其言群理,所以不若斯宾塞氏之密也。"①

斯宾塞是英国近代著名的哲学家、社会学家。严复认为,斯宾塞"宗天演之术以大阐人伦治化之事"②。并以毕生的精力,完成了他的《综合哲学体系》,成为"晚近之绝作",全书"以天演自然言化","举天、地、人、形、气、心性、动植之事而一贯之","尤为精辟宏富"③。即认为进化论不仅适应于动植物界,而且适应于无机界和人类的社会与思维。这种普遍进化的观点是严复所能接受的。但是,斯宾塞提出的"任天为治"的理论,主张人类听其自然淘汰,弱肉强食,逻辑地得出种族主义的结论,成为西方殖民主义的理论依据。这一点是严复所不能接受的。西方的扩张主义,在东方必将延伸为奴化思想。所以,严复接受了斯宾塞的普遍进化理论和功利主义,而扬弃了他的种族主义。严复之所以译述《天演论》,正是要用赫胥黎的"任人为治"的思想,来"救斯宾塞任天为治之末流"④。所以说,严复宣扬的是自强,而不是天命;强调的是人为,而不是定数。

《天演论》告诉人们:中国确实是危机四伏,因为侵略中国的国家无论是道德、智力、体力哪一方面,都要比中国强大,根据《天演论》"优胜劣败"的进化法则,中国已到了灭亡的边缘。同时,《天演论》又告诉人们:中国并不是毫无希望,因为人的努力,可以"与天争胜"而最终"胜天",只要全民族彻底觉醒,发愤变法自强,种族不但可以延续,国家也能繁荣昌盛。生死存亡,其权利仍旧操之于我! 这两种民族命运并存的依据,在于"物竞天择"的过程中,存在着自然淘汰和人工淘汰两种方式。所谓自然淘汰,就是在互相竞争中,听其自生自灭;所谓人工淘汰,就是在竞争过程中,经过人的主观努力,使不利于生存的生物,得以生存和发展。同理,在人类社会的发展过程中,经过人的主观努力,也可以使自己的种族和国家延续下来,走出困境,获得一个无限光明的前途。《天演论》最后告诉人们,在这进化不止的世界上,不要"哀生悼世","徒用示弱",而应该"沉毅用壮","强立不反","可争可取而不可降",要"早夜孜孜,合同志之力,谋所以转祸为福,因害为利"。《天演论》的结尾,用诗人丁尼孙的诗句表达了作者为救国救民而不倦探索的宏愿与情操:"'挂帆沧海,风波茫茫,或沦无底,或达仙乡,二者何择,将然未然,时乎时乎,吾奋吾力,不辣不难,丈夫之必。'吾愿与普天下有心人,共矢斯志也。"⑤

---

① 王栻主编:《严复集》,第5册,中华书局,1986年,第1347页。
② 王栻主编:《严复集》,第1册,中华书局,1986年,第16页。
③ 王栻主编:《严复集》,第5册,中华书局,1986年,第1325页。
④ 王栻主编:《严复集》,第5册,中华书局,1986年,第1321页。
⑤ 王栻主编:《严复集》,第5册,中华书局,1986年,第1398页。

《天演论》所介绍的进化学说,是在民族危机激化和深化的历史背景下,出现的一种新型的、成体系的、在当时是有利于推动救亡和变革的理论形态。它为思想理论界提供了一种重新观察世界、民族和社会的总观点、总态度。一方面,进化论的引进和改造具有民族觉醒的意义。它用物竞天择的观点解释了民族危机,倡扬了进取自强,从而大幅度地强化了中华民族的自我体认,促使了将民族自尊和向外部世界学习相结合的新型民族精神的发扬。另一方面,它标志着思想界的思维方式的转型,特别是反映了历史进步观念成为中国思想的主流。过去的"天不变道亦不变"的传统历史宇宙观,是一个静态的理论构架,只能为凝固不变的纲常秩序提供依据,而不可能论证变革。历史进步观念则以不断前进的导向,为变法改制,以至为传统的社会结构和社会心理环境的根本变革提供了价值论证。

二、严译《天演论》的时代意义

一石激起千层浪。严译《天演论》一出版,便在当时的思想文化界掀起巨大波澜,发生了强烈的震撼作用。特别是在知识阶层,像桐城派的代表人物吴汝纶,对严译《天演论》作出了"浸浸与晚周诸子相上下"的评价,认为"盖自中土翻译西书以来,无此鸿制,匪直天演之学,在中国为初凿鸿蒙,亦缘自来译手无似此高文雄笔。"①梁启超是最早读《天演论》译稿的人,《天演论》还没有出版,他就加以宣传,并根据《天演论》的观点做文章了。康有为向来是目空一切的,但自从在梁启超处看到《天演论》译稿后,对严复便刮目相看,认为"眼中未见此等人",承认严复所译《天演论》"为中国西学第一者也"。于是,他根据严译《天演论》,进一步增补了《孔子改制考》,匠心独运地把进化论注入中国传统的公羊三世说,对历史倒退论和历史循环论做了改造,论证社会由低级向高级不断发展,祖宗之法必须跟随时代不断变化,这是历史之必然。他一反中国数千年来"以为文明世界在于古时,日趋而日下"的怀古情结,断然指出"文明世界在于他日,日进而日盛"②的文化发展观。从此以后,一代束缚于古圣先王的读书人,便开始将眼光投放到现在和未来,变成以变法为己任的热血青年。甲午以后,康有为奋全身之力投入维新运动之中,严译《天演论》无疑起了催化剂的作用。德国强占胶州湾后,康有为更为"诸国环伺,岌岌待亡"的严重局势担忧,他再次上书光绪皇帝,力请变法,认为"今日在列强竞争之中,图保存之策,舍变法外别无他图"③。

---

① 《桐城吴先生全书》尺牍一。
② 中国史学会主编:《戊戌变法》,第 4 册,上海人民出版社,1957 年版,第 20 页。
③ 中国史学会主编:《戊戌变法》,第 2 册,上海人民出版社,1957 年版,第 195 页。

　　进化论在 20 世纪初元进一步成为革命民主派的思想武器,他们将严复的渐变进化论推衍为社会激变论。"革命者,天演之公例也";"革命者,由野蛮而进文明者也"①。既然社会进化没有止境,那么用民主共和国方案代替维新立宪方案,便是天演法则的题中应有之义。革命思潮又反过来促进了进化论的传播,使之成为思想界、知识界的相当普遍的思考方式和求知时尚。

　　20 世纪初叶,《民铎杂志》进化论专号中有一篇文章写道:"自从严又陵介绍了一册《天演论》以后,我们时常在报章杂志上,看见一大堆'物竞天择'、'优胜劣败'的话。这个十九世纪后半叶新起的学说,居然在半死不活的中国,成了日常习用的话。"文章又说:"现在的进化论,已经有了左右思想的能力,无论什么哲学、伦理、教育,以及社会之组织,宗教之精神,政治之设施,没有一种不受它的影响。"②

　　《民报》的主要撰稿人之一胡汉民,在《述侯官严氏最近政见》一文中,对严译《天演论》也做了高度评价,他说:"自严氏书出,而物竞天择之理,厘然当于人心,而中国民气为之一变,即所谓言合群言排满者,固为风潮激发者多,而严氏之功盖亦匪细。"③

　　日本著名学者稻叶君山在其《清朝全史》中说:"此时重要之著书,如康有为之孔教论,严复所译之天演论,当首屈一指。自曾国藩时代所创始之译书事业,虽有化学、物理、医学、法律各种类,然不足以唤起当时之人心。自此二书出而思想界一变。天演论发挥适种生存弱肉强食之说,四方读书之子,争购此新著。却当一八九六年中东战争之后,人人胸中,抱一眇者不忘视,跛者不忘履之观念。若以近代中国之革新,为起端于一八九五年之候,则天演论者,正溯此思潮之源头而注以活水者也。"④

　　当时,小学教师经常拿这本书做课堂教本,中学教师常常用"物竞天择,适者生存"做作文题目,热血青年们以争读《天演论》为快,求学中的鲁迅说他"星期日跑到城南去,买来了白纸石印的一厚本《天演论》","一口气读下去,'物竞天择'也出来了,苏格拉第、柏拉图也出来了。"⑤这些精辟的理论和新鲜的名词,激励着青年鲁迅如饥似渴地从中汲取精神食粮。

　　新文化运动的主要代表人物之一胡适,也深受进化论的影响。他在《四十自述》中回忆道:1905 年,进入上海澄衷学堂学习,国文教员杨千里"教我们班上买

---

① 　张楠等编:《辛亥革命前十年间时论选集》,第 1 卷,下册,三联书店,1978 年版,第 651 页。
② 　陈兼善:《进化论发达略史》,《民铎杂志》,第 3 卷,第 5 期,1922 年。
③ 　《民报》,第 2 期。
④ 　稻叶君山:《清朝全史》,下四,上海社会科学院出版社,2008 年版,第 30 页。
⑤ 　鲁迅:《朝花夕拾·琐记》,《鲁迅全集》,第 2 卷,人民文学出版社,1957 年版,第 268 页。

吴汝纶删节的严复译本《天演论》来做读本,这是我第一次读《天演论》,高兴得很。他出的作文题目也很特别,有一次的题目是'物竞天择,适者生存,试申其义'。这种题目自然不是我们十几岁小孩子能发挥的,但读《天演论》,做'物竞天择'的文章,都可以代表那个时代的风气。"①胡适还说:"《天演论》出版之后,不上几年,便风行到全国,竟做了中学生的读物了。读这书的人,很少能了解赫胥黎在科学史和思想史上的贡献。他们能了解的只是那'优胜劣败'的公式在国际政治上的意义。在中国屡次战败之后,在庚子、辛丑大耻辱之后,这个'优胜劣败,适者生存'的公式确是一种当头棒喝,给了无数人一种绝大的刺激。几年之中,这种思想像野火一样,燃烧着许多少年人的心和血。'天演'、'物竞'、'淘汰'、'天择'等等术语都渐渐成了报纸文章的熟语,渐渐成了一班爱国志士的'口头禅'。还有许多人爱用这种名词做自己或儿女名字。陈炯明不是号竞存吗?我有两个同学,一个叫做孙竞存,一个叫做杨天择。我自己的名字也是这种风气底下的纪念品。"②

可以这样说,进化论取代传统的天道观和甲午之前的体用论,成为文化界"左右思想"、转变时尚的学说,是中国近代思想史上一次全面的和深层的观念更新,它极大地强化了思想界的历史使命感,导致了近代民族观念和世界观念的确立,影响了从维新变法到五四运动、从康有为到毛泽东等无数志士仁人的思想历程,在科学社会主义传入中国以前,成为中华民族奋起救亡和追求新型民族国家的思想武器。诚如蔡元培说:"五十年来,介绍西洋哲学的,要推侯官严复为第一。"③

第三节 辛亥革命与民众动向

所谓民众,顾名思义,是指普通人民大众。在近代中国,一般是指生活在社会底层,且深受帝国主义、封建主义压迫的阶级、阶层或社团。其中包括城市平民、农村贫民、会党分子和军队下层官兵。在辛亥革命这个伟大的历史转折点上,他们的政治心理和价值取向,在很大程度上影响着这一事件的发展方向及其进程。

一、城市平民政治心理及政治态度透视
中国同盟会成立于异国首都东京,东西南北中五个支部又分布在中国的主要

① 胡适:《四十自述》,《胡适自传》,黄山书社,1991年版,第46页。
② 胡适:《四十自述》,《胡适自传》,第47页。
③ 高叔平编:《蔡元培全集》,第4卷,中华书局,1984年版,第351页。

都市,辛亥革命又是在中国的中部大城市武昌首先发难,经过一系列中心城市的先后响应而一举成功。由此来看,辛亥革命一定意义上可称之为一场"城市革命"。所以,城市平民也可以说是辛亥革命的中坚力量。所谓城市平民,主要是指小商人、小职员、小手工业主、手工业工人、大中学生、产业工人和自由职业者。他们的共同特点是:普遍具有一定的文化知识;对政治比较敏感;眼界比较开阔;消息灵通,交往广泛。其中一部分人,还受过程度不同的近代新式教育,最早接受新的思想和文化,是革命最积极的支持者和追随者。

在辛亥革命的时代大潮中,城市平民始终是革命的同盟军。不管是在革命的酝酿和准备时期,还是革命胜利之后,城市平民都表现出了很高的政治热情和参与意识,以各种不同的方式投身到革命的洪流之中。概括起来,辛亥革命时期城市平民的政治心理和政治取向有以下特点:

第一,反抗意识高涨。在社会常态下,大多数市民都具有共同的心理和行为倾向:崇尚实际,讲究实惠,循规蹈矩,温良恭俭让,追求宁静而安逸的家庭生活,对社会政治表现出平和的态度。但是,20世纪初年严酷的现实和急剧变动的社会,使他们脱离了生活的常轨。帝国主义压迫、封建主义剥削所造成的民生凋敝和饥寒交迫,使他们的生活由宁静而不安,处事态度由平和而偏激,最终走向了反抗的道路。20世纪初年,城市平民反抗斗争的主要形式是抗捐抗税。如1901年北京因"屠捐"过重而引起的"屠户罢市";1902年南京因加收车马捐而引起的市民罢市;1902年武汉因"抽收煤炭捐"而引发的"煤炭行抗捐罢市";1903年广州因反对新设酒税而引起的米店罢市;1903年江西因蔬菜加捐而引起"蔬菜业一律罢市"。此外,四川成都:"开办房捐……正月十二日午刻总府街科甲巷等起正街一律罢市";浙江宁波:"每席加捐一文,众商因之不服,至局吵闹,罢市数处"。① 彼伏此起的城市平民的反抗斗争,最终酿成了席卷全国的城镇居民抢米风潮。如在长沙抢米风潮中,市民竟将"湖南数百年来最高无上之大衙门,付之一炬","自前明建设抚署以来,五、六百年之久,二十余处之多,从无如此坍台之事"。② 大大小小七十余起市民抗捐抗税风潮,充分显示了广大城市平民高涨的反抗斗争意识和新的觉醒。

第二,政治参与意识的勃兴。这一方面主要表现就是城镇居民对革命活动的关注和对宣传革命的进步书籍的浓厚兴趣。邹容的《革命军》竟在短短一二年间,各地翻印达二十余万册,"风行海内外,销售逾百十万册,占清季革命群书销场第

---

① 《时报》1905年2月18日;1905年4月17日。
② 《中国大事记补遗》,《东方杂志》,第7卷,第5号,第181、186页。

一位"，①以致"远道不能致者，或以白金十两购之，置笼中，杂衣履鬵饼以入，清关邮不能禁"。② 书籍发行量如此之大，其中的主要读者是城市平民无疑。陈天华的《猛回头》、《警世钟》也在城镇居民中引起了共鸣，"重募至十余次"，出现了"三户之市，稍识字之人无不喜诵之"的场面。学生读之"如同着迷"，士兵读之"即奉为至宝，秘藏不露，思想言论，渐渐改良。有时退伍，散至民间，则用为歌本，遍行歌唱，其效力之大，不可言喻"。③ 城市平民对政治的普遍关心，为后来革命的爆发奠定了良好的群众基础。

武昌起义后，革命军掌握了武汉地方政权。为此，武汉市民奔走相告，欢欣鼓舞。据时人回忆，革命的胜利，使"老百姓欢天喜地，对革命军怀着感激拥戴和崇拜的心情，他们与军人接触，有说有笑，丝毫没有顾虑。……三道桥刘家庙附近的战争，前方枪炮声不绝，老百姓都毫不畏惧地自愿帮助运送给养和弹药。起义后的武汉一时显示出革命深得人民赞助和军民一致的新气象"。④ 在全国最大的工商业城市上海，武昌起义的消息传来，"民心大为鼓动"。⑤ 最突出的表现是出现了一个"参军热"。自古市民大多以从军为苦，不愿当兵。但自武昌首义后，他们中的许多优秀子弟，或弃商从军，或投笔从戎，甘愿为捍卫共和而奉献青春。湖南军政府征兵令一出，"车轿仆役流氓乞丐，皆相率投营当兵矣"。⑥ 三天时间，就招兵六万余人。和尚、商人踊跃从军，已不是新鲜事。据时人记载："龙华寺僧闽人俗姓萧名希能的，年三十余岁，躯体很为壮硕，他也愿抛了经卷，脱了袈裟，为战场上的健儿。鄙人劝他既已皈依我佛，何必变改行迳？他说入世出世，形异而道同，和尚也是国民一分子，岂能不出一分子之力。"⑦"湖州丝商某甲，他以为陈都督既为造时势之英雄，那么，我忝属同乡，岂能不追其后，有所建树，于是毅然决然的投军"。⑧ 以实际行动投身于革命洪流之中。和尚、商人参军虽属个例，但也反映了民众参与革命的广泛性。

武昌起义后，城市平民在政党社团中的活动也比较活跃，尤其是思想偏激的

---

① 冯自由：《革命逸史》，第 2 集，中华书局，1981 年版，第 49 页。
② 章太炎：《赠大将军邹容墓志铭》，《章太炎全集》，第 5 卷，上海人民出版社，1985 年版，第 229 页。
③ 曹亚伯：《武昌日知会之破案》，《辛亥革命》，（一），上海人民出版社 1957 年版，第 577 页。
④ 李健侯：《武昌首义前后忆事八则》，《辛亥革命回忆录》，第 2 集，中华书局 1961 年版，第 82 ~ 83 页。
⑤ 《民立报》，1911 年 10 月 24 日。
⑥ 子虚子：《湘事·军事篇二》，《辛亥革命》（六），第 151 页。
⑦ 钱化佛述，郑逸梅记：《攻宁记》，《辛亥革命》，（七），第 81 页。
⑧ 钱化佛述，郑逸梅记：《攻宁记》，《辛亥革命》，（七），第 80 页。

青年学生,政治热情空前高涨。他们除了为革命奔走呼号外,还积极投身到各种政治社团中去,"学生之关心政治,较功课尤切,使有人干涉之,则彼等即出于罢课"。① 在大大小小的政团中,到处可以看到学生的身影。连过去不知政治为何物的女子,在革命后也意识到自己的权利和义务,"专制帝国,一变而为共和民国。至此而女子之气,为之一吐,于是有所谓女子北伐队,女子敢死军,有所谓女子同盟会,女子参政团,女子自由党,又有以一人而结婚再四者,以一身而辟易三军者,脂粉元勋,风流韵话,不特自古所未见,抑亦环球所罕闻。"②近代产业工人也开始觉醒。1912 年在上海成立的中华民国工党,就有翻砂、缫丝等行业的工人参加。不久,江南制造局工人发起成立制造工人同盟会,参加者达千人之多。总之,在辛亥革命后政党林立的政治形势中,城市平民确实起了一定的作用,"乡曲措大,市井鄙夫,或则滥竽工会,或则厕身政党";③"电车卖票者,学校看门人,亦复自附于社团之列"。④ 这些当年鲜活的实录,不管是褒是贬,不正是大多数城市平民关心政治的表现吗!

第三,新的国民观和民族精神的确立。南京临时政府成立后,为消除长期封建统治下所形成的人身不平等现象,实现自由、平等、博爱的理想,决意革除封建时代的各种敝习陋俗,以陶铸国魂,振奋民族精神,先后颁布了一系列政策法令。比如,"废除贱民身份,许其一体享有公民权利"、"禁止买卖人口"、"革除前清官厅称呼"、"晓示人民一律剪辫"以及禁烟、禁赌、禁唱淫戏等。这些法令举措,在广大城市平民中引起了一定反响。革除陋习,移风易俗,成为当时的新时尚。据黄炎培回忆说:"我有一朋友杨亚嵩在辛亥纪元以后,很激奋地告我,还告他的许多朋友:中国革命成功了,我要做一个新中国的新人,从今以后我做三件事:(一)决不再抽鸦片;(二)决不再赌博;(三)决不再逛妓院。如违犯,尽你们责罚。"⑤杨亚嵩是一名普通职员,他的这种心态,反映了下层市民对新生革命政权的呼应和民族精神的振奋,是有一定代表性的。

至于剪辫、放足等号召,城市平民也表现出了较大的认同和顺应心理。"无数的汉人,都兴高采烈地剪去这条奴隶标志的辫子。也有迷信的,事先选择吉日,拜祭祖先,然后庄重地剪除,把辫子烧了。更有联合多人同日剪辫,并燃放爆竹,举

---

① 钱智修:《论中国革新之现状》,《东方杂志》,1912 年,第 9 卷,第 6 号。
② 梦幻:《闲评二》,《大公报》,1913 年 1 月 14 日。
③ 《时报》1912 年 3 月 28 日。
④ 《时报》1912 年 9 月 12 日。
⑤ 黄炎培:《我亲身经历的辛亥革命事实》,《辛亥革命回忆录》,第 1 集,第 68 页。

行公宴来庆祝的。"①辫子的去留,在当时成为衡量一个人政治态度的标准,"不剪发不算革命,并且也不算时髦,走不进大衙门去说话,走不进学堂去读书"。② 相对于农村而言,城市平民剪发是比较主动的。辛亥革命后,"男子一律剪辫了……女子裹脚从此解放了,已裹的放掉,已经裹小的也放大,社会上很自然地一致认定,民国纪元以后生下的女儿一概不裹脚;鸦片风没有一时消灭,但较辛亥以前渐减,大家认为这不是一件体面事"。③

二、农民抗争中的新动向与旧烙印

毛泽东在总结辛亥革命失败的原因时说:"国民革命需要一个大的农村变动。辛亥革命没有这个变动,所以失败了。"④毛泽东在这里所说的是缺乏一个大的变动,但并不等于辛亥革命时期农村就没有变动。实际上,在革命前后,农民始终以自己特有的反抗方式,对动摇封建统治的基础,声援和配合城市革命做出了贡献。

这一时期农民的主要反抗斗争方式是抗租、抗捐。如江苏常熟毛家桥乡民举行饮酒大会,相约拒不交租(1901年);山西高平的鸡毛传单相约抗税(1901年);江西乐平以反对交纳"学堂捐"而发生的三千人暴动(1904年);浙江归安、乌程、德清三县农民的"因灾闹曹"事件(1910年)。全国范围内大大小小、此伏彼起的"民变",对辛亥革命的发生起了极大的促进作用。武昌起义之后,在巨大革命浪潮的推动下,各地农村的反抗斗争更是一浪高过一浪。据一些县志记载:"辛亥清鼎初开,人心浮动,盗贼蜂起。"⑤"宣统三年,武汉事起,兵衅既开,强者响应,黠者揭竿,攻掠寨堡,不可胜计。"⑥至于"帮匪横行,抢劫频繁","时有匪乱","动至百起","竖旗起事","围攻县城"的记载,在当时的报刊上屡见不鲜,举不胜举。虽然方式是古老而原始的,没有摆脱农民传统的暴动形式,但也从一个侧面反映了贫苦农民揭竿而起响应革命的斗争热情。

但是,从另一方面来看,辛亥革命爆发后,农民的反抗斗争与旧式农民起义相比,有了一个新的飞跃。这主要表现在他们的自发抗争中,蕴含着高涨的政治热情和一定的政治参与意识。武昌起义后各地光复独立的过程,实际上也是民主共和观念广泛传播的过程。诸如"革命"、"光复"、"共和"、"民军"、"政

① 许金城:《民国野史》,云南人民出版社,2003年版,第17页。
② 《越风》半月刊,第20期。
③ 黄炎培:《我亲身经历的辛亥革命事实》,《辛亥革命回忆录》,第1集,第68页。
④ 《毛泽东选集》,第2版,第1卷,人民出版社,1991年版,第16页。
⑤ 《醴陵县志》卷一。
⑥ 《临颍县志》卷六。

党"之类的新名词,从都市飞向集镇、庙会、田野、乡场等极为广阔的农村社会,逐渐印进了农民的脑海里。善于模仿和效法的农民,很快学到了这类新鲜的名词,立即生动而又生硬地在起义过程中加以运用。1912 年金华会党头目管伟,曾组织"共进会分部事务所";浙江衢县农民韩石胆发动起义后,"宣传新共和",并组建了军政府;江苏南通丝鱼巷农民聚众抗租,就仿照光复军的机构建制,内设总司令、军政部长、财政部长等职位;浙江云霄县杨青山起义时,"借'革命军'名目入县境";浙江新昌县周永广起义以"革命光复"相号召;湖北黄梅县张天霸起义后曾组织过政党—"农林党"。不错,奋起反抗的农民并不理解这些名词和口号所包含的深层含义,但这些名词和口号的广泛流传和频繁使用,无疑已具有思想启蒙的意义。革命,某种意义上可以说是培养农民的大学校,是指导农民参与政治的一种演练。

然而,武昌起义后农民所表现出来的政治热情,却带有旧时农民斗争方式的严重痕迹。这同他们对民主共和的政治认知,是一种互不协调的矛盾状态。所谓模仿,是指人们对于某种符合主观愿望的行为标准加以模拟和仿造。模仿与理解之间,还有相当一段认识距离。农民不可能凭借自己的认知,对于他们模仿来的简单的口号和名词,加以内容上的充实和意义上的阐释。这样,广大农民对于"光复"与"共和"的认识,就很自然地带上了改朝换代的皇权主义烙印。浙江丽水光复后,革命军进城,村民中有许多是"头戴方巾,身穿明代的古装,腰佩龙泉宝剑,站在街头欢迎"。① 这样,就把民主革命简单地理解为改朝换代。有的名为共进会,而内设"忠义堂";有的号为民军,还要当皇帝。浙江奉贤县农民起义首领自称"洪天王复活",湖南平江县张亚奇起义自称"大汉兵马大元帅",浙江慈溪宓和兴起义,其母自称"武则天"等,都反映了旧时农民斗争方式的严重痕迹。

此外,作为农民起义重要组织形式和斗争工具的会党,由于革命派的四处联络和八方策动,在光复与独立中表现出了极高的政治热情,成为革命的一支重要力量。但是,会党固有的政治态度、经济基础和生活方式,决定了他们散漫自由、目光短浅的致命弱点。加上会党本来就是革命党人所依靠的重要武装力量,所以革命党人往往对其弱点姑息迁就,始终没有对其进行革命的组织改造,不管采取何种方式与会党联合,会党的组织系统都予以保留。所以,武昌起义后,会党的活动依然保持着原有的绿林习气,而革命派没有对会党依旧高涨的斗争热情予以重视并及时加以正确引导,结果导致了其固有的破坏性的恶性膨胀。陕西哥老会在掌握了一些县政权后,"不知民主共和为何事,误以为会党出头之时,气焰甚张,一

---

① 毛虎侯:《辛亥革命在丽水》,《辛亥革命回忆录》,第 4 集,第 202 页。

日千丈"。①"打破玻璃窗,烧搜洋版书",烧毁了许多新式学堂。② 湖南起义后,各县"各属哥弟会党,风起云涌,招摇乡市"。③ 他们的所作所为,一度影响极坏,严重挫伤了广大民众的革命热情。

资产阶级革命派始终认为,革命的主体力量是他们所代表的"中等社会",即中产阶级及其知识分子。至于联合农民,只是为了急于达到推翻满清政府目的的一种手段。毛泽东深刻洞察了资产阶级的这一特点:"大敌当前,他们要联合工农反对敌人;工农觉悟,他们又联合敌人反对工农。这是世界各国资产阶级的一般规律,不过中国资产阶级的这个特点更加突出罢了。"④资产阶级这个联合工农又抛弃工农的做法,在很大程度上伤害了工农革命的积极性,结果没有抓住良机,使广大农村地区出现一个大变动,因此,资产阶级领导的革命中途夭折以至于失败是必然的。

三、民众动向对辛亥革命进程的影响

政治心理的流变,通常是在不知不觉中逐渐显现出来的。普通民众政治心理和价值判断的取向,一定程度上影响着政治发展和演变的方向。20 世纪的最初十余年,中国下层民众的政治情绪,决定了晚清的政治命运和民初政局的走向。

民众对统治者的普遍不满,通过直接明了的民间歌谣形式广泛流传,加速了晚清政局的动荡。早在八国联军攻陷北京的前夕,民间就流传着这样一首颇为引人注意的歌谣:"南北通,铁路长,大清亡,中国强。"⑤武昌起义前,一首"不用掐,不用算,宣统不过二年半"的民谣就在陕西三秦大地广为流传。⑥ 整个湖北,从城市到乡村,从闹市到僻壤,普遍的是"民怨且愤"。"湖北翻了天,犯人全出监,红衣满街走,长毛在眼前"的民谣流传于武汉三镇。⑦ 一种希望满清王朝尽快完蛋,迫切要求以新的政权取代现政权的强烈期盼的变革情绪,几乎成为社会各个阶层的普遍心理。儿歌道真情,民谣表心声。随着清王朝的日渐腐朽,广大民众越来越感觉到革命派的宣传是对的,近代以来中华民族的一切不幸根源就在这个卖国的、专制的、极端腐败的清政府身上,只有推翻了它,中华民族才能获得新生,中华

---

① 黄钺:《陇右光复记》,《辛亥革命》(六),第 77 页。
② 王丕卿:《辛亥凤翔起义简况》,《辛亥革命回忆录》(五),第 95 页。
③ 子虚子:《湘事记・军事篇三》,《辛亥革命》(六),第 155 页。
④ 《毛泽东选集》,第 2 卷,人民出版社,1991 年版,第 674 页。
⑤ 胡思敬:《驴背集》,《义和团》,(三),上海人民出版社,2000 年版,第 516 页。
⑥ 景梅九:《罪案》,《辛亥革命资料类编》,中国社会科学出版社,1981 年版,第 75 页。
⑦ 刘源深:《鄂渚纪闻》,第 8 页,南京文献,第 7 号,南京市通志馆行行,1947 年。

民族的重新崛起才有希望。

1910 年刚刚创刊的《国风报》曾发表了一篇评论文章,已经觉察到了潜藏在民众心理深处的怨愤情绪。文章写道:"二十行省之中,乱机遍伏,是以半岁以来,变乱四起。长沙之事,举国震动。乃者,莱阳民变之事又见告矣。夫区区一县之乱,何损于天下之大势?顾不能不懔懔过虑者,盖察事变所由起,验今日之民心,近征之道光之末年,远鉴之秦、隋之季世,则土崩之势,今已见端。月晕知风,础润知雨,窃恐踵莱阳而起者,祸变相寻而未有已也。"①这种民众心理的变化,连外国人也感觉到了。武昌起义发生前五个月,长沙关税司伟克非在给总税务司的信中写道:"中国的前途似乎非常黯淡,我看在不久的将来,一场革命是免不了的,现在已经公开鼓吹革命,而且获得普遍的同情,而政府并没有采取任何预防措施,却尽在瞎胡闹。"②

上述报刊和私人信函中流露出的普遍而强烈的情绪,反映了中国广大民众的心理向背和预期。一场能够迅速席卷全国的革命运动,如果没有这种弥漫南北的对清政府的绝望情绪作背景,是很难发生的。孙中山在《临时大总统就职宣言》中说:"夫中国专制政治之毒,至二百余年来而滋甚,一旦以国民之力,踣而去之,起事不过数旬,光复已十余行省,自有历史以来,成功未有若是之速也。"③革命之所以能够如此迅速在全国取得成功,其原因就在于反映了广大民众摆脱封建压迫和统治的强烈愿望,顺应了民心。

辛亥革命迅速胜利,正如孙中山所说是历史上前所未有的。同样,其失败也是异常之快,人们常常用"昙花一现"来形容。原因何在?除去革命的领导者资产阶级本身政治性格的弱点以外,没有处理好新生政权与广大民众的关系,更没有深入下层社会去广泛发动民众,从而结成一个坚强而巩固的反帝反封建的统一战线,是其失败的致命原因。

一般而言,一个新生政权建立之后,当务之急是铲除旧有的经济基础,改变阶级关系的固有格局,实现深刻的社会变革。可是反观民国建立后的所作所为,人们往往被表面的胜利所迷惑,而没有去关注如此重要的现实问题。各省的独立,更多地表现为政权名称的简单更迭,结果是胜利有名无实,绝大多数的政权最终都落在立宪派或旧军阀、旧官僚手中。或者是通过发动武装政变抢班夺权;或者

---

① 张枬、王忍之编:《辛亥革命前十年间时论选集》,第 3 卷,三联书店,1978 年版,第 653 页。

② 中国近代经济史资料丛刊编辑委员会主编:《中国海关与辛亥革命》,中华书局,1983 年版,第 88 页。

③ 《孙中山选集》,上卷,人民出版社,1963 年版,第 82 页。

是拱手相让;或者是更换招牌,由清朝的"巡抚衙门"变成革命军的"都督府"。这种换汤不换药的变革,不可能给广大民众带来实惠。在同盟会的政治纲领中,曾明确提出要"平均地权",给农民兄弟解决土地问题。革命胜利之后,当农民认为"朝代已换,此田非复故主所有"而"高揭红旗",要求没收地主土地为自己所有时,不但没有得到新政府的同情和支持,反而遭到反对与镇压。天真的农民理解错了,资产阶级为代表的新政府解决土地问题的方法,既不主张无偿地或有代价地立即给他们分配土地,又不赞成使用暴力手段"夺富人之田为己有",而是让农民耐心等待,按照他们所划定的轨道,实行"文明革命",有秩序地进行活动,让资产阶级出面来自上而下的解决土地问题,接受他们"永远不用纳税"的空头许诺。而一贯现实的农民,对此不感兴趣,往往突破了"文明"与"秩序"的约束,出现了不少抗粮、抗租、抗税、抗捐要求平均土地的暴力行动。而这又是资产阶级所不允许的,并将这些过激行动加以镇压。这样,农民和资产阶级的矛盾日渐尖锐,二者间的同盟合作关系结束,开始分离。这个缺陷如此之多、质量如此之差的社会政治变革,决定了它的失败是不可避免的。

另一方面,辛亥革命所产生的社会效应,尤其是对中国社会下层的震动和影响,也是相当有限的。从某种意义上说,辛亥革命只是形式上推翻了封建帝制,但反封建的任务并没有彻底完成,民主共和的观念并没有完全深入人心。中国人民抛弃帝制而选择民国共和,更多的是基于挽救民族危机的反满种族革命。许多热血青年在民族复仇主义的鼓动下,虽也投入了革命的狂潮,"但是革命后究竟要建立怎样的政治制度,心中还没有底"。① 不少民众在"光复"以后,还不知道已"拔旗易帜",大多数人都不知道什么叫"反正"、"共和"为何意。

因此,在民国成立后,民众中缺乏"共和民国"普通常识的现象屡见不鲜,比比皆是。军人仍把共和国总统比作皇帝;政法学校的学生不知道拿破仑是专制皇帝还是共和总统;报纸上还把总统宣布大赦和免租,人民诉讼聘请律师称之为"可怪"之事。对此现象,当时的有识之士就曾发表评论说:"今日之共和,第有其表而已。人民既缺乏国民之常识,而于风俗习惯尤未改革","于共和国之组织,若选举,若会议,及其他人民对于国家种种应享之权利义务感不谙熟"。② 李大钊也说:"愚民不识共和为何物,教育不克立收成效,责以国民义务,群惊为苛法虐政,

---

① 高一涵:《辛亥革命前后安徽青年学生思想转变的概况》,《辛亥革命回忆录》(四),第435页。

② 顾晟:《对通俗教育研究会之意见》,《申报》,1912年6月1日。

起而抗变"。① 尽管官方一再下令剪除发辫,"而京师下等社会及仆役等依然大辫大帽",②甚至在山东烟台发生因官方强制剪辫而导致市民罢市。时任《东方杂志》主编的杜亚泉先生有一段分析,比较真实地反映了整个民众的政治动向。他说:"至此次革命,固以原理为动机,然特少数之先觉者,怀抱此理想耳。就大多数国民之心理观之,则共和政体之发生,仍依据于事实,而非根本于原理。……故武汉发难,全国响应。我国民之推翻专制创立共和者,固欲于事实上维持国家之势力,非欲于原理上主张天赋之人权。"③

---

① 李大钊:《隐忧篇》,《李大钊文集》,上,人民出版社,1984 年版,第 3 页。
② 《京师短柬一束》,《申报》,1912 年 4 月 15 日。
③ 伧父:《共和政体与国民心理》,《东方杂志》,第 9 卷,第 5 号,第 2~3 页。

第六章

辛亥革命与思想文化

第一节 辛亥革命时期的思想启蒙

正像法国1789年资产阶级大革命前有它的思想启蒙运动一样,波澜壮阔的中国资产阶级革命前夜也出现了它的理论启蒙。从1900年到1911年这十余年间,中国思想理论界掀起一股狂风骤雨,轩然大波,形成了以孙中山、章太炎、严复、梁启超、李石曾、柳亚子等为主力,一大批学者追随其后的庞大思想启蒙阵容。他们大力宣传西方资产阶级社会思想、哲学观点和政治学说,猛烈抨击封建专制制度,重新反省国民性及传统文化。其上承戊戌思潮,下启五四新文化运动,在近代中国思想文化史上,处于举足轻重的地位。本文仅就辛亥启蒙思潮作一探讨,从而说明中国资产阶级也有它的启蒙运动。

一、辛亥思想启蒙的内容

辛亥启蒙思潮以1905年为界,可分为前后两个阶段:1905年前,辛亥启蒙思潮的主要代表人物是梁启超与严复,《新民丛报》唱了主角,主要宣传西方思想学说,主张改良,态度比较温和;1905年后,革命党异军突起,成立同盟会,创办《民报》,孙中山及革命党人成为辛亥思潮的主将和主要鼓吹手。主旨强调民族民主革命,唤醒民众,推翻满清封建王朝。

一、大力介绍西方思想学说。严复、梁启超是这方面的健将。严复以其深厚的外语功底,敏锐的洞察力,系统翻译了西方学术名著八种,其中七种是1901—1909年之间出版的。其产生的影响是整整启迪了几代人,包括五四新文化运动的主将鲁迅等。梁启超则通过创办《清议报》、《新民丛报》、《新小说》,建立大同译书局,抱定"读东西诸硕学之书,务衍其学说以输入于中国"的宗旨,①自己撰文著述,比较系统全面地介绍了西方各种思想流派和学说,从达尔文的进化论到卢梭的民约论,从德国的古典哲学到英国的古典政治经济学,从克鲁泡特金的无政府主义到英法的空想社会主义,同时也涉及马克思主义理论,并极力鼓吹了一套与封建传统相对立的资产阶级世界观、人生观和社会思想。在那个旧学说已土崩瓦解,新思想还未产生的饥荒岁月、过渡时代,梁以他那"无组织,无选择,本末不具,派别不明,惟以多为贵"的"梁启超式"的输入,②大受学术界和社会的欢迎,启蒙作用功不可没。此外,《民报》、《游学译编》、《译书汇编》、《国民报》、《湖北学生界》等刊物,也以鼓吹新学说,传播新思想为己任。《译书汇编》专以翻译欧美与日本政法名著为宗旨,所译内容有:卢梭的《民约论》,孟德斯鸠的《万法精理》,约翰·穆勒的《自由原论》、斯宾塞尔的《代议政体》、伯盖司的《政治学》、伯伦知理的《政治学提纲》、有贺长雄的《近世政治史》和《近世外交史》等等。通过译述,他们惊异地发现,西方之所以富强,除政治经济因素外,还有一个重要的原因,那就是学派林立、主义歧异、自由争鸣。正是这种大规模的文化输入,构成了中国近代千姿百态的思想观点,理论学说,启发人们去思考,去探索,具有重要的启蒙作用。

二、抨击君主专制,要求民主自由。要实行民主革命,就必须清除封建专制,这是辛亥思潮的主旋律。启蒙思想家对封建专制主义的批判,主要表现在以下几个方面。

1. 揭露专制政体造成的社会危害。长达几千年的中国封建社会,专制制度十分发达,到明清达到极点。在专制政体下,人民被广泛地剥夺了自由,政令的制定,法律的颁布,往往决定于少数人的权力欲望和统治意志,根本不可能体现人们的要求和意愿。启蒙思想家敏锐地察觉到这一点。他们指出,所谓专制,就是"一人曰是其众不敢为非,一人为非万众不敢曰是。我祖国历五千年死守其一家一姓之积威私利者比比皆是,莫不欲皇统绵绵,万世一系,以孤立独存于上,保其赫赫烈烈不可侵犯之主权,此之谓专制。"③"一人掩尽天下目,一人独压万人上。"④这是专制统治的真实写照。人们只知盲目服从,缺乏个性与自由,成为一种被奴化的民众。梁启超在《拟讨专制政体檄》一文中,指出君主专制夺平等、抑自由、吞公

---

① 李华兴等编:《梁启超选集》,上海人民出版社,1984 年版,第 194 页。
② 梁启超:《清代学术概论》,上海古籍出版社,1998 年版,第 97~98 页。
③ 张枬、王忍之编:《辛亥革命前十年间时论选集》,第 1 卷,下册,三联书店,1978 年版,第957 页。
④ 张枬、王忍之编:《辛亥革命前十年间时论选集》,第 2 卷,上册,三联书店,1978 年版,第543 页。

产、兴奴性等十大罪状。这种批判,一定意义上触击到了封建专制的要害。

2. 分析了产生封建专制的根源。启蒙思想家们在批判专制统治危害的同时,还开始挖掘造成专制的思想根源和社会根源。从思想根源来看,从孔子、孟子到韩愈,一直倡导忠孝学说,主张君尊臣卑,君事臣以礼,臣事君以忠。一人为刚,万夫为柔。这就为君主专制提供了理论依据。"那些民贼为什么这样尊敬孔子呢?因为孔子专门叫人忠君服从,这些话都很有益于君的。"①于是历代君王巧妙地利用了所谓"圣人"的思想学说,并加以大力渲染,以增强其神圣性和崇高性。从社会根源来看,统治阶级实行仕进制度,科举制度,笼络天下有志之士,委之一官半职,就像唐太宗所说的那样:"天下英雄尽入吾彀",从而削弱人们的反抗情绪,对于"民之秀杰者,不满于己之所为,乃施以种种牢笼、束缚、压制、威胁之术,以便其私图"②。如果稍有异端思想,则"囚之图圄以困其身……,延长其岁月以误其时",结果"使士人常与科举为缘,其既得一级,必更思进一级,否则历数十年之风霜雨雪,久困于名场,则其人必已为颓然之老翁,不能有为矣,不足惧也"。③ 这种对专制根源的剖析,有一定的理论深度。

3. 以民主政体取代专制政体。西方的民主学说是清除封建专制的一种锐利的思想武器和精神动力。近代启蒙思想家充分利用了西方的天赋人权论,三权分立论,进化论及自由、平等、博爱学说,主张人人平等,权利平等,国家是人民的国家,人民是国家真正的主人,根本不存在君权专制之理,在权利与义务、法律与责任面前应当一视同仁,互相尊重,相互平等。他们说:"人人有之,即與夫走卒亦得而有之;人人不能有之,即帝王君主亦不得而有之。人人有之者,谓人人对国有应尽之义务,既为一国之人,即无所逃于一国之中也;人人不能有之者,谓人人于国有应得之权利,苟以一人而用其专制之权,是一国之所不容也。"④因而他们主张权利划分,君主有君主的权利,人民有人民的权利,君主不能凌驾人民之上,用自己的意志剥夺人民的自由。他们高举西方资产阶级主权在民和天赋人权说,认为"人生活于天地之间,自有天然之权利,父母不得夺,鬼神不得窃而攘之",⑤从理论上剥掉了君主头上神圣的光环。同时,他们还用进化论的观点否认封建专制君主制度存在的合理性。他们断言二十世纪是"天赋自由平等"的文明时代,同时也是"独夫民贼尽运之时期"。预言"二十世纪中,必出现一完全无缺之民族的共和

① 张枬、王忍之编:《辛亥革命前十年间时论选集》,第 1 卷,下册,第 532 页。
② 张枬、王忍之编:《辛亥革命前十年间时论选集》,第 1 卷,上册,第 67～68 页。
③ 张枬、王忍之编:《辛亥革命前十年间时论选集》,第 2 卷,上册,第 545～546 页。
④ 张枬、王忍之编:《辛亥革命前十年间时论选集》,第 1 卷,上册,第 64 页。
⑤ 张枬、王忍之编:《辛亥革命前十年间时论选集》,第 1 卷,上册,第 480 页。

国耳!"因此他们对封建专制主义发起了猛烈进攻。启蒙家们不仅要求改良,而且要求通过暴力革命推翻清朝的封建专制统治,"以专制虐政之血,灌溉自由之树,"争取实现资产阶级民主共和国。或主张君主立宪,或主张民主共和,都一致反映了抑制专制,争取自由的共同愿望。

三、中国国民性之剖析。所谓国民性,就是指一个民族所特有的精神状态、心理素质及行为规范。国民性中,既有优良的民族传统,又有自身的劣根性。对国民性的反思和剖析,对于继承民族精华,扬弃糟粕,医治劣根性,有着重大的意义。梁启超开剖析国民性之先河,他在《中国学术变迁之大势》一文中,简明扼要地勾画出中国国民性的种种表现,认为主要体现在崇实际、主力行、贵人事、明政法、重阶级、喜保守、主勉强、畏天命、言排外、贵自强这十一方面。在这个分析中,梁并没有把国民性视为劣根性,而是一方面揭示出其可贵的一面,如崇实际、主力行、明政法、贵自强等,同时也指出其可弃的一面,如喜保守、主勉强、畏天命、言排外等。这样就比较全面地阐述了国民性问题。辛亥思潮对国民性的剖析,主要在于发掘国民劣根性,这与近代严重的民族危机紧密相关。

1. 缺乏个性,奴性十足。所谓国民,必须具有良好的精神状态和健康的心理素质。它是与平等、独立、自由、权利、责任等密切联系在一起的,是它们的化身和积极承担者。作为一个国民,他必须是国家和社会的主人。但是在长期的专制统治和近代帝国主义压迫下,人们完全失去了这些最起码的人格与权利,国民不成其为国民,久而久之,养成缺乏个性、奴性十足的民族致命劣根性。这种劣根性,是半殖民地半封建道德的突出表现。思想家们对此做了深刻剖析。首先,他们提出了国民与奴隶概念的重大区别。他们从天赋人权出发,指出:"何谓国民?曰:天使吾为民而吾能尽其为民者也。""奴隶无权利,而国民有权利;奴隶无责任,而国民有责任;奴隶甘压制,而国民喜自由,奴隶尚尊卑,而国民言平等;奴隶好依傍,而国民尚独立"。① 其次,是对奴性的揭露和批判。他们认为,中国上至世宦卿僚,下到庶民百姓,都或多或少地染了这种劣质。对此表示了强烈愤慨,他们说:"天下至贵至重者莫如士,而中国则至愚至贱者莫如士。"②官吏是统治者的重要基层支柱与工具,应该具有一定的独立性和自主权。但在专制制度下,却表现出了极大的奴性和效忠服从性。谄媚奉迎,敬上如神,对强者忍气吞声,对弱者凌蹂践踏,层层向上顶礼稽首,层层向下傲气凌人,表现出一种十足的主奴性格。《说国民》一文中形象地勾出一幅官吏唯唯诺诺,唯上是从的丑态。根本没有个

---

① 张枬、王忍之编:《辛亥革命前十年间时论选集》,第 1 卷,上册,第 72 页。
② 张枬、王忍之编:《辛亥革命前十年间时论选集》,第 1 卷,上册,第 74 页。

性,甚至连人格也谈不上。这种批判奴性、唤醒国民、提倡个性的呐喊,具有"警世"作用。

2. 因循守旧,不思进取。辛亥启蒙思想家们看到,随着社会的发展与文明的进步,人们总是向往未来,大刀阔斧一往无前。这是世界发展之趋势。可是国人却往往喜欢缅怀过去,宗古法祖,害怕变革,自我满足于一个狭隘闭塞的生活小圈子中,缺乏独创性和开拓精神,一味默守成规。时人曾说:"吾人以好古有名于世界,复以好古见消于世界。"①严复也指出中国人常常"以古为宗",又以不及古为憾。在这里,他们从不同程度上揭示了中国人因循守旧、复古倒退的特性。并尖锐指出这种唯古是从思想是导致近代落后的因素之一。"中国之所以不能随世运而进,好落人后者,以尊古薄今也。"②因为历史发展,社会进步的规律是,创新即兴,因循则衰。"新新不已,则群事日举。苟因循保守,则群事日废。"③他们还通过中西差异的比较,得出西方之强就在于其不断的开拓、创新与贵今贱古。正是中国国民的这种劣质性造成了中国近代故步自封、按部就班、停滞不前,国危民难的惨痛局面。这是中国的大不幸也! 辛亥思潮对这一国民性的剖析,颇有见地。

3. 内耗心理。所谓内耗心理,指对待他人的成就、名望道德优点或者优越地位的一种不友好的、敌视的情感。这一时期思想家们对此问题作了一定的探讨。他们认为中国四万万人,一盘散沙,难以形成坚强群体,固然专制统治与家族思想是主要因素,但内耗心理也不容忽视。他们指出,中国各个阶层之间,人与人之间形成一条鸿沟,难以沟通和团结。首先,上流社会和下层社会缺乏联系,上流社会(士、官)自视清高,瞧不起下层社会,似乎不屑与之为伍;下层社会和上流社会自然疏远,其原因或是把上流社会看得过于神秘,自惭形秽;或是蔑视上流社会,持敌视态度。其次,上流社会之间缺乏联系,下层社会之间没有联络。有人指出,上流社会分做几等:有做官的,有做乡绅的,有读书的,有做财主的。做官为巴结上司,为谋得好差事,要争风吃醋,要互相排挤,互相攻击,乡绅为了各自显示自己在地方的威风,要相互嫉妒,雌雄作敌;那读书人,也是"文人相轻",见着学问才干胜过自己的人,他不佩服敬爱也罢,反要求疵,总要搜寻出人家的短处来说,才觉得痛快;财主呢,更是一副守财奴嘴脸,明明有钱,却天天哭穷,害怕别人借。有这四种人,上流社会安得有团体? 下层社会也是这样,以这种心理素质,"苟有两团体,

---

① 张枬、王忍之编:《辛亥革命前十年间时论选集》,第3卷,第461页。
② 张枬、王忍之编:《辛亥革命前十年间时论选集》,第2卷,下册,第1050页。
③ 张枬、王忍之编:《辛亥革命前十年间时论选集》,第2卷,下册,第1050页。

则阋墙之祸作,而御侮之念销。"①不是共同去抵御外敌,而是立即出现内讧,窝里斗。因此,他们号召人们,不分上流下层,不论贵贱贫富,"个个不要闹脾气,排架子,存私意,从前的见解,从前的仇怨,都要丢开……顾着公义,彼此无分上下,通通合起来,"这样"中国前途才有一线之望",否则"亿万人有亿万人的心,自私自利,不顾大局,等到亡国灭种的时候,大家同归于尽,还有什么益处?"②从而给涣散的国人敲响了历史与现实的"警钟"。

4. 树立新的国民性。启蒙思想家剖析国民劣根性,其目的并不想丑化国人,贬低国人,而是为了根除国民的病态心理,焕发优良传统,吸收别的民族长处,从而树立新的民族精神。这就是他们的良苦用心所在。

邹容在其传世名作《革命军》一书中,对中国国民劣根性给予无情鞭挞,尔后提出教育国民树立新观念,明白做人最起码的权利。新观念包括三点:(一)当知中国者,中国人之中国也;(二)人人当知平等自由之大义有生之初,无人不自由,即无人不平等,初无所谓君也,所谓臣也;(三)当有政治法律之观念。通过这三种新观念的启蒙和熏陶,使国民产生四种新的品质。换句话说,就是在民主制度下,对国民性加以铸旧陶新,重新塑造国民形象。邹容说:"一曰,养成上天下地,惟我自尊,独立不羁之精神。一曰,养成冒险进取,赴汤蹈火,乐死不辟之气概。一曰,养成相亲相爱,爱群敬己,尽瘁公务之公德。一曰,养成个人自治,团体自治,以进人格之人群。"③这是多么崭新的民族精神和国民观念啊!梁启超在其《过渡时代论》中,也提出了新的国民观。其主要特征是:一具有冒险性,二具有忍耐性,三具有别择性。他们想使中国人真正成为"有自治之才力,有独立之性质,有参政之公权,有自由之幸福"的新式的合格的中国国民,以洗刷那蓬头垢面,奴性十足的民族惰性,使中华民族以全新面貌重现于世界政治舞台上。

四、对传统文化的反思。毋庸置疑,中国传统文化既有精华,又有糟粕。辛亥启蒙思潮对传统文化的反思,着重于批判,这是有其特定历史背景的。

1. 对儒学的怀疑和批判。首先,他们指出了儒学在历史上的禁锢作用。漫长的封建社会,儒学造成了巨大的社会公害。儒家宣扬道统、去私、顺众、禁欲,本来是"剥丧人权,阻碍进步"的陈腐东西,长期以来,却被"奉为圭臬,无敢或逾。"④尤其是圣人观念的产生与凝固,使得"吾国士夫素崇孔子,莫敢怀疑",从而造成"数

---

① 张枬、王忍之编:《辛亥革命前十年间时论选集》,第 1 卷,上册,第 86 页。

② 张枬、王忍之编:《辛亥革命前十年间时论选集》,第 1 卷,下册,第 912 页。

③ 张枬、王忍之编:《辛亥革命前十年间时论选集》,第 1 卷,下册,第 667 页。

④ 张枬、王忍之编:《辛亥革命前十年间时论选集》,第 1 卷,上册,第 402 页。

千年来思想滞阂不进,学术陵迟,至不可救"的萧条局面。① 他们认识到儒家学说和圣人观念,是专制之土壤,民主之大敌,学术之桎梏。因此"欲脱君权、外权之压制,则必先脱数千年来牢不可破之风俗、思想、教化、学术之压制"②,从而展开了对儒学的批判。对比一下中西学术,就可以发现:西方学术富于创新,自成体系,常常"反乎前说,发明古人之所不及知",而中国学术,只会注疏与阐释,毫无创新之可言,从而造成中国学术的贫困空洞,缺乏生机,更谈不上繁荣。所以说儒学为"不近人情之言","实为人道之蟊贼",是阻碍中国社会进步的一大精神枷锁。"吾国民族之所以积贫积弱,沉沦于苦海而无能自拔者,一言以蔽之,则曰为学说所误而已矣"。③

其次,他们对儒学的代表人物孔子进行了批判。他们认为,即使孔子思想有合理的一面,也只能是时代的产物,绝不能成为超越时空的万世不易的永恒真理的化身。因为历史是不断发展的,思想学说也在不断更新,绝没有静止不变的真理。就是"孔子虽好,必不能合现在的时候了。"④事实上,过去的真理,只是历史的陈迹,许多东西在昨天是正确的,到今天可能变成谬误。"昨日之所谓是,今日之所谓非",因此"不得执昨日之是以为今日之是也",更不能"执今日之是以为明日之是也"。⑤ 衡量是否真理的标准,关键看它能否顺应历史潮流,经得起实践的检验。

因此,思想家们认识到,要想打倒专制与强权,追求自由、民主和平等,就必须来一个思想文化领域的大变革。首当其冲地就是要动摇孔子这个至高无上的神圣地位。思想家们进而提出"孔子革命"的口号。他们认为,孔子不倒,不用说思想解放,就连政治革命也难以彻底成功。"夫大祀之牌位一日不入火刺,政治革命一日不克奏功,更何问男女革命,更何问无政府革命。"⑥俗话说,擒贼先擒王。要想在传统文化的氛围中冲开一个缺口,就必须从孔子革命开始。他们大胆列举了孔子的四大罪状:其一,君主的个人主义,其二,奴隶的为仁学说,其三,冒昧的性命解识,并指出:"使数千年来思想迂缪郁结而不可解者,性命之说也。"其四,迷信的宗教余孽。此外还有鼓吹男女不平等的"男尊女卑"说,言论不自由的"攻乎异端"说,等等。从而对孔子进行了较为系统的批判,开了我国近代思想史上第一次

①　张枬、王忍之编:《辛亥革命前十年间时论选集》,第 3 卷,第 261 页。
②　张枬、王忍之编:《辛亥革命前十年间时论选集》,第 1 卷,上册,第 73 页。
③　张枬、王忍之编:《辛亥革命前十年间时论选集》,第 1 卷,上册,第 402 页。
④　张枬、王忍之编:《辛亥革命前十年间时论选集》,第 1 卷,下册,第 532 页。
⑤　张枬、王忍之编:《辛亥革命前十年间时论选集》,第 1 卷,上册,第 403 页。
⑥　张枬、王忍之编:《辛亥革命前十年间时论选集》,第 3 卷,第 208 页。

怀疑孔子、批判孔子的先河,具有重要的启蒙意义。

2. 对传统伦理道德糟粕的扬弃。首先,指出传统伦理道德的种种弊端。其一,名教杀人。思想家们看到"名教"这个无形的精神枷锁一直在禁锢和束缚着人们的行动和头脑,扼杀了人们的思想与创造。他们指出,统治者为了维系其政权,"于是创为君臣之伦,忠义之说,定之为人纪人纲,制之为大经大法,顺之者为纯正循良,背之者为悖乱恶逆,上以此教,下以此劝,于是乎伪道德之惑乱斯民者,遂深锢于人心而牢不可破。"①这种肆无忌惮地渲染,"非名教之杀人于无形者乎?"②这条无形的精神锁链不知坑害了多少志士仁人,善男信女。因此他们对此表示了极大愤慨。并对那些平日高唱伦理,实际上男盗女娼的无耻文人表示了极大的蔑视,说他们"博带峨冠,高坐讲筵,而迂谈性命之精微,天人之奥妙,安得不令人喷饭也。"③进而对传统道德的社会价值做了估价,指出其社会功能只是起了锢蔽作用。其二,道德的法律化。所谓道德,就是依靠社会舆论、信念、习惯、传统和教育的力量来调整人们之间关系的行为规范的总和;而法律则指由国家制定或认可,体现统治阶级意志,以国家强制力保证实施的行为规则的总和。二者各有其特殊的社会作用,不可混淆。而在当时的中国,道德与法律合二为一,道德取代了法律,道德具有法律的效力和社会功能,这是中国传统道德的一大特征。思想家们对此进行了批判。他们认为"以道德与法律混而为一之,故曰出于礼而入于刑,又曰礼教与刑法相为表里"④进而指出:"道德与法律二者不能相混,道德自道德,法律自法律。"⑤道德具有无限的社会功能,而法律最终要被取缔。"故郅治之世,法律可废,而道德终不可无。"⑥这就比较正确地划分了二者的差异,从而对封建社会道德法律化进行了批判。

其次,要求以新道德取代旧道德。

所谓新道德,就是指资产阶级的自由、平等、博爱;旧道德指封建的三纲五常。辛亥启蒙思想家们指出:要实现人人平等,男女平权,就必须以新道德取代旧道德。他们认为西方的自由、平等、博爱是天然之道德,是天赋予人的,是人生来就有的;而中国的三纲五常,是人为之道德,是强加于人民的。他们说:"有天然之道德,有人为之道德。天然之道德,根于心理,自由平等博爱是也;人为之道德,原于

---

① 张枬、王忍之编:《辛亥革命前十年间时论选集》,第3卷,第494页。
② 张枬、王忍之编:《辛亥革命前十年间时论选集》,第3卷,第495页。
③ 张枬、王忍之编:《辛亥革命前十年间时论选集》,第3卷,第495页。
④ 张枬、王忍之编:《辛亥革命前十年间时论选集》,第3卷,第852页。
⑤ 张枬、王忍之编:《辛亥革命前十年间时论选集》,第3卷,第852页。
⑥ 张枬、王忍之编:《辛亥革命前十年间时论选集》,第3卷,第852页。

习惯,纲常名教是也。天然之道德,真道德也;人为之道德,伪道德也。"①并进而阐述"中国数千年相传之道德,皆人为之道德也,非天然之道德。"②指出那种"抱残守缺之徒,又迂拘拙陋,不知昌明自由平等博爱之真道德,反欲吹纲常名教已死之灰",③是鼠目寸光,短浅之见。所以,要以新道德取代旧道德,以真道德取代伪道德。从而疾呼取消人民对于君主的伪道德,人人平等;取消卑者对于尊者的伪道德,父子平等,长幼平等;取消女子对于男子的伪道德,实现男女平等。

二、辛亥思想启蒙的特点

辛亥启蒙思潮在中国近代文化史上起了承前启后、继往开来的历史作用,它上承戊戌思潮,下启五四新文化运动。在清末民初这个历史的转折关头,从思想上敲响了封建主义的丧钟,吹响了资本主义的奏鸣曲,具有划时代的深远意义。它表现出以下几个特点。

第一,构成上的复杂性。辛亥启蒙思潮不是资产阶级某一派别独立担当的,而是一次中国资产阶级最广泛、最成功的联盟,建立了反对封建主义的思想统一战线。反对专制,要求民主、民权使他们产生了强烈的共鸣。不管是资产阶级革命派,还是改良派,甚至国粹派,无政府主义者,都加入到这个行列中来。虽然他们之间有重大分歧,并且发生了激烈的争吵和论战,但在传播西方民主思想,反对封建文化糟粕,建立资产阶级共和国这些重大原则问题上,却有着比较一致的目标。毋庸置疑,资产阶级革命派起了中坚作用。但是,由于派别复杂,主义分歧,大大削弱了新兴资产阶级反封建的战斗力。这是一个沉痛的历史教训。

第二,内容上的广泛性。辛亥启蒙思潮涉及古今中外,上下东西。不论是梁启超式的输入,还是革命派的鼓吹,都给我们展示了一个崭新的社会画面:法国大革命、美国独立运动、达尔文、卢梭、孟德斯鸠、进化论、天赋人权论、三权分立论、民主、自由、平等、博爱、独立、自主,多么亲切和新鲜的字眼,给了仁人志士不知多少启示和沉思。对中国社会的解剖,又把人们带回这个严峻而冷酷的现实:腐朽专制,愚昧无知,麻木不仁的病态,触目皆是,怎不令志士仁人扼腕叹息,咬牙跺脚。因而思想家们对此进行了淋漓尽致的鞭挞与自省,上到君主官宦,下至庶民百姓,大到国家,小到家庭。这种广泛的社会批判精神,唤醒了一代先进的中国人,功不可没。

---

① 张枬、王忍之编:《辛亥革命前十间年时论选集》,第3卷,第847页。
② 张枬、王忍之编:《辛亥革命前十年间时论选集》,第3卷,第847页。
③ 张枬、王忍之编:《辛亥革命前十年间时论选集》,第3卷,第847页。

第三,强烈的时代性。如果说民主与科学是五四新文化运动的时代精神的话,那么自由、平等、博爱可以说是辛亥思潮的最强音。因为自由、平等与博爱是民主制度的三部曲,是实现民主的必由之路和基本前提。辛亥思潮抛开了戊戌思潮"托古改制"的传统形式,不要孔子,不靠经书,而是公开用"欧洲思潮"来武装自己,重新估价传统文化,剖析国民性,倡导个性解放,号召进行"祖宗革命"、"三纲革命"、"家庭革命"、"妇女革命"、"语言革命",无不具有强烈的时代感。

第四,影响的深远性。戊戌思潮、辛亥思潮和五四思潮是中国近代思想史上的三座里程碑。辛亥思潮起着承前启后,继往开来的作用。它既是戊戌思潮的继续与深入,如前期梁启超、严复起着很大作用,又是五四思潮的酝酿与准备,五四新文化运动的主将之一鲁迅此时已初露锋芒,崭露头角。辛亥思潮提出的"孔子革命"、"语言革命",成为五四思潮的热门课题,"打孔家店",提倡文学革命,不是一下子便喊出来的。如果没有辛亥思潮的准备,就不可能产生五四思潮的总体爆发。国民性的剖析,至今仍有其积极意义。

第五,自身的局限性。辛亥时期的思想家由于忙于策划反清革命,因而没有时间和精力构建自己的理论体系,于是不可避免地造成了自身的局限性。其一,对于西方思想不是融会贯通,合理吸收消化,进而自我创新,而是生吞活剥,生搬硬套。其二,对专制主义的批判,对传统文化的反思,对国民性的剖析,激情多于理性,更谈不上上升到哲学和思辨的高度。其三,没有产生自己的伟大的哲学家、思想家和主要代表人物。孙中山只是辛亥革命中才系统构成了其思想体系。因此,辛亥革命,仅仅只是推翻了一个封建王朝,并没有在文化思想领域发生根本变动。这个局限性的克服,是五四新文化运动所完成的。

第二节　孙中山与传统儒学

中国传统文化是孙中山思想体系的一个组成部分。在《中国革命史》中,孙中山阐发了自己思想体系的渊源。他说:"余之谋中国革命,其所持主义,有因袭吾国固有之思想者,有规抚欧洲之学说事迹者,有吾所独见而创获者。"①固有文化即传统文化,其核心是儒家学说。这里我仅就孙中山如何"因袭"传统文化,对儒学持何态度作点初探。

---

① 广东省社会科学院历史研究室等合编:《孙中山全集》,第7卷,中华书局,1985年版,第60页。

一、孙中山的中西文化观

历史步入近代,西学东渐,欧风美雨,在渐渐冲刷着中国古老社会的残垣断壁,中西文化发生冲突,传统文化受到挑战。中华民族处于生死存亡之紧要关头,蒙受着奇耻大辱。如何抵御侵略,拯救中国？每个人都在思索着,寻找着。当时社会上主要存在三种思潮:一是保守主义的复古派;二是全盘西化派;三是"中学为体,西学为用"派。众说纷纭,莫衷一是。孙中山一反上面三派观点,认为中国既不能全盘西化,更不能全面复古,也不能中体西用。他提出了自己的中西文化观。

第一,一切从革命需要出发。孙中山认为,凡是有益于中国革命事业的好思想,不论古今中外,我们都要学习,为我们所用。他说:"大凡一种思想,不能说是好不好,只看他是合我们用不合我们用。如果合我们用,便是好,不合我们用,便是不好;合乎全世界的用途便是好,不合乎全世界的用途便是不好。"①就是中国的旧道德,"如果是好的,当然是要保存,不好的才可以放弃"。②"使古人为我笔记","以古人之思想,资今日学问"。③ 从这里可以看出,孙中山依据其革命思想的实用论与辩证观点来判断和估量一切思想学说和文化遗产的现实价值,汲其精华,弃其糟粕,从而形成自己博大精深的革命思想体系。

第二,全盘西化不符合国情民性。孙中山认为,传统的民族文化不仅裸露为表面的物,并凝聚成种种制度与习俗,而且沉淀成一种民族心理,中国的社会生活,民族心理和西方大异,因而学习西方要考虑到中西文化背景的差异,不要机械地死搬硬套。他说:"中国几千年以来,社会上的民情风土习惯,和欧美的大不相同"。④ 既然中国的社会和欧美不同,"所以管理社会的政治,自然也是和欧美不同。……如果不管中国自己的风土人情是怎么样,便像学外国的机器一样,把外国管理社会的政治,硬搬进来,那便是大错"。⑤ 但孙中山不是反对学习西方,而是主张根据自己特点,进行借鉴。他认为,就物质文明讲,西方发展迅速,日新月异,远远高于中国,因此,"欧美的物质文明,我们可以完全仿效,可以盲从,搬进中国来,也可以行得通"。⑥ 但就精神文明讲,却不能和物质文明一样机械地输入。

---

① 《孙中山选集》,下卷,人民出版社,1956 年版,第 622 页。
② 《孙中山选集》,下卷,人民出版社,1956 年版,第 649 页。
③ 胡汉民编:《总理全集》,上海民智书局,1930 年版,第 1 卷,第 467 页。
④ 《孙中山选集》,下卷,人民出版社,1956 年版,第 728 页。
⑤ 《孙中山选集》,下卷,人民出版社,1956 年版,第 728 页。
⑥ 《孙中山选集》,下卷,人民出版社,1956 年版,第 729 页。

一方面固然是国情因素,另一方面自然科学和社会科学之间也存在重大差异。这一点孙中山不仅看到了,而且认识还比较深刻。他认为,科学发展一日千里,而社会政治制度却是一个比较相对稳定的因素,有时几千年、几百年沿袭下来。这样,政治的进步远不及科学。因而学习西方精神文明就不能同物质文明一样。"如果我们仿效外国的政治,以为也是像仿效物质科学一样,那便是大错"。① 所以对待这两种文明,应持两种方法,决不能相同,这就是"管理物的办法,可以学欧美,管理人的办法,还不能完全学欧美"。② 他说:"如果一味的盲从附和,对于国计民生,是很有大害的。"③

　　孙中山对近代漠视国情和逃避现实的两种极端心理给予批判。他指出,中国人以义和团为界,从一种极端走到另一种极端,也就是从盲目排外到民族虚无主义。义和团运动前,虽然中国人"早知道外国的好处也是很多,但是全国人的心理,还不相信外国是真有文明",④其"思想则犹是闭关时代荒岛孤人之思想"⑤。闭目塞听,盲目自大。义和团运动失败之后,"中国人的自信力便完全失去",⑥反过来信仰外国,以至于到盲目崇拜。于是孙中山得出这样的结论:"中国从前是守旧,在守旧的时候,总是反对外国,极端信仰中国要比外国好;后来失败,便不守旧,要去维新,反过来极端的崇拜外国,信仰外国是比中国好。因为信仰外国,所以把中国的旧东西都不要,事事都是仿效外国。"⑦对于一些民族虚无主义者主张废掉中国汉字,孙中山表示了极大的蔑视:"彼于中国文明一概抹杀者,殆未之思耳。"⑧从而指出了学习西学的正确途径,即首先要树立民族的自信力,不要妄自菲薄,自轻自贱;又要欢迎世界潮流的冲击,"取那善果,避那恶果。"并"取法乎上,以人之长,补我之短,来改造社会,造福人类",还要"能够照自己的情形,迎合世界潮流做去。"这样,"社会才可以改良,国家才可以进步。"⑨

　　第三,对于中国传统文化,既要继承,又要批判,更要在此基础上有所创造,不要为其所囿,陷入旧思想之中不能自拔。孙中山认为,在世界飞速发展的新时代,旧的思想和传统观念及其心理结构,总是阻碍社会发展和民族进步,难以和新思

---

　　① 《孙中山选集》,下卷,人民出版社,1956年版,第727页。
　　② 《孙中山选集》,下卷,人民出版社,1956年版,第728页。
　　③ 《孙中山选集》,下卷,人民出版社,1956年版,第729页。
　　④ 《孙中山选集》,下卷,人民出版社,1956年版,第725页。
　　⑤ 《孙中山选集》,上卷,人民出版社,1956年版,第164页。
　　⑥ 《孙中山选集》,下卷,人民出版社,1956年版,第724页。
　　⑦ 《孙中山选集》,下卷,人民出版社,1956年版,第725页。
　　⑧ 胡汉民编:《总理全集》,上海民智书局,1930年版,第1卷,第467页。
　　⑨ 《孙中山选集》,下卷,人民出版社,1956年版,第729页。

想同伍,"就人类进化的道理讲,旧思想总是妨碍进步的,总是束缚人群的"。① 因此,要进行革命,要建立一个平等自由的新社会,就必须打破腐朽落后的意识形态,"我们要求人群自由,打破进步的障碍,所以不能不打破旧思想。"②如何打破旧思想,孙中山认为非"从心理入手不可,必人人将旧思想全行消除,换入一副崭新思想,方能成功。"③基于此,孙中山对中国传统思想中一些落后的、消极的部分进行了批判。另一方面,他认为,中国文化之所以经久不衰,作为世界文化的一个部分,必然有精华所在。对此要合理地改造,批判地继承。孙中山对传统文化没有抱住旧的不放,更没有被旧思想所束缚。他能够"用古人而不为古人所惑,役古人而不为古人所役。"④这对我们如何借鉴中国传统文化有一定的启发意义。

二、孙中山对传统儒学的继承、改造与批评

正因为孙中山具备了较为正确的文化观,所以表现在他对中国传统文化尤其是儒学的态度上,既不是全部肯定,也不是全盘抹杀,而是取其精华,弃其糟粕,给以合理地继承、改造和批判,表现了一个民主革命先行者的宽阔胸怀。概括起来讲,孙中山对儒家思想,继承了其民族思想(爱国主义和民族气节观)、和平观念和大同理想,改造了儒家的伦理道德,批判了儒家所宣扬的封建专制、皇权、宗法思想和知行学说,使其成为孙中山三民主义思想体系中的合理部分。

第一,继承与发展。孙中山认为,中国近代之所以一蹶不振,落后挨打,除物质文明不发达外,主要原因是民族精神的丧失。⑤ 什么是民族精神? 他认为,这主要是指爱国主义和民族气节观。因此要振兴中华,就必须恢复民族精神,并发扬光大。于是,他在三民主义中首倡民族主义,并在我国古代思想宝库中发掘民族思想。他认为,"民族思想,实吾先民所遗留。"⑥所以要推翻专制统治及其帝国主义压迫,谋求民族独立,国家富强,就必须将"吾先民所遗留"的民族主义思想,发扬而光大。孙中山对明末儒者,耻食清粟,誓死抗清的民族精神大加赞扬,认为"他们的眼光是很远大的,思想是很透彻的,观察社会的情形也是很清楚的"。⑦必须指出,孙中山强调爱国主义和民族气节观,和封建的种族主义不同,旨在反对

① 胡汉民编:《总理全集》,上海民智书局,1930 年版,第 2 卷,第 347 页。
② 胡汉民编:《总理全集》,上海民智书局,1930 年版,第 1 卷,第 97 页。
③ 胡汉民编:《总理全集》,上海民智书局,1930 年版,第 2 卷,第 916 页。
④ 胡汉民编:《总理全集》,上海民智书局,1930 年版,第 1 卷,第 468 页。
⑤ 《孙中山选集》,下卷,人民出版社,1956 年版,第 637 页。
⑥ 胡汉民编:《总理全集》,上海民智书局,1930 年版,第 2 卷,第 549 页。
⑦ 胡汉民编:《总理全集》,上海民智书局,1930 年版,第 1 卷,第 33 页。

民族压迫和民族特权,并把"民族革命"和"政治革命"结合在一起,从而使其具有了鲜明的资产阶级民族革命的性质,并以此来激励中国革命党人发愤图强,推翻封建王朝,作用是积极的。和平思想属于儒家的道德范畴,也和儒家主张"王道"反对"霸道"相联系。孙中山认为,爱好和平,反对战争一直是中国人民的传统美德。"爱和平就是中国人的一个大道德,中国人才是世界中最爱和平的人。"①"中国人的本性就是一个勤劳的、和平的、守法的民族,而绝不是好侵略的种族。"就是现在"我们四万万人也是很爱和平的。"不过,由于近代失去了民族独立,面临亡国灭种之灾,和平生活遭到破坏。因此,孙中山认为,首先要保证国家独立和民族尊严,然后才能发扬和平精神,才能讲和平美德。"我希望中国永远保守和平的美德","不但是要保存,并且要发扬光大。"②当然这些都是以民族主义完成为前提的。

与倡导和平相联系,孙中山提出了我们现在的文化是"打不平的文化,是反叛霸道的文化"③的口号,具有很大的进步性。当时至少有两个现实意义,一是倡导"王道",与西方帝国主义者所推行的"霸道文化"相对立。他追求的"一切民众和平、平等、解放的文化",有反抗民族压迫与侵略,要求民族独立和主权完整的意义。二是推崇"王道"政治和清朝统治者实行的压榨民众的"霸道政治"相对抗,具有反对封建专制,建立民权政治的性质。

对于儒学中的大同思想,孙中山把它视作自己政治思想的最高理想和最后目的,又作为其世界主义的理论基础。他在《打破旧思想要用三民主义》一文中说:"我们中国二千多年以前,孔子便有这项思想,他曾说过大道之行也,天下为公"。④ 在《军人精神教育》中讲到要打破旧世界,建立新社会,则"必有高尚思想",而这高尚思想,便是指"大道之行也,天下为公"。⑤ 在《建国方略》中,又直截了当地提出:"人类进化目的为何? 即孔子所谓'大道之行也,天下为公。'"⑥在《总理全集》第四册有孙中山亲笔撰写的《礼运大同篇》,更表达了孙中山对大同世界的无限向往和炽热追求。

但孙中山没有停留在对儒家大同理想的简单因袭和机械阐释上。他进而提出了"世界主义"。如何进入"世界主义"? 孙中山认为必须具备两个先决条件。

---

① 《孙中山选集》,下卷,人民出版社,1956 年版,第 635 页。
② 《孙中山选集》,下卷,人民出版社,1956 年版,第 653 页。
③ 胡汉民编:《总理全集》,上海民智书局,1930 年版,第 1 卷,第 273 页。
④ 胡汉民编:《总理全集》,上海民智书局,1930 年版,第 1 卷,第 347 页。
⑤ 胡汉民编:《总理全集》,上海民智书局,1930 年版,第 1 卷,第 257~258 页。
⑥ 《孙中山选集》,上卷,人民出版社,1956 年版,第 142 页。

其一,这种世界主义应当"是从民族主义发生出来的。因此,我们要发达世界主义,先要民族主义巩固才行"。① 实际上就是把民族利益和主权完整作为进入世界主义的前提。其二,必须"在强权打破以后,世界上没有野心家,到了那个时候,我们便可以讲世界主义"②。实际上指出了实现世界主义的前提是消除强权政治,实现民族平等。他认为,如果失去了这两个先决条件,那世界主义可能成为一句空话,且有可能成为帝国主义征服世界、统治全球的借口。他说:"我们受屈民族,必先要把我们民族自由平等的地位恢复起来之后,才配得来讲世界主义。"③我们要"把从前失去了的民族主义,重新恢复起来,更要从而发扬光大之,然后才有实际,再去讲世界主义。"④

但孙中山把"大同"理想和民生主义联系起来,想把政治革命与社会革命毕其功于一役,"同社会主义空想、同使中国避免走资本主义道路、未兮即防止资本主义的愿望结合在一起的"。⑤ 想"一劳永逸,免将来的后患",⑥这就带上了乌托邦色彩。

第二,孙中山对传统儒学的改造。改造儒家思想,主要表现在孙中山对儒家学说新的阐释上。首先是对儒家八德(忠孝、仁爱、信义、和平)给予新的解释并注入新的内容。尤其是对"忠"和"仁"的新解最为突出。忠是儒家所一贯倡守的封建伦理道德,孙中山认为,虽然民国建立,君主不复存在,但忠这一形式还要保存。他把忠解释为一种对国家、民族和人民的义务及责任感。他说,我们"不忠于君,要忠于国,要忠于民,要为四万万人去效忠"。⑦ 这一思想,也表现了孙中山反对专制,为国家献身,为民尽责的革命精神。仁也是儒家所一贯主张的伦理道德之一。孙中山认为古代的"仁",就是近代西方资产阶级启蒙运动时期所倡导的"博爱"。"据余所见,博爱之谓仁"。并且把"仁"分成"救世"、"救国"、和"救人"三类。孙中山最强调救国之仁,即军人之仁,他把"仁"作救国保国,旨在激励革命将士担当大任,完成革命大业。⑧

其次,孙中山对儒家所提倡的格物、致知、诚意、正心、修身、齐家、治国、平天下八目进行了改造。一方面,孙中山认为这是"中国古时很好的政治哲学","像这

---

① 《孙中山选集》,下卷,人民出版社,1956年版,第632页。
② 《孙中山选集》,下卷,人民出版社,1956年版,第626页。
③ 《孙中山选集》,下卷,人民出版社,1956年版,第632页。
④ 胡汉民编:《总理全集》,上海民智书局,1930年版,第1卷,第55~56页。
⑤ 《列宁选集》,第2卷,人民出版社,1972,第425页。
⑥ 《孙中山选集》,下卷,人民出版社,1956年版,第750页。
⑦ 《孙中山选集》,下卷,人民出版社,1956年版,第650页。
⑧ 胡汉民编:《总理全集》,上海民智书局,1930年版,第1卷,第257~258页。

样精微开展的理论,无论外国什么政治哲学家都没有见到",主张"应该要保存"。① 另一方面,孙中山又把此目纳入一种知识范畴,从而减少其伦理色彩。"这种正心、诚意、修身、齐家的道理,本属于道德的范围,今天要把它放在知识范围内来讲,才是恰当。"②他说,要振兴中国,不但要发扬民族精神,而且要恢复民族智能,将道德知识化,就是要求人们学习优秀文化,从个人做起,人人为中国振兴而奋斗。

孙中山认为在孟子学说中,已具有民主思想的萌芽。"其垂为学说,有所谓'天视自我民视,天听自我民听',有所谓'闻诛一夫纣未闻弑君',有所谓'民为贵君为轻'"。"为此不可谓无民权思想矣。然有其思想并无其制度"。③ 这种思想也只"不过是一隙之明。"④正因为如此,他认为,要建立民主国家,传统的民主思想远远不行,还是要"取资欧美"。孙中山用西方思想对孟子学说加以改造,并说明真正的"以民立国之制"及其相关的"中国革命思想",以及"自由平等"的思想,实系"发源于欧美",⑤其企图旨在"集合中外的精华",以建立一个民主自由平等的国家。

第三,孙中山对传统儒学的批判。儒家学说中有着极其腐朽、落后、导致中国社会停滞不前的东西。对此,孙中山进行了深刻的批判。

孙中山认为,儒家所宣扬的宗法思想,只有家族和宗族观念,缺乏民族和国家思想。受儒家思想影响,一般中国人民,"只有家族主义和宗族主义,没有国族主义。……往往因为保护宗族起见,宁肯牺牲身家性命。至于说到对于国家,从没有一次具极大精神去牺牲的。所以中国人的团结力,只能及于宗族而止,还没有扩张到国族。"⑥结果虽然人口众多,实在是一盘散沙。"弄到今日,是世界上最贫弱的国家,处国际中最低下的地位。人为刀俎,我为鱼肉"⑦。他认为,中华民族处于紧急关头,人们如果还是陷在宗法思想的小圈子里,鼠目寸光,中国便有亡国灭种之忧,为此,孙中山大声疾呼,号召人们提倡民族主义,反对家族主义,铲除宗法观念,"结合四万万人成一个坚固的民族。"⑧只有这样,中华民族才有希望,才可以自立于世界东方。

---

① 《孙中山选集》,下卷,人民出版社,1956年版,第653页。
② 《孙中山选集》,下卷,人民出版社,1956年版,第653页。
③ 胡汉民编:《总理全集》,上海民智书局,1930年版,第2卷,第916页。
④ 《孙中山全集》,第5卷,中华书局,1985年版,第188页。
⑤ 胡汉民编:《总理全集》,上海民智书局,1930年版,第1卷,第198页。
⑥ 《孙中山选集》,下卷,人民出版社,1956年版,第590页。
⑦ 《孙中山选集》,下卷,人民出版社,1956年版,第594页。
⑧ 《孙中山选集》,下卷,人民出版社,1956年版,第594页。

孙中山认为,儒家传统的知行观念,即知之非艰行之维艰,往往使人们"把极难知的事,看得太容易,不去深求","把极容易的事视为畏途,不去实行。"①因而他对传统的"知易行难"学说大加批判,把此学说看成是"予生平之最大敌也,其威力当万倍于满清"。因而一反其说,提出"知难行易"。对晚清非常盛行的王阳明学说,孙中山也进行了批判。认为王阳明的"知行合一"学说,"似是而非","不合于实践之科学","究无补于世道人心也"。在对传统知行观批判的基础上,孙中山用近代自然科学知识、科学技术发展史实和资产阶级革命的理论和经验来解释知行,分析并论证行先知后,知源于行和知难行易,建立了他的近代知行观,从而把中国哲学唯物论认识思想提高到一个新水平。

概括起来,我们可以这样说,孙中山对于传统儒学,既不是简单因袭,也不是全盘抹杀,而是一切着眼于中国民主革命的需要,"破旧立新",发扬光大其精华,抛弃批判其糟粕。既受到其积极影响,又在某一方面有所局限。孙中山对于儒学的态度,既和盲目的国粹主义、无知的复古主义不同,又和中体西用派有异。把孙中山说成是儒教的继承者,是对孙中山思想的极大歪曲和肆意篡改。恽代英对孙中山有一个总体评价。他说:

"孙先生生于封建社会的中国,所以他实在是有些封建社会的思想,他不忘东方道德。他叫人注意东方道德,他讲王道,讲公理,这都是东方人的思想。孙先生在封建社会学说教义之中,把其中最好的部分便是仁爱平等的思想接收了,我们说孙中山先生恭维中国文化,这是不错的,不过我们要知道孙先生绝对不是和那些腐儒一样。他是将封建社会中仁爱、平等的空谈,用近代的各种方法实现出来。孙先生东方思想是有的,但不仅是东方思想,他在三十年左右,便受到欧美资产阶级革命与社会主义运动的影响。……在晚年又接受了无产阶级世界革命,便是列宁主义的影响,相信世界革命势力的联合,工人和小农的联合,被压迫民族和无产阶级的联合,所以主张联俄及容纳共产党。孙先生一生都能在各种环境里接受各种进步的思想。"②这一评价,无疑是比较客观、公正的。

第三节 同情·参与·反思——戴季陶与辛亥革命

戴季陶是一个在学界颇多争议的人物,辛亥革命爆发时仅仅 20 周岁。关于

---

① 胡汉民编:《总理全集》,上海民智书局,1930 年版,第 1 卷,第 442 页。
② 《恽代英文集》,下,人民出版社,1984 年,第 749~750 页。

戴季陶的研究,已经取得一些成果。① 相对而言,关于戴季陶与辛亥革命关系的研究一直较为薄弱。为此,本文试图通过同情、参与和反思三个层面,对戴季陶与辛亥革命之间的关系做进一步探讨,以拓展对其思想及实践的认识。

一、中国同盟会的同路人

戴季陶作为中国同盟会的同路人,主要是指其1905年留学日本到1911年下半年加入同盟会这段时间。戴季陶,名传贤,字季陶,晚号孝园,笔名天仇。原籍浙江湖州,1891年生于四川广汉。1905年中国同盟会在日本成立时,戴季陶只有14周岁,在当时的留学生中也只能算是小弟弟。《中国同盟会总章》中对于发展会员没有明确的年龄标准,只是这样规定:"凡愿入本会者,须遵守本会定章,立盟书,交入会捐一元,发给会员凭据。"但参照后来公布的《同盟会公开时代之章程》第五条之规定:"凡中国人已经成年,具普通知识,赞同本会宗旨,由会员二人以上之介绍,经评议部认可者,得为本会会员。"②通过前后比较发现,同盟会成立时,对发展会员还是有年龄限制的,其条件就是"成年"。因此,按照这个条件,14岁的戴季陶是不符合入会要求的。俞尉刚在《戴季陶与同盟会》一文中,围绕前人对戴季陶何时加入同盟会的诸种说法做了详细考辨,否定了戴季陶1909年、1910年加入同盟会的说法,认为"戴季陶大约是1911年下半年在南洋槟榔屿加入同盟会的"。③ 对此,笔者比较赞同。而且,翻阅戴季陶后来撰写的回忆母亲的《黄太夫人哀启》,也明确有"避难南洋,入同盟会"的语句。④

戴季陶尽管参加同盟会比较晚,但他本人与同盟会的历史渊源还是比较深的。十四五岁的戴季陶,时常参加或旁听同盟会的会议,对孙中山及革命党人抱有敬仰、同情和理解,可以说是同盟会的童子军。对此,后来戴季陶多次回忆说:"回想本人第一次见到总理,是在东京同盟会成立的时候,那时本人还是一个十余

① 陈天锡编的《戴季陶先生编年传记》、《戴季陶先生文存》、《戴季陶先生文存续编》、《戴季陶先生文存三续编》等,还有非正式出版的《戴季陶先生年谱资料》(四卷)、王更生著《孝园尊者——戴传贤传》;俞尉刚:《戴季陶与同盟会》,《华东理工大学学报:社科版》,2006年,03期;马佩英:《戴季陶政治思想论》,《史学月刊》,1997年,03期;黎洁华:《论戴季陶的民族主义》,《中山大学学报:社科版》,2001年,01期;周德丰:《评戴季陶的文化哲学与历史哲学》,《人文杂志》,1996年04期;李洪河、阎海涛:《论五四时期戴季陶的社会政治思想》,《理论界》,2006年,第1期;刘利民:《近20年来戴季陶研究综述》,《甘肃社会科学》,2003年,04期等。
② 中国史学会主编:《辛亥革命》,2册,上海人民出版社,1957年版,第7、49页。
③ 俞尉刚:《戴季陶与同盟会》,《华东理工大学学报:社科版》,2006年,第3期。
④ 《戴季陶集》,上卷,上海三民公司,1929年版,第59页。

岁的小孩子,自不敢说从此就认识总理。不过看见总理对同盟会同志的演说,知道总理是一个革命家,想到总理一定是很伟大的。"①"记得从前我们革命党在东京开会,那时我才十五岁,坐在下面静听先进者的伟论。当时有一位感情不知几何热烈的同志,在那儿演说。那时他演说的情形,我现在还记得清楚。他从下面一跳跳到台上,大声三呼:杀,杀,杀!于是全场的感情都紧张起来,同呼杀杀不止!他的革命的感情,可说热烈至极了。"②"在同盟会时代,总理经年在外奔走革命,本人很少有见到总理的机会。总理的家属是住在南洋的槟榔屿,他的两位小姐,每天从我学习两点钟的国文,我虽然常常到他的家里去,可是总理居留在南洋的时候很少,没有同我在南洋晤谈过,因此这时本人对于总理还不大认识。"③俞尉刚在《戴季陶与同盟会》中指出:"从《戴季陶集》来看,最早发表的是 1909 年 12 月到 1910 年 3 月的《宪法纲要》,而最早论及同盟会的文字当是 1912 年 4 月 25 日发表的《天仇之泪》。在这以前有不少谈论政党和批判康、梁及同志会的文字,其主旨是与同盟会相一致的,但都没有提到同盟会的事,而此后在关于责任内阁等问题的文字中多次论及同盟会,强调了同盟会的重要性和无奈的现实状态。"④这段话中,讲戴季陶的政论"其主旨是与同盟会相一致的"的观点,我是完全同意的,但是随后的一句话"但都没有提到同盟会的事",我却不能苟同。我们知道,中国同盟会成立时是个反对满清的秘密组织,一直是清朝统治者镇压的对象。戴季陶作为一个新闻记者,他深知其中的利害关系。因此,在同盟会成为公开组织之前,戴季陶不提同盟会的事,无论是对于自己还是对于革命组织都是一种保护,合情合理。

　　1909 年结束留学,回国谋职,在苏州的江苏地方自治公所担任教习,讲授法学。此时,国内立宪运动持续高涨,戴季陶也一度热衷于讨论立宪问题,撰写了《宪法纲要》、《法学通论》及大量社评,对清政府主导的君主立宪运动寄予希望。有学者指出:"戴氏在此时的政治观点是比较模糊的,相对倾向于君主立宪。"⑤1909 年 11 月,由于人事变动与官场恶习,戴季陶被迫离开苏州,前往上海,开始供职于新闻媒体,特别是在担任《天铎报》主笔期间,戴季陶以其犀利的文笔,敏锐的思想,深邃的洞察力,对上至满清王朝,下至国民劣根性,均做了比较透彻的剖析与批判,展现了戴季陶对民主政治的向往与追求。

① 陈天锡编:《戴季陶先生文存三续编》,"中国国民党中央委员会",1971 年版,第 118 页。
② 中国人民大学中共党史系编:《戴季陶主义资料选编》,1983 年版,第 201 页。
③ 陈天锡编:《戴季陶先生文存三续编》,"中国国民党中央委员会",1971 年版,第 118 页。
④ 俞尉刚:《戴季陶与同盟会》,《华东理工大学学报:社科版》,2006 年 03 期。
⑤ 唐文权、桑兵编:《戴季陶集》,前言,华中师范大学出版社,1990 年版,第 2 页。

其一，介绍西方近代文化，倡导思想自由。戴季陶留学日本的目的之一，据他后来回忆说："当时我们最大的希望，我们最出劲干的，就是要想把欧洲的文化全部运输到中国来，改革我们的中国。"①因此，戴季陶充分利用媒体，介绍和宣传西方近代思想，以启迪国民，唤醒民众。在《人道主义论》、《社会主义论》、《无政府主义之神髓》等论文中，戴季陶对这几种在当时颇具影响力的西方思潮给予高度评价。关于人道主义，他说："人道者，仁道也，爱人之谓人，即爱人之道而已。人道主义四字，今之政治家望而疾走，一若言及人道，则绝对反抗政府者。夫人道主义诚与政府为敌，然所反对者，野蛮之政府也。苟政府而亦以仁为心，爱民如一，则人道主义且欢迎之不暇，又何反对之。"②关于社会主义，他说："社会主义者，人类之福音也，除魔之天使也，社会幸福之大则也，世界平和之始基也。凡以上所举富者贵者之跋扈，君主政府之专横，贵族大臣之骄奢，皆于社会主义昌明后可以除之。"③戴季陶指出："社会主义者，人道主义者，世界主义也。凡为人类，凡为组织社会之一分，苟尚有半点良心者，其对于社会主义无不赞同之。"④关于无政府主义，戴季陶指出："无政府主义则唱人道之真平等真自由者也。盖政府存在一日，则恶政府一日不灭。""其反对者，非无道之政府，则恶劣之官吏，再不然则横暴之资本家也。"⑤在《今年逝世之两大伟人》中，戴季陶对托尔斯泰、南丁格尔给予崇高敬意。他说："托尔斯泰者，世界之大父也。其心性则慈善，其宗旨则纯正，其人格则高尚，其主张则自由平等，至于文章才华犹余事也。世界人士受先生感化者，不知几万万人。以俄国政府之专横，亦且重之敬之。大哉先生，美哉先生，而竟逝世，吾为世界人士痛哭之不置也。娜丁格尔女士者，世界之大母也。人格、心性、宗旨、主张，与托尔斯泰先生同一慈善纯正高尚自由平等也。自女士发起红十字会而后，各国军人其受赐岂浅鲜哉！以'天使'呼之，诚至当也。大哉女士，美哉女士，而竟逝世，吾亦为世界人士痛哭之不置也。"⑥戴季陶对西方近代思潮的介绍，一定程度上弥补了革命党人在思想理论宣传上的不足。

其二，激烈抨击满清王朝，表现出强烈的政治批判意识。戴季陶指出："二十世纪之国家，人民的国家也。二十世纪之政治，人民的政治也。二十世纪之法律，

① 陈天锡编订：《戴季陶先生文存》，第2卷，"中国国民党中央委员会"，1959年版，第501页。
② 唐文权、桑兵编：《戴季陶集》，第102页。
③ 唐文权、桑兵编：《戴季陶集》，第171页。
④ 唐文权、桑兵编：《戴季陶集》，第252页。
⑤ 唐文权、桑兵编：《戴季陶集》，第253页。
⑥ 唐文权、桑兵编：《戴季陶集》，第252页。

人民的法律也。故共和政治为最进化之政治,而自治制度为最进化之制度。"①按照这个新标准,清政府已经失去了统治资格,其执政合法性也受到质疑。戴季陶认为,从 1910 年开始,清政府已经面临全面危机,内忧外患,朝不保夕。他说:"列强环伺,土地日削,国权日堕,危殆险迫如垒卵之今日乎?英兵则迳据片马,俄则行遣军使于吾国,日本则眈眈逐逐,欲遂其东进西进南进北进之心已久,法则指戈而北之志愈坚。此外患也。亲贵专横,民贼猖獗,人民之自由日夺,社会之秩序愈紊。此内忧也。"②因此,戴季陶将清政府定位为恶政府,警告国民不要对此存有幻想。他说:"今日之政府,恶劣专横之政府也。其对内也,手段极其恶辣,限制极其严密。而对于外人,则除退让断送之外,无他术。"③戴季陶又说:"吾国今日之现状,自政府以至于人民,腐败堕落极矣。"④失望、愤恨之情溢于言表。

清政府为了缓和国内矛盾,挽救统治危机,从 1906 年起实施以君主立宪为目标的政治体制改革。1909 年到 1911 年恰好是这一运动的高涨期。对此,戴季陶敏锐地观察到,清政府所谓的改革,纯粹是缓解统治危机的权宜之计,并不是想彻底完成政治转型,实行民主立宪政治。因此,戴季陶对清政府的立宪做了系统批评。如实行官制改革,就变相为给官员涨工资。他说:"改革官制之举将行,而加增官俸之说遂炽。呜呼!今日之政治,其一举一动未有不先以皇室亲贵官吏为前提者。皇室之经费如何也,亲贵之权利如何也,旗民之生计如何也,官吏之俸禄几何也,人民未受新政之半点利益,而实际上之负担则不知加增几许。未有改革政治之说以前,政府犹畏人以聚敛奢侈病民等词责之也,而今则侈口于泰西之政治,于是专制之政体益固矣。悲哉!"⑤戴季陶指出,清政府所导演的立宪,完全是一场愚弄人民的骗局。他说:"庚戌(1911 年)之政府,皇族专横之政府也。数年来,朝廷日以立宪召国民,人民以朝廷以至诚待人也,亦无不以至诚报之。然执意'立宪'二字,实政府愚民之手段耳。自调合满汉之说起,朝廷谕旨皆以'不分畛域,汉满并用'为言,实则畛域之见日甚一日,不惟私于满人,且私于亲贵。枢政要津,无不以近支王公贝子贝勒任之。军机也,陆军也,海军也,内政也,外交也,其权同归于皇族。王子王孙充满朝局,不问其智识如何,学术如何,经历如何,年岁如何,苟为竹圆一业即可专揽大政。资政院者,国民议会之基础也。而其议长之位亦委之于贝子。嗟乎!皇族神圣,小民蝼蚁;皇族万岁,小民万死;皇族万能,小民鹿豕。

①　唐文权、桑兵编:《戴季陶集》,第 273 页。
②　唐文权、桑兵编:《戴季陶集》,第 268 页。
③　唐文权、桑兵编:《戴季陶集》,第 259 页。
④　唐文权、桑兵编:《戴季陶集》,第 266 页。
⑤　唐文权、桑兵编:《戴季陶集》,第 189~190 页。

吾不禁为吾侪小民哭矣。"①1911年5月,责任内阁宣布组成,总共13个国务大臣中,皇族占了9位。被人称之为"皇族内阁"或"亲贵内阁"。其实,早在四个月前的1911年1月18日,戴季陶就写了《皇族内阁》一文,早已作出了"将来之内阁,皇族内阁"如此精确的预言。他说:"组织内阁之议定自朝廷,组织内阁之实发诸皇族。此外之大员,绝无可作总理大臣之希望也。此外之自命政治家者,更绝无可作各部大臣之希望也。享此特权者,皇族而已。故吾敢绝言之曰:将来之内阁,皇族内阁也。"②对于预备立宪机构、未来国会——资政院,戴季陶通过对议员之知识、议员之政党、议员之良心等的分析,同样表示悲观失望。他说:"今日之资政院,其于人民有害而无利也。以人民之脂膏而供此辈自私自利之民贼,且从而刮剔之,冠裳倒置,不亦悲乎!"③

　　康有为、梁启超、杨度等人积极赞赏并参与了清末君主立宪运动。对此,戴季陶予以抨击。他说:"康有为、梁启超辈人格之卑劣,全国人士所共知也。议员等不惟不排斥,且从而欢迎之,假名为'开党禁'。夫康有为、梁启超辈政纲何在耶?既无政纲,则必不能谓为政党。"④在《哭庚戌》一文中,戴季陶将康有为、梁启超、杨度等人称为"旧民贼",将孙洪伊、易宗夔、雷奋等人叫做"新民贼",一一予以讽刺、臭骂。他说:"康有为、梁启超、杨度、顾鳌等旧民贼而复活于庚戌年者也。康梁之罪,吾已屡次笔诛之,其罪恶已大曝于天下。稍有人心者,无不洞烛其奸。杨度亦数年前之自命志士者也,今则以一四品京堂数百薪资,竟甘愿自卖其身于专制政府之下,而更俨然自得。吾国今日政府愚弄人民之罪恶,杨度教之者十七八。""孙洪伊、易宗夔、雷奋、王敬芳等新出现于运动界之民贼也。……雷奋、易宗夔等以人民代表之议员,而甘为诸民贼作嫁,借资政院之名附会卖国奴,而孙洪伊、王敬芳等更狼狈为奸,不顾国民之生死存亡,惟求个人之富贵利禄,致无知愚氓惑于伪语,认仇作父,于庚戌国民史中存一大污点。"⑤对于康有为、梁启超主导的保皇会的政纲及其活动,戴季陶也予以批评,认为其并没有崇高的政治追求,只是欺骗而已。他说:"康有为、梁启超等无所谓宗旨也,无所谓学问也,其言其行,诈欺而已,其目的金钱而已",最终得出了"康、梁者,大骗子也"的结论。⑥ 在此,

---

① 唐文权、桑兵编:《戴季陶集》,第241页。
② 唐文权、桑兵编:《戴季陶集》,第236页。
③ 唐文权、桑兵编:《戴季陶集》,第237页。
④ 唐文权、桑兵编:《戴季陶集》,第238页。
⑤ 唐文权、桑兵编:《戴季陶集》,第248～249页。
⑥ 唐文权、桑兵编:《戴季陶集》,第281页。

戴季陶将政见分歧者视为"大骗子"、"狗彘不食之人",扬言要"食其肉寝其皮"①,属于愤激偏颇之语,反映了其局限性。但从当时的特定时代分析,却表现了戴季陶鲜明的不妥协的革命立场。

其三,鼓动革命,主张通过武力推翻满清王朝。君主立宪道路既然不通,革命自然是一种不错的选择。戴季陶利用国内媒体呼吁革命,将海外革命的声音传播到国内。需要指出的是,由于特殊的时代条件及戴季陶个人的因素,这种鼓动革命的声音还是比较微弱的,比起当年邹容的《革命军》来,有不少距离。国会请愿运动失败后,戴季陶预言"政府党与人民必有血肉之激战"。他说:"今后之国民幸福,绝非可以平和而得,政府党与人民必有血肉之激战。渐进而中立观望者亦渐知人民之天职而反对政府,又渐而政府党中有以天良发现而反对政府者有之,有势力不敌而依附人民者有之。而兹而后,恶劣政府之生命绝矣。"②也就是说,清政府的末日快到了。因此,戴季陶号召民众以"热血黑铁"的暴力方式,推翻清朝统治。他说:"今则政府之心毕现于二十三日之上谕矣,国民若尚有一线之血气未死,而欲享自由之幸福乎,唯热血黑铁而已。""当此之时,吾民之急宜注意、急当奋兴者,武力之奋斗而已矣,强硬之反抗而已矣。"③1911年初,戴季陶则明确发出了辛亥革命的呼吁。他说:"辛亥年者,皇族与平民激战之好时期也。"④号召人民在辛亥年发动革命,与清政府决一死战。

总体来看,当时的戴季陶虽然不是同盟会员,没有带上革命者的标签或符号,但他的言论,却表明他反清的革命立场还是挺坚定的。在理想和追求上,他已经与同盟会员高度契合,融为一体。从形式上看,他固然不是一个革命党人,但从内容上看,他早已超越改良而成为一个激进的革命党人。戴季陶对满清王朝腐朽统治的批判,对君主立宪运动及康有为、梁启超的批判,敏锐预见并较早嘲讽"皇族内阁",以及他对清末君主立宪运动"名虽立宪,实则专制"的精辟概括,⑤无不显示出他那敏锐的政治观察力。

二、辛亥革命的参与者

戴季陶因为在《天铎报》激烈反满的思想言论,触怒了两江总督张人骏,面临被拘捕的危险。为了躲避拘捕,戴季陶不得已远避南洋。在槟榔屿,戴季陶参与

---

① 唐文权、桑兵编:《戴季陶集》,第281、278页。
② 唐文权、桑兵编:《戴季陶集》,第197页。
③ 唐文权、桑兵编:《戴季陶集》,第198、269页。
④ 唐文权、桑兵编:《戴季陶集》,第241页。
⑤ 唐文权、桑兵编:《戴季陶集》,第217页。

主办《光华日报》,全力鼓吹革命。1911 年下半年加入同盟会,开始以一个革命者的身份参与反清革命大业。1911 年 4 月 28 日到 1912 年 3 月 28 日历时 11 个月的时间,是戴季陶思想言论的一个空白期。在唐文权、桑兵编辑的《戴季陶集 1909 ~ 1920》一书中,这段时间没有任何戴季陶的文字。于是,戴季陶在南洋的活动、言论以及何时加入同盟会,至今依然是一个谜。

武昌起义发生后,戴季陶回国投身革命。戴季陶参与辛亥革命的具体活动,概括起来,主要有这么几次:参加武汉保卫战和攻打招商局的战斗;参与了上海光复的筹划和行动;秘密潜入大连,筹划和组织了东北光复,革命党人蓝天蔚就任关外大都督后,戴季陶被委任为关外都督府交通部长。这个职务,也是时年 20 周岁的戴季陶在辛亥革命中所担任的最高职务。因此,后来戴季陶在回忆他与辛亥革命的关系时,主要强调了他参与东北光复的经历。戴季陶回忆说:"直到辛亥年阴历八月十九日(阳历十月十日),革命党在武昌起义,各省纷纷响应,我才由南洋动身到东三省去。这是我第一次离开文字生涯,直接接受总理的命令,从事于革命工作。"①随后,南北和议成功举行,中华民国建立。戴季陶的主要工作回到老本行。1912 年 3 月,戴季陶与周浩在上海共办《民权报》,以"为本党宣传革命主义"为宗旨,激烈反对袁世凯专制独裁,鼓吹继续革命,在当时产生了重大影响。当时,中上层知识分子普遍喜欢阅读政治态度比较温和的《民立报》,"但一般革命热情较高的读者和向往革命的青年学生都欢迎《民权报》"。② 总的来看,戴季陶在辛亥革命中的贡献不是在军事及武力反清方面,而主要表现在舆论宣传和时政评论上。下面对此作一梳理和分析。

其一,议会政治与民主选举。南北新旧政治势力相互妥协中建立起来的中华民国政府,其中隐含着巨大的矛盾和冲突。在以孙中山为首的新的政治势力看来,建立中华民国,就必须实行以议会为主导的立法、行政、司法三权分立,政党轮替,地方自治,新闻出版自由,共和政治替代君主统治,民主政治取代君主专制;在以袁世凯为首的旧的政治势力看来,建立中华民国,只是一种政治统治的更替与政治权力的重新分配,什么三权分立,什么民主共和,都不过是形式与幌子,中国文化与传统的现实国情决定了中国只能是强人政治或权威政治,西方式的民主共和在中国缺乏基础和土壤。因此,在民国初年,两派围绕内阁制与总统制产生了激烈争论。革命派主张实行内阁制,目的是防止总统专权;袁世凯等主张实行总统制,要求议会依附总统,行政优先立法。对此,当时讨论极为热烈。戴季陶从革

① 陈天锡编:《戴季陶先生文存三续编》,"中国国民党中央委员会",1971 年版,第 118 页。
② 转引自黎洁华等:《戴季陶传》,广东人民出版社,2003 年版,第 39 页。

命者的立场出发,主张建立议会制度,实行一院制,现任官员不得担任议员。他说:"国会者,人民之发言及监督政府机关,而国家之立法机关也。故若不认国家之成立,由于民意,则亦已耳。若此论不能摇动,则国会之必非由纯民意组织而成者,必不能有国会之价值。且国会所以与行政机关并立,而行政官所以不能作议员者,其根据即在此。盖议会纯为代表人民之机关,议员纯为人民之代理者,其间决不带政府之臭味也。若其界限不明,则与政府机关之报纸舆论,实同一价值也。故主张一院制,实为根本上立论。今日中国,吾人所以主张一院制者,盖不欲于国民议会中再生一阶级。"①一院制即参议院,前提必须是"国民之正式选举"。他说:"以法理及办法论之,惟有先由各省全部改选议员,另组织新省议会,再由省议会互选议员,组织国会,然后国会之价值定,人民之公意合,庶稍有裨于共和前途,始能与共和之义符。"②戴季陶认为,成立国会是解决国政的前提条件。他说:"国会不成立,则国政无解决之一日。"③在此,戴季陶不断呼吁通过选举产生国会。他指出:"立宪政体之精神,无论为君主,为共和,莫不在于选举。故国会即为国家之精神,地方议会即为地方之精神。无完全之国会,则其国必为专制,无完全之地方议会,则其地方必为专制。若徒冒共和之名,而不实行正式选举,则较君主立宪之国,尚且不及,遑言共和? 故今日而欲争理政务,使一切行政事宜,皆归于理,以洗旧日专制之毒,则非全国改弦更张,以组织正式之民选议会不可。"④因此,在国会没有产生之前,戴季陶不遗余力地鼓吹选举,认为如果解决了政治架构问题,不但能够调动民众的政治参与热情,而且其他诸如财政、军政、外交、内治等问题也能得到有效解决。他说:"虽然,今日之参议院,其形式上固立于立法之置位者也,则要求速议决选举法,而正式宣布之,而国会,而省会,而县会,皆一律组织完全,人们早一日实行选举,则对于国家之责任心,可日增高度。国家有正式之立法机关,则国家之组织,始可称完备。中央政府及各省之行政官厅,有监督之机关,则职权可易归统一,而后财政问题也,军政问题也,外交问题也,内治问题也,始可相率就绪。"⑤戴季陶总结说:"由是观之,财政问题,为目前救亡之一大问题,而选举问题,实为中华民国建国根本上之问题。此二问题不解决,则一切问题,皆无从着手也。"⑥在权力架构上,戴季陶认为国会应该超过总统,总统不能有解散国会之

① 唐文权、桑兵编:《戴季陶集》,第 325 页。
② 唐文权、桑兵编:《戴季陶集》,第 327 页。
③ 唐文权、桑兵编:《戴季陶集》,第 333 页。
④ 唐文权、桑兵编:《戴季陶集》,第 404~405 页。
⑤ 唐文权、桑兵编:《戴季陶集》,第 405 页。
⑥ 唐文权、桑兵编:《戴季陶集》,第 406 页。

权力,而应该受国会约束,"宁可议院专制","绝不能仍总统专制"。他说:"且此次《约法》所以不认大总统有解散参议院之权者,盖以吾国共和制度新立,国基未固,若与大总统以过大之权,恐且有野心家利用之,以帝制自为。今日吾国之状态,宁可议院专制,使法制有可改良之极,决不能仍总统专制,启后世专横之祸。"①戴季陶指出,实行政党政治是解决中国危亡的唯一途径。他说:"故欲救中国危亡,定政府之内讧,以唯一之政策,收健全之效果者,舍完全之政党内阁而外无他策。"②他认为,议会政治、政党内阁是民主的重要组成部分,对其态度决定了其政治倾向。

其二,剖析同盟会。在戴季陶看来,一个真正的现代意义上的政党,必须有明确的主义、政见与政纲。通过认同相同的主义、政见和政纲,进而组成一个强大的团体,充分利用议会这个政治平台,阐发自己的主义、政见和政纲,使其在政治上有所作为。他说:"政党以政治为前提,即以政见相结合。故政党者,党于主义,党于政纲,而非党于人也。主义之发生也,每渊源于学说。而学说之发生也,更不能离乎事实。故政党之主义,即由政治上之经过或社会之研究而来者。主义既定,乃有政纲。政纲者,施其主义于政治上之纲要也。政纲既定,政策乃生。政策者,准据其主义,实行其政纲于政治上之方策也。"③当然,这是比较理想的政党。但在现实政治生活中,始终存在着截然相反的两种政党。一种是"能于一切政治上之设施,细心研究而熟筹之,定公正之政纲,为健全之进行,则国民因政党诸公促进之力,获美善之法律政治,享自由、平等、博爱之福";另一种是"徒结虚名之团体,图党员之增多,而略于促进政治之方策,坐令政治上之实权实力,悉归诸野心家,或无政治能力者之手,将来之政治法律,仍腐败如曩者,而国民亦徒得共和之美名,受专制之实祸"。④

对于同盟会在近代中国革命中的作用与地位,戴季陶给予高度评价。他说:"同盟会者,中国之革命党也。在共和未成,同盟会未改为政党之前,同盟会所守之主义,曰民族主义、民权主义、民生主义三者而已。中国之革命,由于政治不良而生,而最能引起一般人民革命之思潮,即种族问题。是故中国革命之成功也,不曰'革命成功',而曰'光复',此二字实吾国革命史最特色之一也。又进政治革命,废君主而为共和,是亦主义贯通之一事实也。又进则社会革命,此即改为中华

---

① 唐文权、桑兵编:《戴季陶集》,第 478 页。
② 唐文权、桑兵编:《戴季陶集》,第 436 页。
③ 唐文权、桑兵编:《戴季陶集》,第 406～407 页。
④ 唐文权、桑兵编:《戴季陶集》,第 317 页。

民国同盟会一政党后,所以执民生主义,即国家社会主义之所以也。"①

但对于革命胜利后的同盟会,戴季陶对其表示失望和不满。他说:"天仇前十日尚作箴政党之文矣。嗟乎,孰意可悲可哭之事,竟有甚于前日之所言者乎?昨日之同盟会上海机关部成立会,其现状若何?身临会场者,未尝不为同盟会哭,为中国政党哭,并为中国哭也。天仇同盟会人也,然为同盟会之前途、中国政党之前途及中国国民之前途计,殊有不能已于言者。夫同盟会者,非人人知其为中华民国开国之唯一政党乎?其现状胡为若是之可悲也?且政党所以谋政见统一,即所以谋国民进行一致。此一小部分中之分子,犹不能统一,且不能求一小时一刻一分之统一,则所谋全国统一,求国利民福者果何在哉?"②关于会场的混乱状况,戴季陶用其记者的视角,作了极为生动的现场报道:"始也,无明白之宣布,是办事人无秩序也;既则已经明白宣示,而众人全不能了解,是会员无秩序也。名称问题,一言可决者也,而彼此争持;争之不已,继以骂詈嘲笑,会场秩序遂至大乱。悲观者怆然去之,其留者,立者立,坐者坐,喁喁私语者,垂头丧气者,哑然独笑者,纷杂错乱,不可名状。"③如此现状,只有让戴季陶"欲哭之而无泪"了。对于同盟会一盘散沙的历史原因,戴季陶作了分析。他说:"当组织之初,总理之任人,既未免失之轻,而愿任事者之自信,亦未免太过,能任事者,则又放弃其责,致组织之初即不周密,会场主持更无条理,分子不健全为根本问题,而会场秩序所以紊乱,吾殊不能为执事者谅也。"④在戴季陶看来,一个政党内部尚且不能统一,还谈什么世界统一、国家统一,以此资格去提倡主义,不过幻想罢了。因此,戴季陶对新旧政党均表示失望。他说:"今一党之一部分且不能统一,所谓国家主义、社会主义者,亦幻想而已矣。夫新组织之党,吾已深具悲观,而旧有之党更足令吾痛哭。"⑤

1912年6月,因为袁世凯专断及政党政争,唐绍仪辞去国务总理一职。对此,戴季陶连续发表政论,反对混合内阁,主张建立政党内阁,完成政治转型。戴季陶认为,唐绍仪内阁垮台的原因,表面上看是政见分歧,实质上是党争所致。他说:"唐之为总理也,共和党中人极力欲推翻之。夫欲推翻唐绍仪一人,在事实本可不必十分研究。独怪所以欲推翻之者,其主张并不因唐之政见如何,亦不因唐之政策及手段与共和党反对否,不过以唐为同盟会员,遂非推翻之不可。此为可怪耳。天仇亦曾著论斥唐之非矣,然天仇之所以斥之者,盖天仇对于政治上之意见,以为

---

① 唐文权、桑兵编:《戴季陶集》,第432～433页。
② 唐文权、桑兵编:《戴季陶集》,第360页。
③ 唐文权、桑兵编:《戴季陶集》,第360页。
④ 唐文权、桑兵编:《戴季陶集》,360～361页。
⑤ 唐文权、桑兵编:《戴季陶集》,第361页。

国家危急之时,不可借款,条件失败,不可借款,无统筹全局之明细预算,尤不可借款。熊希龄所为,正举吾之政见而反之。而熊之所以如是者,唐实尸其咎。故唐虽为同盟会之重要人物,而天仇不私为之辩护者也。至若不问其政见之若何,熊希龄为共和党中人,则非运动之为总理不可,唐绍仪为同盟会中人,则非反对之排斥之不可,徒为一人一党之荣辱,而置国家于不问,嗟乎!"①戴季陶将此次共和党倒阁行为称为"政海之恶潮",是完全不顾国家民族利益大局的自杀举动。他指出:"比日以来,共和党之报纸,反对同盟会益烈,言论态度,一若发狂。盖其意,则唐之去,尽全力以反对同盟会,惟欲使同盟会失败而已,国家之存亡不顾也,则所谓外交问题也,边防问题也,工商问题也,军事问题也,更置之不顾也。嗟乎! 吾不知以国家政治为前提之政党,其行为之卑劣,道德之堕落,何竟若是。虽然,同盟会之价值,不必因共和党之攻击而遂丧失也,共和党之价值,更不必因攻击同盟会而遂增加也。国事危矣,外人之侵略,以及我之腹心矣,一旦国亡家破,共和党人亦为奴隶而已。"②政党倾轧造成政局不稳,国内政治处于无政府状态,新生的中华民国迟迟不能获得国际社会的承认,险象环生。对此,戴季陶表现出无限担忧。他说:"唐绍仪出京后,北京之政界,竟成一纷乱之世界,而国家亦遂陷入无政府之状况。""嗟乎! 时局危急矣。满蒙之亡,既在旦夕,疆藏之危,即在目前,而山东之德,云南之英,固日伺可乘之机而肆其侵略手段也。""中国当贫弱危亡之秋,再使农荒其田,商荒其业,全国之大乱立起矣。且外人之承认问题,所以不能即见诸事实者,盖见我之政府,我之国会,皆在未定。前三日外电亦谓外人俟中国国会开后,始行承认民国。则当此临时政府期内,若不急图政府之健全,促国会之成立,恐未承认而干涉至矣。""嗟乎! 中华民国可以亡矣。"③戴季陶如此激烈批评共和党人,目的是捍卫新生的中华民国,在舆论上澄清对同盟会的各种妄评,用心良苦。

　　1912 年 5 月,参议院议决国会应采用两院制,定名为众议院与参议院。8 月25 日,同盟会、统一共和党、国民共进会等合并组建国民党,推孙中山为理事长。在宋教仁的积极推动下,国民党开始全力投入议会竞选。对此,戴季陶给予认同,并予以高度评价。戴季陶认为,中华民国作为中国由君主专制向民主立宪政治的转型与过渡时期,必然会产生进步与保守两种政治势力的激烈较量。大致而言,主张三民主义的革命党人与主张社会主义的激进党人形成进步阵营,主张君主专

---

①　唐文权、桑兵编:《戴季陶集》,第 426 ~ 427 页。

②　唐文权、桑兵编:《戴季陶集》,第 429 页。

③　唐文权、桑兵编:《戴季陶集》,第 429、431 页。

制与君主立宪者形成保守阵营。"为民主立宪政治而争战者,至今固甚占势力。而为君主专制而争战者,亦甚欲维持其势力。"①进步与保守势力的较量将是一个长期的过程。进步势力要战胜保守势力,必须发展和扩展其阵线,同盟会联合其他政党组建为国民党,便是进步力量大联合的展示。戴季陶说:"当此时也,进步派之人士,苟不互相联络,互相结合,为一致之进行,则进步党之势力失,保守党之势力盛,共和之维持不可期,而少数人政治上之专横将复活矣。为维持国民公意建设之共和计,并合主张进步之党为一,以谋政治上之统一,盖事实上所不容缓者,此国民党之所以成立也。"②戴季陶指出,国民党是中国进步力量的结合,其具有的"猛勇精进"的精神,将是中国新生的希望所在。选择国民党,中国就有复兴的希望;选择共和党,中国可能就面临亡国危险。他说:"'国民党'三字,今则不过初在北京扬呱呱之第一声,其结合之程度,以及将来之发展如何,皆在未知之数。惟吾人自思想上、历史上观察之,则国民党所以成立者,盖进步之国民所结合也。夫今后中国之国力,日进月步,非为最大速度之猛进不可,而一般国民,对于国家事业社会事业上,非以猛勇精进之毅力以维持之不可。不进则退,不强则亡,敷衍旧日之行动,运用旧日之人才,以维持现状,为永久之计划,是终非计也。故今日勿论彼共和党之主张若何,党纲若何,党德若何,而以时势论,亦绝不能使今日之中国日趋于强盛,即彼保守之性,已足亡中国而有余。此吾所以深望进步之国民结合大政团,以猛勇精进之精神,抗委靡腐败之国家也。"③戴季陶对国民党寄予很大期望,"今首倡革命终成大果之同盟会,既与其他拥护共和之党派相提携,而组织国民党,则回思革命失败之原因实况,再不能容此辈守旧之人物,专制之习气,存留于政治界、事业界。以猛进精进之精神,造成进步之国民的国家,而图中华民国政治上、道德上、科学上、思想上之发达,是即中华民国前途之大幸也。"④

其三,抨击袁世凯。袁世凯作为辛亥革命中一个极其重要的当事人:清朝政府危机时刻任命的总理大臣;中华民国首位正式大总统,其政治角色的突然互换,一直到现在也是学者不断述说的历史话题,争论不休。不论是说他窃取革命果实也好,还是说他出任大总统是历史的选择也罢,那都是事后研究者从不同视角所得出的结论。我们还是把镜头移到历史现场,通过戴季陶的眼光,仔细考察一下戴季陶笔下的袁世凯。粗略翻阅戴季陶文集,我们发现,从袁世凯上台伊始,戴季

---

① 唐文权、桑兵编:《戴季陶集》,第511页。
② 唐文权、桑兵编:《戴季陶集》,第511页。
③ 唐文权、桑兵编:《戴季陶集》,第512页。
④ 唐文权、桑兵编:《戴季陶集》,第513页。

陶就连续发表了《胆大妄为之袁世凯》、《袁世凯之罪状》、《讨袁世凯》、《袁世凯专横无道》等文章,对袁世凯的专制独裁做了系统揭露和批判,具有重要的现实意义。概括起来,主要有以下几个方面:

第一,袁世凯背离民意,肆意打压、排斥和残害革命党人。在中华民国内阁组建上,对黄兴出任陆军总长出尔反尔,以工商、农林等"于重要国权无甚关系之位置"安排革命党人。戴季陶指出:"袁氏既电孙总统慰留黄兴,又使唐绍仪面留,措辞恳切,木石生感,经几次磋商,黄兴始允继任。及唐电告袁氏,袁忽反悔,谓陆军非段祺瑞不可,不然,彼则辞总统之职。前后判若两人,显系另具野心,故意要挟。盖恐陆军之权,操诸民党,将有不利于彼也。""且对于革命中健全分子,置之又恐民党反对,用之又恐阻其私图,故仅以工商、农林等,于重要国权无甚关系之位置,令民党中有声望者居之,用心之狡而险,尽已至已。谭人凤宿学名士,向称刚直,又负时望,仅位以粤汉路督办,此尤险狠之最者。就此种种观之,袁世凯之用心,盖昭然若揭矣。"①张振武为武昌首义之元勋,威胁到黎元洪的地位。黎元洪利用袁世凯各省指派两名代表到北京开会的名义,与袁世凯秘密合谋杀害了张振武与方维。对此卑劣行径,戴季陶予以揭露。他说:"袁世凯利用此机会,既可以多杀革命健儿,又可藉以买黎元洪之欢心,一举两得,何乐不为。张、方遂于此袁、黎阴谋之中,不知不觉而丧其生命矣。张、方之被杀也,袁世凯与黎元洪谋杀之也。义愤所激,全国忿痛,以软弱无能之参议院,亦愤激而欲提出弹劾案。"②戴季陶指出,"张振武固无政治上犯罪之证据,而袁世凯之杀之也,则有政治上之意思。盖不容革命起义者之再为政治活动而已"。一针见血地戳穿了袁世凯残害革命党人、消灭潜在政敌的龌龊心态。戴季陶强调,袁世凯的行为严重违反了民国法律,属于犯罪。他说:"袁世凯之行为,非特违法,破坏法律也,破坏约法也。""袁氏之行为既为侵害国宪,即为犯叛逆罪之一项,即所谓破坏宪法之罪也,是即叛逆也。"③1913 年 3 月,国民党灵魂人物宋教仁在上海遇刺身亡。即便遇害人宋教仁在弥留之际还对袁世凯抱有期望,社会舆论要么将此事归结于党派政争,要么认为是南北政见分歧所致。对此,戴季陶旗帜鲜明,明确提出这是"专制与共和之激战",矛头直指以袁世凯为首的中央政府。他说:"今日者,中国之政治上人物,乃为穷凶极恶之杀人犯,政府之机要机关,乃为穷凶极恶之杀人机关,是满政府不过

① 唐文权、桑兵编:《戴季陶集》,第 341、342 页。
② 唐文权、桑兵编:《戴季陶集》,第 648 页。
③ 唐文权、桑兵编:《戴季陶集》,第 508 页。

腐败,而现政府乃残酷无人道,天理绝灭,纲维沦亡,法律政治,悉为乌有。"①悲愤之情溢于字里行间。戴季陶愤而指出:"此次刺杀宋先生者,并非专为杀宋先生也,实杀欲巩固中华民国者耳……刺杀宋先生之案,非南北意见冲突也,非真政党之政见冲突也,专制与共和之激战而已,破坏共和之先声而已。"②戴季陶论说犀利,思想深邃,点到了袁世凯的要害及"宋案"的本质。

第二,袁世凯培植党羽,结党营私,意欲帝制。根据笔者掌握的资料,戴季陶多次指斥袁世凯"意欲帝制",是最早指出袁世凯有复辟帝制野心的人。1912年4月26日,戴季陶在《讨袁世凯》一文中指出:"袁氏病民病国之行,日以加甚,俨然帝制自为,且较亡清为尤甚。夫忠告不见信,骂詈不见畏,举国人民之痛苦,亦毫不加惜,是弃民也,是杀民也。"③同年7月27日,在《兵力专制中之政海潮》一文中,围绕段祺瑞即将出任第三任总理,戴季陶指出:"斯说出后,袁党之报纸,遂发解散参议院及总统集权之说。以此数者齐观之,则袁氏之欲为皇帝,及专制党之欲拥袁世凯为皇帝,其机盖已迫矣。"④同年8月7日,在《什么民国》一文中,戴季陶指出:"以民国之公仆而曰'钦差大臣',对于袁世凯之命令而曰'恩命',曰'钦命',是以袁世凯为皇帝也。而袁世凯前此之命令,且大赞扬之,是深喜倪嗣冲之能拥之为皇帝也。嗟乎!袁世凯之欲作皇帝,及其狐群狗党之欲拥之为皇帝也明矣。"⑤袁世凯培植党羽,网络势力,为日后复辟帝制作人事布局。对此,戴季陶一一举例罗列之。比如,"张作霖为胡匪中之著恶,残杀民党,虐害地方,国民之公敌,人道之蟊贼也。且私结外人,潜通宗社党。五色旗下,宁能容此辈暴贼横行无忌耶?袁世凯乃任其坐拥重兵,肆杀民党,作宗社党之伥灵,为外国人之鹰獭,是与借刀杀人何异?"⑥又如,"周自齐之为人,何如柏文蔚,而袁畀以鲁都督;赵尔巽残杀民党,私通满遗,卖国虐民,无所不至,而袁任之;赵秉钧捕杀民党,反对革命之事,尽人皆知,而谓为有功民国。"⑦再如,"陈璧之卑劣,人所共知者也,其反对革命之事,故无论已。当满清时代,犹且以贪婪卖国而黜职。民国成立,不杀之已属宽宥,而袁乃欲援为心腹。"⑧戴季陶严正指出,袁世凯的一系列举动,严重违反中华民国法律,包藏祸心已经昭然若揭,其阴谋野心一旦得逞,人民将会再次堕入

①　唐文权、桑兵编:《戴季陶集》,第637页。
②　唐文权、桑兵编:《戴季陶集》,第639页。
③　唐文权、桑兵编:《戴季陶集》,第361页。
④　唐文权、桑兵编:《戴季陶集》,第478页。
⑤　唐文权、桑兵编:《戴季陶集》,第490页。
⑥　唐文权、桑兵编:《戴季陶集》,第339页。
⑦　唐文权、桑兵编:《戴季陶集》,第341页。
⑧　唐文权、桑兵编:《戴季陶集》,第362页。

专制深渊。他说:"袁氏遂一人之私,以各省都督之位置,为安置私人之地,公然任命都督。夫由民选而后加总统委任,已与中华共和国之性质悖谬,而况纯以一人私意,任一人所私之私人。即舍法理而言事实,所委任之人能合民意犹可也,其所任用之人固无一人能合民意,且皆为国民罪人。苟放任之而不问,则将来各省都督,皆为其爪牙,一旦袁世凯破坏共和,实行其专制手腕,则各省都督皆其心腹,吾民之死命遂为袁世凯所制矣。故袁世凯之任用各省都督,与满清设各省驻防之意,实无以异。"①

面对袁世凯不断蚕食革命果实,一步步走向专制独裁的举动,革命党人在"二次革命"之前,基本上持隐忍、妥协、退让的态度,某种意义上助长了袁世凯的反动。对此,作为革命派中为数不多的强硬者代表,戴季陶表示了极大遗憾。他在《鸣呼维持大局》一文中,对于革命党人从武昌起义到"宋案"发生之间一系列的退让作了清理。如对南北议和中袁世凯的武力紧逼,革命党人没有以兵力制约之,理由是"维持大局";在组建第二届临时政府中,袁世凯一意孤行,打着"钦命全权"的旗号,自行任命总理,革命党人没有坚持原则,理由也是"维持大局";按照南京临时参议院的决议,中华民国本应建都南京,袁世凯理应赴南京就职,但因为袁世凯发动兵变,革命党人对此姑息容忍,理由又是"维持大局";对于陆军总长一职,本来应该由革命党领袖黄兴出任,但袁世凯出尔反尔,最后由其心腹段祺瑞担纲,"显系深具野心",但革命党人没有奋起抗争,理由同样是"维持大局";围绕内阁人选,袁世凯公然指派段祺瑞率军警到参议院,并扬言解散参议院的举动,参议院中的革命党人明明知道袁世凯违法,却一味因循退缩,予以通过,理由又是"维持大局";袁世凯与黎元洪密谋勾结,联合枪杀了武昌首义功臣张振武,革命党人空前义愤,但却没有实行反击,仅以一质问了之,理由还是"维持大局"。戴季陶指出:"共和国之大关键,即为民权。维持民权,乃真为维持大局。二年以来,民党诸志士,一一助长民贼,反自解曰:维持大局。嗟乎!大局果能维持乎?今日者,政府竟同谋杀我国民矣。一误不堪再误,吾敢一语断之曰:中华民国之局,非民贼破坏之,'维持大局'之志士以姑息破坏之也。吾国民其醒矣。民贼一日不去,大局一日不宁;民权一日不张,大局一日不固。除民贼以张民权,此则维持大局之善策也,舍此惟自尽耳。"②

戴季陶主张通过武力消灭以袁世凯为代表的民贼,并不是在"宋案"发生之后。戴季陶一直坚持武力反袁的立场,并矢志不移。早在1912年4月,戴季陶就

---

① 唐文权、桑兵编:《戴季陶集》,第362页。
② 唐文权、桑兵编:《戴季陶集》,第649页。

发出了除掉袁世凯的呼吁。他说:"吾民苟欲维持中华民国之国体,欲保全中华民国之存在,则袁氏不除,终不能达其目的。嗟乎,吾绝于袁氏矣。非吾绝之也,袁氏自绝于吾民,吾亦国民之一,欲不绝之而不能也。夫革命方成,人心未死,苟中华民国之男儿,尚有血性,则罪大恶极之袁世凯,岂忍听其专横乎?"①同年5月20日,戴季陶在《民权报》醒目位置发表《杀》讨贼檄文,公开鼓动枪杀袁世凯。"熊希龄卖国,杀!唐绍仪愚民,杀!袁世凯专横,杀!章炳麟阿权,杀!此四人者,中华民国国民之公敌也。欲救中华民国之亡,非杀此四人不可。杀四人而救全国之人,仁也;遂革命之初志,勇也;慰雄鬼在天之灵,义也;弥无穷之后患,智也。"②戴季陶因此招致祸端,被捕入狱。戴季陶这种言论,尽管有过于激烈的非理性成分,但却充分表现了他那彻底革命和不与专制势力作妥协的大无畏的勇猛精神,应该站在特定的历史情景下予以肯定。

三、辛亥革命的反思者

对于辛亥革命的成败得失,当事者或亲历者都有程度不同的反思和检讨。孙中山在辛亥革命爆发7年之后撰写《孙文学说》时,比较系统地总结了辛亥革命失败的自身原因。他把败因归结为三个方面,第一,党内高层干部认为孙中山"理想太高",不适合中国实际。孙中山说:"不图革命初成,党人即起异议,谓予所主张者理想太高,不适中国之用;众口铄金,一时风靡,同志之士亦悉惑焉。是以予为民国总统时之主张,反不若为革命领袖时之有效而见之施行矣。此革命之建设所以无成,而破坏之后,国事更因之以日非也。"第二,自认德才不够,难以担当如此重任。他说:"溯夫吾党革命之初心,本以救国救种为志,欲出斯民于水火之中,而登之衽席之上也;今乃反令之陷水益深,蹈火益热,与革命初衷大相违背者,此固予之德薄无以化格同侪,予之能鲜不足驾驭群众,有以致之也。"第三,深刻的思想根源,即传统的"知易行难"说。他指出:"吾党之士,于革命宗旨,革命方略,亦难免有信仰不笃,奉行不力之咎也;而其所以然者,非尽关乎功成利达而移心,实多以思想错误而懈志也。此思想之错误为何?即'知之非艰,行之惟艰'之说也。"③孙中山以革命家、战略家的胸怀与智慧去分析辛亥革命的败因,给我们深化对辛亥革命的认识以很大启示。

戴季陶对辛亥革命的成败,一直在做着反省与检讨,其"辛亥革命的假成功和

① 唐文权、桑兵编:《戴季陶集》,第362页。
② 唐文权、桑兵编:《戴季陶集》,第389页。
③ 《孙中山选集》,上卷,人民出版社,1963年版,第104~105页。

癸丑革命的真失败"的论点很有新意。① 戴季陶的检讨与反省,概括起来,主要有这样几个方面。

其一,关于辛亥革命爆发的原因。辛亥革命发生于公历 1911 年 10 月 10 日,农历八月十九日。因此,戴季陶最初是将辛亥革命称之为"八一九革命"。戴季陶指出,这次革命只是形式上获得成功,但实质上却失败了,所以他后来把它称为"假成功"。他说:"则知八月十九日革命所以起,亦知八月十九日革命之所以形式上成功,而实质上失败"。② 在戴季陶看来,辛亥革命之所以发生,主要有以下几个原因。首先,中国传统的革命思想。中国传统革命思想的渊源在传统经典《周易》中表现得最为突出。《易》之《革卦》所演绎出的"夫地革而四时成,汤武革命,顺乎天而应乎人"早已深入人心。戴季陶指出,中国传统政治思想首先强调尊君,即服从英明的君王,但是,在尊君的同时,又倡导反抗暴君。后者显然是讲革命的合法性。他说:"吾国本为君主之国,故尊君思想为国民之一历史的思想。然对尊君有一限界,此限界为何? 即反抗暴君之思想是也。故古来学者之主张,以为君不可弑,而一夫则可诛,孟子曰:'贼仁者谓之贼,贼义者谓之残,残贼之人,谓之一夫。'此盖举尊君思想与革命思想之限界而明白申论之者也。后世行革命者,恒借据于汤武,盖为此也。八月十九日之革命,其根本思想之一,亦出于此。"③其次,攘夷思想,即传统民族意识。这种思想强调"非我族类,其心必异","国民对于其民族,恒具一自尊自爱之念,而对于他民族,则恒存一同仇敌忾之心",成为"吾国民爱国心之原素"之一,具体到中国历史,"孔子作《春秋》亦严华夏之辨,而史家著书,胡、元不列于正统也。满清以东胡民族入主中华,吾民族对之,常存一非我族类之心"。④ 辛亥革命志士很自然地把此历史遗产作为其革命的思想渊源。"最近革命运动之起也,其鼓吹革命之论著,以及革命军屡次之文告,皆由攘夷思想所蕴藉而成者,占最多数,而明末遗民所著之《嘉定屠城记》、《扬州十日记》等书,更为运动革命之利器。虽满清之据吾国也久,人民敌忾之心已渐消失,然而读是书者未尝不恍然自觉,革命党以三民主义为本旨,而民族主义居其第一,亦以此也"。⑤ 再次,近代欧洲思想。近代欧洲民权思想、法国革命与北美独立深刻地影响了辛亥革命。戴季陶指出:"自西力东渐,而欧洲之思想,亦随国力以侵入焉。最有力者,则为民权自由之思想,而最引起青年国民思想上之丕变者,则法国革

---

① 戴季陶:《孙文主义之哲学的基础》,民智书局,1925 年版,第 2 页。
② 唐文权、桑兵编:《戴季陶集》,第 717 页。
③ 唐文权、桑兵编:《戴季陶集》,第 718 页。
④ 唐文权、桑兵编:《戴季陶集》,第 718 页。
⑤ 唐文权、桑兵编:《戴季陶集》,第 718 页。

命、北美独立之二大事实。青年之留学于外国者,与居国内而读西籍者,未有不受此思潮之感化,卢梭、孟笛斯鸠之说,尤风靡一时,改革政治之风潮,乃一起而不可遏。故凡稍受欧洲思潮之感化者,其论政治必以民权自由为归,特主张民权自由者之中,其程度有不同,故派别遂各异耳。"①中国传统革命、攘夷思想与西方近代民权自由思想共同成为辛亥革命的主要思想来源。戴季陶说:"主张革命者于旧时固有之革命思想及攘夷思想外,复受近世民权主义社会主义之陶融,故主张革命不仅革除满洲皇统为足,且于革除满洲皇统之外,以实行民权主义之政治,图谋社会主义之幸福为归著焉。"②对于中外思想来源影响的深度和广度,戴季陶作了分析和估价。他认为,相对而言,近代欧洲民权主义、社会主义思潮表面上汹涌澎湃,实质上产生巨大影响的还是中国固有的革命与攘夷思想。戴季陶说:"在八月十九日革命以前,鼓吹革命与实行革命者,其脑筋中之热潮,恒以'民族'二字为发动之先锋,多数国民即不知民权自由与乎社会主义之实质为何,而一闻及革命排满,则数千年历史的遗传之思想,油然发露,而不暇问及革命之实质。革命党亦以一提倡攘夷主义与历史上之革命主义,则多数国民已心喻三千余年历史之程序而赞成革命,亦毋庸极力解说革命之实质。于是民权自由与乎社会主义之理转晦,而历史的旧思潮反占势力于国民之脑中。八月十九日之革命,所以形式上造成共和立宪国,而实质上乃否,最大原因,厥在乎此。"③另外,外力入侵激发了此次革命。戴季陶说:"以上所论,盖自思想上论明革命思想之渊源者,此外更有一最大之事实上原因,实使吾国不能不图改革者,则外力之侵入是也。"④戴季陶用其精练笔墨描述了近代中国自鸦片战争以来所遭受的外来压迫之后指出:"由是观之,则革命思想上之原因,由于上所述之三端,而事实上之动机,实起于外力之侵入。"⑤戴季陶最后总结说:"是以论八月十九日之革命,不能独就一方面观察,有历史上思想上之远因,有内乱外患之近因,交相逼迫,而后乃成,徒指一点,以概全局,终有武断之诮也。"⑥戴季陶从历史、文化及现实等维度对辛亥革命发生原因的分析,深刻透彻,鞭辟入里,达到了惊人的高度。

其二,关于辛亥革命的成功。戴季陶认为,辛亥革命是一次"假成功"的革命,即形式上建立了民主共和国,但实质上却是武人专制独裁。因此,他对于辛亥革

① 唐文权、桑兵编:《戴季陶集》,第718~719页。
② 唐文权、桑兵编:《戴季陶集》,第719页。
③ 唐文权、桑兵编:《戴季陶集》,第719页。
④ 唐文权、桑兵编:《戴季陶集》,第719页。
⑤ 唐文权、桑兵编:《戴季陶集》,第720页。
⑥ 唐文权、桑兵编:《戴季陶集》,第721页。

命后的时局表示极度失望和无奈。尽管如此,戴季陶对辛亥革命仅取得的形式上的成功,还是一度表现了礼赞和期许。首先,戴季陶认为,这次革命推翻了传统帝制,建立了民主共和国,倡导民主、自由、宪政等,远远超越了中国历史上改朝换代式的革命,具有现代意义。他说:"而八月十九日之革命,则并帝位而革去之,使数千年帝国一变而为共和国,数千年之专制政治一变而为立宪政治,此至不同之点也。"①又说:"《临时政府组织大纲》及《约法》,皆具此实质及形式,故即为中华民国最初之宪法也。此根本法成,而中华民国为立宪国之形式已具,是八月十九日革命之结果所产生者,即为一共和立宪国,是以八月十九日之革命与历史上经过之革命大有不同也。"②戴季陶还指出:"然而国体既由八月十九日之革命变为共和,政体既由八月十九日之革命变为立宪,是国民似已自觉由古及今政治上之大病源,而有以芟除之矣。"③在此,戴季陶反复强调辛亥革命已经不是中国历史上此伏彼起的王朝更替,而是具有许多近代新元素的新式革命。尽管戴季陶没有提出辛亥革命是一场资产阶级民主革命,但从他的诸多论述来看,这种论点已经呼之欲出了。其次,辛亥革命的成功是人民公意的集体表露,是广大国民浴血奋斗的结果。戴季陶说:"民国之成立,非仅由数十百千革命党之意志而成者也,全国人民之公意。假使无全国人民之公意,即使有数十百千革命健儿流血以赴之,挥泪以激之,亦不能使民国克底于成也。……自革命之说出,而全国之心思,皆趋向于革命。武昌一举,全国从风。当革命军与清军激战之时,全国人民,其大多数闻革命军胜而喜,闻清军胜而忧;忧与喜之间,即表示其赞同反对之意志者也。惟全国人民之心志皆一,夫然后革命功成,而共和国建。故曰民国之成立,全国人民之公意也;革命之军,特人民公意之代表而已。第一次之总统,即代表全国国民而行公共之善意者也。是有征焉。第一任总统之誓词曰:'颠覆满清专制政府,巩固中华民国,图谋民生幸福,此国民之公意,文实遵之,以忠于国,为众服务。'此誓言,即明认中华民国之成立,为国民之公意,而政府即代表人民之公意者也。故中华民国,即确立于全国人民公意之上。而颠覆满清专制政府,巩固中华民国,图谋民生幸福,此三事者,则人民所发表之公意也。中华民国,为中华民国国民公意所建设,是即国民所发之公意,以中华民国而表现也。"④推翻帝制,建立民国,成立南京临时政府,创制《中华民国临时约法》,都是国民公意的体现,反映了历史的进

---

① 唐文权、桑兵编:《戴季陶集》,第 717 页。
② 唐文权、桑兵编:《戴季陶集》,第 722 页。
③ 唐文权、桑兵编:《戴季陶集》,第 723 页。
④ 唐文权、桑兵编:《戴季陶集》,第 606 页。

步和时代潮流。无数革命先烈和志士,对民主共和、自由平等充满憧憬和期望,以一种乐观向上的积极心态投入革命,促成了中华民国的建立。戴季陶指出:"今日之革命成功,成功于乐观,非成功于悲观也。假使当日之先烈,不能认定革命为可成功之事,而具乐观的精神,吾知今日必不能达成功之目的。此次革命战争之伟人,假使鉴于前次屡次之失败,而徒具悲观,吾知今日亦必不能有新共和国出现也。共和国者,吾国民以勇猛精进之精神,奋斗血战而获得也。"①纵览戴季陶的整个言论,他对辛亥革命成功或礼赞的文字不是很多,但尽管如此,其对辛亥革命还是持肯定态度的。

其三,关于辛亥革命失败原因的分析。关于辛亥革命失败的原因,后世学者分别从内外原因作了分析。所谓外因,反革命力量大大超过革命力量以及西方帝国主义的干预;所谓内因,革命党人在革命过程中离心离德,党内严重分歧,使本来就处于相对弱势的革命力量遭受削弱。戴季陶对辛亥革命失败原因的分析,主要围绕革命党人内部的矛盾、摩擦、分歧及对立面的关系而展开。

首先,辛亥革命缺乏彻底性,即没有达到应有的深度与广度。从地域来看,革命的影响主要发生在南方,北方依然如故;革命主要发生于地方,中央枢纽丝毫未变。戴季陶说:"此次之革命,以性质论,国民对于政府之人物政策而行革命也,其最要者,则对于国家最高机关之中央政府而行革命也。虽然,以事实观之,则此次革命所欲达之目的全未达也。革命之影响所及,略见变更者,仅南方各省而已。""革命事业之所及者,仅各地方,而中央政府所在地,既未有革命事业之发生,其人物亦并未受革命之淘汰,故今日之现状,依然犹故也。"②从革命成功后建立的中华民国领导机构人员组成来看,革命党人屈指可数,而旧官僚却比比皆是,充斥在从中央到地方的各个机构。戴季陶说:"是当日之中央政府,所去者仅满清皇帝之名号,而政府之一般人物,以及政府而外守旧派之潜势力,仍未革也。新人物之入政府者,则彼辈极力排斥之。试观今日政府之人物,非全为守旧派中之顽固官僚乎? 政府而外之对于中央政府活动者,非仍守旧派之人物乎? 由此观之,则革命之结果所得者仅'中华民国'四字",多么令人悲哀。③ 戴季陶还说:"吾国初由专制进为共和,新法制既未成立,旧法制无由全破。而一般执政者,仍旧日之劣官败吏,中央及地方之政治,仍旧日之遗制也。嗟乎! 蒙专制政治、腐败官吏以共和之美名。彼辈既不知共和为何物,革命既成,共和之名义既立,亦未建一完美之新

---

①　唐文权、桑兵编:《戴季陶集》,第461页。
②　唐文权、桑兵编:《戴季陶集》,第513页。
③　唐文权、桑兵编:《戴季陶集》,第513页。

制,以感化陶融旧日之腐败官吏,使其心脑中,留一共和之影像,使一般国民确知共和为何种政治,人民有何种权义。"①戴季陶指出:"吾国所以推翻专制政体,而易以共和政体者,最大目的,则为排除官僚政治。然而一年以来,在位者仍旧日之官僚也。此种腐败官僚,既握政治上之大权,故一切施政,未有不肆专制者。如以兵力胁迫参议院之事、唆使兵变之事、残杀志士之事、以命令代法律之事,种种罪恶,书不胜书。虽有《约法》,等诸具文。所以然者,则以政体虽变,而政治上之人物如旧,故政治方针亦如旧也。"②的确,中华民国是通过南北和谈以一种新旧妥协的方式建立起来的,这种方式本身便使得此次革命蕴藏严重危机。戴季陶在当时即看到了这一问题,表明其思想的敏锐与深邃的洞察力。

其次,数千年专制政治的流毒是导致辛亥革命失败的原因之一。革命成功,民国建立,当政者与普通国民理应具备平民精神、乐观精神、进步精神。只有具备这些精神,才能保证新政权的巩固和发展。戴季陶指出:"今日之中国,民国也,是应以有平民的精神者为要;今日之世界,活动的世界也,是应以有乐观的精神者为要;今日之社会,进步的社会也,是更应以有进步的精神者为要。"③而所有这些近代精神,在当时中国却严重缺失,政治运作在民国的名号下依然按照传统政治体制的模式运转。对此,戴季陶在辛亥革命发生一年后就指出,中华民国成立后之所以举步维艰,就是中国几千年的专制政治作祟所致。他说:"中华民国出现于世界者,于今年余。此一年中,一切政治,曾无能满人民之意者。推其原因,则以数千年之专制流毒,仍存在于今日故。"④中国传统的政治专制思想和意识,严重吞噬了革命的成果,于是出现了"名为共和,实则专制"的局面。"今则政界人物仍亡清官吏,法制渊源,仍亡清旧习,政治之设施如故也,法律之制定如故也,人民之思想如故也,社会之风习如故也,顽固保守,一如曩昔。而名义上则别之曰共和,其不至紊乱以底于亡也几希。"⑤"中国虽一跃而为民国,然而学者之思想,人民之知识,无一不为守旧顽固之风。"⑥"多数无智识之国民,对于共和立宪政治,实毫无所感觉。在革命以前,知'共和'二字者,亦寥若晨星,而旧日学说思想,于共和亦毫无所关。孔子所谓'人存则政举,人亡则政息',实深印于一般人民脑里,故对于

---

① 唐文权、桑兵编:《戴季陶集》,第548页。
② 唐文权、桑兵编:《戴季陶集》,第604页。
③ 唐文权、桑兵编:《戴季陶集》,第562页。
④ 唐文权、桑兵编:《戴季陶集》,第604页。
⑤ 唐文权、桑兵编:《戴季陶集》,第548页。
⑥ 唐文权、桑兵编:《戴季陶集》,第563页。

政治,并无丝毫与近世之宪法政治相同者。"①此种现实,使戴季陶看到了中国专制政治的潜在能量,对新建的中华民国保持了谨慎的乐观。

再次,革命党人没有坚决贯彻三民主义是造成革命失败的主要原因。孙中山提出的三民主义,涵盖民族、民权、民生三大方面,是一个包含革命建国的系统思想和系统工程,三位一体,密切关联,相互支撑,缺一不可。但是,在具体的执行过程中却犯了顾此失彼的片面错误,过分强调民族主义而忽略了民权主义与民生主义,完整而有机的三民主义逐渐演变为不成体系的二民主义或一民主义。戴季陶指出:"直到满清倾覆,民国成立之时,中国的民众,还没有晓得三民主义之名,革命党人,仅知三民主义之名而不知三民主义之实,既然不知,当然就无从说到行了。"②"抑更有进者,当革命运动之初起也,报纸之鼓吹,人力之运动,其最使一般人士感动者,则为民族思想。若夫共和政治之精神,则当日鼓吹革命诸人,并未尝十分致力也。试一翻旧时鼓吹革命之书,即可知其故矣。以民族思想鼓吹而成之革命,则其结果亦止达于民族主义之目的。最初则大多数人民,并无爱共和之心,即鼓吹革命者之中,亦乏共和之思想。"③"革命以前,主张实行共和立宪政治者,厥为革命党,实则革命党中多数人恐亦并不十分明白共和国体为何种国体,立宪政治为何种政治。且满清时代,所以发生革命之原因,由于历史上之革命思想与攘夷思想。革命党主张共和,主张实行宪法政治,此是在以后。"④主张实行宪法政治,但也是很不彻底的,只是盲目抄袭、照搬。戴季陶指出:"辛亥以前,许多同志都把民生和民权掉了,只晓得一个民族。民国成立以后,有些人知道民权了,但他们都是不彻底的,只抄袭欧美限制选举权的会议制度。这原非本党的主义——不是本党的整个的三民主义的意思。"⑤戴季陶指出,从这个意义上来说,宋教仁是中国革命的第一个罪人。他说:"可惜当时一般党人,完全不明白民生主义的重要,而且许多的人,简直可以说是没有为民生而革命的良心;实际上负党务重责的宋钝初,就是第一个不明白民生主义的人!把先生的三民主义连名称都从政纲当中剔除了去!当时宋钝初的政治活动,第一个工作,就是排去革命同盟会的革命性;第二个工作,就是排除了三民主义的名实;第三个工作,就是用丢了革命性和主义的一群政治势力集团为基础,去与反革命的官僚妥协,以图在短时期内,掌握

---

① 唐文权、桑兵编:《戴季陶集》,第 700 页。
② 中国人民大学中共党史系编:《戴季陶主义资料选编》,1983 年版,第 142 页。
③ 唐文权、桑兵编:《戴季陶集》,第 675 页。
④ 唐文权、桑兵编:《戴季陶集》,第 700 页。
⑤ 中国人民大学中共党史系编:《戴季陶主义资料选编》,1983 年版,第 210 页。

政权。公平地批判起来，革命党的第一个罪人，实在是桃园渔父。"①笔者对宋教仁是革命的第一位罪人的说法并不赞同，但戴季陶对革命党内对于三民主义的分歧的分析，还是有一定深度的。

此外，对革命党人内部的分歧、矛盾与不团结，袁世凯的倒行逆施以及所遇到的经济困境等造成革命失败的诸种原因，亲历辛亥革命的戴季陶均感同身受，也做了程度不同的分析，而且有不少真知灼见。限于篇幅，在此不做过多评述。

总之，通过对戴季陶同情革命、参与革命到反思革命思想与实践的系统分析，试图展现和还原戴季陶作为一个辛亥革命积极参与者的正面角色。不论戴季陶后来思想的发展与变动如何，他作为中国辛亥革命的先驱之一，通过其犀利的文笔和深刻的观察力，积极投身于革命之中，随后且一直在关注和反思这场伟大的革命。戴季陶对晚清立宪运动"名为立宪，实为专制"的揭露，在国内刊物鼓吹革命，公开声讨和抨击民初当权者袁世凯，系统反思和总结辛亥革命的成败得失等，都是一笔值得后人珍视的精神财富。

第四节　试论辛亥革命的精神遗产

2011 年是辛亥革命 100 周年。站在 100 年后的今天，重新审视中国近代史上具有重大历史转型的伟大革命，总结其经验教训，梳理其历史文化遗产，提升其精神价值，无疑具有十分重要的现实意义。在此试图从思想文化的视角，围绕辛亥革命的精神遗产，考察辛亥革命对于中国近代思想文化变迁的影响。

一、论题的缘起

辛亥革命发生于戊戌维新运动与新文化运动之间，上距戊戌维新运动 13 年，下距新文化运动 4 年。即使从戊戌维新运动失败算起，到 1913 年"二次革命"失败，也就 15 年时间；再往前延伸到 1894 年兴中会成立，也不过 19 年时间。在不到 20 年的时间里，中间又经历了以维新派为主导的戊戌维新运动，以农民为主导的反抗外国列强侵略的义和团运动，以清廷为核心的君主立宪运动。不同主题的运动彼此轮换，彰显出中国近代社会的危机与焦虑。因此，在很长一段时间内，革命并没有成为时代的主旋律。1903 年，年仅 20 岁的"革命军马前卒"邹容饱含激情写出了脍炙人口的《革命军》，讴歌革命，歌颂民主，并鲜明提出了建立"中华共和

---

① 中国人民大学中共党史系编：《戴季陶主义资料选编》，第 25 页。

国"的政治主张。1905 年,中国同盟会在日本东京成立,提出了"驱除鞑虏,恢复中华,建立民国,平均地权"的民族民主革命纲领。随后,中国革命党人在同盟会和其领袖孙中山的领导下,在积极宣传革命、共和、民主思想的同时,利用中国社会固有的组织网络及朋友、师生、亲属等个人关系,联络会党、新军等力量,屡次发动"边地革命",以武装起义的形式向清朝统治发起一轮又一轮冲击。革命理论和理念在舆论宣传和武装斗争的具体实践等多种合力下开始广泛传播,革命这个长期以来被视为大逆不道的名词逐渐被民众所理解、同情并进而接受。当然这个过程特别曲折,情形十分复杂,其中的痛苦、磨难甚至惨烈,远非常人所能想象。晚清立宪运动"名为立宪,实则专制"的现实以及传统政治体制所固有的种种缺陷,使辛亥革命的发生成为历史的必然。亲历辛亥革命历史巨变的戴季陶当时就指出,辛亥革命是人民公意的胜利。他说:"自革命之说出,而全国之心思,皆趋向于革命。武昌一举,全国从风。当革命军与清军激战之时,全国人民,其大多数闻革命军胜而喜,闻清军胜而忧;忧与喜之间,即表示其赞同反对之意志者也。惟全国人民之心志皆一,夫然后革命功成,而共和国建。故曰民国之成立,全国人民之公意也;革命之军,特人民公意之代表而已。第一次之总统,即代表全国国民而行公共之善意者也。"①辛亥革命一举推翻了统治中国数千年的封建专制制度,建立了一个崭新的民主共和国,成为中国近代历史的第一次巨变。

对于辛亥革命在政治变革中的作用和影响,学者普遍给予认同和肯定。但是,对于这次革命在思想文化领域的建树及其影响,学界一直存在不同的理解。当代著名学者李泽厚曾经指出,中国近代是一个空前动荡的大变革时代,中国近代思想在短短几十年内,越过了欧洲思想发生成熟的数百年行程,"这样,一方面就使整个思想带有浮光掠影的特征,对好些问题经常一掠而过,未能得到广泛深入的展开,未能产生比较成熟、完整、系统、深刻的思想体系,在理论领域显得肤浅、贫乏和杂乱"。② 辛亥革命时期的思想属于中国近代思想系列中的一个部分,自然也有此局限性。李泽厚认为,辛亥革命之所以从成功走向失败,根本原因是缺乏思想武装和舆论准备,思想启蒙也不重视。他说:"如何在更深远的含义和内容上,从经济、政治、军事、文化各个方面实行资产阶级民主,以真正战胜封建主义,革命派始终没有充分的思想武装和舆论准备。……资产阶级思想启蒙工作,革命派本来就做得很少,也不重视。"③对于李泽厚的看法,许多学者发表了不同

---

① 唐文权、桑兵编:《戴季陶集》,华中师范大学出版社,1990 年版,第 606 页。
② 李泽厚:《中国近代思想史论》,人民出版社,1979 年版,第 475 页。
③ 李泽厚:《中国近代思想史论》,第 310 页。

意见。我在 1989 年曾经发表了题为《辛亥与启蒙》的论文,其中指出:"正像法国1789 年资产阶级大革命有他的思想启蒙运动一样,波澜壮阔的资产阶级革命前夜也出现了它的理论启蒙"。认为从 1900 年到 1911 年这十余年间,中国思想界也出现了一个启蒙运动。① 由于人微言轻,加上发表的刊物层次也比较低,没有引起学界的注意。但是,关于辛亥革命时期思想文化的研究,逐渐引起学界的关注,研究也逐步深入,发表和出版了不少学术论文和专著,深化了对辛亥革命思想文化的研究。②

所谓精神遗产,是介于物质遗产与非物质遗产之间的一种思想遗产。具体来说,物质遗产包括历史上所遗留下来的蕴涵着丰富历史文化底蕴的诸如建筑、墓葬、纪念碑、雕塑等有形物体;非物质文化遗产包括诸如口头传统和表述、表演艺术、社会风俗礼仪、传统手工技能等无标志性物质载体的文化遗传;精神遗产是指无形无象、无色无味但却对当今社会产生深刻影响的思想、观念、学说及其价值观等元素。关于精神遗产的研究和理论建构,学界目前尚无权威的界定。我暂且在此借用这一尚不成熟的理论术语,对辛亥革命的思想文化遗产做一梳理和总结,希望得到学界同仁的批评指正。

二、精神遗产之一:革命思想

辛亥革命是中国近代史上第一个以革命冠名的历史事件。中国古史上尽管有"汤武革命"的美好传说,但毕竟是以武力推翻前朝暴政进而改朝换代的一种手段,表明仁政战胜了暴政,政治统治又归于常态,不涉及政治制度的变革。辛亥革命是以法国大革命、美国独立战争为模版的旨在推翻帝制建立民主共和国的武装暴动,与中国历史上的革命有本质区别。宋教仁在辛亥革命成功后曾经十分自豪地宣称:"窃以为世界有永远纪念之日三:一为美之七月四号;一为法之七月十四号;一即我中华民国之十月十号是也。"③这已经对辛亥革命的现代性做了新的

① 马克锋:《辛亥与启蒙》,《宝鸡师范学院学报》,1989 年,第 2 期。
② 龚书铎、宋小庆:《辛亥革命时期文化四题》,《北京师范大学学报:人文社科版》,2001 年,第 6 期;李喜所:《辛亥革命时期学术文化的变迁》,《史学集刊》,2003 年,第 1 期;史革新:《辛亥革命时期国人科学观初探》,《光明日报》,2001 年 11 月 6 日;严昌洪:《"国民"之发现——1903 年上海国民公会再认识》,《近代史研究》2001 年,第 5 期;胡波:《辛亥革命与思想话语的变迁》,《史学理论研究》,2002 年,第 2 期;张昭军:《20 世纪初期革命精神的生成——以话语分析为径》,《史学集刊》,2008 年,第 1 期;陈建华:《"革命"的现代性:中国革命话语考论》,上海古籍出版社,2000 年;刘小枫:《儒家革命精神源流考》,上海三联书店,2000 年等。
③ 陈旭麓主编:《宋教仁集》,下册,中华书局,1981 年版,第 423 页。

注脚。

最早提及近代意义上的"革命"一词的是主张温和改革的维新派人士,如王韬、康有为等人。他们在其介绍欧洲近代历史的著述中都先后提到"法国革命",但却是一种否定性评价。在他们笔下,法国革命党人不是"暴徒",便是"乱党";法国大革命也是一部血流成河、惨绝人寰的历史悲剧。他们站在改良的立场审视法国革命,其心态是惧怕革命,恐惧革命,担心中国发生革命。因此,他们通过叙述欧洲革命故事,告诫当权者锐意改革,以免重蹈法国覆辙。同时,通过渲染法国革命的血腥,反对即将在中国产生的革命暗流。梁启超是当时维新派中被人视之为具有革命倾向的人物。他先后写过《释革》、《中国历史上革命之研究》等释义"革命"的文章,认为革命具有广义与狭义之分。梁启超说:"革命之义有广狭。其最广义,则社会上一切无形有形之事物所生之大变动皆是也。其次广义,则政治上之异动与前此划然成一新时代者,无论以平和得之以铁血得之皆是也。其狭义,则专以武力向于中央政府者是也。"①考察梁启超关于革命的言论,不难发现,他的内心世界其实有一种革命的冲动,但由于他是康有为的得意门生,师命难违,不敢公开常言革命,只能以比较温和的"破坏主义"表露自己的诉求。梁启超是晚清"诗界革命"、"文界革命"的倡导者,尽管其革命的含义是变革,尽管他对其多有辩解,但明眼人还是能够看出他的革命情结,只不过隐晦、模糊罢了。

旗帜鲜明提出并极力鼓吹实行革命的是以孙中山为代表的资产阶级革命党人。邹容撰写《革命军》,从进化、公理、救亡、人权等多个方面阐述了革命的必然性和正当性,并给予革命以无限崇高的地位。他说:"革命者,天演之公例也。革命者,世界之公理也。革命者,争存争亡过渡时代之要义也。革命者,顺乎天而应乎人者也。革命者,去腐败而存良善者也。革命者,由野蛮而进文明者也。革命者,除奴隶而为主人者也。""郁郁勃勃,莽莽苍苍,至尊极高,独一无二,伟大绝伦之一目的,曰革命。巍巍哉!革命也。皇皇哉!革命也。"②章太炎也将革命视为解决中国社会政治危机的一剂良药。他说:"公理之未明,即以革命明之;旧俗之俱在,即以革命去之。革命非天雄大黄之猛剂,而实补泻兼备之良药矣。"③如果说邹容、章太炎二人是将近代革命理论与传统革命意识笼统讨论的话,那么,孙中山以他的敏锐与智慧,已经开始将传统革命与近代革命作了区分,明确强调自己

① 梁启超:《饮冰室合集》文集之十五,中华书局,1989 年影印本,第 31 页。
② 张枬、王忍之编:《辛亥革命前十年间时论选集》,第 1 卷,下册,三联书店,1960 年版,第651 页。
③ 汤志钧:《章太炎政论选集》,上册,中华书局,1977 年版,第 204 页。

所从事的革命是"国民革命",给其赋予全新内容。孙中山指出:"故前代为英雄革命,今日为国民革命,所谓国民革命者,一国之人皆有自由、平等、博爱之精神,即皆负革命之责任。"①随着革命观念的流行,革命意识逐渐深入人心,孙中山的政治形象也发生了重大变化,开始由以前的"草寇"、"大盗"和"乱臣贼子"一跃而为"谈革命者之初祖,实行革命者之北辰",②一个全新的革命领袖呼之欲出。孙中山及其革命党人辛亥革命之后,为了反对袁世凯的专制统治,发动"二次革命",被戴季陶称之为"民主与专制之激战"。"二次革命"失败后,陈其美等人又曾密谋举行"三次革命"。③ 革命党人不屈不挠的努力奋战足以表明,革命已经成为志士仁人实现民主共和理想的精神动力。金观涛利用《中国近现代思想是数据库1830—1930》关键词检索"革命"与"立宪",得出的结果是:"革命"一词出现过200多次,"立宪"一词出现过400余次。对此,金观涛的解读是,"这意味着支配辛亥革命这一重大历史事件发生的并不一定是革命观念"。他认为,"到1920年代,国民党为了论证自身的合法性,'辛亥革命'才成为一个指涉1911年满清王朝被推翻的常用词。也就是说,把1911年清王朝被推翻说成是革命,是1920年代新道德意识形态对历史再解释的结果。"④对于金观涛先生的数据统计和理论推断,笔者不能苟同。武昌起义爆发后,各地媒体由于主办者政治态度不同,立场有别,因此,对于此事件的报道,使用的词汇差别很大。不论是支持或同情革命的媒体,还是持中立态度的媒体,大多用"革命"、"革命党"、"革党"、"党人"、"鄂乱"等词来报道。其中,"革党"、"党人"、"鄂乱"等词使用的频率相当之高。⑤ 如果仅仅以"革命"作为关键词检索,包含武昌起义革命信息的"革党"、"党人"、"鄂乱"等词,是检索不来的。再加上当时中国依然处于清朝的统治之下,各种媒体在时事报道中对诸如"革命"等敏感词语还是持审慎态度的,不能完全反映当时革命的全貌。

资产阶级革命党人对革命的宣传和实践,使革命思想与革命理念成为时代的主旋律。主要表现在,不但出现了民族革命、政治革命、民主革命等概念,而且还引发了广义的社会文化革命意识。从晚清到民初,革命已经深入到中国社会的各个层面,诸如"诗界革命"、"文界革命"、"文学革命"、"思想革命"、"家庭革命"、"婚姻革命"、"教育革命"、"社会革命"、"佛教革命"、"祖宗革命"、"经济革命"、

① 《孙中山全集》,第1卷,中华书局,1981年版,第296页。
② 钱基博:《现代中国文学史》,岳麓书社,1986年版,第447页。
③ 参见杨天石:《国民党人与前期中华民国》,中国人民大学出版社,2007年版,第104~115页。
④ 金观涛、刘青峰:《观念史研究》,法律出版社,2009年版,第384页。
⑤ 参见杨天石:《晚清史事》,中国人民大学出版社,2007年版,第430~442页。

"产业革命"、"科学革命"、"国民革命"等术语、口号相继出现,显示了革命影响的深度和广度。① 至 20 世纪 20 年代,"革命"话语已拥有至高地位。当时中国政治舞台上最为活跃的党派均以革命相号召。国共两党合作进行的革命称为"国民革命",中国青年党自称其革命为"全民革命"。中国国民党、共产党、青年党竞言"革命",革命变为多党派的共同诉求,并上演了"大革命"的壮举。② 1927 年后,国民党建立南京国民政府,从革命党成为执政党,从此对内保守,对外妥协,逐渐放弃了革命主张,孙中山一代所强调的革命性几乎完全丧失。而中国共产党则继续高举孙中山民主革命的旗帜,经过艰苦卓绝的浴血奋战,终于完成了孙中山的未竟之业。

三、精神遗产之二:民主思想

革命特别是近代意义上的革命既然不是简单地以武力夺取政权,使公权从一部分人手中转移到另一部分人手中,实现轮流做庄,而是以一种相对进步合理的政治体制取代传统的政治体制。具体来说,就是以共和民主体制取代封建专制体制,从以帝王为中心转型为以政党精英为中心,从寡头政治转变为人民政治。建立新型民主政治,是近代中国进步思想家的共同追求,各派人物虽然用词不同,"民本"、"民权"、"人民主权"各自表述;话语体系有别,"立宪"、"共和"、"宪政"理想迥异,但是,都正面肯定和积极认同现代民主的时代价值。这一进程中,明显经历了从传统"民本"话语到现代民主话语的转变。③

西方民主一词传入中国后,很快激活了中国历史中源远流长的"民本"思想。在中国近代历史的前期,传统"民本"思想一度成为中国政治思想的强势话语。当然,这一时期的"民本"含义,已经在某种意义上大大超出了中国先秦时期"民本"思想的原有内涵,欧美社会契约论、天赋人权论甚至人民主权论的影子和痕迹随处可见,只是表现形式比较隐晦、含蓄而已。比如,维新派代表人物谭嗣同曾经说过这样一段话,很能反映当时思想界的普遍认识。谭嗣同指出:"生民之初,本无所谓君臣,则皆民也。民不能相治,亦不暇治,于是共举一民为君。夫曰共举之,则非君择民,而民择君也。夫曰共举之,则其分际又非甚远于民,而不下侪于民也。夫曰共举之,则因有民而后有君;君末也,民本也。天下无有因末而累及本

---

① 金观涛、刘青峰:《观念史研究》,第 375 页。
② 王奇生:《"革命"与"反革命":1920 年代中国三大政党的党际互动》,《历史研究》,2004 年,第 5 期。
③ 参见胡波:《辛亥革命与思想话语的变迁》,《史学理论研究》,2002 年,第 2 期。

者,亦岂可因君而累及民哉? 夫曰共举之,则且必可共废之。君也者,为民办事也;臣也者,助办民事者也。赋税之取于民,所以为办民事之资也。如此而事犹不办,事不办而易其人,亦天下之通义也。"①台湾学者韦政通对此做了总结和概括,认为在谭嗣同关于君民关系的思想,至少包含以下几个意思:其一,国君是由人民选择、选举的;其二,因是人民选举的,国君自然亲民;其三,国君既是由人民选举产生的,因此人民为国家的主体;其四,人民能选国君,也可罢免国君。其五,人民选举国君,是要他为大家办事,做人民的公仆,如不能尽职,就要将他罢免。②谭嗣同属于维新阵营中的激进派,思想言论远比同辈超前,但在涉及民主的问题上也是点到为止。实质上还是维新派"君民共治"政治模式的理想图景而已,更多表现在理论层面。维新派之所以不能突破固有体制而倡言民主,很大程度上在于他们内心没有完全认同并接受近代民主,包括理论与现实两个层面。

以孙中山为代表的革命派与维新派羞羞答答的"托古改制"与遮遮掩掩避谈卢梭截然不同,毫不隐讳地举起了近代民主共和的思想旗帜,不但将民主作为革命的思想理论基础,而且明确提出了建立民主共和国的政治主张,并为此作了艰苦卓绝的奋斗和探索。早在中国同盟会成立之前,年轻的革命党人邹容便在其《革命军》一书中,对近代民主做了讴歌与礼赞。邹容认为,中国人知道卢梭、孟德斯鸠、弥勒约翰等欧美民主思想家的著作,是中国人民的幸运。因此,这些思想应该成为中国实现民主的理论武器。他说:"夫卢梭诸大哲之微言大义,为起死回生之灵药,返魄还魂之宝方。金丹换骨,刀圭奏效,法、美文明之坯胎,皆基于是。"③邹容还第一次提出了建立"中华共和国"的主张,并明确说明这个新兴共和国主要参照美国政治模式。邹容指出:"一、定名'中华共和国'。一、'中华共和国'为独立自由之国。一、自由独立国中,所有宣战、议和、订盟、通商及独立国一切应为之事,俱有十分权利与各大国平等。一、立宪法悉照美国宪法,参照中国性质立定。一、自治之法律悉照美国自治法律。一、凡关全体个人之事,及交涉之事,及设官分职国家上之事,悉准美国办理。"④主张全盘效仿美国政治模式,反映了邹容的胆量和率真。不管是否具有可行性,在那依然是清朝专制统治的年代,邹容敢于公开发表自己的政治主张和见解,其英雄气质和不畏牺牲的精神是无人可比的。以蹈海身死来唤醒国人的革命先贤陈天华认为共和制度是一种最理想并且适宜

① 蔡尚思、方行编:《谭嗣同全集》,下册,中华书局,1981年版,第339页。
② 韦政通:《中国十九世纪思想史》(下),台湾东大图书公司,1992年版,第758页。
③ 张枬、王忍之编:《辛亥革命前十年间时论选集》,第1卷,下册,三联书店,1960年版,第653页。
④ 张枬、王忍之编:《辛亥革命前十年间时论选集》,第1卷,下册,第676页。

于中国的政治设计,明确倡导"中国宜改创民主政体"。他说:"法人孟德斯鸠恫法政之不如英善也,为'万法精理'一书,演三权分立之理,而归宿于共和。美利坚采之以立国,故近世言政治比较者,自非有国拘流梏之见存,则莫不曰:共和善,共和善。中国沉沦奴伏于异种之下者二百数十年,迩来民族主义日昌,苟革彼氊毳残恶旧政府之命,而求乎最美最宜之政体,亦宜莫共和若。"①陈天华还对当时流行的国民教育程度不够,难以实行民主的观点作了系统批驳,指出在中国实行民主立宪是大势所趋,时代的必然,"中国舍改民主之外",别无选择,"欲救中国惟有兴民权改民主"。② 中国革命的伟大先行者孙中山针对当时政治转型必须有序,从野蛮到专制,由专制而君主立宪,由君主立宪而民主共和,"次序井然,断难躐等"的观点做了批驳,明确指出革命的目标就是建立民主共和体制。他说:"所以吾侪不可谓中国不能共和,如谓不能,是反夫进化之公理也,是不知文明之真价也。且世界立宪亦必以流血得之,方能称为真立宪。同一流血,何不为直截了当之共和,而为此不完不备之立宪乎?"③1905 年 8 月,孙中山在《同盟会宣言》中明确提出了革命的政治目标是建立民主共和国。他说:"今者由平民革命以建国民政府,凡为国民皆平等以有参政权。大总统由国民共举。议会以国民公举之议员权成之,制定中华民国宪法,人人共守。敢有帝制自为者,天下共击之!"④这段话铿锵有力,简要勾画了一幅民主共和的图景:议会制度、宪法政治、民选国家元首、大众参与政治、彻底告别帝制。1911 年辛亥革命成功,随后立即颁布了《中华民国临时约法》,进一步用法律的形式确认了这一系列民主原则,试图以制度的形式给予固化。

① 张枬、王忍之编:《辛亥革命前十年间时论选集》,第2卷,上册,第120页。
② 张枬、王忍之编:《辛亥革命前十年间时论选集》,第2卷,上册,第125页。
③ 张枬、王忍之编:《辛亥革命前十年间时论选集》,第2卷,上册,第127页。
④ 《孙中山选集》,第78页。

第七章

近代政治变革与经济思潮

第一节　严复与袁世凯

　　严复,学贯中西,"于中学西学皆一流人物",翻译《天演论》,鼓吹进化说,被人称之为启蒙大师,文化巨匠;袁世凯,一介武夫,一代枭雄,出卖康、梁,玩弄孙、黄,复辟帝制,终为世人所唾弃。可是,袁世凯酝酿帝制,在其舆论机构"筹安会"中,严复却榜上有名,为袁世凯张目,为时人所不解。那么,是什么契机将严、袁二人系在一起,给后人留下了难解之谜。在此试图通过对严复与袁世凯关系、严袁恩怨的探讨,来揭开这个百年之谜。

一、严、袁交往

　　时人陈宝琛在为严复撰写的《墓志铭》中说:"袁世凯与君雅故,其督直隶,招君不至以为憾;及罢政归,诋者蠚起,君抗言非之,则又感君。国体既变,聘君长大学,充顾问参政及约法议员。君恒昌言,国人识度不适于共和,而戴袁者欲资之以称制,窜其名筹安会中,君始终不莅会,袁又讽君为文辟异议者,则辞以疾。自是亦稀接宾客矣。"严复也说:"吾与袁公交垂三十年"。由此,我们可以看出,严复与袁世凯的关系是非同寻常的,某种意义上说,两人之间有知遇之恩。

　　众所周知,严复少年聪慧,机智敏捷,是我国近代第一批留学生中的佼佼者。几年留学生涯,严复除学完海军专业全部课程外,还大量翻阅了西方近代的社会科学书籍,奠定了他深厚的西学功底。严复满腹经纶,希望在"洋务"风潮中展现才华,报效祖国。可是,当他充满信心,回到中国时,却遭到洋务首领李鸿章的冷遇,只让他担任天津海军学堂的总办,"及文忠大治海军,以君总办学堂,不预机

242

要,奉职而已。"①

严复是一个思想十分敏锐的人,不甘寂寞,好发惊世之论,致使"文忠亦患其激烈,不之近也"。② 严复在给四弟观澜的信中,流露出他当时苦闷彷徨的心情。他说:"兄自来津以后,诸事虽无不佳,亦无甚好处。公事一切,仍是有人掣肘,不得自在施行。至于上司,当今做官,须得内有门马,外有交游,又须钱钞应酬,广通声气。兄则三者无一焉,又何怪仕宦之不达乎?"③严复还说:"李中堂处洋务,为罗稷臣垄断已尽,绝无可图。堂中洪翰香又是处处作鬼,堂中一草一木,必到上司前学语,开口便说闽党,以中上司之忌,意欲尽逐福建人而后快。弟视此情形,兄之在此当差,乐乎? 否耶?"④严复学贯中西,满腹经纶,却英雄无用武之地,其失意之情是可以想象的。

严复以为,不走科举道路,纵有美好的理想,宏伟的抱负,亦将无济于事,很难得到重用。因此,他要参加科举考试,获取土文凭,进阶上层社会。这样,严复先后于光绪十四年(公元1888年)、十五年(公元1889年)、十九年(公元1902年)三次参加顺天府试,均名落孙山。科举道路的坎坷,勾心斗角的官场,使严复心情更加忧郁,心烦意乱。只好把精力用到翻译西方学术名著上。

甲午战争的失败,举国震惊,志士仁人奔走相告,维新思潮如火如荼。这一时斯,严复以其渊博的西学知识,过人的思想见解,译述《天演论》,创办《国闻报》,扮演了一个启蒙大师的角色。其间,严复还直接上书光绪皇帝,陈述他的政治见解,并受到光绪皇帝的召见,谈话达三刻钟之久。可是,随着戊戌维新的失败,严复的政治理想很快破灭了。

不久,李鸿章去世,袁世凯青云直上,身兼数职,成为晚清政坛上的实权人物。在任直隶总督期间,很欣赏严复,曾想把严复延揽为幕僚。严复在天津任北洋水师学堂总办时,就与袁世凯相识,十分了解袁世凯的为人,所以拒绝了袁世凯。严复说:"袁世凯什么人,他够得上延揽我!"⑤话虽说得绝情,但严复内心还是很感激的。因为在晚清权贵中,如此器重他的,袁世凯是第一人。这点严复是很清楚的。因此,当1909年袁世凯被罢官赶回老家时,诋者蜂起,"复独抗言折之",说:

① 陈宝琛:《清故资政大夫海军协都统严君墓志铭》,《严复集》,中华书局,1986年版,第1542、1541页。
② 陈宝琛:《清故资政大夫海军协都统严君墓志铭》,《严复集》,中华书局,1986年版,第1541页。
③ 王栻主编:《严复集》,中华书局,1986年版,第731页。
④ 王栻主编:《严复集》,中华书局,1986年版,第732页。
⑤ 陶菊隐:《筹安会"六君子"传》,中华书局1981年,第115页。

"世凯之才,一时无两。"又说:"此人国之栋梁,奈何置之闲散。"①袁世凯面对墙倒众人推的境地,听到严复的话,自然是感激不尽。后来,袁世凯东山再起,对严复另眼相看,也是情理中的事。

1911 年 10 月 10 日,武昌起义爆发,震撼世界,社会各种力量纷纷活动,斡旋、调解、策划,忙个不停。57 岁的严复,也不甘寂寞,南北奔走,他认为:"顾居今之日,平情而论,于新旧两派之中,求当元首之任,而胜项城者,谁乎?"②1911 年 12 月 2 日,严复在北京会见了袁世凯,被任命为袁世凯北方代表团代表,参加南北议和谈判。当时,直接参与南北和谈的广东代表冯耿光,在《荫昌督师南下与南北议和》一文中详细介绍了严复当上代表的经过:"那天,锡拉胡同袁邸的客厅里济济一堂,在座的除了二十位代表以外,还有些秘书、随员等。其中熟人很多,年纪最长的是陈宝琛(伯潜),他是福建闽侯人,曾任山西巡抚,是新近奉召回京的。不多时,袁就穿着便服出来,见到陈,很客气地说:'这番和议是朝廷的大事,所以请老世叔出来',并希望他'为国宣劳'。陈则谦逊了几句:'近来岁数大了些,身体也不很好,还是请严又陵(复)去,要好得多了'。袁又和陈说了几句"③,就定下来了。这段材料,十分清楚地说明,严复是由陈宝琛推荐,袁世凯认可而作为福建代表参加南北议和的。

1911 年 12 月 9 日,严复奉命从北京出发,11 日到达汉口。12 日随同唐绍仪会见黎元洪,双方举行会谈。严复的《辛亥日记》中写道:"十月廿二日(12 月 12 日)过江,到青山织呢厂见黎元洪。"④就是指的这件事。第二天,严复就给陈宝琛写信,向陈汇报了武汉之行的经过。信中写道:"复于廿二下午过江,以师弟情分往见黎元洪,渠备极欢迎,感动之深,至于流涕。"其中着重谈了武汉革命党人的意见和动向,主要有这样几点:"党人亦知至今势穷力屈,非早了结,中华必以不国,故谈论虽有辩争,却无骄嚣之气,而有忧深远虑之机。""党人虽未明认君主立宪,然察其语气,固亦可商,惟用君主立宪而辅以项城为内阁,则极端反对。""党人以共和民主为主旨,告以国民程度不合,则极口不承;问其总统何人为各省党人所同意者,则以项城对,盖彼宁以共和而立项城为伯理玺得,以民主宪纲箝制之,不愿以君主而用项城为内阁,后将坐大,而至于必不可制。此中之秘,极耐思索也。""无论如何下台,党人有两要点所必争者:一是事平日久,复成专制,此时虽有信条誓庙,彼皆不信,须有实地箝制;二是党人有的确可以保全性命之方法,以谓朝廷

---

① 陶菊隐:《筹安会"六君子"传》,第 115 页。
② 王栻主编:《严复集》,中华书局,1986 年版,第 624 页。
③ 中国人民政治协商会议全国委员会文史资料研究委员会编:《辛亥革命回忆录》,第六集,中华书局,1963 年版,第 366 页。
④ 王栻主编:《严复集》,中华书局,1986 年版,第 1512 页。

累次失大信于民,此次非有实权自保,不能轻易息事。""若用君主,则冲人教育必从新法,海陆兵权必在汉人之手,满人须规定一改籍之制。"①

17日,他又转道到上海,下榻南京路沧州饭店,会见了参加南北议和的杨士琦。随后又匆匆返回北京,并直接面见袁世凯,详细汇报了武汉、上海双方会谈的情况,同时向袁提出了六项建议:

"车驾无论何等,断断不可离京。须有人为内阁料理报事。禁之不能,则排解辩白。梁启超不可不罗致到京。收拾人心之事,此时在皇室行之已晚,在内阁行之未迟。除阉寺之制是一大事。又,去跪拜。设法募用德、法洋将。"②

以上材料足以说明,严复作为北方代表团的重要成员,直接参与了南北和谈,为袁世凯四处奔走,是立下了功劳的。

袁世凯执掌大权后,投桃报李,对严复特别器重。先后任命严复为京师大学堂总办、总统府高等顾问、约法会议议员、参政院参政。常常出入总统府,俨然袁世凯的座上客。袁世凯当政时期,可以说是严复政治生涯的黄金时代。但是,好景不长,袁世凯复辟帝制,杨度组织"筹安会",为之张目,严复大名赫然榜上,不管是主动也好,被动也罢,都是有缘由的。当时名流学者如云,袁世凯情有独钟,非要拉严复入伙,这说明二人之间的关系是非同寻常,不同一般的。

二、严复品评袁世凯

从民国元年到1921年,严复先后给得意门生熊元锷之弟熊纯如写了一百多封书信,其中,对民国政治多有论述。涉及最多的人物是袁世凯。严复评论袁世凯,褒贬不一,捧骂相交。由此也可以看出严复与袁世凯之间的一些关系。

清朝灭亡,民国建立,一时群龙无首,严复选择了袁世凯。开始,外国驻京使团看中了袁世凯,可后来袁世凯在京、津制造兵变,以抵制建都南京,导致威望下降。严复对此颇为担心,"以不佞私见言之,天下仍须定于专制,不然,则秩序恢复之不能,尚何富强之可跂乎?旧清政府,去如刍狗,不足重陈,而应运之才,不知生于何地,以云隐忧,真可忧耳!"③尽管如此,严复对袁世凯还是评价甚高:"项城于国变日受职,各国同日承认,亦几天与人归矣。新组内阁,亦若有励精图治之倾向。吾辈处今,所谓得少便足,岂敢更作过分之望。"④又说:"今大总统雄姿盖世,国人殆无其

---

① 王栻主编:《严复集》,中华书局,1986年版,第503页。
② 王栻主编:《严复集》,中华书局,1986年版,第1513页。
③ 王栻主编:《严复集》,中华书局,1986年版,第603页。
④ 王栻主编:《严复集》,中华书局,1986年版,第612页。

俦",还说:"大总统固为一时之杰"。得出的结论是:"顾居今之日,平情而论,于新旧两派之中,求当元首之任,而胜项城者,谁乎?"在"二次革命"这一问题上,严复完全站在袁世凯一边,说什么是革命党人"不察事势,过尔破坏","大总统诚不得已而用兵"。还说:"顾三年以来,国民党势如园中牵牛,缠树弥墙,滋蔓遍地,一旦芟夷,全体遂呈荒象,共和政体名存而已。以愚见言,即此是政界奇险。但愿大总统福寿康宁,则吾侪小人之幸福耳。"①反对国民党,拥护袁世凯,态度十分鲜明。

袁世凯自导自演的帝制闹剧结束后,严复还坚持袁继续任职。他说:"惟是今于取消帝制之后,复劝项城退位,则又万万不能,何则?明知项城此时一去,则天下必乱,而必至于覆亡。吾之不劝项城退位,非有爱于项城也。无他,所重在国故耳"。②严复还说:"力去袁氏,则与前之力亡满清正同,将又铸一大错耳。"③严复还认为,袁世凯由民国总统走向封建帝王,是革命党人逼的。他说:"夫中国自前清之帝制而革命,革命而共和,共和而一人政治,一人政治而帝制复萌,谁实为之,至于此极?彼项城固不得为无咎,而所以使项城日趋于专,驯致握此大权者,夫非辛壬党人?"④这显然是一种错误认识。在严复看来,袁世凯的失败,固然有个人的原因,但与"国民程度如此,人才消乏,而物力单微,又益之以外患"等诸种复杂因素是密不可分的。严复说:"所谓帝制违誓种种,特反对者所执之词,而项城之失人心,一败至于不可收拾者,固别有在,非帝制也。"⑤总之,袁世凯帝制梦破灭后,举国声讨,一片唾骂,而严复却与社会舆论大唱反调,处处为袁世凯辩护。由此可见,严复对袁世凯是有所偏爱的。

对袁世凯,严复在赞赏之余,也多有批评。严复说:"夫仆之不满意洹上,而料其终凶,非一朝夕之事。不独乙巳季廉之函,可以为证,即自庚子以后十余年间,袁氏炙手可热之时,数四相邀,而仆则萧然自远者,可以见矣。"⑥说明严复早就对袁有所认识。其实,严复赞扬袁世凯,都是打了折扣的,是一种企盼英雄伟人出现而不得的万般无奈。例如,严复在说袁世凯是"一时之杰"的同时,又毫不客气地指出:"然极其能事,不过旧日帝制时,一才督抚耳!欲与列强君相抗衡,则太乏科哲知识,太无世界眼光,又过欲以人从己,不欲以己从人,其用人行政,使人不满意

① 王栻主编:《严复集》,中华书局,1986年版,第613页。
② 王栻主编:《严复集》,中华书局,1986年版,第631页。
③ 王栻主编:《严复集》,中华书局,1986年版,第633页。
④ 王栻主编:《严复集》,中华书局,1986年版,第631页。
⑤ 王栻主编:《严复集》,中华书局,1986年版,第634页。
⑥ 王斌主编:《严复集》,中华书局,1986年版,第636页。

处甚多,望其转移风气,奠固邦基,呜呼！非其选耳。"①严复还说:"夫袁氏自受委托组织共和以还,迹其所行,其不足令人满意者何限！"②

与此同时,严复还对袁世凯的阴险、残酷无情等作了揭露与抨击,指出袁世凯是一个喜怒无常、政绩平庸的小人。严复说:"且自辛亥改步以来,洹上之得有首位者,无他,旧握兵权,而羽翼为尽死力故也。"③就是说,袁世凯上台,完全是借助武力,即北洋系统的支持,"因其势而挺之而已"。但是,袁世凯"生性好用诡谋,以锄异己",除派人暗杀吴禄贞、宋教仁、黄远庸志士仁人外,还对其"心腹股肱"如赵秉钧、郑汝成等人也予以"灭口",结果"海宇哗然",众叛亲离。所以说"洹上自就职以来,于中国根本问题,毫末无所措注。"④难能可贵的是,严复还看到了袁世凯专权以后,中国已进入一个军阀统治时期。严说:"自项城怀抱野心,阻兵安忍,而吾国遂酿成武人世界。"⑤这个见解是十分精辟的。在严复看来,以袁世凯的人格和能力,都无助于中国社会问题的根本解决,其失败的命运是不可避免的。因此,严复也坚持袁世凯"早去为最利"的见解。

三、严复与"筹安会"

严复参加"筹安会"是严、袁关系中的一个重要事件。

1915 年 8 月 23 日,由杨度发起的、为袁世凯称帝制造舆论的"筹安会"出笼,严复赫然榜上,令时人瞩目和震惊。对此,严复是怎么解释呢？1915 年 9 月 23 日,即事隔一月之后,严复在给熊纯如的信中,讲到他参与"筹安会"的经过:"筹安会挂名籍端,颇缘被动。一昔杨皙子来寓,宣布宗旨,邀共发起。复言吾国之宜有君,(二字作众主解。)而舆尸征凶,此虽三尺童子知之,讨论余地,本属无多,独至继此而言,谁为之主,则争点发生,窃所疑惮。鄙意颇不欲列名,以避烦聒,杨乃以大义相难……意态勤恳,乃遂听之。而次日贱名乃登报矣。"⑥从这封信中可看出,严复与杨度在实行君主立宪制这一点上,两人的见解是一致的,没有丝毫分歧,上面引用的"讨论余地,本属无多"就能证明。两人的原则性分歧是谁来做君主。杨度坚持非袁不可,严复对此颇有微词,认为袁世凯并不是最为合适的人选,这恐怕也是严复迟迟不愿列名的深层原因。关于这一点,事隔不久,严复在给友

①　王栻主编:《严复集》,中华书局,1986 年版,第 624 页。
②　王栻主编:《严复集》,中华书局,1986 年版,第 633 页。
③　王栻主编:《严复集》,中华书局,1986 年版,第 637~638 页。
④　王栻主编:《严复集》,中华书局,1986 年版,第 638 页。
⑤　王栻主编:《严复集》,中华书局,1986 年版,第 675 页。
⑥　王栻主编:《严复集》,中华书局,1986 年版,第 627 页。

人的另一封信中,同样表达了这样一个意思,他说:"孰宜吾国,此议不移晷可决,而所难者,孰为之君。此在今日,虽有圣者,莫知适从,武断主张,危象立见,于是请与会,而勿为发起"。① 这一切都说明严复的心情是十分矛盾的,一方面,严复向往英国式的君主立宪政体;另一方面,严复看到,清朝灭亡以后,偌大的中国又找不出一个很理想的人物,来完成这一转变。权倾当朝的袁世凯,严又十分了解,无论是人格还是能力,都不是严复心目中的理想人选。所以,严复的态度一直不很明朗,犹豫不决,消极观望。但在杨度一而再、再而三的鼓动和央求下,"乃遂听之","由是严复之名,日见于介绍,虚声为累,列在第三,此则无勇怯懦,有愧古贤而已。过是以往,犹曒然也",②留下了千古遗憾。

尽管"榜"上有名,但综观严复在袁世凯称帝时期的活动,一直是消极的,持不合作态度。"由是筹安开会,以至请愿,继而劝进庆贺,仆身未尝一与其中。"③筹安会一登台,梁启超便发表《异哉所谓国体问题者》,公开驳斥复辟帝制之说。袁世凯慌了手脚,急命内史夏寿田携券四万金,请严复写文章反驳梁启超,严复拒收重金,但又不敢公开开罪袁氏,乃推托"容吾徐图之以报命"。其后,他接到威胁信20余封,都是胁迫他追随袁氏的。严复见虚与委蛇不行,便干脆予以拒绝,说自己是政府中人,不宜出面,应由袁氏自己出面解决,并明确表示:"吾年逾六十,病患相迫,甘求解脱而不得,果能死我,我且百拜之矣。"④袁世凯知其意不可夺,于是另找人撰写。不久,袁又派人请严复为文劝进,严复同样予以拒绝。他说:"吾所欲言者,早已尽言之矣! 必欲以吾为重,吾与袁公交,垂三十年,吾亦何所自惜。顾吾生平不能作违心之言,吾欲为文,吾无从著笔也。"⑤再次令袁世凯扫兴。在袁世凯称帝的日子里,严复始终保持沉默,"仆终嘿嘿,未赞一辞"。1915 年 12 月 12 日,袁世凯承受帝位,12 月 13 日在居仁堂接受百官朝贺,严复"庆贺朝宴,均未入场"。这说明严复参加"筹安会"确实是被动的,是万不得已的。

四、严复捧袁的思想诱因

从以上材料可以看出,严复与袁世凯的关系,既不是坦诚相照,也不是貌合神离,实际上是一种若即若离的关系。严复看中袁世凯,很大程度上是出于实现其政治理想的考虑。当然,也与严复后期文化思想的变化有关。

---

① 王栻主编:《严复集》,中华书局,1986 年版,第 636 页。
② 王栻主编:《严复集》,中华书局,1986 年版,第 636 ~ 637 页。
③ 王栻主编:《严复集》,中华书局,1986 年版,第 636 页。
④ 王蘧常:《民国严几道先生复年谱》,台湾商务印书馆,1981 年版,第 99 页。
⑤ 王栻主编:《严复集》,中华书局,1986 年版,第 1551 页。

　　严复后期的政治思想,逐渐游离了他早年的民主自由主张,转而要求建立一个强有力的中央政府,希望有一个像汉光武、唐太宗的人物出现,实行强权政治,完成中国统一,徐图富强。这就是严复有名的"速了瓦全"论。他说:"当是之际,能得汉光武、唐太宗,上之上者也;即不然,曹操、刘裕、桓宣武、赵匡胤,亦所欢迎。"①又说:"自吾观之,则今日中国须有秦政、魏武、管仲、商君,及类乎此之政治家,庶几有济。"②在严复看来,强权人物执政,则社会安定,兴旺发达;懦夫掌权,则社会混乱,贫穷衰落。古今中外莫不如此。他说:"贤者试观历史,无论中外古今,其稍获强效,何一非任法者耶? 管商尚矣;他若赵奢、吴起、王猛、诸葛、汉宣、唐太,皆略知法意而效亦随;至其他亡弱之君,大抵皆良懦者。"③并说:"读遍中西历史,以为天下最危险者,无过良善暗懦人。"④在这种思想指导下,严复对德国学者的强权理论十分倾倒,备加推崇。认为"盖自德国学者,如尼采、特斯基倡说以来,人知世间一切竞争,不视理而视力,力平而后理申。"⑤严复还说:"德之学说治术,与英法绝殊,其学者如叔本华、尼采、特来斯基,皆原本性恶,而不以民主共和为然,与吾国之荀卿、商鞅、李斯最为相似,其异者,特以时世进化之不同,使申、商、始皇等生于今日,将其所为,与德无二致也。"⑥就是说,即使中国古代强人再生,照样会实行强人政治的,在这方面,东西方之间的差别不大。

　　基于此,严复极力呼吁建立强有力的中央政府,大声呼唤强人的出现。他说:"吾侪小民,为其中托庇之一分子,但愿取此大物之家,量力度德,于外则留神邦交,于内则通筹财力,使皆稳固,则权力所在,将即为讴歌所归。"⑦而当时活跃在中国政坛上的风云人物,诸如孙中山、康有为、梁启超等人,在严的眼里,都一概视为"小人"和无能之辈。关于孙中山,严复说:"孙文、唐绍仪辈,自仆观之,直是毫无价值之人。比者窜迹广州,既不容于地主,而号诉各国,又为笑资,其无成殆可以决。"⑧关于康有为、梁启超,严复说:"吾国自甲午、戊戌以来,变故为不少矣。而海内所奉为导师,以为趋向标准者,首屈康、梁师弟。顾众人视之,则以为福首,而自仆视之,则以为祸魁。"⑨因为,他们是理论的巨人,行动的矮子。况且,梁启

---

①　王栻主编:《严复集》,中华书局,1986 年版,第 652 页。

②　王栻主编:《严复集》,中华书局,1986 年版,第 646 页。

③　王栻主编:《严复集》,中华书局,1986 年版,第 620 页。

④　王栻主编:《严复集》,中华书局,1986 年版,第 657 页

⑤　王栻主编:《严复集》,中华书局,1986 年版,第 627 页。

⑥　王栻主编:《严复集》,中华书局,1986 年版,第 675 页。

⑦　王栻主编:《严复集》,中华书局,1986 年版,第 627 ~ 628 页。

⑧　王栻主编:《严复集》,中华书局,1986 年版,第 672 页。

⑨　王栻主编:《严复集》,中华书局,1986 年版,第 631 页。

超高论迭出,实际上是为了出风头。"大抵任公操笔为文时,其实心救国之意浅,而俗谚所谓出风头之意多。"①加上他们的人格和能力,已表明无担当大任的众望。黎元洪、段祺瑞二人,是当时仅次于袁世凯的实权人物,许多人看中了他们,而严复对他们的能力也表示怀疑。严认为,"黎、段二公,道德皆高,然救国图存,断非如此道德所能有效",②因为,"黄陂良愿有余,于政体、国是、外势,皆无分晓,以傀偏性质兼负乘之讥,覆餗偾车,殆可前决;段氏坚确,政见较黎为高,然爱惜羽毛,无为国牺牲一切之观念。"③所以,"当人欲极肆之秋,黎、段两公实皆不足撑此政局"。④ 就是当时号称"精英"的参、众两院的议员,"什九皆为下驷,党人饭碗是其唯一问题,即诘旦国亡,今日所争,依然党利,甚矣!"⑤"吾国现有之参、众两议院,率皆毫无价值之人。"⑥寻遍偌大个中国,竟然找不出一个理想的人选。旧人物,"虽皆各具新识,然皆游于旧法之中,行检一无可议";新人物,"虽声光烂然,徒党遍海内,如某某公者,吾心目之中,固未尝有一也。"⑦流露出举世无才的哀痛之情,表现一代学人的无限失望。

严复认为,在中国社会急剧变化的紧要关头,却是如此缺乏人才,这不能不说是国家的不幸,民族的不幸。他说:"吾国大患,自坐人才消乏。盖旧式人才既不相合,而新者坐培养太迟,不成气候,即有一二,而孤弦独张,亦为无补"。⑧ "今试遍观全国之中,欲觅一堪为立宪总理,有其资格势力者,此时实在尚未出现也。"⑨在这种"山上无老虎,猴子称霸王"的情形下,袁世凯脱颖而出,一时成了严复心目中的英雄和"救世主"。如上所述,严复称袁"于国变日受职,各国同日承认,亦几天与人归矣。新组内阁,亦若有励精图治之倾向。吾辈处今,所谓得少便足,岂敢更作过分之望。"又说:"今大总统雄姿盖世,国人殆无其俦。"还说:"大总统固为一时之杰。"得出的结论是:"顾居今之日,平情而论,于新旧两派之中,求当元首之任,而胜项城者,谁乎?"直到后来,黎、段相争,严复还十分想念袁世凯,认为袁的死是中国的不幸。说:"项城才地资力均足当之,释此不图,妄干非分以死,则真中

---

① 王栻主编:《严复集》,中华书局,1986 年版,第 646 页。
② 王栻主编:《严复集》,中华书局,1986 年版,第 646 页。
③ 王栻主编:《严复集》,中华书局,1986 年版,第 650 页。
④ 王栻主编:《严复集》,中华书局,1986 年版,第 652 页。
⑤ 王栻主编:《严复集》,中华书局,1986 年版,第 650 页。
⑥ 王栻主编:《严复集》,中华书局,1986 年版,第 665 页。
⑦ 王栻主编:《严复集》,中华书局,1986 年版,第 684 页。
⑧ 王栻主编:《严复集》,中华书局,1986 年版,第 687 页。
⑨ 王栻主编:《严复集》,中华书局,1986 年版,第 669 页。

国之不幸耳。"①严复看中袁世凯,固然与两人的交情有关,而更重要的,则是出于实现其政治主张的考虑。通过以上的分析,应该说是十分明显的。

推崇袁世凯,主张强人政治,思想深处必然是反对民主共和,崇尚君主立宪。在这点上,严复的态度极为鲜明,毫不含糊。我们在此不想做过多的引证,仅就严复致熊纯如的信中所说,略引一二。如"鄙人愚戆,终觉共和政体,非吾种所宜。","所绝对不敢信者,以中国之地形民质,可以共和存立。""夫共和万万无当于中国","故问中华政体,则自以君主为宜"。"总之,鄙人自始洎终,终不以共和为中华宜采之治体,尝以主张其制者,为四万万众之罪人,九幽十八重,不足容其魂魄。"②严复选择的是他终生信奉的君主立宪制度,而且,越到晚年越矢志不移。"复言吾国之宜有君,此虽三尺童子知之。"还说:"以不佞私见言之,天下仍须定于专制,不然,则秩序恢复之不能,尚何富强之可跂乎?"而这确实是严复一贯的政治主张。

这里,自然涉及严复的政治思想和追求。严复早年留学英国,大英帝国文化思想的影响和熏陶,使他成为一个自由主义者,相信民主与自由是中国走向富强的必由之路。但是,面对中国社会"民品之劣,民智之卑"的现实国情,又使他坚信,西方的民主制度在中国难以行通。这种理想与现实的距离和反差,迫使严复走向了一种文化上激进,政治上保守的启蒙之路。一方面,严复认为,学习西方,走西方之路,是中国走向现代化的必然选择,别无他途;另一方面,中国的现实国情又和西方大相径庭,西方式的民主与自由到了中国,只能是"逾淮之桔"。所以,严复以毕生的精力致力于激烈批判传统文化、开发民众的智慧、改造和重塑国民性的巨大的社会系统工程,作为向民主社会过渡的重要前提。而在这个过渡时代,必须实行君主立宪制度,通过一个具有强力意志的权威,维持一个稳定环境,在全社会推行新制,普及教育,提高全民族的道德、知识和身体素质。为此,戊戌时期,严复看中了光绪皇帝;光绪被囚以后,严复看中了肃亲王;辛亥革命以后,严复看中了袁世凯。这种选择,应该说是严复思想的逻辑发展,是一代学人在无限苦闷中的一种两难抉择。

第二节　晚清立宪运动与 20 世纪中国

现代著名外交家顾维钧在其回忆录中曾经指出:"从 1905 到 1911 年,在中国

---

① 王栻主编:《严复集》,中华书局,1986 年版,第 669 页。
② 王栻主编:《严复集》,中华书局,1986 年版,第 711 页。

历史上是一个有意思的时期".① 所谓有意思,即比较微妙,比较敏感,立宪与革命的角逐与较量及其结果,深刻影响了 20 世纪中国社会的进程。关于晚清立宪运动,学者们已经做了大量的研究,涌现出一批有分量的研究成果。仅仅就中国大陆而言,如萧功秦的《危机中的变革——清末现代化进程中的激进与保守》、侯宜杰的《二十世纪初中国政治改革风潮》、郭世佑的《晚清政治革命新论》和朱英的《晚清经济政策与改革措施》等力作,代表了这一领域研究的最新进展。这里在此基础上,重点探讨晚清立宪运动失败的原因及其对 20 世纪中国的影响。

一、晚清立宪运动的历史作用

晚清立宪运动作为一种声势浩大的政治改革运动激荡于 20 世纪初年,几乎与清末革命运动同时并存,是一个颇为引人注目的现象。长期以来,人们为了论证清末革命运动的合理性和历史必然性,往往有意或无意地贬抑晚清立宪运动的进步作用,这是很不全面和客观的态度。实际上,晚清立宪运动与晚清革命运动,应该说是当时中国的有识之士关于中国未来社会两种不同的政治蓝图设想,是中国社会政治革新的两种模式。在思想渊源、救亡图存、政治革新和发展资本主义等方面可以说是同源异流,殊途同归。这基本是符合当时的历史实际的。

救亡图存是立宪运动发生的外在原因。救亡图存不仅是游离于体制外的仁人志士的目标和追求,而且是体制内开明官员的希望和憧憬。《辛丑条约》签订后,民族危机更加深重,中国将走向何处? 有识之士上下求索,多方探求。日俄战争的最终结局,一方面使人们看到了专制政体已难以竞争于 20 世纪之世界,"于是立宪之议,主者渐多",给当时的政治革新造成了转机;另一方面,日俄把主战场摆在所谓"中立"的中国,又使人们感到了民族危机的加剧。立宪风潮骤起,无疑也是危亡现实的刺激。孙宝琦在请求立宪的上书中说:"自俄日开战后,各国倡言瓜分之议,事机日紧。美倡议保我疆土,语极含混,诚恐日俄战罢,各国对待吾华有进无退。"②在这种严峻形势下,中国只有"趁此俄日构兵,各国待时之际,颁行新政,振奋自强",③才是出路所在。以立宪为宣传宗旨的《中国新报》,在创刊号卷首刊登了一幅《中国与列强》的漫画,以中国地图为画面,以众动物代表西方列强,各有寓意。黑熊盘踞新疆、蒙古和东北,象征沙俄;狮子之爪伸向西藏和云南,象征英国;老虎脚踩印度支那半岛,头伸至云南和两广,象征法国;一只恶狼从黄

---

① 《顾维钧回忆录》,第 1 册,中华书局,1983 年版,第 66 页。
② 甲辰(1904 年)三月初七日孙宝琦致端方函,《端方档》函字 28 号。
③ 甲辰(1904 年)三月初七日孙宝琦致端方函,《端方档》函字 28 号。

海衅上山东,象征德国;一只似龙非龙的怪兽,身佩军刀,爪抓琉球,眼盯中国大陆,象征日本;一只人体老鹰,脚踩菲律宾、夏威夷等群岛,手持望远镜遥窥中国,象征美国。① 它同十年前华侨革命家谢缵泰的《东亚时局图》一样,十分形象而传神地披露了西方列强觊觎和掠夺中国利权的真相,又一次唤起民众救亡图存的爱国热情。几次大规模的国会请愿运动,无不与民族危亡密切相关。1910 年 7 月,日俄续订协约,双方共同瓜分我东北,不久又吞并朝鲜。民族危机再度加深。孙洪伊等在上资政院书中对这种险恶形势多有描述:"日俄缔结新约,英法夙有成言,诸强释嫌,协以谋我,日本遂并吞朝鲜,扼我吭而拊我背。俄汲汲增兵窥我蒙古,英复以劲旅捣藏边,法铁路直达滇桂,工事急如星火。德美旁观,亦思染指。瓜分之祸,昔犹空言,今将实现"。② 正是这种担心瓜分亡国的忧虑情结,促使他们接二连三地发起国会请愿。这一点,身在其中的梁启超先生早就明察秋毫。他在分析晚清国会请愿风潮彼伏此起的原因时说道:"我国民主张速开国会之理由,图治尚其第二义,而救亡乃其第一义",③基本上反映了当时的实情。如果不是出于挽救国家危亡的爱国至诚,国会请愿运动中有那么多人不惜割臂刺股、断指血书冒死犯上,实在是难以理解、不可思议的事情。

谋求政治革新,保证资本主义经济健康发展,是晚清立宪运动勃兴的内在原因。纵观这段历史,推动这一运动向前发展的力量虽然有一部分开明官僚,但其政治主体是民族资产阶级上层及其政治代言人,如张謇和梁启超等人,可以说是其典型代表。

民族资产阶级在中国近代特定的社会环境下产生,可以说是生不逢时,西方列强的侵略,封建势力的压迫,使他们处于夹缝之中。尤其是与西方的经济矛盾和冲突,使他们更感到自己势单力薄,形影相吊。因此,他们寄希望于清朝政府,希望他们的经济活动能够得到政府的保护和支持。但是当时的清王朝既腐朽不堪,又软弱无力,他们的希望常常落空。于是,改变政体,改造政府,以适应民族资本主义的生存和发展,"于万死中求一生,惟希望有善良之政府,实行保护产业之政策,庶几有所怙恃而获即安",④"确定立宪政体"是振兴实业之保证,便成为这个阶层的共识。梁启超曾公开宣称:"试有人问我以中国振兴实业之第一义从何下手? 吾必答曰:改良政治组织。然则第二义从何下手? 吾亦答曰:改良政治组

---

① 李傛:《中国与列强图说》,《中国新报》,1907 年,第 6 号。
② 《国会请愿代表孙洪伊等上资政院书》,《国风报》,1910 年,第 26 期,第 87、88 页。
③ 梁启超:《论政府阻挠国会之非》,《饮冰室合集》,文集之 25(上),第 112 页。
④ 沧江:《为国会期限问题敬告国人(续)》,《国风报》,1910 年第 19 号,第 11 页。

织。然则第三义从何下手？吾亦惟答曰：改良政治组织。"①梁启超在此反复论述，目的就是强调改良政治组织的重要性。如何改良政治组织？就是建立立宪政体，"国会而已矣，责任内阁而已矣"。② 所谓立宪，不是为了封官进爵，不是为了个人的飞黄腾达，而是为了振兴实业，谋求经济发展与社会进步。只有把政治问题首先解决了，其他经济和社会问题才有望得到解决，这是中国近代的现实国情所决定的。

国会与责任内阁是资本主义政治制度的基本标志，也是晚清立宪运动的最终追求。即在保留君主制度的外壳下，重新注入资本主义政治的内核，通过限制君权，扩大民权，让新兴资产阶级及其知识分子参与国家事务的管理，进而完成政治的和平革新，实行三权分立的议会政治。立宪派要求建立一个以立法、司法、行政三权分立的资产阶级政体，即实行国会制度，建立责任内阁。他们说："中国去年虎头蛇尾之改革，三权分立之制度尚未见之实行，若循此不变自甘灭亡，斯亦已矣。若将来犹有整顿内治以图自强之一日也，则未有不采三权分立之制度而能整顿内治者也"。③ 在三权分立之中，他们特别重视立法权，即国会的作用。他们认为，中国当前所要建立的国会，是以西方议会制度为参照的，是中国式的资产阶级立法机关，中国要建立立宪政体，核心是设立国会。他们说："立宪政治者何？质言之，国民政治而已。以多数国民之意思，而定国家行政之方针，故谓国民政治。虽然，国民之意思无由发见也，于是以国会为国民意思之机关。"④"语专制政体与立宪政体之区别，其唯一之表识，则国会之有无是已。"⑤他们认为，国会既"为立法之府"，又"为政府之严师"，"不独可以参与立法事业，而且可以发表政治上之意见，以实行监督政府"。⑥"国会有监督政府行政及预算、决算、财政之权"，这是世界各国宪政的共同准则，"如是始谓之立宪，不如是不得谓之立宪"。⑦ 基于上述认识，他们主张国会必须"以人民选举为原则"，"必当使其机关由选举而成立，非由任命而成立；必当使其权力之渊源，在人民而不在君主"。⑧ 梁启超在给友人的信中说："但使立宪实行，政权全归国会，则皇帝不过坐支乾修之废物耳。国势

① 梁启超：《敬告中国之谈实业者》，《饮冰室合集》，文集之21，第121页。
② 梁启超：《敬告中国之谈实业者》，《饮冰室合集》，文集之21，第122页。
③ 《论今日国权统一之趋势》，《时报》，1907年4月23日。
④ 《论今日为开国会必要之时机》，《时报》，1908年4月13日。
⑤ 宪民：《中国国会制度私议》，《政论》，1908年第5号。
⑥ 黄可权：《国会论》，《政论》，第2号。
⑦ 《六月二十四日上谕恭注》，《时报》，1908年7月25日。
⑧ 宪民：《政治上之监督机关》，《政论》，第2号。

既定,存之废之,无关大计,岂虑其长能为虐哉? 吾党所坚持立宪主义者,凡以此也。"①就是说,君主既然不负政治上的责任,实际上就等于被剥夺了政治权力。时值晚清这个动荡的历史关头,立宪党人通过设立团体,创办报刊,成立学会,兴办学校,四处呼吁,八方奔走,发动了一次又一次的国会请愿运动,他们对西方资产阶级民主主义的宣传,对中国封建专制主义的批判,大大启发了民众的近代意识和爱国热情,对于提高人们的政治觉悟和孤立清政府等方面,都起了积极作用,应该予以充分肯定。

立宪与革命是近代中国社会出路探索过程中的两种选择或两种模式,二者同源异流,殊途同归。近代复杂的社会环境及历史条件决定了二者在互相对立中又相互联系,在差异性中具有共同点。

其一,革命派和立宪派都是在相同经济基础上产生和发展起来的两种新的社会力量和政治势力,它们的主张和设想都不同程度地反映与体现了中国近代资产阶级的社会政治、经济和文化要求。而且立宪思潮的萌动和出现似乎还要比革命思潮略早一些。在这方面,唯一不同的是各自所代表的阶层有异。

其二,二者都以救亡图存为己任,爱国强国是他们共同的呐喊,振兴中华是他们的共同旗帜。二者都想从西方列强的枷锁下解放出来,使中华民族自立于世界民族之林,只是方式不同,手段有异。革命派要通过暴力革命来解决,立宪派则想通过不流血的变革和平过渡。考诸晚清历史,我们不难发现,在许多重大社会政治问题上,革命派与立宪派曾经一度结成反清联盟,密切合作,并肩作战。如在收回利权运动中,山西立宪派首领梁善济就与革命党人解荣辂联合行动,联名上书清朝外务部,要求收回孟县等地矿权。不久,梁又与革命党人一起解除了山西商务局与英国福公司的合同。1909 年 6 月上海成立的"中国国民总会",也是同盟会与立宪派的联合组织,其中同盟会员与立宪派人士分别担任了正副会长,是一个受同盟会指导的广泛吸收各社会阶层参加的,以反对列强侵华为宗旨的爱国团体。在引发武昌起义的保路运动中,湘、鄂、粤三省立宪党人都曾与同盟会密切合作,对辛亥革命的胜利起了重要的促进作用。毋庸置疑,在改良与革命的道路选择上,立宪派与革命派常处于对立的地位,但同时又应该看到,在振兴中华,爱国反帝的要求上,二者之间更有相互配合、共同奋斗的地方,在反对列强侵略和清朝专制卖国方面,都具有很多的一致性。

其三,改变现实腐败政治,建立资本主义制度,是二者的共同目标和追求,矛头都是指向封建专制主义的。在思想渊源方面,更是具有惊人的相似性,都是取

---

① 赵丰田、丁文江:《梁启超年谱长编》,上海人民出版社,1983 年版,第 553 页。

法于西方,向西方学习,是两派的共同呼声。社会契约论、三权分立说、进化论及其以科学实验为基础的归纳方法等新的思想理论武器,都是两派先后从西方翻译和介绍过来的。只是在对这些学说的理解和运用产生歧异,一方得之为渐进量变,主君主立宪;一方解之为跃进质变,主民主共和。这种歧异的造成,有着比较复杂的社会时代背景和政治导向。但毕竟两派的思想渊源相同,理论武器一致,目的都是以此来批判旧学,使中国走向自由富强之路。即使在两派关于中国未来社会前途展开激烈论战的时期,立宪党人所办的报刊也没有停止对传统政治与文化的批判,论战实质上是革新与革命的策略之争,总的大目标和大方向是一致的。而且,在相当长的时期内,西方历史上的政治家、思想家华盛顿、林肯、彼得大帝、卢梭、孟德斯鸠、达尔文及日本明治维新的精英们,中国历史上的黄帝、墨子及明末清初的反清英雄,都成为两派获取思想灵感和战斗激情的共同来源。民族情感与时代召唤,在危急存亡的近代中国,已成为时代的最强音,最终超越了那种壁垒森严的政治分野,朝着一个共同的目标奋进,即建立民主政治制度。

二、晚清立宪运动失败的原因

从表面来看,似乎是晚清立宪运动造成了清王朝的灭亡,二者成了因果关系。其实,晚清立宪运动与清王朝的灭亡并不存在必然联系。清王朝的灭亡,是各种复杂因素综合作用的结果。关于这一点,时人已有比较清醒的认识和判断。1912年4月,著名报人杜亚泉在《中华民国之前途》一文中,对清朝灭亡的原因做了比较系统的分析,颇有见地。他说:"总之此次清廷之革命,其本因有二:一为远因,则以满人专有政治上之特权,种族间生不平之观念;一为近因,则由于世运变迁,专制政体不适于时世。而其助因有三:一为中央集权,二为大借外债,三则财政紊乱,政费浩大,税目繁杂。"①杜亚泉的分析,为我们反思晚清立宪运动失败的原因提供了一个广阔的思维空间。既然晚清立宪运动不是导致清朝灭亡的原因之一,那么,真正导致清朝灭亡的原因何在? 换句话说,晚清立宪运动失败的根本原因是什么? 我个人认为,晚清立宪运动之所以失败,是政治改革时机选择的失误。即政治改革的目标选择,建立一个民主宪政体制,政治改革的程序、路径,通过和平而渐进的方式,都无可厚非,关键是政治改革时机选择的失误。具体说来,有以下几个方面。

第一,晚清政府已经不具备实现政治变革的主体资质。萧功秦明确指出,新

---

① 伧父:《中华民国之前途》,《东方杂志》,1912年第8卷,第10号。

政开始启动时,"清王朝的统治合法性已经由于庚子事变而急剧流失",①也就是说,西方列强利用一纸条约,通过军事控制、经济剥夺、心理征服和惩治"战犯"等手段,基本摧毁了满清王朝传统的统治体系,留下的只有表面拥有主权的王朝空壳。此时的清王朝,已经处于风雨飘摇之中,根本不具备独立承担剧烈政治变革的实力和资质。对此,李鸿章早就有过感叹。他说:"虽欲变法自强,无人无财,无主主持者奈何?"②李鸿章的感叹,绝不是空穴来风,而是一位身经家国忧患、世态沧桑的亲身当事者发自内心的肺腑之言。事实上也的确如此。满清王朝在经历了康乾盛世的世纪辉煌以后,从嘉庆年间开始,固有的王朝兴衰规律逐渐显现,政治腐败,军备废弛,财政拮据,社会动荡不安,衰世表征已经暴露无遗。道光年间,西力东侵,内忧外患交织一起,造成了满清王朝全面的政治危机。晚清政治危机的表现,首先是再没有出现其前代先世像康熙、乾隆那样具有雄才大略和至上权威的君主,一味强调君主专制的政治体制的自身弱点与追求皇家血统纯洁性的祖宗成法,不但使后世继承者一代不如一代,而且出现了严重的王位继承危机。咸丰死后,满清王朝传统的统治面临真空。于是,慈禧太后垂帘听政。在慈禧太后的高压统治下,晚清王朝从此再没有出现过一个有作为的皇帝。其次是朝廷上下缺乏行政人才。著名诗人龚自珍面对"衰世无才"的现实状况,发出了"我劝天公重抖擞,不拘一格降人才"的呐喊。满清王朝面临太平天国农民起义的巨大威胁,其中比较有见识的大臣、工部尚书肃慎,也发出了朝中无人的感叹。他说:"满族没有一个人中用,国家有大事,非重用汉人不可"。③ 在这背景下,以曾国藩、李鸿章为代表的一批汉人官员先后涌现,才勉强保住了满清王朝的江山社稷,同时还促成了晚清王朝的一度繁荣,即史家所谓的"同治中兴"。可是,好景不长,在曾国藩、李鸿章等人死后,晚清王朝便开始江河日下。在既无明主圣君引导,又乏能臣强吏支撑的情景下,试图以全民的政治变革来扭转乾坤,起死回生,只能是一厢情愿的美好愿望而已。

第二,晚清政府丧失了一个较为良好的政治改革时机。实际上,鸦片战争以后,满清王朝面临着巨大的政治危机,几乎没有一个稳定的国内、国际环境。要求清政府主动选择一个时机进行政治改革,这无疑对其是一个苛求。但相对而言,洋务运动三十年间,除了中法战争的短暂危机外,还是一个政治比较稳定、经济相对发展的历史时期。选择这一时期进行全面政治变革,从政治变革的时机、环境

---

① 萧功秦:《危机中的变革》,上海:上海三联书店,1999 年版,第 316 页。
② 高树:《许文肃公年谱》,《国专月刊》,1936 年第 4 卷,第 3 号,第 54 页。
③ 钱谷风:《清王朝的覆灭》,上海:学林出版社,1984 年版,第 75 页。

及诸多条件来看,还是有基础的。其实,整个洋务运动期间,有关政治改革的呼声很高,特别是对君主立宪政治体制以及议院的高度认同,已经初步具备了进行全面政治改革的基础和契机。面对当时可供选择的各种政治体制,诸如君主专制、君主立宪和民主共和等,洋务运动时期的思想精英们几乎一致选择了君主立宪制度。他们认为,君主专制往往权力过分集中于皇帝,中国传统政治体制就属于此类。而这种体制,已经显露出其弊端;民主共和体制下,权力过于分散,限制了君主和中央的权力,不符合中国的国情,不能照搬。权衡再三,只有西方的君主立宪政体,才是中国未来政治的最佳选择。王韬对此做了比较系统的分析。他说:"君为主,则必尧、舜之君在上,而后可久安长治;民为主,则法制多纷更,心志难专壹,究其极,不无流弊。惟君民共治,上下相通,民隐得以上达,君惠亦得以下逮"。①郑观应也说:"盖五大洲有君主之国,有民主之国,有君民共主之国。君主者权偏于上,民主者权偏于下,君民共主者权得其平。"②不仅如此,他们还指出了中国政治变革中应该效仿的国家,正是西方君主立宪制度最为完美,而且是当时世界政治、经济、文化及其军事等综合国力最为强大的英国。王韬说:"泰西诸国,以英为巨擘,而英国政治之美,实为泰西诸国所闻风向慕,则以君民上下互相联络之效也。"③郑观应说:"然博采旁参,美国议院则民权过重,因其本民主也。法国议院不免叫嚣之风,其人习气使然。斟酌损益适中经久者,则莫如英、德两国议院之制。"④然而,具有讽刺意味的是,事隔几十年后,即 1904 年,驻法公使孙宝琦上书政务处,强烈要求清朝政府效法英国与日本,实行君主立宪,以政务处为上议院,都察院为下议院。⑤ 此议一出,朝野为之轰动。同年 6 月 18 日,天津《大公报》发表评论文章指出:"前者忽有驻法孙星使奏请立宪之举,继又有某某督抚亦以立宪为请,近来课吏校士,亦有以宪法发为问题者"。立宪之机已动,"其潮流已隐隐然而欲涌出"。⑥ 其实,早在洋务运动时期,汤震,也就是立宪运动中的活跃人物汤寿潜,在其《危言》一书中已经提出了类似设想。他说:"莫如采西法而变通之,自王公至各衙门堂官翰林院四品以上者,均隶上议院,而以军机处主之。堂官四品以下人员,无问正途任子訾郎及翰林院四品以下者,均隶下议院而以都察院主之。每有大利之当兴,大害之当替,大制度之当沿革,先期请明谕,得与议者,殚思竭

---

① 王韬:《弢园文录外编》,上海书店出版社,2002 年版,第 19 页。

② 夏东元编:《郑观应集》,上,上海人民出版社,1982 年版,第 316 页。

③ 王韬:《弢园文录外编》,第 20 页。

④ 《郑观应集》,上,第 312 页。

⑤ 《出使法国大臣孙上政务处书》,《东方杂志》,1904 年第 7 期,第 83 页。

⑥ 《论中国立宪之要义》,录五月初五《大公报》,《东方杂志》,1904 年,第 5 期,第 49 页。

虑,斟酌古今,疏其利害之所以然。届期,分集内阁及都察院,互陈所见,由宰相核其同异之多寡,上之天子,请如所议行。"①然而,由于统治集团的麻木不仁以及传统政治体制的僵化,这一建议被束之高阁,音沉响绝,没有得到官方的任何回应,只是作为游离于体制之外的知识界的一厢情愿。

对此,有人会认为,洋务运动时期,中国缺乏实现全面政治改革的社会政治、经济和思想文化条件,政治改革的时机尚不成熟。我个人认为,所谓政治改革的条件要求不是绝对的,而是相对的。政治改革是一个相当长的变动、调适和逐渐完善的过程,不可能一蹴而就,一步达到尽善尽美的完美境界。政治变革的关键和最主要因素,并不取决于各种综合条件的全部具备,而首先取决于政治的稳定与权威的政治控制力。就晚清70年的历史来看,洋务运动时期无疑是最好的历史机遇。这一时期,出现了长达30多年的政治稳定期。在中央朝廷,有以慈禧、奕䜣为代表的政治强人和政治权威,在地方,有以曾国藩、李鸿章等为代表的一批封疆大吏。就年龄与身体状况而言,这时的政治人物大多数年富力强,精力充沛,反应敏锐。比如,以1860年开始兴办洋务算起,慈禧太后25岁,奕䜣28岁,曾国藩49岁,李鸿章37岁。这种年龄结构,用现代的观念来看,属于最佳组合,年轻有为,富有朝气和进取心,具备政治变革的年龄和心理优势。而且,更重要的是,中央权威和自身统治的法理性基础,通过平息太平天国运动重新得以恢复和巩固。而且,上自督抚大臣,下到民间精英,已经发出了改革的呼声。例如,历任两江总督、两广总督、直隶总督的张树声(1824—1884)在1884年弥留之际的遗折中,表露了他对洋务运动仅仅局限与器物这个"用"的层面的严重不满。他说:"西人立国具有本末,虽礼乐教化远逊中华,然其驯至富强亦具有体用。育才于学堂,论政于议院,君民一体,上下同心,务实而戒虚,谋定而后动,此其体也。轮船火炮,洋枪水雷,铁路电线,此其用也。中国遗其体而求其用,无论竭蹶步趋,常不相及。就令铁舰成行,铁路四达,果足恃欤!"②呼吁进行全面变革。1888年,康有为第一次上书中央政府,针对洋务运动中出现的"泰西行之而富强,中国行之而奸蠹"的怪状,要求政府以近邻日本为榜样,"变法兴治","尤望妙选仁贤,及深通治术之士,与论治道,讲求变法之宜而次第行之,精神一变,岁月之间,纪纲已振,十年之内,富强可致,至二十年,久道化成,以恢属地而雪仇耻不难矣"。③

如果最高统治者能够审时度势,顺应风潮和时势,以15年或20年为预备期

---

① 中国史学会主编:《戊戌变法》,第1册,上海人民出版社,1957年版,第177页。
② 《郑观应集》,上册,第234页。
③ 《康有为全集》,第1卷,第360页,上海古籍出版社,1987年。

限,从经济到财政,从政治到社会,从思想到文化,逐渐变革,实行君主立宪,不管是否完全成功,但至少要比1901年后才进行改革的效果要好。因为,到1901年,不仅清朝统治的法理性已经丧失,而且就其强权人物而言,曾国藩、李鸿章与奕䜣已经先后去世,慈禧太后也垂垂老矣。在此情形下,进行大规模的政治变革,就像对一个绝症患者动大手术一样,不仅不能挽救其生命,而且很可能加速其死亡。

第三,财政危机、经济破产导致了晚清立宪运动的失败。

洋务运动尽管与其先朝的鼎盛辉煌时期无法相比,但却是晚清政府经济发展最好的历史时期。同治、光绪时期的国家财政得以恢复,并呈现出稳步增长的趋势。首先,国家收支规模扩大。道光年间,户部的常年财政收入大约是4200万两左右,而到光绪年间,国家的财政收入几乎增长了一倍还多,到光绪十九年,岁入高达8968万两。另据当时美国驻上海领事哲美森《中国度支考》统计,估计清朝光绪十八、十九和二十年三年的平均年收入为8897.9万两。① 财政收入的增加,反映了经济的发展。其次,国家财政收支赤字转向平衡,财政节余大幅度增加。1879年,根据户部统计,清朝政府当年总收入是82349179两,实际支出是78171450两,财政结余是4177729两。特别是中法战争结束后,从1885年到1894年的十年间,清朝政府的财政结余势头继续保持,1891年达到最高,有10329613两结余。② 再次,清朝政府开始了大规模的经济建设和国防建设。在国防建设方面,清朝政府先后建立了安庆内军械所、上海洋炮局、苏州洋炮局、江南制造总局、金陵制造局、福州船政局、天津机器局、西安机器局、福建机器局、兰州机器局、广州机器局、山东机器局、四川机器局、吉林机器局、神机营机器局、浙江机器局、云南机器局、湖北枪炮厂以及南洋海军、北洋海军等,已经初步形成了遍布全国的军事工业格局。清朝政府在军事工业方面的投资达5000万两左右。③ 经济建设方面,清朝政府先后兴办了轮船招商局、开平煤矿、天津电报总局、上海机器织布局、天津铁路公司、漠河金矿、汉阳铁厂、湖北织布官局、华新纺织新局、华盛机器纺织总厂等数十个大中型企业。关于清朝政府在民用工业方面的投资,有学者估计,不超过1500万两。④ 国防实力的增强与经济的发展,一定程度上为社会政治稳定创造了前提条件。一般而言,经济是社会政治的晴雨表:经济发展,社会政治便相对稳定;经济衰退,社会政治便容易动荡。洋务运动时期相对的社会稳定,客观上

---

① 转引自周育民:《晚清财政与社会变迁》,上海人民出版社,2000年版,第236页。
② 转引自周育民:《晚清财政与社会变迁》,第237页。
③ 周育民:《晚清财政与社会变迁》,第303页。
④ 周育民:《晚清财政与社会变迁》,第304页。

为政治改革创造了前提条件。

可是,经过甲午战争,军费支出6000万两,对日赔款2亿两,"赎辽费"3000万两,总数接近3亿两,相当于清政府三年的财政总支出,三年半的财政总收入,"清王朝面临着前所未有的严重的财政危机"。① 财政危机主要表现是:出现巨额财政亏空。从甲午战争以后到1901年,清朝政府的年度收入总数大约是8800万两,而年度支出是10100万两,每年财政亏空高达1300万两左右。② 户部银库储银急剧减少。从1894年到1899年,只有1898年储银为1113482两,达到1894年前的水平,其余几年都远远低于战前水平,几乎都是可怜的几十万两。其中,1896年只有366499两,1899年也仅有398645两。③ 一个统治4亿人口的中央政府每年年底只有几十万两银子作为国家财政储备,其经济危机程度可想而知。外债累累。整个洋务运动期间,即从1864年到1893年,将近30年的时间,清朝的外债总额只有43838221两,年均不过151万两多。④ 可是,从1894年到1900年,清朝政府为了支付对日赔款,总共举借了23笔外债,加上偿付利息和其他损失,总计4亿多两,⑤清朝财政已经到了朝不保夕的地步。1900年以后,清朝财政全面恶化。庚子赔款总额高达4.5亿两,年息4厘,39年还清,本息共计982238150两,将近10亿两。⑥ 此外,地方赔款也高达16873000两。⑦ 两项赔款相加,超过了1840年鸦片战争以来中国全部对外赔款的总和。⑧ 巨额赔款,使本来危机四伏的清朝财政雪上加霜。首先,中央财政严重赤字,寅吃卯粮,入不敷出。1903年财政赤字3000万两,1910年财政赤字4169万两,1911年财政赤字达7000万两。⑨ 其次,地方财政全面亏空。以1908年全国25省的财政收入与支出情况为例,我们发现:在25个行政区中,除奉天、江北、山东、河南和四川略有盈余外,20个行政区严重亏空,有的竟然亏空达448%。⑩ 再次,清朝实行新政,导致财政形势进一步恶化。依据有关学者对直隶、河南、广西、江西、福建、广东、黑龙江、湖南、湖北等9省新政开办自治、教育、司法、警察以及清理财政和调查人口等方面的开支,已经高达4

① 周育民:《晚清财政与社会变迁》,第315页。
② 周育民:《晚清财政与社会变迁》,第316页。
③ 周育民:《晚清财政与社会变迁》,第317页。
④ 徐义生:《中国近代外债史统计资料1853~1927》,中华书局,1962年版,第6~10页。
⑤ 周育民:《晚清财政与社会变迁》,第327~328页。
⑥ 王铁崖:《中外旧约章汇编》,第1册,三联书店,1982年版,第1015~1016页。
⑦ 王树槐:《庚子地方赔款》,台北《中央研究院近代史研究所集刊》,第3期,第47页。
⑧ 周育民:《晚清财政与社会变迁》,第381页。
⑨ 周育民:《晚清财政与社会变迁》,第384页。
⑩ 周育民:《晚清财政与社会变迁》,第385页。

亿多两。依次类推,按照全国20多个行省计算,再加上中央政府的宪政费用,最少也得8亿两。① 对此,湖广总督端方曾经十分悲观地说:"以中国地大,只求一里有两个警察,年已需五万万,以全国岁入,办一警察尚复不够,何论其他。"② 为了应付如此庞大的开支,清政府即使借债3.4亿两,也无法解决巨大的财政缺口。清政府为了解决财政危机,开始大量征收赋税,造成了整个社会经济的全面动荡和恐慌。时人记载:"宣统元年之生计界,实衰敝达于极点之时也。盖光绪三十四年恐慌之余波,延及昨年而未有已。如上海、天津、汉口等埠,向称繁荣,曾几何时,情态大异。富商巨肆,倒闭频闻,且对于外人负债累累。赖地方官为之转圜,或向外国银行筹移巨款,以润泽市面;或乞怜外商,缓期索债,以暂救目前。遂致金融杜塞,所在皆是,信用扫地,贻笑他人。虽畴昔发逆之披猖,拳匪之惨乱,其影响于生计界者,与今相较,犹未可同年而语。"③ "若夫通都大邑,十年前号称殷富之区者,今则满目萧条。而商号之破产,日有所闻;金融紧迫,无地不然。自上至下,皆有儳然不可终日之势。"④ 面对这种经济形势,铤而走险、知其不可而为之的改革,无疑是一种冒险盲动的政治自杀。与1900年面对西方八国联军时慈禧太后"和也亡,战也亡"而最后选择战一样,这时的清政府也同样面临"变也亡,不变也亡"的两难境地。权衡再三,决定大赌一场。结果不言而喻。

第四,严重的民族矛盾和族群冲突,导致了晚清立宪运动的失败。晚清时期,西方列强多次对中国发动侵略战争,加剧了中华民族与西方列强的矛盾,中国的民族主义情绪极为高昂。中国近代的救亡图存和政治改革,很大程度上是在民族主义的旗帜下展开的。中外民族矛盾的凸现和强化,一定意义上影响着中国的发展和变革。但平心而论,经过义和团大规模的排外运动之后,中国与西方列强的矛盾趋于缓和,从上到下,整个社会对西方近代文明,开始表示整体认同。⑤ 孙中山后来回忆这段历史时说道:"自义和团以后,一般中国人的思想,时时刻刻,件件东西,总是要学外国";"从那次义和团失败以后,中国一般有思想的人,便知道要中国强盛,要中国能够昭雪北京城下之盟的那种大耻辱,事事便非效仿外国不可,不但是物质科学要学外国,就是一切政治社会上的事都要学外国"。⑥ 这表明,中

---

① 周育民:《晚清财政与社会变迁》,第400页。
② 何刚德:《客座偶谈》,张国宁点校:《春明梦录·客座偶谈》,山西古籍出版社,1997年版,第124页。
③ 《宣统元年之生计界》,《国风报》,1910年,第3号,第59页。
④ 《论中国国民生计之危机》,《国风报》,1910年,第11号,第6页。
⑤ 参见彭明、程歗主编:《近代中国的思想历程》,中国人民大学出版社,1999年版,第271~273页。
⑥ 《孙中山选集》,下卷,人民出版社,1956年版,第725、724页。

外民族矛盾有所减弱。与此相应,二百年前满人入主中原时杀戮汉人的"嘉定三屠"、"扬州十日"的野蛮暴行,经过革命党人的宣传,使本来就不大和谐的汉人与满族的矛盾日趋激化。而实行新政,进行大规模的官制改革,必然涉及政治权力的再分配。而政治权力的再分配,又必然涉及满、汉官员的既得利益。一方面,从满人权贵的视角来看,实行新政,推行政治体制改革的目的,除了富民强国的考虑外,更多的还是想稳固和强化其统治地位,不至于将祖先创建的江山社稷在自己手中葬送。而要做到这点,必须强化满人在新政府中的主体与主导地位。而且,随着汉人发动的武装反满风潮的彼伏此起,开始对汉人官员存在提防和猜忌。另一方面,从汉人权贵以及社会精英的视角来看,实行新政,改设机构,给自己的仕途发达与晋升提供了机会。而要实现自己的追求和希冀,就必须在权力角逐中与满人发生冲突。这样就发生了一个矛盾,满人希望通过改革排挤汉人,汉人希望通过改革削弱满人的权力。以此为诱因,在清朝统治集团内部,族群矛盾日益凸现。梁启超说:"满汉两族并栖于一国之下,其互相猜忌者二百余年如一日,一旦有人焉刺激其头脑,其排满性之伏于其中者,遂不期而自发。"[1]族群矛盾表现最为激烈的是朝廷内部的满人官员与汉人官员的争权夺利和相互倾轧。具体来说,如荣庆和张百熙的矛盾,奕劻和瞿鸿禨的矛盾,铁良和袁世凯的矛盾。满汉官员的明争暗斗,最后以满人获得胜利。张百熙被架空,瞿鸿禨和袁世凯被先后开缺回籍。关于袁世凯被开缺回籍一事,著名清史专家萧一山指出,主要原因还是满、汉官员的权力斗争,载沣为其兄载湉报一箭之仇的说法,只是借口罢了。[2] 汉人重臣被罢黜官职,一时,人人自危,满、汉关系极为紧张,到了满、汉同僚见面不说话的程度。时人评论说:"各部员司候补者,每部多至千余人,满、汉司员,见面不交语,对于政务,满人专断处置,一无顾忌,汉人敢怒而不敢言,出则排汉排汉之声,叹息盈耳。"[3]"皇族内阁"的出台,使满、汉权贵矛盾势成水火,严重对立,以至于无法调解,终于导致内部分裂,直接造成了这场政治改革运动的失败。

三、晚清立宪运动失败的历史与启示

不管是主动也好,被动也罢,晚清立宪运动是中国传统政治统治者试图通过调动和整合现有政治资源进行制度创新并实现新的政治稳定的努力和尝试。其中的成功和失败,深刻影响了中国 20 世纪的历史进程。

---

① 　与之:《论中国现在之党派及将来之政党》,《新民丛报》,第 92 号,第 123 页。
② 　萧一山:《清代通史》,卷下,中华书局,1986 年版,第 2496 页。
③ 　转引自李剑农:《戊戌以后三十年中国政治史》,中华书局,1965 年版,第 70 页。

第一,政治体制改革滞后始终是制约近代中国社会发展进步的一个瓶颈。思想启蒙家与政治活动家陈独秀说:"处在全世界历史发展之民主革命时代行将完结而东方犹未完结的中国,民主任务不完成,即建立近代国家的根本问题不曾解决,在国内外任何事变中,这些国家根本问题都会很自然的提到全国人民的面前,成为革命的酵母。"①梁漱溟当年曾经对中国的民主宪政运动抱有很大热情和期望,并且积极投身其中。他说:"这种政治制度如此合理,如此巧妙,真使我不能不迷信他。在清季则期望着开国会,在民元则期望着有政党内阁,民二以后则痛心约法的破坏,主张护法,并期望联省自治,无非是在梦想这种制度的成功而已。直到民国十一年才渐渐觉悟。"②梁漱溟认为,西方政治制度在中国之所以不能成功,既有物质条件的不够,也有精神文化方面的不适应。具体来说,物质条件的困难主要有:第一,生活极不安稳和困难;第二,交通太不发达,而国土太大;第三,工商业太不发达。精神文化方面中西差异太大:第一,中国人和西方人的人生态度不同。西方文化强调竞争,中国文化强调不争。第二,西方人"绝无温恭撙节,顺序就理之致,而极有血脉愤兴迸力活跃之妙"③,而中国人是谦谦君子,"尊敬他人,佩服他人,而自己恒歉染然若不足"④。第三,"欧洲人从来过着集团而斗争,斗争而集团的生活;而我们则大体上过着散漫而和平,和平而散漫的生活"⑤。梁漱溟终其一生,始终认为西方的民主宪政不适合中国的现实国情与历史文化传统,坚持解决中国的关键是复兴儒学,改造乡村。正因为如此,梁漱溟尽管参加了20世纪40年代中期的民主宪政运动,但总体表现比较消极。对于梁启超、梁漱溟这种比较具有代表性的观点,罗隆基作为当时民主宪政运动的后起之秀,持反对与批评意见。针对抗日战争大环境下几种怀疑宪政能否实行的社会心理和观点,如战争状态下是"军事第一、胜利第一"的时期,宪政可以保障抗战的胜利吗?自辛亥革命起,中国宪政颁布了若干次,中国宪政试验了十几年,总统做皇帝,议员变猪仔的贻笑大方,中国今日实施宪政一定可以成功吗?中国是人治的国家,人治在中国有几千年的历史,实施宪政能够补救今日的政治吗?罗隆基结合中外政治的变革史实,较为系统地予以回答和反驳,提出了许多比较令人深思的见解。比如,"实行宪政,等于说,政府的组织制度化,公务人员及全体国民的行动法律

① 任建树等编:《陈独秀著作选》,第3卷,上海人民出版社,1993年版,第476页。
② 梁漱溟:《梁漱溟全集》,第5卷,山东人民出版社,1992年版,第140页。
③ 梁漱溟:《梁漱溟全集》,第5卷,第155页。
④ 梁漱溟:《梁漱溟全集》,第5卷,第156页。
⑤ 梁漱溟:《梁漱溟全集》,第6卷,第706页。

化"，①罗隆基说："其实民元至民十六年那段中国宪政历史，那固然是宪政的失败，那却是国家实施宪政必经的过程。"②罗隆基进而指出："民国元年至十六年，中国宪政失败，有人诿罪于民众程度不够，知识不足，此实天大冤枉。袁世凯洪宪帝制，黎元洪解散国会，曹锟贿选总统，这是有权有势者不受宪法约束，这与小民知识无关。"③

第二，危机变革不但不能缓和社会政治危机，更不可能根本解决现实社会政治危机。政治改革必须在经济发展、社会进步和政治稳定的基础上逐步推开，疾风暴雨式的、群众性的、"毕其功于一役"的激进变革，的确不大符合中国的传统文化和现实国情。考诸近代历史，我们不难发现，几乎所有的政治改革都以失败而告终，可能原因各有不同，但有一个共同点，即都是为了缓和社会政治危机，统治者才不得不在社会的各种压力下被迫进行政治改革。通常情况下，执政者往往面对一个艰难选择和两难处境：如果不进行改革，面对的是强大的社会及舆论压力，稍有不慎，可能激化矛盾，使局势失控，而且很有可能殃及自身，动摇国本；如果进行改革，面对的又是种种困难和窘境，比如政局不稳，经济低迷，财政压力等。晚清政府改革的失败，充分证明了这一点。民国初年宪政运动的失败，正如罗隆基所说，主要还是晚清所遇到的诸如政局不稳、经济恐慌、财政压力等危机几乎一个也没有解决。处于一个危机四伏的时期，进行危机变革，其失败是必然的。南京国民政府建立后，遵照孙中山的遗志，实行政治三步走的原则，军政、训政进而宪政，最终实现民主政治。1932 年，国民党三中全会决定：1935 年 3 月召集国民大会，结束训政，实施宪政。在既定日期过了 11 月后，1935 年 11 月 24 日，国民党五中全会又决定，将宣布宪法草案及国民大会召集的时间推迟到 1936 年年内实施。结果宪法草案按时公布了，但国民大会选举误期，再次延期于 1937 年 11 月 12 日。因为"七七事变"发生，国民大会迟迟没有召开。对此，罗隆基评论说："过去国民大会几度延期，已引起人民的反感与责难。"④抗战期间，特别是 40 年代，随着第三种政治势力的崛起，民主宪政运动再度高涨，制定宪法与召开国民大会，再次成为热门话题和舆论焦点。抗战胜利后，在强大舆论和民意的压力下，国民政府部分履行了承诺，于 1946 年正式颁布了《中华民国宪法》。但是，在召开国民大会上，又故伎重演，一拖再拖，仅仅两年时间，政治、经济与军事形势已经发生严重逆

---

① 罗隆基：《我的被捕的经过与反感》，中国青年出版社，1999 年版，第 170 页。
② 罗隆基：《我的被捕的经过与反感》，第 171 页。
③ 罗隆基：《我的被捕的经过与反感》，第 172 页。
④ 罗隆基：《我的被捕的经过与反感》，第 167 页。

转,国民政府的政治腐败、军事失利和经济崩溃,其统治的合法性已经遭到社会各界的普遍质疑,通货膨胀,物价飞涨,民生凋敝,经济破产,衰世、乱世迹象俱备,社会政治经济出现全面危机。

第三节　试论棉铁主义的历史地位

近十多年来,学界关于张謇及其实业活动的研究,取得了长足的进步。但是,比较而言,研究张謇政治活动、实业活动的较多,研究张謇经济思想、特别是颇有影响的棉铁主义的较少,忽略了棉铁主义在中国近代工业化中的宏观发展战略指导作用。在此试图从工业化的角度,对张謇的棉铁主义做一系统的阐述,从而对其在中国近代工业化中的地位和作用给予足够的估价。

一、棉铁主义纲要

张謇棉铁主义工业化主张的提出,经历了十分复杂的心路历程。这在一定程度上反映了中国近代工业化理论形成的复杂性和艰难性。

1910 年 4 月,南洋劝业研究会在江苏南京成立。张謇是该会发起人之一。在致开幕词中,张謇首次提出了棉铁主义的工业化主张。1910 年 11 月 28 日,张謇在与友人谈话时,"反复陈说"其主张:"而要其总于先活金融机关,设中央及地方银行为第一。实业以振兴棉业之纺织为内维,扩充矿业之煤铁为外境。"[1]1911年,张謇在《海关进出口货价比较表序》中说:"宣统二年,南洋劝业会开幕,謇于各行省到会诸君子,发起联合研究会,乃衷光绪一朝之海关贸易,参考其大略,如痴始觉,如割始痛……则以我国实业,当从至柔至刚之两物质,为应共同注意发挥之事,为预会诸君子告。……至柔惟棉,至刚惟铁。"[2]这时张謇虽然还没有提升到棉铁主义的理论高度,但其中的"纺织为内维,煤铁为外境"、"至柔惟棉,至刚惟铁"已经跃然纸上,棉铁主义呼之欲出。

1913 年 10 月,张謇以出任熊希龄内阁工商、农林两部部长。上任伊始,即在其《宣布就部任时之政策》的施政纲领中指出:"謇于南洋劝业会时,即发表中国现时实业须用棉铁政策之说,复著奖励棉业之议,上之政府;彼时政府不之省也。今謇无以

①　曹从坡等主编:《张謇全集·日记》,江苏古籍出版社,1994 年版,第 643 页。
②　《张謇全集·实业》,江苏古籍出版社,1994 年版,第 784、785 页。

易此。"①至此,棉铁主张上升为棉铁政策。在随后的《实业政见宣言书》中,张謇第一次明确提出了棉铁主义。他说:"謇对于实业上抱持一种主义,谓为棉铁主义。……为捍卫图存计,若推广植棉地、纺织厂是;又惟有开发极大之富源,以驰逐于世界之市场,若开放铁矿、扩张制铁厂是。"②在此,张謇试图凭借自己工商部长的特殊地位,乘民国初年举国上下大兴实业之东风,将棉铁主义变成一种国家实业政策或国家工业化发展战略。对此,张謇后半生一直向社会各界以及政府决策部门大声呼吁,并身体力行。这一时期,有关"謇与棉铁,固向持积极主义者"、"余持棉铁为中国近世要务之说,几三十年"、"鄙人投身实业,持棉铁主义,二十余年于兹矣。"③"謇对于实业上抱持一种主义,谓为棉铁主义"、"故此一种主义,敢自信为适当"、"殖产兴业,棉铁最为重要"。④中国产业普查,"调查之要在棉铁",⑤"环顾中国实业之当兴者,孰有大于植棉与纺织者乎!"⑥的言论,在张謇的文章、谈话、书信中俯拾皆是,反映了张謇对中国工业化的不懈追求和一贯努力。

棉铁主义作为一种中国工业化发展战略,其具体设想是:"集一银公司,以棉铁为主要,以类之棉之稻、麦,类于铁之煤为从要,其他如水利、如电、如铁路、如汽车为次从要。如是十五年小效,三十年大效可以预言。"⑦具体来说,建立国家银行,以金融业为龙头,广泛筹集国内外资金,作为发展实业的雄厚资本;优先发展棉纺织业和钢铁工业,以发展棉纺织业带动相关的稻米、小麦等粮食产业,形成一个农工商齐头并进的大农业格局,以发展钢铁工业带动相关的水利、电力、铁路、汽车、机械等产业,形成一个以点带面、次序发展、相互促进、协调有序的大工业格局。全国通盘考虑,中央政府宏观调控,地方因地制宜,形成具有自己特色的区域优势产业布局。时间上,15年初见成效,30年大见成效。

二、棉铁主义出现的时代动因

任何一种理论和思想的产生,并不是天才人物空想玄思的结果,而是当时社会历史现实的反映。棉铁主义也不例外,它是时代精英张謇面对个人所处的时代和社会,即内忧外患、积贫积弱的社会总危机情形下,从内心深处所迸发出的深沉

① 《张謇全集·政治》,江苏古籍出版社,1994年版,第276页。
② 《张謇全集·政治》,江苏古籍出版社,1994年版,第274页。
③ 《张謇全集·实业》,江苏古籍出版社,1994年版,第794、802、804页。
④ 《张謇全集·经济》,江苏古籍出版社,1994年版,第164、165、335页。
⑤ 《张謇全集·政治》,江苏古籍出版社,1994年版,第373页。
⑥ 《张謇全集·实业》,江苏古籍出版社,1994年版,第789页。
⑦ 《张謇全集·实业》,江苏古籍出版社,1994年版,第826页。

呐喊。

第一，张謇提出棉铁主义，是出于挽救民族危机、振兴民族产业的需要。具体来说，就是争取利权，减少贸易逆差。在张謇的言论中，有关民族危机和社会危机的词句比比皆是。诸如"内忧外患，相逼而乘"、"时事之艰难极矣。謇独居深念，时而忧国计，时而忧民生"、"政局未定，民困尤深"、"然我不即治，人将有代我治者，主权云何？国体云何？謇不忍言矣。"①张謇以清代光、宣两朝的《海关贸易册》中的进出口货价比较表为依据，对中国的对外贸易状况作了系统分析。通过分析和比较，张謇发现，由于外资的经济侵略和中国经济落后的缘故，中国在对外贸易中存在着大量的逆差，而在进口货中则以棉、铁的进口所占比例为最大。张謇指出："查前清光宣两朝各海关贸易册，进口货之多，估较价格，棉纺物曾达二万万以外。次则钢铁，他货物无能及者。"②其中，又以棉纺织品为最甚。张謇说："披览近年海关贸易册，较其进出口之差负，岁计一万万余两，而进口大宗，断推棉织物。棉织云者，包括洋布、洋纱两项言之也。两项进口最多之年，值银一万八千余万两，可谓巨矣。"③"曾查光绪海关贸易册，进口货大宗为棉织物，最多之年，值银一万八千万两。照海关八折估价，则卖价实有二万三千万两。宣统第三年，数亦一万四千四百万两，折合一万八千万两。漏卮如此，岂不可骇？"④他指出棉纺织品和钢铁是中国进口货的最大宗商品，每年进口额高达 3 亿两左右，认为这是造成我国所以严重逆差的主要原因。张謇认为，要改变这种极其不利的局面，防止财富的大量外流，闭关自守不是办法，因为这样做不符合"世界工商大势及公理"，而漠视现实存在的巨大的贸易逆差，"坐视二万万两年输出之财，漠不经心，不思挽回本身气血自为养活之理"，⑤更是大错。他认为，只有以棉、铁为中心来发展中国的实业，才可堵塞漏卮和收回利权。张謇指出："则以我国实业，当从至柔至刚之两物质，为应共同注意发挥之事"，"至柔惟棉，至刚惟铁"⑥。"就各项实业而言，最为吾所主张者为棉铁二项，以其于近世界中为必不可少之物也。现时吾人所用之棉铁，皆来自外洋，今后正宜努力使此二者皆可由本国供给。"⑦1911年 6 月，张謇利用摄政王载沣召见之机，斗胆进言，简要阐述了自己以发展棉铁业

---

① 《张謇全集·经济》，江苏古籍出版社，1994 年版，第 363、371、374、529 页。
② 《张謇全集·经济》，江苏古籍出版社，1994 年版，第 166 页。
③ 《张謇全集·实业》，江苏古籍出版社，1994 年版，第 785 页。
④ 《张謇全集·实业》，江苏古籍出版社，1994 年版，第 790 页。
⑤ 《张謇全集·实业》，江苏古籍出版社，1994 年版，第 791 页。
⑥ 《张謇全集·实业》，江苏古籍出版社，1994 年版，第 784、785 页。
⑦ 《张謇全集·经济》，江苏古籍出版社，1994 年版，第 305 页。

为中心的实业主张。他说:"国人但知赔款为大漏卮,不知进出口货价相抵,每年输出,以棉货一项论,已二万一千余万两。铁亦八千余万两,暗中剥削,较赔款尤甚。若不能设法,即不亡国,也要穷死。此须农工商部通盘筹划,分年进行。"①在这里,张謇为中国的实业发展立下了坐标,即优先发展棉铁产业,挽回利权,走出工业化发展的中国道路。

第二,优先发展棉铁业,不仅关乎国计民生,而且关系到国家安全。同时又符合中国传统资源的实际。张謇认为:"凡事不能通于齐民,不能无阻;凡利不能及于妇孺,不能大有功。"②棉铁业既是国家的基本工业,又是最有利可图的行业。兴办这两种行业,除均可容易得到非常优厚的利润外,更能促进国家工业化的整体发展,从而使国家富强,人民富裕。张謇说:"人生所需,惟衣食为必要。今以抚有四万万人口之中国,而衣食所资,事事物物,仰给外人,虽欲不贫,乌可得也。"③"我国人民衣食所需之最缺乏者,莫如棉糖。"④此外,中国是一出产棉铁原料的大国,发展棉铁业,有得天独厚的优势。他说:"吾国产棉地,在世界几占十分之三四"。⑤"中国之棉,南以通海为最,北则直隶、陕西,西则湖北,均有可称。""铁需用极大,而吾国铁产极富。以至富之矿产,应至大之需要,岁可得数千万,一出一入,相差之度,不可以道里计。赢数万万,与绌数万万,在国民生计上,当受何等影响"。⑥因此,发展自己的民族纺织业,既可以为民谋利,也可以为国库增加收入。钢铁工业不仅与人民的日常生活密切相关,而且是其他工业部门发展的基础,同时关系到国防安全。张謇说:"钢铁事业为各种工艺之母,而关系国防尤为重要。"⑦总之,张謇的棉铁主义,强调优先发展棉铁工业,对外既可抵制进口,对内又带动其他产业部门的发展,同时可以增强国防实力。所有这些,对经济落后国家如何实现工业化具有启发意义。

第三,优先发展棉铁业,"可以操经济界之全权"。张謇认为,近代中国积贫积弱,百废待兴,加上当时中国的经济力量非常薄弱,发展实业,不可能齐头并进,全面铺开,必须选好行业,重点突破。因此,发展中国的近代工业必须要有重点、有步骤地进行,"救穷之法惟实业,致富之法亦惟实业。实业不能三年、五年、十年、

---

① 《张謇全集·政治》,江苏古籍出版社,1994 年版,第 164 页。
② 《张謇全集·实业》,江苏古籍出版社,1994 年版,第 785 页。
③ 《张謇全集·实业》,江苏古籍出版社,1994 年版,第 789 页。
④ 《张謇全集·事业》,江苏古籍出版社,1994 年版,第 140 页。
⑤ 《张謇全集·实业》,江苏古籍出版社,1994 年版,第 799 页。
⑥ 《张謇全集·经济》,江苏古籍出版社,1994 年版,第 331、164 页。
⑦ 《张謇全集·经济》,江苏古籍出版社,1994 年版,第 480 页。

八年,举世界所有实业之名,一时并举。则须究今日如何而致穷,他日如何而可富之业"①。张謇指出:"农工商业为类至多,政府人民,财力均困,若事事并营,力分而益薄。……故与其分而致薄,无宁合而可厚"。② 经过仔细比较和周密权衡,张謇发现,应该优先发展棉纺织业和钢铁业。"棉铁为国家基本工商业。""制铁事业关系国家生存"③"煤铁业关系国本"。④ "农工商业之至大者,曰棉铁。"⑤中国要振兴实业就必须以建立和发展这两种工业作为中心,以此来带动其他经济部门的发展,以棉铁为中心建立起独立的民族工业体系,这样才"可以操经济界之全权"。他说:"謇尝研究海关贸易册,知棉铁两业,可以操经济界之全权。"⑥他认为,棉铁是根本,是振兴中国实业的重中之重,必须重点发展、优先发展。而要做到这些,必须首先确定目标。张謇说:"顾所谓农工商者,犹普通之言,而非所谓的也。无的则备多而力分,无的则地广而势涣,无的则趋不一,无的则智不集,犹非计也。的何在? 在棉铁。而棉尤宜先。"⑦在张謇看来,只要实行他的棉铁主义,以棉铁工业为中心来带动各行各业的发展,便"可以操经济界之全权",从而建立起独立的民族工业体系,以与外资相抗衡。

三、棉铁主义的实施方案

张謇认为,实施棉铁主义,应该从以下几个方面着手。

第一,实行"开放主义",欢迎外国商人到中国投资,特别是发展钢铁工业。因为发展钢铁工业涉及巨额资金和先进技术,而这两者恰恰是当时中国最缺乏的。在当时的中国社会,主张举借外债,而且是大量借债,是有风险的,动辄便会招致"卖国"的罪名。对此,张謇特别声明,在他几十年的实业生涯中,从来没有"外资外股"。他说:"下走从事实业二十余年,组织各种公司,如纺织、盐垦等,以数十计,资本总额几达三千万元,是否有外资外股,彰彰共见。"⑧但是,为了国家的经济发展和实业的整体进步,必须引进外资。"吾财用缺乏,则取资于外国;人才缺乏,则取资于外国,彼以其资本、学术供吾之用,吾即利用其资本、学术以集吾事。"因此,在中外"条约正当,权限分明"的基础上,从铁矿开采到建立机械工厂,"亦可

---

① 《张謇全集・实业》,江苏古籍出版社,1994 年版,第 790 页。
② 《张謇全集・经济》,江苏古籍出版社,1994 年版,第 166 页。
③ 《张謇全集・实业》,江苏古籍出版社,1994 年版,第 838、839 页。
④ 《张謇全集・经济》,江苏古籍出版社,1994 年版,第 274 页。
⑤ 《张謇全集・事业》,江苏古籍出版社,1994 年版,第 157 页。
⑥ 《张謇全集・实业》,江苏古籍出版社,1994 年版,第 793 页。
⑦ 《张謇全集・政治》,江苏古籍出版社,1994 年版,第 155 页。
⑧ 《张謇全集・经济》,江苏古籍出版社,1994 年版,第 416 页。

听欧美人建设";"至于铁矿需本尤重,非用开放主义,无可措手"①。具体办法有三条,即举借外债、合资、独资。

第二,建立"三大保障"和"一大机制"。所谓"三大保障",即法律保障、税则保障和金融保障;所谓"一大机制",即奖励机制。

建立法律保障,即建立和健全法律体系,为发展实业造就一个良好的法治环境。即国家通过颁布法律,鼓励私人开发此类产业。张謇看到了法律在兴办实业中的作用。他说:"法律作用,以积极言,则有诱掖指导之功;以消极言,则有纠正制裁之力。二十年来,所见诸企业者之失败,盖不可以卒数。推原其故,则由创立之始,以至于业务进行,在在皆伏有致败之衅,则无法律之导之故也。将败之际,无法以纠正之;既败之后,又无法以制裁之。"②

建立税则保障,即外争税权,内废"恶税",建立公平合理的征税制度。所谓外争税权,即就近代以来中外所定条约中不平等的关税制度,通过协商,争取解决;所谓内废"恶税",即早日废除常关、厘金税制。张謇说:"厘金与常关,皆为通过税,世界皆目之为恶税……百里一税,二百里再税,道途梗阻,节节为厉,行之愈远,则商货成本愈重,是禁制商货之流通,迫其近售,而罚其远行者。"③内贸如此,对外贸易也同样如此。张謇说:"各国通例,出口货多无税。吾国则不然。若丝、若茶、若棉、若其他土货,有国际之竞争者,莫不有税,是抑制输出也。抑制输出,是为自敝政策。"如果"抱持不舍,则百业日以消沉,悠忽数年,而国民生计斫丧无余矣。"④

建立金融保障,即建立中国自己独立、统一的金融机构和金融体系。张謇认为,发展农工商的关键,取决资金的融通。中国农工商之所以一蹶不振,重要原因是国家缺少一个坚实的金融基础。对此,张謇建议:"窃以为为今之计,惟有确定中央银行,以为金融基础;又立地方银行以为之辅,例行银行条例,保持民业银行、钱庄、票号之信用,改定币值,增加通货,庶几有实业之可言。"⑤

建立奖励机制,目的是"使之发展"、"为国家扩生计"、"增国力"。关于奖励和保护方面,张謇提出了"保息"措施和"保育主义"。他说:"故今日中国为奖励纺织计,根本计划,必先奖励植棉,必也使全国植棉之地,视今日倍之"。⑥ 为此,

① 《张謇全集·经济》,江苏古籍出版社,1994 年版,第 259、166 页。
② 《张謇全集·经济》,江苏古籍出版社,1994 年版,第 162 页。
③ 《张謇全集·经济》,江苏古籍出版社,1994 年版,第 163 页。
④ 《张謇全集·经济》,江苏古籍出版社,1994 年版,第 163 页。
⑤ 《张謇全集·经济》,江苏古籍出版社,1994 年版,第 163 页。
⑥ 《张謇全集·实业》,江苏古籍出版社,1994 年版,第 787 页。

张謇还提出了奖励棉业的具体办法："对于棉产,宜用奖励法。奖励之中,又分扩充、改良二法。扩充则注重大农,改良则注重小农。凡集合公司,垦辟荒地,植棉至一万亩以上者,奖一千元;五万亩以上者,奖六千元;十万亩以上者,奖一万二千元;二十万亩以上者,奖三万元。凡个人改良棉产十亩以上者,每亩奖二元。"①

第三,发展棉花生产,要有全国规划,统一组织实施。首先,组织人力、物力、财力,对中国的产棉地区进行系统调查,摸清家底,"调查之要在棉铁,其尤要在欲详知能扩张之植棉地"②。其次,系统了解外国棉花生产及棉纺织业发展现状,作到知己知彼。1912 年,张謇发表了《奖励植棉暨纺织业说》,对美国、印度等产棉大国的棉花产地、产量及纺织业状况做了初步分析。1923 年,张謇发表了《商榷世界实业宜供求统计,中国实业宜应供求之趋势书》一篇长文,以文后附表的方式,对英国、美国、德国、印度等产棉国家的棉花产地、产量及纺锭用棉、棉量产销百分比做了系统分析,并与中国做了比较。再次,推行奖励植棉政策,颁布植棉法与纺织法。复次,积极开展科学实验,改革品种,推广良种。张謇说:"我国地处温带……沿海、沿江及黄河流域之地,无不宜棉。依完全办法,必省设一植棉试验场,以为推广改之范。"③这样,用十年时间,在中国适宜生产棉花的省份,将棉花产地由 4000 万亩扩大到 5500 万亩。除原有纺织厂外,增加纺机 160 万锭,增加织机 5 万锭。在此基础上,争取过几年再翻一番,即纺锭达到 300 万,织机达到 10万。"设使全国上下一致进行,岁岁增加,以五年为一期,三五期后,增至三百万锭,国庶几有实业可言矣。"④张謇认为,即便这样,比起英国、南美、北美及日本,尚有很大差距。中国纺织业要在短时期内缩小差距,迎头赶上,任重而道远。除了发愤图强、永不放弃外,政府的投资和奖励政策,起着举足轻重的地位。清朝末年,有人倡议设立救国储金,定额为 5000 万元,"有事则为国家之用,无事则为海陆军及教育之备费。"张謇对此不以为然,主张将 5000 万元全部用来发展棉纺织业。他说:"且吾料五千万之棉织业兴,足抵五百万兵之一战,而纺织业之人才且辈出焉。"⑤

第四,发展钢铁工业,应该采取矿冶并举,钢铁结合,形式多样。相对棉纺织业,中国的钢铁工业更显落后。1890 年,张之洞创办汉阳铁厂,后改名为汉冶萍公司。这是中国第一家钢铁工业企业。该企业开办之初,连年亏损。对此,张謇忧

---

① 《张謇全集·经济》,江苏古籍出版社,1994 年版,第 202 页。
② 《张謇全集·政治》,江苏古籍出版社,1994 年版,第 373 页。
③ 《张謇全集·经济》,江苏古籍出版社,1994 年版,第 185 页。
④ 《张謇全集·政治》,江苏古籍出版社,1994 年版,第 276 页。
⑤ 《张謇全集·政治》,江苏古籍出版社,1994 年版,第 156 页。

心忡忡。他希望依此为基础,大力发展钢铁工业。张謇说:"我国铁业,只一汉厂,正须借以养成后起之才,备扩充之用"①,"铁业为吾华一线生机,今日为世界各国岁注目者,仅此一厂"②。如何发展中国的钢铁工业,张謇认为,其一,实行开放主义,制定优惠政策,鼓励外商、外资投资于钢铁企业;其二,对中国的铁矿资源进行系统普查,在此基础上做重点开发。他说:"查吾国铁矿,如湖北之大冶,如安徽之当涂、繁昌、铜陵、天长,如直隶之永平……皆已由本部陆续派员调查。"③为使调查更具权威性和科学性,张謇在任农工商部长期间,先后聘请外国专家为顾问和技术总监,全面负责调查计划的制定和实施。其三,经营方式,国内实行官营为主、民营为辅的开发模式。具体办法,国家主要对关乎军事、经济的铁、铜、银,实行官办,"择一二矿产富饶之区,作为官矿"④。民营或商办实行特许制度。其四,钢铁结合、矿冶结合,通过铁的发展带动钢的发展,实现产业升级;通过发展钢铁工业,带动诸如煤、油等相关产业的开发,实现矿冶同步发展。

四、棉铁主义的思想意义

张謇经历了清朝后期和整个北洋政府时期,先后多次向当政者提出了发展棉铁的主张和设想,要求以发展棉铁为龙头,大力振兴和发展近代工业。但是,张謇这个良好的愿望落空了,没有得到政府的支持。对此,张謇深有感慨,他不止一次说道:"是以有棉铁政策之计划。曾言于政府,惜政府不能用","是以謇于南洋劝业会时,即发表中国现时实业须用棉铁政策之说,复著奖励棉业之议,上之政府;彼时政府不之省也","下走所俯仰太息者:下走昔请公布奖励植棉条例时,我国上下之蔑如者十人而九五不止,即彼政治实业家亦尚未注意。"⑤"如鄙人所持棉铁主义,倡之于二十年前,尝谓果用吾言,必能杜绝他邦宰割之谋,乃不能见用,夫复何咎。"⑥张謇一直认为,"实业之命脉,无不系于政治",棉铁主义能否实行,成败兴衰,"则视乎人,视乎财,视乎国力。总之,政治能趋于正轨,则百事可为,不入正轨,则自今而后,可忧方大。"⑦棉铁主义作为一个中国工业化发展的战略蓝图,没有得到政府的强力支持,没有成为政府行为,这是时代的悲剧,是历史的悲剧。我

①　《张謇全集·经济》,江苏古籍出版社,1994 年版,第 189 页。
②　《张謇全集·实业》,江苏古籍出版社,1994 年版,第 793 页。
③　《张謇全集·经济》,江苏古籍出版社,1994 年版,第 260 页。
④　《张謇全集·经济》,江苏古籍出版社,1994 年版,第 262 页。
⑤　《张謇全集·政治》,江苏古籍出版社,1994 年版,第 155、276、373 页。
⑥　《张謇全集·事业》,江苏古籍出版社,1994 年版,第 200~201 页。
⑦　《张謇全集·经济》,江苏古籍出版社,1994 年版,第 162、165 页。

们不能因棉铁主义未能实现,抹杀其在中国工业化过程中的地位和作用。相反,我们应该站在历史的高度,对棉铁主义的地位及作用给予足够的评价和肯定。

第一,棉铁主义的提出,反映了张謇的世界意识,是其追赶世界经济发展大潮,借鉴西方产业革命经验的一次尝试和努力。众所周知,18世纪率先在英国发生的产业革命是从棉铁业开始的。当时,英国的棉纺织业属于新兴的但又幼弱的工业部门,市场前景不错,但同时受到内外双重压力:内部是毛纺织业的排挤和打击;外部是品质优良的印度棉布的强烈竞争。为了生存和发展,在棉纺织业领域首先开始了技术革新。飞梭、多轴纺纱机(珍妮机)、水力纺纱机和蒸汽机的相继发明和广泛使用,使纺纱和织布比翼双飞,促进了英国棉纺织业的长足进步。棉纺织业和其他轻工业部门机器的发明和广泛使用,特别是蒸汽机的发明和普遍利用,也大大推动了冶铁、采煤等重工业部门技术装备的革新。煤的开采及其在冶铁中的使用,大幅度降低了燃料消耗,形成了"煤铁革命",使英国一跃而起,成为西方产业革命的发源地。

西方产业革命的历程,一定意义上展示了工业自身发展的一般轨迹。关于这一点,已经被许多学者的研究所证实。著名学者瓦尔斯·霍夫曼(Walther. Hoffmann)在其《工业化国家类型研究》一书中指出:大多数国家的工业化开始于纺织工业,从食品工业开始工业化的国家属于少数,只有荷兰、丹麦、新西兰及南美几个国家①。法国著名历史学家布罗代尔针对一些学者贬低棉纺织业在整个工业革命中的地位的观点,郑重指出:"不可小看棉纺织业革命的意义。"并从三个方面重申了棉纺织业在工业革命中的地位和作用。其一,"棉纺织业的勃兴揭开了英国工业革命的序幕","在英国工业化的最初阶段,没有别的工业的重要性堪与相比";其二,"如果说英国经济于1787年后起飞,那都是棉纺织工业的功劳";其三,"即便棉纺织业对机械化的高涨和对大型冶金企业的兴起没有直接起到巨大作用,棉纺织工业的利润无疑为工业化支付了第一批帐单"②。张謇提出棉铁主义,正好反映了西方工业化发展的内在逻辑和一般轨迹。对此,我们不能用巧合一词来解释。相反,棉铁主义的提出,是张謇"世界眼光"、"全球意识"的真实体现。张謇认为,当今时代,不仅是"列强竞争之时代",而且是世界文明竞争之时代。中国与西方文明竞争,中国社会经济的综合改造和全盘统筹,必须以世界、全球为参照系。"无论何种政策,皆须有观察世界之眼光,旗鼓相当之手段,然后得与竞争之

---

① 转引自张培刚:《农业国工业化问题》,湖南出版社,1991年版,第178页。
② [法]布罗代尔:《15～18世纪的物质文明、经济和资本主义》,第3卷,生活·读书·新知三联书店,1993年版,第662、665页。

会……但有本国古代历史之观念者，不足与于列国竞争之会，即不足救我国时局之危"①，而且必须明了"世界工商大势及公理"。张謇了解世界的窗口是海关贸易册，通过这个窗口，再加上他对日本的实地考察，发现了棉铁在工业化过程中的地位和作用。从这个层面来讲，张謇提出棉铁主义，是具有世界眼光的。

第二，张謇提出的棉铁主义，已初步触及中国近代工业化的道路模式。优先发展棉铁业，以棉铁业为龙头，实际上已经涉及现代工业中的两大门类——重工业与轻工业，即发展重工业以钢铁工业为重点；发展轻工业以棉纺织业为核心。钢铁工业是重工业的一个重要部门，它能为工业、农业和国民经济其他部门提供动力和现代化技术装备，是实现社会扩大再生产的物质基础。没有钢铁工业的优先发展，很难建立起独立的工业体系。棉纺织业是轻工业的一个重要部门，是城乡居民消费资料的主要来源，直接关系城乡民众物质和文化生活，具有投资少、建设周期短、资金周转快、积累多的特点，是国家财政收入的重要来源，可以为重工业的发展积累资金。具体来说，其一，衣服的需要弹性大于食品，因而与其相关的纺织业便成为当时工业的主干。其二，从区位的观点来看，粮食作物大都是普遍性的，而棉、丝及羊毛则大都是区位性的。具有区位性的产品之间的贸易每每较为频繁，而且数量也较大。纺织品的流动性远较食用产品为高，因其运输较便，易腐性较低。其三，从技术的观点着眼，纺织工业在生产上需要更多的技巧，因此，其所需的熟练劳动较其他许多工业为多。就内部生产结构而论，纺织工业所需要的劳动者的数量也多，这对吸收乡村剩余劳动力有好处。② 棉纺织业的发展，也相应激活了其他相关产业，形成了部门产业间的良性互动，使地方经济趋于繁荣。张謇的这一努力，也恰好反映了中国近代企业发展的实际。著名学者吴承明曾经指出："中国近代产业萌发时期的特征：西方拼命地向中国推销纺织品和鸦片，中国人向西方寻求的却是如当时洋务派所说的'机船矿路'。然而，纺织工业后来却成为中国唯一的略有发展的民族工业。"③考诸历史，棉纺织业在近代中国发展迅速，一枝独秀，的确是不争的事实。这也从另一方面引证了张謇的慧眼独识。

而发展钢铁工业，由于资金短缺，非个别人实力所能实现。张謇对此一直引为憾事。他说："铁，吾猝未能业之者"，④"我国铁业，只一汉厂，正须借以养成后起之才，备扩充之用"，"近年，謇在苏省，对于纺织、植棉汲汲进行，略著成效。惟

---

① 《张謇全集·政治》，江苏古籍出版社，1994 年版，第 169 页。

② 张培刚：《农业国工业化问题》，湖南出版社，1991 年版，第 178 页。

③ 吴承明：《早期中国近代化过程中的外部和内部因素——兼论张謇的实业路线》，《论张謇——张謇国际学术研讨会论文集》，江苏古籍出版社，1993 年版，第 158 页。

④ 《张謇全集·实业》，第 802 页。

铁业尚无萌芽,私心引以为憾。"①其实,这不仅是张謇的遗憾,而是中国近代经济与社会的悲剧,并非张謇个人之力所能解决的。尽管如此,由于张謇的倡导,中国近代钢铁工业也获得了一定的发展,特别是在1920年前后,先后以官办或中外合办的方式,创办了奉天本溪湖公司、上海浦东和兴公司、鞍山振兴公司、湖北象鼻山铁矿等钢铁企业,钢铁产量从1912年的2521吨增加到1921年的7.7万吨,"钢铁工业极一时之盛"②。

第三,棉铁主义超越了近代中国出现的各种经济救国理论,与其比较,思路清晰,见解过人,内容具体,且具有可操作性。众所周知,自近代开关以来,面对西方的经济入侵,人们提出了不少救亡图存的理论和主张,经历了一个从"以农立国"到"以商立国"再到"以工立国"的演变过程。对于刘锡鸿的农业为本论③,张謇从工业至上的角度,运用西方的现代工商理论,对之做了批评,认为西方的包括农工商的大实业观较之中国传统的重农抑商说,要高明得多。他说:"实业者,西人赅农工商之名,义兼本末,较中国汉以后儒者重农抑商之说为完善。"④张謇认为,中国人口众多,仅仅依靠单方面发展传统农业,不能从根本上解决中国的社会问题。说严重一点,就是单纯解决民众的生计问题,也不现实。他说:"中国生齿繁而遗利,若仅恃农业一端,断难养赡。"⑤所以应该农工商并举,相互促进,协调发展。

郑观应的"商战论"也很有代表性。其核心内容是"振兴商务","以商立国",主张以商务为中心发展资本主义经济。这个理论的提出,显然是受了西方重商主义的影响,它对于反击当时守旧派的"以农立国"论,曾经发挥了积极影响。但是,将经济发展的终极原因归结为通商和贸易,忽视了生产在整个经济发展中的作用,同样失之偏颇,本末倒置。对于当时影响甚广的"以商立国"论,张謇同样做了批评。他说:"世人皆言外洋以商务立国,此皮毛之论也。不知外洋富民强国之本实在于工。讲格致,通化学,用机器,精制造,化粗为精,化少为多,化贱为贵,而后商贾有懋迁之资,有倍蓰之利。"⑥"凡有国家者,立国之本不在兵也,立国之本不在商也,在乎工与农。"⑦"工苟不兴,国终无不贫之期,民永无不困之望。"他很重

---

① 《张謇全集·经济》,江苏古籍出版社,1994年版,第416页。

② 张静如、刘志强主编:《北洋军阀统治时期中国社会之变迁》,中国人民大学出版社,1992年版,第29页。

③ 赵靖:《中国经济思想史述要》(下),北京大学出版社,1998年版,第681、682页。

④ 《张謇全集·艺文上》,江苏古籍出版社,1994年版,第151页。

⑤ 《张謇全集·政治》,江苏古籍出版社,1994年版,第38页。

⑥ 《张謇全集·政治》,江苏古籍出版社,1994年版,第37页。

⑦ 《张謇全集·经济》,江苏古籍出版社,1994年版,第13页。

视采用新工艺、新技术,认为"能于工艺一端,蒸蒸日上,何至于有忧贫之事哉。此则养民之大经,富国之妙术"。① 值得注意的是,张謇提倡"以工立国",并不是笼统地、漫无目的的齐头并进,而是有重点、有次序、有计划的系统工程,"生平持论,以富中国,当自营棉铁始"。② 即以棉铁为突破,以银行为后盾,带动相关产业共同发展,从而使中国工业化有一个明晰和系统的方案。

---

① 《张謇全集·政治》,江苏古籍出版社,1994 年版,第 38 页。
② 沃丘仲子:《现代名人小传》,卷下,中国书店,1988 年版影印本,第 186 页。

第八章

人物与思想

第一节　辜鸿铭思想初探

　　辜鸿铭(1856—1928)，名汤生，字鸿铭，号汉滨读易者，祖籍福建厦门，出生于马来亚槟榔屿。十岁赴欧洲留学，先后获得英国爱丁堡大学文学硕士，德国莱比锡大学工科文凭，后又游历法、意、奥诸国，深悉欧洲文化。1885 年，辜因仰慕祖国文化，归国入张之洞幕府任洋文案，主办秘书、翻译及礼宾诸务，受器重长达二十余年之久。1910 年，清廷赏给他文科进士。1917 年张勋复辟，辜被列名李经羲内阁的外交部次长。蔡元培任北大校长期间，聘辜鸿铭为英国文学教授，主讲英诗。晚年曾到日本讲授东方文化。1928 年病逝。

　　辜鸿铭和严复、林纾，在近代中西文化交流更上可以称为"福建三杰"，对中西文明的交汇融合产生了重大影响。但辜鸿铭本人的思想，却呈现为一个极其复杂的矛盾体，主要表现在其文化思想的消极性和社会思想的进步性。本文试图对这些问题做一初探。

一、文化思想

　　辜鸿铭的文化思想，主要表现为极力推崇和捍卫传统文化，极力反对和批判西方文化。

　　第一，中国文化高于西方文化。辜鸿铭说："职本海滨下士，游学欧西，于彼邦国政民风曾经考察，略识端倪。回国后，凡中国经史诸子百家之言，亦尝稍稍涉猎,参观中外,利弊显然。"①首先,中国文明起源早于欧洲。辜鸿铭认为,中国历史悠久,有灿烂辉煌的古代文明。我们只是在近代落伍了,西方人不应该瞧不起中国。他对外国人说,"你们凭什么理由说你们比我们好呢？你们的艺术或文字比我们的优美吗？我们的思想家不比你们的深奥吗？我们的文化不及你们的精巧,不及你们的繁复,不及你们的细微吗？唉,当你们穴居深处茹毛饮血的时候,我们已经是进化的人类了。……"②这一方面表现了一定的民族自豪感,但更大程度上是民族自大狂的表露。其次,中国文化主"王道",西方文化讲"武力"。民族是文化的主体,国民性则反映了的民族文化特质。辜鸿铭认为,中华民族的特质构成了中国文化的主要特征。在他看来,中国民族具有三大美德,就是沉潜、远见与淳朴,这是欧美民族所无法比拟的。③ 因此,中华民族养成了一种重感情、求忠厚、温良恭俭让的君子风度,最讲礼义。二千五百年来,一直是主"王道"的文化而欧美缺乏这种民族的美德,从而造成其蛮横,不识时务,一味恃强,有伤恕道的民族特质,由此产生了"霸道的文化"。主张武力,主张强权,以为"世界可以法律和命令的权力来统治",搞得世界不得安宁,"遂酿成千古未有之战祸,迫至筋疲力尽,两败俱伤,饱受夫创巨痛深之苦"。④ 其解决办法还得仰靠中国文化。他说:"苟明中国孔子所谓君子之道,即可使武力失其用。"因此还是中国文化优越伟大。辜鸿铭企图用中国文化美好的回忆来唤醒近代的民族意识,树立民族自信心,有值得肯定的一面。再次,中国文化主精神,西方文化重物质。辜鸿铭认为,中国人始终以义为本,一贯重义轻利,重道德轻智术,重理轻势,而西方人则相反,注重物质生活。他说:"我国之文明与欧洲之文明异,欧洲之文明及其学说,在使人先利而后义;中国之文明及其学说,在使人先义而后利"。⑤ 又说:西人"多言智术,而不言道德,专重势利,而不言义理"⑥。还说:"忠信、笃敬,德也,此中国之所长也;大舰、巨炮,力也,此西洋各国之所长也。"⑦正因为中国人讲求精神,具有很高的精神生活,所以辜认为中国是永不衰老的民族。而欧洲人,由于缺乏精神生活,空虚无聊,经常处于"感情与理智"、"心肠与头脑"的冲突之中,最后还不得不求救于中国文化。⑧ 在这里,辜纯粹从精神生活方面作考察,忽视了近代西方工业的

① 冯天瑜标点:《辜鸿铭文集·读易草堂文集》,岳麓书社,1985年版,第7页。
② 毛姆:《辜鸿铭访问记》,《人间世》,1934年,第12期。
③ 勃兰得斯(荷兰):《辜鸿铭论》,《人间世》,1934年,第12期。
④ 冯天瑜标点:《辜鸿铭文集·读易草堂文集》,岳麓书社,1985年版,第15页。
⑤ 冯天瑜标点:《辜鸿铭文集·读易草堂文集》,岳麓书社,1985年版,第15页。
⑥ 冯天瑜标点:《辜鸿铭文集·读易草堂文集》,岳麓书社,1985年版,第17页。
⑦ 《辜鸿铭文集·张文襄幕府纪闻》,岳麓书社,1985年版,第15页。
⑧ 勃兰得斯(荷兰):《辜鸿铭论》,《人间世》,1934年,第12期。

飞速发展,表现为一种精神至上论。

第二,极力捍卫孔子之道,独尊儒术。

辜鸿铭"笃信孔孟子学,谓理非西方哲人所及。"[1]他自称是中国孔子学说的最大权威,且以当代孔子自居,"热烈崇拜二千五百年来支配中国人思想之孔夫子。"[2]成为近代崇儒尊孔的集大成者。首先,他认为孔子思想的精华在于其仁义礼智与名分,从而对孔子思想中的消极成分大加发挥和阐释。何谓"孔子之道"?辜鸿铭说:"曰君臣、父子、夫妇、昆弟、朋友而已。"[3]其核心是"义利之分"和"忠恕之教。"辜说:"当时孔子忧民心之无所系,故作《春秋》明尊王之旨,……要在明义利之分,而本乎忠恕之教"。[4] 又说:"孔道以名分二字,为万事之根本,大而一国,小而一家,皆必有名分,始能成立,实人人所不可须臾离者也"。[5] 在这里,辜十分强调"礼义"与"名分",其宗旨在于以此作为维持君臣之间、臣与臣之间、君民之间关系的行为准则,从而达到拥君爱君。即使君主有误,臣民也不得造次,更不能推翻。他说"义利之分明,故中国之士知君臣之相属以义也,非以利也;忠恕之教行,故中国士人知责己而不责人,责人犹不可,况家国有艰难,而敢以责其君父乎!"[6]这样,人人独善其身,盲目服从,便可以维持摇摇欲坠的封建君主统治。在近代民主思想高涨的气氛中提倡"忠义",讲求"名分",无疑是十分落后的,表现了辜鸿铭顽固守旧的复古心理。其次,将孔孟之道作为一种永恒真理。辜鸿铭认为,孔子之道时时刻刻体现在人们的生活当中,它无时不显,无事不涵。就是在"饮食之间"、"樽俎之地",也始终贯穿和渗透着孔子的"礼义"、"名分"观念,成为人们的行为准则和道德规范。当有人问及孔子之教能行于数千年前,是否在二十世纪还能行得通?辜回答说:"孔子教人之法,譬如数学家之加减乘除,前数千年其法为三三如九,至如今二十世纪,其法亦仍是三三如九,固不能改如九为如八也"。[7] 这样,辜便把孔子之道推崇为一种万世不易的科学法则,忽视了历史的逻辑发展,仅仅停留在一种低层次的、常识性的简单推理之中,从而陷入僵化的思维模式。

第三,以传统文化作为救世之道。

① 冯天瑜标点:《辜鸿铭文集·辜鸿铭小传》,岳麓书社,1985年版,第1页。
② [荷兰]勃兰得斯:《辜鸿铭论》,《人间世》,1934年,第12期。
③ 《辜鸿铭文集·读易草堂文集》,第20页。
④ 《辜鸿铭文集·读易草堂文集》,第8页。
⑤ 韩达编:《评孔纪年》,山东教育出版社,1988年版,第111页。
⑥ 《辜鸿铭文集·读易草堂文集》,第8页。
⑦ 《辜鸿铭文集·张文襄幕府纪闻》,第9页。

面对近代严重的民族危机,辜鸿铭认为,可以救中国者,只有中国传统文化,此外别无选择。他说"我中国既有此道,即有此天地不变之正气,吾何为而恐乎!"①于是提出他的救世方略。其一,恢复中国固有之道德,"以德服人"。他说"则目前所恃以御侮而救亡者,独有以德服人之一理而已",从而断言"我国御侮救亡之道,舍此岂有他哉。"②并想以此"振发我人人固有之正气"。③ 将"仁以爱人,义以断事"这些传统美德"发扬而光大之。"这样,中华民族才有希望,才有出路,才能得救。辜鸿铭还认为日本之强主要是承袭了我汉唐文明。他说:"日本之所以致今日之盛,固非徒恃西洋区区之智术技艺,实由其国存有我汉唐古风"。④ 其二,辜提倡人人做"真正的中国人"。何谓"真正的中国人"?辜说:"今日所见之中国人,已渐失其本来之面目矣。""真正的中国人"首先具有温良感人之力即良知,其次为礼,其三是疏放。⑤ 故真正中国人"乃具有成人之脑而兼有孩童之心者也。"⑥而此美德的形成是中国文化长期熏陶的结果。"中国人何由能得此道?此自由于数千年之文化",⑦其内核是孔子之道所以要成为一个"真正的中国人",必须要返诸孔子之道。

第四,极力反对学习西方文化。

辜鸿铭虽然"长于西学",但他对西方文化表示了极大的蔑视。"关于这夷狄之邦有用的科学,他只嗤之以鼻了之。"⑧辜鸿铭对英国人说:"可是英国人,假使你容许我这样说,是不宜于研究哲学的。"⑨并对休姆(Hume 休谟)和白格利(Berkely 伯克莱)进行了批评,尤其是对实用主义的批评,可以说是十分尖酸了。他说:"实用主义?那是那些想要相信不可信的东西者的最后的逃避所。我用美国汽油比用美国哲学还要多。"⑩辜鸿铭终生崇拜的西方哲人是歌德和莱布尼茨,原因是他们"极口称扬中国文化之伟大精微而引起辜氏之同情。"⑪

正因为如此,辜坚决反对学习西方。他批评中国士大夫"好论时事,开报馆,

---

① 《辜鸿铭文集·读易草堂文集》,第20~21页。
② 《辜鸿铭文集·读易草堂文集》,第15、第15~16页。
③ 《辜鸿铭文集·读易草堂文集》,第21页。
④ 《辜鸿铭文集·张文襄幕府纪闻》,第44页。
⑤ 韩达编:《评孔纪年》,第111页。
⑥ 韩达编:《评孔纪年》,第111页。
⑦ 韩达编:《评孔纪年》,第111页。
⑧ 毛姆:《辜鸿铭访问记》,《人间世》,1934年,第12期。
⑨ 毛姆:《辜鸿铭访问记》,《人间世》,1934年,第12期。
⑩ 毛姆:《辜鸿铭访问记》,《人间世》,1934年,第12期。
⑪ 勃兰得斯(荷兰):《辜鸿铭论》,《人间世》,1934年,第12期。

倡立议院"这些宣传西方之举,是盲目羡慕西方,而"不知西洋乱政所由来,徒慕其奢靡,遂致朝野皆倡言行西法与新政,一国若狂。"①如果任其"泛滥"下去,必然是异端突起,道统衰亡,从而动摇封建根基。他还说:"然窃恐中国士人开报馆论时事之风渐盛,其势必至无知好事之辈创立异说,以惑乱民心,甚至奸民借此诽诱朝廷,要胁官长,种种辩言乱政流弊,将不可以收拾。"②又说:"今制度若屡行更易,则纲纪必损,纲纪既损,邦本必坏,邦本既坏又何以立国耶?"③对于康梁变法维新,辜鸿铭极端仇视。他认为康梁变法是为了"趋时",追求名利,根本比不上洋务派头子曾国藩"秉性忠贞,学术纯粹,能明大体"。④他斥责康梁维新完全为"一种少年浮躁好事之辈,徒慕西人奢靡,不知其政治之原,逢朝廷急思改弦易辙之秋,谬袭西人唾余,纷陈条议,冀缘捷径以干荣利"。⑤而最为辜鸿铭切齿的是,康梁对中国传统文化的不敬。他说:"康、梁一出,几欲使我中国数千年来声明文物一旦扫地净尽。"⑥于是种种罪名全罗致到康梁头上。他说:"近年乱萌悉由康党布散谣言,诽谤皇太后,煽惑人心。"⑦在这里,辜对康梁的仇视,并不是个人义气之争,而是近代思想史上中西两种不同文化的激烈冲突。

　　总之,辜鸿铭极力褒扬中国传统文化,强调中国人的传统美德和聪明才智,宣传中国文化的悠久与优秀遗产,具有振奋民族精神,树立民族自信心的积极作用,值得肯定。但是他极力排斥西方文化,对西方文化不做全面的分析和借鉴,而是全盘否定,一棍子打死,这样就走向一个极端,以为只要恢复传统文化,就可振兴近代中国,结果是陷入复古保守的深渊。因此,从总体意义上说,辜鸿铭的文化思想,主要表现为消极的一面,其特色是保守、复古。

二、社会思想

　　辜鸿铭的社会思想,主要反映在他对上自天子,下至官商,无不极尽辛辣讥讽之能事,表现了辜一定意义上的社会批判精神。

　　第一,不畏权贵,把批判矛头直指当朝最高封建统治者及其封疆大吏。

　　辜虽是一贯效忠于清王朝,但他却有一个"爱民"的宗旨,关心百姓疾苦,"言

①　《辜鸿铭文集·读易草堂文集》,第2页。
②　《辜鸿铭文集·读易草堂文集》,第8~9页。
③　《辜鸿铭文集·读易草堂文集》,第1页。
④　《辜鸿铭文集·读易草堂文集》,第3页。
⑤　《辜鸿铭文集·读易草堂文集》,第10页。
⑥　《辜鸿铭文集·张文襄幕府纪闻》,第11页。
⑦　《辜鸿铭文集·读易草堂文集》,第9页。

理财必先爱民"。① 这便是其敢于"动触时讳","善骂世"的动力。壬寅年(1902年)武昌举行慈禧太后的万寿庆典,军界学界大唱"爱国歌",赞颂清王朝和慈禧本人。辜鸿铭却在筵席上说:"满街都是唱爱国歌,未闻有人唱爱民歌者",梁鼎芬要他作一首爱民歌,辜氏当场朗诵道:"天子万年,百姓花钱;万寿无疆,百姓遭殃。"②语出,举座哗然。对于近代显要袁世凯,辜氏骂他为贱种。他说:"人谓袁世凯为豪杰,吾以是知袁世凯为贱种也。"③并在《倒马桶》一文中对袁给予挖苦和讥讽。这类对朝廷显要无所顾忌的抨击,表现了辜氏不畏权贵的名士派头和社会批判精神。

辜鸿铭对洋务头子曾、李、张十分推崇,称之为"大臣"、"功臣"和"儒臣"。但对他们的洋务活动颇为不满,批评他们学习西方仅仅局限于"铁舰轮船",而对于其学术等方面,"皆不过问",遂造成"甲午一役,大局决裂,乃至于不可收拾"的惨痛局面。④ 对于曾国藩兴办之代"洋务",张之洞主持的"新政"、"宪政",辜认为皆是不对症之药方,没有抓住实质。他说:"始一从病之躯"的中国,"自服此剂后,非特未见转机,而病乃益将加剧焉,势至今日,恐殆非别拟良方不可"。⑤ 但辜对洋务派官僚的批评,主要是以儒学传统作为价值尺度,或重势轻理,或重利轻义,或贵货贱德,始终离不开儒家文化的窠臼。

第二,抨击社会弊端。

辜鸿铭首先指出了中国官场的诸种弊端:陈陈相因,无所事事,聊以度日,狗屁不通,好吹牛屁,不务实事。他认为这是中国积弱的症结所在。辜说:"中国瘟疫百病,皆由狗屁不通。"⑥又说:"中国之亡,不亡于实业,不亡于外交,而实亡于中国督抚之好吹牛屁也。"⑦这些批判在一定程度上触击了中国近代政治腐败的表层现象。辜认为中国要振兴,除发扬传统文化外,还要彻底根除此种种弊端,从实做起。他说:"今日欲救中国之亡,必从督抚不吹牛屁做起。"⑧并且铲除官场上下"皆在官厅上过日子"的恶习,中国方有可救之望。其次,辜看到了官商作风对近代民族工业的制约作用。他指出,世宦大官凭借其政治地位,以举办企业为名,

---

① 《辜鸿铭文集·辜鸿铭小传》,第2页。
② 《辜鸿铭文集·张文襄幕府纪闻》,第17页。
③ 《辜鸿铭文集·张文襄幕府纪闻》,第24页。
④ 《辜鸿铭文集·张文襄幕府纪闻》,第3页。
⑤ 《辜鸿铭文集·张文襄幕府纪闻》,第52页。
⑥ 《辜鸿铭文集·张文襄幕府纪闻》,第38页。
⑦ 《辜鸿铭文集·张文襄幕府纪闻》,第27页。
⑧ 《辜鸿铭文集·张文襄幕府纪闻》,第27页。

大发其财,简直是"官官商商"。他说:"今日中国之所谓理财,非理财也,乃争财也。"①也就是说,他们搞实业的目的不是为了发展民族资本,而是个人发财致富,毫不顾忌什么国家与民族利益,因而官官相护,狼狈为奸,当官无能便经商,经商无门便做官。从而造成政治的腐败,经济的凋敝。他说:"盖今日中国,大半官而劣则商,商而劣则官。此天下之民所以几成饿莩也。"②对于民国初所组成的国会,辜认为"乃是发财公司股东会,非真国会也。"③他说:"盖真国会之命意,在得平明之治,得平明之治,则上下自为一体。然后国可以立。股东会之命意,在争利权,一国上下皆争利权,无论权归于上,权归于下,而国已不国,尚何权利之有哉。"④这种十足的官商作风渗透于政府的各个部门,造成了中国政治经济的畸形发展。他这种直观的抨击,可谓一针见血。再次,辜对中国士大夫的两种极端心理给予批评。在近代中国,一部分士大夫,要么顽固保守,傲然以礼仪之邦自居;要么低眉下眼,盲目崇拜西洋文明。他说:"犹忆道光末年,徐松龛中丞名继畬,撰《瀛环志略》,当时见者哗然,谓其张大外夷,横被訾议,因此落职。自来我中国士大夫夜郎自大,其贻讥外人固不足怪,惟今日慕欧化者,又何前倨而后恭也。"⑤辜对那些学习西方,仅仅徒袭皮毛,不了解实质,而死搬硬套的做法也给予批评。他说:"今中国锐意图新,事事效法西人,不求其所以然,而但行其所当然,与此西人所雇之成衣又何以异与噫!⑥"对于晚清五大臣出国考察宪政,辜认为他们不过是走马观花,游山玩水,"出洋看洋画耳",⑦根本无意于取资西方政体之长。对于那些不学无术,不认真探究西学,而终日沉浸于雕虫小技之中,昼思夜想出风头的人,辜很不客气地讲他们是"不知贵贱之分"。⑧虽然辜鸿铭的批评近乎挑剔,但他对中国近代化过程中种种弊端的揭露和抨击,在一定意义上起了"警世"的作用。

三、如何理解辜鸿铭思想的矛盾

人们常说辜鸿铭是一个矛盾、复杂而奇特的"怪才",主要是因为他"长于西学,而服膺古训",独尊孔子,竭力维护封建传统文化,却又放荡不羁,品评时政,嘲

---

① 《辜鸿铭文集·张文襄幕府纪闻》,第20页。
② 《辜鸿铭文集·张文襄幕府纪闻》,第20页。
③ 《辜鸿铭文集·张文襄幕府纪闻》,第32页。
④ 《辜鸿铭文集·张文襄幕府纪闻》,第32页。
⑤ 《辜鸿铭文集·张文襄幕府纪闻》,第47页。
⑥ 《辜鸿铭文集·张文襄幕府纪闻》,第48页。
⑦ 《辜鸿铭文集·张文襄幕府纪闻》,第39页。
⑧ 《辜鸿铭文集·张文襄幕府纪闻》,第40页。

讽君臣。时人评论说："辜作洋文,讲儒道,耸动一世,辜亦一怪杰矣。其旷达自喜,睥睨中外,诚近乎狂。"①"怪"又"狂",似乎构成了辜思想的矛盾体。其实不然,我认为二者是有机结合在一起,从而构成了辜鸿铭表面矛盾而实质比较和谐一致的思想体系。

第一,中国传统文化的忠实择卫者。

康有为在近代自称"素王",打出孔子旗号,"托古改制"。而辜鸿铭更进一步,竟以孔子自居,处处仿效孔子。其一,语言风格的一致性。辜鸿铭的《张文襄幕府纪闻》,其语言风格酷似孔子的代表作《论语》,行文格式也沿袭《论语》的语录体。许多篇章开头均是"孔子曰"、"子曰",接着则罗列历史典故或圣贤箴言,然后"余曰"、"余谓",大发一通感慨,替圣者立言。其二,思想上的共鸣性。综观辜氏整个言论,我们不难看出,辜鸿铭对社会弊端的抨击,都是本诸孔孟之道。如他对洋务派官僚的批评,就是以儒家的"理势"、"义理"观去衡量而加以批判的。而其对其他的世宦大官的批判,亦是为了维护封建传统文化。关于这一点,辜本人也讲得很明白。他说:"袁世凯的行为,连盗跖贼徒之廉耻气义且不如。袁世凯原奉命出山以扶清室。既出,乃背忠弃义,投降革命党,百般狡计,使其士兵失了忠君之心,然后拥兵自卫,成为民国总统。"②这样,"袁世凯不但毁弃中国民族之忠义观念,且并毁弃中国之政教,即中国之文明。"③接着辜又进一步自我表白道:"许多外人笑我痴心忠于清室。但我之忠于清室,非仅忠于吾家世受皇恩之王室——乃忠于中国之政教,乃系忠于中国之文明。"④

第二,辜鸿铭具有鲜明的个性特征。

其一,辜具有一种反群体的逆向心理,处处标新立异,与众不同,"喜欢发表惊人的谬论,骂人骂世。"在举国趋新若鹜之时,他却极力尊孔;进入民国,他偏言尊君,偏留辫子;在社会崇尚西洋文明之时,他却极力排斥西方文化。他对辫子的炫耀,也很能表现他的个性。他在和外人谈话时,把辫子拿在手中,十分"自豪"而悲哀地说:"你看我留着发辫,那是一个标记,我是老大中华的末了一个代表。"⑤临死还要孤芳自赏,自我标榜,正是这种逆向心理的表露。正如时人所评论的那样:"他为人刚愎,度着与人对抗的生活。众人所承认者,他则否认。众人所喜欢者,他则不喜欢。众人所崇拜者,他则蔑视。与众不同,即是他的快乐和骄傲。因为

① 林语堂:《辜鸿铭》,《人间世》,1934 年,第 12 期。
② 林语堂:《辜鸿铭》,《人间世》,1934 年,第 12 期。
③ 林语堂:《辜鸿铭》,《人间世》,1934 年,第 12 期。
④ 林语堂:《辜鸿铭》,《人间世》,1934 年,第 12 期。
⑤ 毛姆:《辜鸿铭访问记》,《人间世》,1934 年,第 12 期。

剪辫子是流行的,所以他便留辫子。倘若人人都留辫子,我相信剪辫子的第一人,一定是辜鸿铭。"①此话虽然有点绝对,但却从精神深处揭示了辜鸿铭的逆反心理。其二,愤世嫉俗也是辜氏性格特征的一个重要方面。辜鸿铭在 1880 年前后,和中国近代学人马建忠相识,受其影响,遂辞去殖民地职务,弃西装革履,着长袍马褂,闭门攻读中国经籍。而此时中国传统文化受到西方文化冲击,正在日渐衰落。这对于从异国归来的辜鸿铭,无疑是当头一棒,从而产生一种失落感。国家遭受侵略,文化遇到冲击。"衰世无良才",在这极度的压抑之中,辜放荡不羁,愤世嫉俗,骂人骂世。时人讲辜"既愤世俗之陋,必出之以过激之辞,然在此过激辞气,便可看出其精神压迫来。想彼原亦只欲替中国人争面子出出气而已。"②此论不无道理。的确,辜的愤世嫉俗、逆反心理可以说是其理想破灭的自我宣泄。

第三,当时东西方文化界对辜的影响。

第一次世界大战后,欧洲人开始推崇中国文化,尤其是战败后的德国。当时德国人一般的心理是:一方面极端厌战,祈求永久和平,对于东方的哲学和宗教发生了浓厚的兴趣;另一方面不甘心在政治上的屈服,对于西方列强存在着仇恨的心理,并且对西方文明发生怀疑,希望另找出路。德国的斯宾格勒,俄国的托尔斯泰,也极力推崇中国"道"的文化,后者还曾和辜鸿铭通信,无疑对辜产生了影响。战后中国学术界出现的东方文化派,尤其以梁启超为首,鼓吹"科学破产论"、"西方文明衰落论",极力倡导本位文化,更加坚定了辜的传统文化至上观念。

把辜鸿铭、严复、林纾作一比较,不难看出,在传播中西文化方面,三人功不可没,各有千秋,但在当时产生的积极作用和影响方面,辜便远逊于严、林二位。

的确,从文化传播来看,不管是严复、林纾的输入式,还是辜鸿铭的输出式,都为世界文化的沟通、交流和发展做出了贡献。严复、林纾用中文把西方资产阶级新文化输入中国,在当时具有重要的启蒙意义。辜鸿铭用外文将中国文化经典《论语》、《中庸》等译成英文、德文,并用外文写了不少著作,如《中国对于欧洲思潮的反抗》、《中华民族的精神和战争的出路》、《怨诉的声音》,等等,从而使西方人得以了解中国传统的道德观念和人生哲学,了解中华民族悠久的历史和灿烂的文明,了解中国人是不可轻侮的、神圣不可侵犯的伟大民族。辜对于中国文化的译介,在世界文化史上可以和严复、林纾相媲美。因而曾经享誉海外,名扬欧美。

但由于辜本人极力宣扬传统文化,排斥西方文化,发生了十分消极的影响,顺应了近代顽固保守势力的复古心理,和他们产生共鸣,成为他们的代言人,扮演了

---

① 林疑今译:《辜鸿铭》,《人间世》,1934 年,第 12 期。
② 林语堂:《辜鸿铭》,《人间世》,1934 年,第 12 期。

一个保守复古的时代落伍者的角色。在这一点上他不能和严复相提并论。

第二节　梁启超后期文化思想新探

　　长期以来,学术界对梁启超后期思想的评价,不加分析地给予全盘否定,认为他不但在政治上日趋保守反动,而且在文化思想上也一反前论,从批判传统文化到称颂传统文化,从传播西学到敌视西学。老年梁启超和青年梁启超,判若两人。笔者对此不敢苟同。不可否认,梁启超晚年没有跟上时代发展的步伐,不能"趋时",政治上日渐落伍,但梁的文化观,前后却基本一致。主要表现为,在对待中西文化上,既不是一棍子打死,也没有全盘肯定,而是有所分析和批判,从而形成了梁启超的文化观。本文试图对此做一新探讨。

一、梁启超文化思想概观

　　梁启超文化观的特色,主要体现在他既不同于复古保守派,也和全盘西化派有异。无论是中国文化还是西方文化,他都给予科学而理性的分析评价,并一贯反对那些醉心于西学或固守传统的极端主义者。在这方面,让我们先看他早期的言论。

　　从戊戌变法失败到1903年,史学界公认为这是梁启超一生的"黄金时代",自然是其思想上最辉煌灿烂、裨益后世的岁月。在这期间,梁启超虽然对于西学进行"无派别,无选择,唯以多为贵"地输入,但他并没有陶醉于西学之中,并没有因此而全盘否定民族文化,而是谆谆告诫不要走向极端,应该避免"邯郸学步"那样悲惨局面的发生。在1902年2月写的《近世文明初祖二大家之学说》一文中,梁启超希望国人要养成"一种自由独立不傍门户不拾唾余之气概",既不要"为中国旧学之奴隶",也不要"为西人新学之奴隶"①。在同年的《新民说》一书中,梁启超提出他的新民观。他说:"所谓新民者,必非如心醉西风者流,蔑弃吾数千年之道德、学术、风俗,以求伍于他人;亦非如墨守故纸者流,谓仅抱此数千年之道德、学术、风俗,遂足以立于大地也。"②在同年的《保教非所以尊孔论》中,梁主张对古今中外之学术、思想、文化都应当有所选择地批判吸收。他说:"我有耳目,我有心思,生今日文明灿烂之世界,罗列中外古今之学术,坐于堂上而判其曲直,可者取

---

　　①　葛懋春,蒋俊:《梁启超哲学思想论文选》,北京大学出版社1984年版,第94页。
　　②　李华兴,吴嘉勋:《梁启超选集》,上海人民出版社,1984年,第212页。

之,否者弃之"。① 在《论中国学术思想变迁之大势》一文中,梁作了比较系统的阐述,并对两种各走极端的思想作了批评。他说:"一则徒为本国学术思想界所窘,而于他国者未尝一涉其樊也;一则徒为外国学术思想所眩,而于本国者不屑一厝其意也。"②指出这一"窘"一"眩"之主要是对两大文化缺乏系统的了解,各执一端,结果搞成既不能"知己之短",也不知"人之所长"。在这里,梁已经展示了他对中国文化前途的总体看法,指出文化更新与创造首先要立足于本国、本民族的现实——"特质"。他说:"凡一国之立于天地,必有其所以立之特质,欲自善其国者,不可不于此特质焉,淬厉而之增长之。今正过渡时代苍黄不接之余,诸君如爱国也,欲唤起同胞之爱国心也,于此事非可等闲视之。"③不然将会从一个极端走向另一个极端,打破一个思想桎梏,又套上了一个精神枷锁,即"脱崇拜古人之奴隶性,而复生出一种崇拜外人、蔑视本族之奴隶性"④,结果是得不偿失。不难看出,梁启超在大倡西学,"誓以民权反旧俗",国人趋之若鹜的"西学热"中,不惮其烦地反复强调不要忘记民族特色,可谓苦口婆心,意味深长。

再看晚年他对中西文化的态度。1920 年,梁启超旅欧归来,发表《欧游心影录》,表现了他后期的文化观。和前期一样,梁对两种文化偏执论进行了批评。他说:"国中那些老辈,固步自封,说什么西学都是中国所固有,诚然可笑;那沉醉西风的,把中国甚么东西都说得一钱不值,好象我们几千年来,就象土蛮部落,一无所有,岂不更可笑吗?"⑤在梁看来,前一种表现为心理上的盲目自大,后一种则是民族文化的虚无主义态度。他接着又说:"虽说我们在学校应求西学,而取舍自当有择,若是不问好歹,无条件的移植过来,岂非人家饮鸩,你也随着服毒? 可怜可笑孰甚?"⑥那么怎样才是比较正确的中西文化观呢? 在梁看来,就是既不受中国文化的束缚,也不做西洋文化的奴隶,应该具备自我判断和自我选择的能力。他认为,"中国旧思想的束缚固然不受,西洋新思想的束缚也是不受。"⑦对于一种说学,不论古今中外,总要"虚心研究,放胆批评"⑧,"研究只管研究,盲从却不可盲从",⑨"万不能将他社会之思想全部移植,最少亦要从本社会遗传共业上为自然

① 葛愁春、蒋俊:《梁启超哲学思想论文选》,第 100~101 页。
② 梁启超:《饮冰室合集》,文集 7,第 2 页。
③ 梁启超:《饮冰室合集》,文集 7,第 3 页。
④ 梁启超:《饮冰室合集》,文集 7,第 3 页。
⑤ 李华兴、吴嘉勋:《梁启超选集》,第 733 页。
⑥ 李华兴、吴嘉勋:《梁启超选集》,第 818 页。
⑦ 葛懋春、蒋俊:《梁启超哲学思想论文选》,第 276 页。
⑧ 葛懋春、蒋俊:《梁启超哲学思想论文选》,第 276 页。
⑨ 葛懋春、蒋俊:《梁启超哲学思想论文选》,第 277 页。

的潜发与合理的箴砭洗炼。"①

提倡个性自由，思想解放，贯穿于梁启超的一生。从《自由书》到《欧游心影录》，梁启超的文化思想中，始终渗透着这种精神。在《自由书》序言中，梁以西方思想家约翰·弥勒之"思想自由、言论自由、出版自由"为其立论宗旨，倡导民权，培养和树立新的国民性。他通过中西文化的比较研究，认为思想自由是文明发展、社会进化的重要因素之一。他说："文明之所以进，其原因不一端，而思想自由，其总因也。欧洲之所以有今日，当由十四、五世纪之时，古学复兴脱教会之樊笼，一洗思想界之奴性，其进步乃沛乎莫能御……我中国学界之光明，人物之伟大，莫盛于战国。盖思想自由之明效也。"②因而他大力介绍西方学说，对哥白尼、培根、笛卡尔、卢梭、达尔文赞不绝口，认为他们不愧为西方思想解放的先驱。说培根、笛卡尔"此二派行，将数千年来学界之奴性，犁庭扫穴，靡有孑遗，全欧思想之自由，骤以发达，日光日大，而遂有今日之盛。"③称卢梭天赋人权论："自此说一行，欧洲学界，如旱地起一霹雳，如暗界放一光明，风驰云卷，仅十余年，遂有法国大革命之事……卒成今日之民权世界。"④进化论出，"然后知物竞天择，优胜劣败，非图自强，则决不足以自立。达尔文者，实举十九世纪以后之思想，彻底而一新之者也"，⑤赞叹之情溢于字里行间。

1920年梁启超在《欧游心影录》一书中，大力倡导个性自由，思想解放。首先，主张发展个性。他认为："国民树立的根本义，在发展个性。"⑥所谓发展个性，就要求人人自立，从各种人为的束缚下解放出来，冲破那桎梏、斫丧人的个性的"社会上畸形的组织，学说上堕性的权威"。⑦　因此，梁启超对传统社会对人的压抑进行了批评，指出：不能说中国民智不开，人才缺乏，其症结在于社会对人的束缚抑制，"因为旧社会也有一个模子，将中国人一式铸造，脱了模就要在社会上站不住，无论何人，总要带几分矫揉的态度来迁就他，天赋良能绝不能自由扩充到极际。近来中国人才智不逮欧西，都是为此。"⑧所以，个性解放是思想解放的当务之急；个人自立国家才能生存和强盛。这样，"将自己的天才尽量发挥，不必存一

---

① 葛懋春、蒋俊：《梁启超哲学思想论文选》，第404页。

② 葛懋春、蒋俊：《梁启超哲学思想论文选》，第99页。

③ 李华兴、吴嘉勋：《梁启超选集》，第270页。

④ 李华兴、吴嘉勋：《梁启超选集》，第271页。

⑤ 李华兴、吴嘉勋：《梁启超选集》，第273页。

⑥ 葛懋春、蒋俊：《梁启超哲学思想论文选》，第273页。

⑦ 葛懋春、蒋俊：《梁启超哲学思想论文选》，第274页。

⑧ 葛懋春、蒋俊：《梁启超哲学思想论文选》，第274页。

毫瞻顾,更不可带一分矫揉"①,便刻不容缓了。其次,提倡思想学术上的争鸣与批评。个性发展与思想解放是一个有机的整体,个性发展是思想解放的前提,而思想解放更是为了倡导个性自由。思想解放,就是要求人们富有怀疑精神和批判勇气,对于古今中外的思想文化,都加以重新鉴定和估价。因此梁启超认为,西方现代文化的自由批评精神值得我们借鉴。他说:"欧洲现代文化,不论物质方面精神方,都是从'自由批评'产生出来,对于在社会上有力量的学说,不管出自何人,或今或古,总许人凭自己见地所及,痛下批评。批评岂必尽当? 然而必经过一番审择,才能有这批评,便是开了自己思想解放的路。因这批评,又引起别人的审择,便是开了社会思想解放的路。"②这样,"互相浚发,互相匡正,真理自然日明,世运自然日进。"③这就是欧洲文化日新月异的诀窍。而中国文化恰恰缺少这种精神,"拿一个人的思想做金科玉律,范围一世人心,无论其人为今人为古人,为凡人为圣人,无论他的思想好不好,总之是将别人的创造力抹杀,将社会的进步勒令停止了"。④ 这也是中国学术落后的症结所在。梁启超说:"我中国千余年来,学术所以衰落,进步所以停顿,都是为此。"⑤要使中国出现文艺复兴,必须倡导大胆怀疑,自由批评。如果真正是大经大法,至理名言,"真金不怕红炉火",关键看这种学说有无价值,是否经得起批评。假如真的展开自由批评,就是同一种学说,有人自由批评攻击它,自然也有人拥护它,这样"经一番刮垢磨光,越发显出他真价,倘若对于某家学说不许人批评,倒象是这家学说经不起批评了"。⑥ "只要彼此适用思辨的公共法则,驳得针锋相对,丝丝入扣,孰是孰非,自然见个分晓"。⑦ 梁启超指出,那种以为禁止批评便是"正道"的作法,如同秦始皇偶语弃市的故伎一样,愚蠢至极。梁启超希望通过自由批评,大胆怀疑,使每个人具有自我判断力和是非观,从而不受任何学说的桎梏与束缚,"不许一毫先入为主的意见束缚自己"⑧。他认为对于任何一种学说,都要进行科学的研究,自由的批评。再次,伦理道德随社会变迁而发生变化,个性自由、思想解放是对传统伦理的一大挑战,旧的不适合于时代需求的道德规范必然为新道德规范所取代。处于新旧交替前夜的梁启超,也深深感受到了这个问题,他认为道德的变动应当与社会变迁基本同步。他说:

---

① 葛懋春、蒋俊:《梁启超哲学思想论文选》,第 274 页。
② 葛懋春、蒋俊:《梁启超哲学思想论文选》,第 274 ~ 275 页。
③ 葛懋春、蒋俊:《梁启超哲学思想论文选》,第 275 页。
④ 葛懋春、蒋俊:《梁启超哲学思想论文选》,第 275 页。
⑤ 葛懋春、蒋俊:《梁启超哲学思想论文选》,第 275 页。
⑥ 葛懋春、蒋俊:《梁启超哲学思想论文选》,第 275 页。
⑦ 葛懋春、蒋俊:《梁启超哲学思想论文选》,第 274 页。
⑧ 葛懋春、蒋俊:《梁启超哲学思想论文选》,第 276 页。

"道德条件,本是适应于社会情形建设起来,社会变迁,旧条件自然不能适用;不能适用的条件,自然对于社会上失了拘束力,成了一种僵石的装饰品。"①旧道德已经动摇,而新道德还没有建立起来,在这个过渡时代,思想解放就是对新道德的呼唤和期待。在梁看来,思想解放是在建设新道德、新观念,并不像保守者讲的是"破坏道德"。梁针锋相对地指出,那种"旧道德早已成了具文,新道德又不许商榷,这才真是破坏道德哩"。② 对那种认为科学越发达,物质文明越进步,道德就越堕落退化的错误观点,梁也作了批判。他说:"道德应该因时制宜,随机应变,不宜用什么公准去束缚他,以致失掉道德的真像,阻碍道德的进步。"③结论是,思想解放必然带来伦理道德的变动,必然造成一个短时期的思想理论迷惘和混乱,这在新旧变革交替过程中不可避免。因此,梁启超指出思想解放"只有好处,并无坏处"④。

二、梁启超与西方文化

晚年梁启超对西方文化多有微言、贬词,但要说梁仇视或排斥西方文化,这却不符合事实。我认为,梁启超后期对于西方文化有分析,有批判,既肯定其积极作用与不朽贡献,又指出其弊端所在。不过后者笔墨略重一点而已,概括起来,有下面几点:

1. 指出西方思想学说的两重性。梁启超既看到西方近代思想在历史上的重大作用,同时又指出其造成的弊端所在。他认为,生物进化论、个人主义、自由主义这些"西方近代思想",把人们从黑暗的中世纪解放出来,使人的个性得到极大程度的发挥,"个人自由发展,社会自然向上"⑤,从而产生了欧洲的近代文明。梁启超说:"就过去事实而言,百年来政制的革新和产业的发达,那一件不叫这些学说的恩惠!"⑥同时,他也看到这些思想发展到极端所产生的副作用,认为进化论、功利论、自由幸福论走向极致,就变成超人学说,强权政治,为帝国主义军事扩张、殖民事业张目,给世界文明带来灾难。他说:"其敝极于德之尼采,谓爱他主义为奴隶的道德,谓剿绝弱者为强者之天职,且为世运进化所必要。"⑦梁称此观点为

① 葛懋春、蒋俊:《梁启超哲学思想论文选》,第275页。
② 葛懋春、蒋俊:《梁启超哲学思想论文选》,第276页。
③ 葛懋春、蒋俊:《梁启超哲学思想论文选》,第415页。
④ 葛懋春、蒋俊:《梁启超哲学思想论文选》,第276页。
⑤ 李华兴、吴嘉勋:《梁启超选集》,第720页。
⑥ 李华兴、吴嘉勋:《梁启超选集》,第720页。
⑦ 李华兴、吴嘉勋:《梁启超选集》,第721页。

"怪论",并指出尼采的超人学说是造成当代崇拜权力,军国主义、帝国主义猖獗的重要思想根源。

2. 欧洲并没有衰落。有些论者认为梁启超后期一直声称欧洲已经衰落,因而对欧洲文明产生怀疑和失望。此论不确。梁启超经过对一战后欧洲的考察,对欧洲文明产生了怀疑,但他并没有对此失望,更没有认为欧洲已经衰落;恰恰相反,他看到欧洲战后短暂的沉寂实蕴藏着一种巨大的潜力,不久就会产生一个新的飞跃。

梁启超认为欧洲历经一战创伤后,文明没有倒退,而是继续向前,仍然代表着现代文明的发展方向。他说:"欧洲百年来物质上精神上的变化,都是由'个性发展'而来,现在还日日往这条路上去做。他和古代中世乃至十八世纪前的文明,根本上有不同的一点,从前是贵族的文明,受动的文明;如今却是群众的文明,自发的文明。从前的文明是靠少数特别地位特别天才的人来维持他,自然逃不了'人亡政息'的公例;今世的文明,是靠全社会一般人个个自觉日日创造出来的,所以他的'质'虽有时比前不如,他的'量'却比从前来得丰富,他的'力'却比从前来得连续。"①在梁启超眼中,欧洲不是一个"衰落的老者",而是一个生气勃勃、奋发向上的青年。他说:"现代欧洲人,却不是那样。他们还是日日求自我的发展。对于外界的压迫,百折不回的在那里反抗,日日努力精进。正象三四十来岁在社会上奋斗的人,总想从荆天棘地中,建立一番事业。"②因而梁启超断言:"我对于欧洲,觉得他前途虽然是万难,却断不是堕落。"③因为欧洲人讲自我危机,讲世界末日,实潜藏着一种新的生机。梁接着说:"现在欧洲人日日大声疾呼,说世界末日,说文明破产,不管他说的是否过当,就这一点忧危之心,便是他苏生的左券。"④这就像一个人一样,如果对现状心满意足,那么只有退步而无进步,相反不满足现状,时时刻刻改变现状,这就肯定进步无疑。永不满足正是欧美进步的契机之一。同时梁对欧洲多有批评,揭示了欧洲的困惑矛盾和潜在危机。指出第一次世界大战"给人类精神上莫大的刺激","欧洲在此百年中,可谓在一种不自然之状态中,亦可谓在病的状态中"⑤。这就比较客观地分析了当时的欧洲,既没有流于复古派的幸灾乐祸——欧洲文明破产,也和全盘崇欧者有异。

3. 科学是社会发展的强大动力,但并不万能。近代意义上科学的诞生,是对

---

① 葛懋春、蒋俊:《梁启超哲学思想论文选》,第 265 页。
② 葛懋春、蒋俊:《梁启超哲学思想论文选》,第 266 页。
③ 葛懋春、蒋俊:《梁启超哲学思想论文选》,第 268 页。
④ 葛懋春、蒋俊:《梁启超哲学思想论文选》,第 271 页。
⑤ 李华兴、吴嘉勋:《梁启超选集》,第 738 页。

宗教神学、传统思想和道德伦理的重大挑战,从而使这些古老的学科重新焕发出青春活力。首先是科学对宗教的冲击。梁说:"科学昌明以后,第一个致命伤的就是宗教。人类本从下等动物蜕变而来,那里有什么上帝创造!还配说人为万物之灵吗?宇宙间一切现象,不过物质和他的运动,那里有什么灵魂,更那里有什么天国!"①科学的产生便宣告了神学统治的结束。其次,科学对思想理论的冲击。科学的出现,打破了学术界思想界一种学说一统天下的局面,宣告了理论权威的破产。梁启超说:"讲到哲学,从前康德和黑格尔时代,在思想界俨然有一种权威,象是统一天下,自科学渐倡,这派唯心论的哲学便四分五裂。后来冈狄的实证哲学和达尔文的《种源论》同年出版,旧哲学更是根本动摇。"②科学发展的日新月异,造成了一个"今日认为真理,明日已成谬见,新权威到底树立不来,旧权威却是不可恢复了"③的崭新局面,学术繁荣,理论纵横,新的思想学说不断出现,科学、哲学并肩进步。因此,梁启超对科学大加称颂不已,说生物科学"令全世界思想界乃至现实生活界立刻旌旗变色"④,成为"现代最进步的自然科学,而且为哲学社会学之主要基础"⑤。字里行间流露出梁启超对科学的真诚向往和眷恋之情。但梁并没有陶醉其中,做起科学万能的梦来。相反他对科学做了公正的评价,认为科学既能给人类带来福音,也能给人类带来灾难。他看到第一次世界大战期间,科学日新月异,"可惜大半专供杀人之用"⑥,成为摧残生灵的罪恶工具,因而,指出科学绝不是万能的。他说:"欧洲人做了一场科学万能的大梦,到如今却叫起科学破产来。这便是最近思潮变迁的一个大关键了。"⑦紧接着他又强调指出:"读者切勿误会,因此菲薄科学,我绝不承认科学破产,不过也不承认科学万能罢了。"⑧梁启超还对张君劢蔑视科学与丁文江相信科学万能做了批评,他说:"在君过信科学万能,正和君劢之轻蔑科学同一错误。"⑨

概括起来,梁启超的科学观既承认科学的伟大作用与不朽贡献,又指出科学并不万能,他绝不是有些论者所讲的那样呼叫科学破产、诋毁科学,等等。

---

① 李华兴、吴嘉勋:《梁启超选集》,第 722 页。
② 葛懋春、蒋俊:《梁启超哲学思想论文选》,第 260 页。
③ 葛懋春、蒋俊:《梁启超哲学思想论文选》,第 261 页。
④ 葛懋春、蒋俊:《梁启超哲学思想论文选》,第 382 页。
⑤ 丁文江、赵丰田:《梁启超年谱长编》,上海人民出版社,1983 年,第 1154 页。
⑥ 葛懋春、蒋俊:《梁启超哲学思想论文选》,第 269 页。
⑦ 葛懋春、蒋俊:《梁启超哲学思想论文选》,第 262 页。
⑧ 葛懋春、蒋俊:《梁启超哲学思想论文选》,第 262 页。
⑨ 葛懋春、蒋俊:《梁启超哲学思想论文选》,第 447 页。

三、梁启超与中国文化

梁启超后期对于中国文化的主要贡献有两点:一是主张科学地整理和研究中国文化;二是主张从中国文化中挖掘民族精华,探求民族文化优秀遗产。

梁首先对中国人轻视科学的观念进行了批评。他认为中国人对科学的态度大致有两种:一是把科学看得太低了,太粗了,不屑一顾;二是把科学看得太呆了,太窄了,不懂得科学精神是一种"可以教人求得有系统之真知识的方法"①。因为中国人始终没有懂得科学的真谛,所以中国学术文化导致种种弊端。他把这种弊端概括为五点:笼统、武断、虚伪、因袭、散失。指出:"中国凡百学问,都带一种'可以意会,不可以言传'的神秘性,最足为知识扩大之障碍。"②梁认为要想振兴中国文化,必须具备科学精神,否则一事无成。他说:"我们若不拿科学精神去研究,便做那一门子学问也做不成。"③因此梁启超警告国民:"中国人对于科学这两种态度倘若长此不变,中国人在世界上便永远没有学问的独立,中国人不久必要成为现代被淘汰的国民。"④他还告诫国人,关于科学精神,我们不能过于自卑,不能自暴自弃,不能认为"欧美人是天生成科学的国民,中国人是天生成非科学的国民"⑤,更不能说东方文化无科学,西方文化纯科学。是否具有科学精神,"只能用来横断新旧文化,不能用来纵断东西文化。"⑥当时西方文化是比较先进的,可以为我们所借鉴。梁说:"要发挥我们的文化,非借他们的文化做途径不可。因为他们研究的方法,实在精密。"⑦又说:对于中国文化,"要用那西洋人研究学问的方法去研究他,得他的真相",⑧就是要以科学的态度,用科学的方法,重新估价传统文化,以利于民族文化的创新。

其次通过发掘民族文化优秀遗产,振奋民族精神,打掉当时的暮气、失落感和颓废心理,这正是梁启超的良苦用心所在。他呼吁国人要富有自己的民族精神和特色,要保持本民族的自信力。他说:"任凭别人说我们是保守也罢,说我们是骄傲也罢,总之我们断断乎不肯自己看轻了自己,确信我们是世界人类的优秀分子,

---

① 李华兴、吴嘉勋:《梁启超选集》,第 793～794 页。
② 李华兴、吴嘉勋:《梁启超选集》,第 797～798 页。
③ 李华兴、吴嘉勋:《梁启超选集》,第 794 页。
④ 李华兴、吴嘉勋:《梁启超选集》,第 794 页。
⑤ 李华兴、吴嘉勋:《梁启超选集》,第 799 页。
⑥ 李华兴、吴嘉勋:《梁启超选集》,第 799 页。
⑦ 李华兴、吴嘉勋:《梁启超选集》,第 733 页。
⑧ 李华兴、吴嘉勋:《梁启超选集》,第 733 页。

不能屈服在别的民族底下。这便是我们几千年来能够自立的根本精神。"①又说："我觉得中国人性质，无论从那方面看去，总看不出比外国人弱的地方；所差者还是旧有的学问知识，对付不了现在复杂的社会。"②因而，在梁看来，对传统文化的解剖和重新反省刻不容缓。后期的梁启超对中国的文化主要是进行铸旧陶新工作。他解释"仁"为"普遍人格之实现"，倡导《易经》的"君子以自强不息"，《论语》的"知其不可而为之"的自强与无畏精神，弘扬孟子的"富贵不能淫，贫贱不能移，威武不能屈"的"至大至刚"的"浩然之气"。梁认为人如果具备了这些精神，就会一往无前，不畏牺牲，不计较成败得失，"有这种人生观的人，还有什么成败可忧呢？"③这就是中国振兴的希望。梁还主张发扬中国文化中同情、诚实、勤劳、刚强等传统美德，扬弃那嫉妒、虚伪、懒惰、怯弱等传统劣质④。这样才能焕发出真正的民族精神，才能树立民族自信心。这也是梁启超的苦心所在。

由上面的论述可以看出，早年梁启超和晚年梁启超并不是判若两人，其前后思想有着内在的联系，基本贯通。不可否认，梁启超后期过分偏爱中国文化，批评少赞扬多，有时还强调中西文化物质精神论，甚至对中西文化作牵强附会的比较。这既有时代的局限性，也是他个人的致命弱点。从总体上看，梁启超后期文化观基本上是合理的，是梁启超一生思想的理性表达，根本说不上什么退入复古保守之流，更不能和林琴南、辜鸿铭画等号。

第三节 严复"三民"思想及其现代意义

作为近代中国最著名的启蒙思想家和文化大师，严复给后人留下了极其宝贵的思想财富和精神遗产。其中，他的"三民"思想与孙中山的"三民主义"一样，相得益彰，始终是近代中国思想史上的一座丰碑，为人敬仰和叹服。本文试图从当代国民性塑造的角度，重新解读严复的"三民"思想，借以挖掘其深刻内涵，揭示其当代价值与现实意义。

一、严复"三民"思想的理论渊源

严复"民力"、"民智"与"民德""三民"思想，直接来源于英国著名思想家斯宾

---

① 李华兴、吴嘉勋：《梁启超选集》，第763～764页。
② 李华兴、吴嘉勋：《梁启超选集》，第768页。
③ 葛懋春、蒋俊：《梁启超哲学思想论文选》，第410页。
④ 葛懋春、蒋俊：《梁启超哲学思想论文选》，第416～417页。

塞与赫胥黎的社会有机体论。斯宾塞在其 1861 年出版的《教育论—智育德育和体育》一书中，对三者关系及其重要性做了系统阐述和剖析。严复指出，斯宾塞教育思想的核心是"濬智慧、练体力、厉德行"。①

斯宾塞认为，一个民族或国家的文明程度与进步发展，很大程度上取决于国民身体、知识与道德的综合素质：国民体力强健、智慧聪明、道德高尚，社会就进步，国家就强大；国民体弱多病、愚昧无知、道德低下，社会便退步，国家就衰弱。斯宾塞指出："群之变也，视民德之进退，群性与民性，群德与民德，相待为变，其例则群学之所有事也。"②"群之能事，必视其民，常于二者之间，求其对待之公例。"③"一群之立于天地也，有发生，有滋长，有形制，有功能，凡皆其民性情才力所遭会，磅礴而成之。"④"天生烝民，德不虚立，于其身有性情才力之可指，于其群则有强弱衰盛之可知。"⑤"凡群者皆一之积也，所以为群之德，自其一之德而已定，群者谓之拓都（Total 总体），一者谓之么匿（Unit 个体）。拓都之性情形制，么匿为之。"⑥"人欲图存，必用其才力心思，以与是妨生者为斗。负者日退，而胜者日昌，胜者非他，智德力三者皆大是耳。"⑦

严复对斯宾塞极为推崇，认为其思想与著作"可谓完备"，⑧给予高度评价。他说："斯宾塞尔者，亦英产也，与达氏同时。其书于达氏之《物种探原》为早出，则宗天演之术，以大阐人伦治化之事"，"而于一国盛衰强弱之故，民德醇漓合散之由，则尤三致意焉"。"斯宾塞尔全书而外，杂著无虑数十篇，而《明民论》、《劝学篇》二者为最著。《明民论》者，言教人之术也。《劝学篇》者，勉人治群学之书也。其教人者，以濬智慧、练体力、厉德行三者为之纲。"⑨严复特别认同斯宾塞关于国民基本素质与国家、民族、社会强弱兴衰、进步与否的总体判断，认为一个国家、一个民族乃至一个社会的强弱、兴衰、进退与其国民体力、智慧和品行息息相关，密不可分。严复指出："一群之成，其体用功能，无异生物之一体，小大虽异，官治相准。知吾身之所生，则知群之所以立矣；知寿命之所以弥永，则知国脉之所以灵长

---

① 《严复集》，第 1 卷，中华书局，1986 年版，第 17 页。
② 斯宾塞著，严复译：《群学肄言》，商务印书馆，1981 年版，第 40 页。
③ 斯宾塞著，严复译：《群学肄言》，第 41 页。
④ 斯宾塞著，严复译：《群学肄言》，第 41 页。
⑤ 斯宾塞著，严复译：《群学肄言》，第 41 页。
⑥ 斯宾塞著，严复译：《群学肄言》，第 38 页。
⑦ 赫胥黎著，严复译：《天演论》，第 37 页。
⑧ ［英］斯宾塞著，严复译：《群学肄言》，商务印书馆，1981 年版，第 17 页。
⑨ 《严复集》，第 1 卷，第 16、17 页。

矣。一身之内,形神相资;一群之中,力德相备。身贵自由,国贵自主。"①也就是说,只有广大国民能够享受充分、足够的自由权利,国家才能完全独立自主。前者是基础与前提条件,后者是结果与归宿。

斯宾塞用个体与总体来比喻国民与国家的关系时,曾经说过这样一段话:"曷尝观圬者之成墉乎?使其砖坚实平等,火候纯一,廉隅礭礭,虽不用除垩,可以成墉,且其功以久。使其调埴不均,火候不至,蹊髁鈗断,薜裂挢起,其成墉也,丸塞而涂附焉,虽高不及肩,犹虚圮已",②国民是砖石,国家是墙坯,严复也几乎用同样的话来表述国民与国家的关系,他说:"不观于圬者之为墙乎?与之一成之砖,坚而廉,平而正,火候得而大小若一,则无待泥水灰粘之用,不旋踵而数仞之墙成矣。由是以捍风雨,卫室家,虽资之数百年可也。使其为砖也,崎嵚歪缺,大小不均,则虽遇至巧之工,亦仅能版以筑之,成一粪土之墙而已矣。廉隅坚洁,持久不败,必不能也。此凡积垛之事,莫不如此。"在此,严复还对斯宾塞有关个体与总体的思想做了进一步发挥,提出了一个著名论断:"唯其单也为有法之形,则其总也成有制之聚。"③即优秀的国民,缔造伟大的国家;懦弱的民众,组成贫弱的国家,用严复的话说就是,"本单之形法性情,以为其总之形法性情"。严复这个著名论断,长期以来被人为忽略,需要我们予以认真发掘。

赫胥黎思想中,也同样强调民力民智民德在民族独立与社会进步中的地位与作用。他说:"故欲跻治之隆,必于民力、民智、民德三者之中,求其本也"。"群之治乱强弱,则视民品之隆污,主治者抑其次矣。"④"善治如草木,民智如土田",⑤社会、国家与民族是一个相互依存的有机体,政治制度的创设及其成败,很大程度上取决于普通国民的综合素质,就好比一片翠绿的草木,肯定是生长在一块肥沃的土地之上。这种特别重视国民与国家关系的思想,直接影响了严复,成为其思想理论的重要渊源。

此外,中国传统文化中的尚武精神、民群意识、孝道观念、孔孟形象,也是严复"三民"思想的一个来源。严复在《天演论》按语中说:"班孟坚曰:'不能爱则不能群,不能群则不胜物,不胜物则养不足。群而不足,争新将作。'吾窃谓此语,必古先哲人所已发。"⑥严复指出,中国目前虽然民力、民智、民德日益衰退,但在中国

① 《严复集》,第 17 页。
② 斯宾塞著,严复译:《群学肄言》,第 38 页。
③ 《严复集》,第 18 页。
④ 赫胥黎著,严复译:《天演论》,第 21、39 页。
⑤ 赫胥黎著,严复译:《天演论》,第 22 页。
⑥ [英]赫胥黎著,严复译:《天演论》,商务印书馆 1981 年版,第 32 页。

几千年的历史文化中,蕴藏着无比深厚的优秀因子。对此,我们必须予以充分发掘,重新振奋中国民族精神,建构新的民力、民智和民德。他说:"吾民之智、德、力,经四千年之治化,虽至今日,其短日彰,不可为讳,顾使深而求之,其中实有可为强族大国之储能,虽摧斫而不可灭者。夫其众如此,其地势如此,其民材又如此。使一旦幡悟,悟旧法陈义之不足殉,而知成见积习之实为吾害,尽去腐秽,惟强求之,真五洲无此国也,何贫弱奴隶之足忧哉。"①严复信心十足,认为只要重新振奋起民族精神,中国未来大有可为。

二、严复"三民"思想的核心内涵

严复充分接受了斯宾塞和赫胥黎的社会有机体思想,将民力、民智、民德视为判断一个民族、国家与社会存亡、强弱与进退的标准与准绳。他说:"盖生民之大要三,而强弱存亡莫不视此:一曰血气体力之强,二曰聪明智虑之强,三曰德行仁义之强。""至于发政施令之间,要其所归,皆以其民之力、智、德三者为准的。凡所以进是三者,皆所力行;凡可以退是三者,皆所宜废";②"世间一切法,举皆有弊,而福利多寡,仍以民德民智高下为归。使其德智果高,将不徒新法可行,即旧者亦何尝遂病"。③ 近代西方日进无疆、飞速发展,而中国之所以江河日下,衰败积弱,关键就是二者民力、民智、民德的巨大反差。严复指出:"是以西洋观化言治之家,莫不以民力、民智、民德三者断民种之高下,未有三者备而民生不优,亦未有三者备而国威不奋者也。反是而观,夫苟其民契需恂愗,各奋其私,则其群将涣。以将涣之群,而与鸷悍多智、爱国保种之民遇,小则虏辱,大则灭亡。"④西方民族国家民力、民智、民德大进,使其迅速成为影响和主宰世界的主力。严复指出:"洎乎二百年来,民智益开,教化大进,奋其智勇,经略全球。"⑤原因何在? 西方民力、民智、民德之所以远远超越中国,是与其政治、社会、文化息息相关的,自由、平等、法治、求实是其保证。严复说:"自其自由平等以观之,则其捐忌讳,去烦苛,决雍蔽,人人得其意,申其言,上下之势不相悬隔,君不甚尊,民不甚贱,而联若一体者,是无法之胜也。自其官工兵商法制之明备而观之,则人知其职,不督而办,事至纤悉,莫不备举,进退作息,皆有常节,无间远迩,朝令夕改,而人不以为烦,则是以有

① [英]甄克思著,严复译:《社会通诠》,商务印书馆1981年版,第155页。
② 《严复集》,第18～19页。
③ 《严复集》,第680页。
④ 《严复集》,第18页。
⑤ 《严复集》,第86页。

法胜也。其鸷悍长大既胜我矣,而德慧术知又为吾民所远不及。"①

中国社会的现实情况令人担忧和悲观,长期封建专制统治,扼杀民智,束缚民力,"俾吾之民智无由以增,民力无由以奋,是蚩蚩者亦长此困苦无聊之众而已矣"。② 严复指出:"今日中国之事,其可为太息流涕者,亦已多矣。而人心涣散,各顾己私,无护念同种忠君爱国之诚,最可哀痛",③"中国人民智慧,蒙蔽昏陋,至于此极,虽圣人生今,殆亦无能为力也。哀哉!"④结论是"民力已苶,民智已卑,民德已薄",⑤"今夫民智已下矣,民德已衰矣,民力已困矣"。⑥ 严复认为,当时的中国,本来就是一个病人,"中国者,固病夫也。"⑦要救亡图存,要彻底解决中国问题,使用激进疗法,实行剧烈变革,弊大于利,当务之急是开发"三民",逐渐提高中华民族的综合素质。因此,严复主张渐变,反对革命。他说:"果使民智日开,民力日奋,民德日和,则上虽不治其标,而标将自立。""至于民智之何以开,民力之何以厚,民德之何以明,三者皆今日至切之务"。⑧ "是以今日要政,统于三端:一曰鼓民力,二曰开民智,三曰新民德。"⑨

因此,严复认为,提升整个中华民族的综合素质,开发民众智慧,鼓动民众体力,重新铸造民德,必须从以下几个方面着手。

第一,大力培植和弘扬民主精神是提升民族综合素质的关键与根本。曾经留学英国又对西方政治制度颇有研究的严复,对此感同身受,体会很深。西方近代国家"以自由为体,以民主为用"的政治架构,正是西方国家富强、社会进步,并且远远超过东方国家的根本原因所在。民主制度、民主精神与民众的体力、智慧、道德是互为依存的关系,有什么样的政治制度,便相应地有什么样的民智与民德。民主制度开发民智,提升民德,振奋民力;专制制度束缚民智,摧残民力,就是极力倡导的民德也是扭曲的、异化的。中国要复兴,要重新崛起,根本出路就是向西方学习,此外别无选择。严复说:"盖欲救中国之亡,则虽尧、舜、周、孔生今,舍班孟监所谓通知外国事者,其道莫由。"⑩"欲通知外国事,自不容不以西学为要图。此

① 《严复集》,第 1 卷,第 22 页。
② 《严复集》,第 1 卷,第 23 页。
③ 《严复集》,第 1 卷,第 73 页。
④ 《严复集》,第 1 卷,第 47~48 页。
⑤ 《严复集》,第 1 卷,第 20 页。
⑥ 《严复集》,第 1 卷,第 13 页。
⑦ 《严复集》,第 1 卷,第 13 页。
⑧ 《严复集》,第 1 卷,第 14、15 页。
⑨ 《严复集》,第 1 卷,第 27 页。
⑩ 《严复集》,第 1 卷,第 46 页。

理不明,丧心而已。救亡之道在此,自强之谋亦在此。早一日变计,早一日转机,若尚因循,行将无及。"①

在学习西方的问题上,严复反对那种根本改变现有政治体制,匆忙移植西方的政治制度的做法,认为那种"其于朝也,则建民主,开议院;其于野也,则合公司,用公举。练通国之兵以御侮,加什二之赋以足用",这样中国就可以振兴,一切问题都可解决的主张过于简单化、理想化。他指出,在"三民"状况严重恶化的现实环境下,政治体制的突变,可能引发社会动荡,结果是欲速则不达。在严复看来,中国要振兴,要实现社会的顺利转型,"培其本根"是当务之急。所谓"培其本根",就是开放舆论,言论自由,培养民众的自由思想与民主意识。严复说:"言行自由,本为斯民天直","思想言论,无论公私是非皆不可禁。"②"为思想,为言论,皆非刑章所当治之域。思想言论,修己者之所严也,而非治人者之所当问也。问则其治沦为专制,而国民之自由无所矣。"③因此,严复主张在不根本变革传统政治体制的前提下,通过新闻自由、言论自由,开展长时期的思想启蒙,以培养民众具备民主、自由的新的政治文化价值理念。他说:"须知言论自由,只是平实地说实话求真理,一不为古人所欺,二不为权势所屈而已。……使中国民智民德而有进今之一时,则必自宝爱真理始。"④严复指出,中国要走向真正的民主自由,民众必须具备良好的民智、民力与民德,而良好的民智、民力与民德的形成,关键是民众现代自由观的确立。他说:"民之弗能自治者,才未逮,力未长,德未和也。乃今将早夜以孳孳求所以进吾民之才、德、力者,去其所以困吾民之才、德、力者,使其无相欺、相夺而相患害也,吾将悉听其自由。民之自由,天之所界也,吾又乌得而勒之!"⑤

第二,正确处理"民力"、"民智"与"民德"三者之间的关系。严复认为,对于一个民族国家兴盛与社会经济发展来说,"民力"是基石,"民智"是资源,"民德"是保障。三者相辅相成,相得益彰,相互促进,共同发展,缺一不可。只有三者整体健康发展,才能保证中国社会的长治久安。严复说:"徒力不足以为强且盛也,则以智,徒力与智,犹未足以为强且盛也。是三者备,而后可以为真国民。及其至也,既强不可以为弱,既盛不可以复衰。"⑥同时,严复也清醒地意识到,中国几千

① 《严复集》,第50页。
② [英]约翰·穆勒著,严复译:《群己权界论》,商务印书馆,1981年版,第73、17页。
③ 《严复集》,第973页。
④ 《严复集》,第134页。
⑤ 《严复集》,第35页。
⑥ 《严复集》,第253页。

年历史文明演进所成型的民力、民智与民德,是有深厚的民族文化底蕴的,良莠并杂。要想在新形势下加以迅速改变,铸旧陶新,树立新的民力、民智与民德,毕竟不是一件容易的事情,困难重重,任重而道远,必须是一个长期而渐进的过程。严复指出:"夫中国今日之民,其力、智、德三者,苟通而言之,则经数千年之层递积累,本之乎山川风土之攸殊,导之乎刑政教俗之屡变,陶钧炉锤而成此最后之一境。今日欲以旦暮之为,谓有能淘洗改革,求以合于当前之世变,以自存于劻勷烦扰之中,此其胜负通塞之数,殆可不待再计而知矣。"① 总之,对于中国的"三民"现状,必须客观分析,逐渐改良,切不可操之过急。

关于"三民"的地位与重要性,严复早期思想与后期思想有明显的不同。比较而言,严复早期思想更加注重民智的开发,后期相对重视民德问题。在前期,严复认为"三者又以民智为最急",②"民智者,富强之原"。③ 在严复看来,近代西方之所以日新月异,主要原因是科学知识的迅速更新与新兴学科的突飞猛进,如亚当斯的经济学、牛顿的力学、瓦特的蒸汽机、法拉第的电子学、哈维尔的医学、培根的现代实验科学等。他说:"东土之人,见西国今日之财利,其隐赈流溢如是,每疑之而不信;迨亲见而信矣,又莫知其所以然;及观察其治生理财之多术,然后知其悉归功于亚丹斯密之一书,此泰西有识之公论也。是以制器之备,可求其本于奈端;舟车之神,可推其原于瓦德;用电之利,则法拉第之功也;民生之寿,则哈尔斐之业也。而二百年学运昌明,则又不得不以柏庚氏之摧陷廓清之功为称首。学问之士,倡其新理,事功之士,窃之为术,而大有功焉。故曰:民智者,富强之原。此悬诸日月不刊之论也。"④ 中国民智之所以与西方近代国家的民智有如此大的差别,关键是西方近代学术的巨大进步,而中国在近代学术方面大大落后于人家。因此,要开发民智,必须学习西方,使中国的学术方向与学术理路发生重大变化。严复说:"欲开民智,非讲西学不可;欲讲实学,非另立选举之法,别开用人之涂,而废八股、试帖、策论诸制科不可"。⑤ 因此,严复创办《国闻报》,翻译西方系列名著,投身教育,毕生从事民众启蒙的神圣事业。

严复对中国的民众公德现状做了评估,并结合东西文化做了比较。严复认为,西方近代国家之所以发展迅速,民众健康的公德意识、爱国精神是一个重要因素。国民经常把国家的荣辱视为自己的荣辱,一荣俱荣,一损俱损,因此,保卫国

---

① 《严复集》,第 27 页。
② 《严复集》,第 14 页。
③ 《严复集》,第 29 页。
④ 《严复集》,第 29 页。
⑤ 《严复集》,第 30 页。

家、建设国家就如同保卫、建设自家一样。严复说："出赋以庀工,无异自营其田宅;趋死以杀敌,无异自卫其室家。吾每闻英之人言英,法之人言法,以至各国之人其所生之国土,闻其名字,若我曹闻其父母之名,皆肫挚固结,若有无穷之爱也者。"①反观中国,"商旅以之不通,材产以之不盛,盗贼以之潜滋,教育以之荒陋,守圉则不坚,疾疫则时起。而最病者,则通国之民不知公德为底物,爱国为何语,遂使泰西诸国,群呼支那为苦力之国。"②中国与西方之所以在国民道德方面有如此大的反差,根本原因是二者之间政治体制的不同。

中国方面,长期的封建专制,统治者与民众的关系,完全是一种奴役与被奴役的关系,根本没有平等之可言。严复说："盖自秦以降,为治虽有宽苛之异,而大抵皆以奴虏待吾民。"③民众无权参与国家决策,服从、忍耐甚至埋怨,成为基本品行,长此以往,造成了民众与统治者之间的对立。夏代臣民借骂太阳对夏桀发出"时日曷丧,予及汝偕亡"的恶咒,几乎成为以后历朝历代衰世乱世君民关系极度对立的真实写照。以这样严重对立的君民关系,何谈什么国家富强、社会稳定和谐、经济发展呢? 君主压迫、奴役臣民,臣民自暴自弃,道德败坏,一盘散沙,于是国家贫穷、社会动乱、经济凋敝,各种危机此伏彼起。严复敏锐地察觉到民众道德与国家社会之间的关系,一方面,国民缺乏公德、自私与不团结,是中国衰弱的原因所在;另一方面,国民的离心离德,缺乏凝聚力、责任感与爱国心,正是长期专制政治的产物与后果。人民只有义务,毫无权利,缺乏提升人民参与国家大事的激励机制,人民只能扮演奴隶的角色。严复说："义务者,与权利相对待而有之词也,故民有可据之权利,而后应尽之义务生焉。无权利,而责民以义务者,非义务也,直奴分耳。"④

西方方面,经过近代资产阶级革命,逐步实现了民主共和,国家与民众的关系发生了很大变化,从以前的奴役与被奴役的对立统治关系转变为平等协商的合作关系,上下一致,同心同德,社会秩序和谐。严复说："且彼西洋所以能使其民皆若有深私至爱于其国与主,而赴公战如私仇者,则亦有道矣。法令始于下院,是民各奉其所自主之约,而非率上之制也;宰相以下,皆由一国所推择。是官者,民之所设以釐百工,而非徒以尊奉仰戴者也,抚我虐我,皆非所论者矣。"⑤民主精神的形成,民主制度的确立,振奋了国民的民族精神,启迪了民众智慧,焕发了民众道德,

① 《严复集》,第31页。
② 《严复集》,第985页。
③ 《严复集》,第31页。
④ 《严复集》,第1006页。
⑤ 《严复集》,第31页。

提升了国民力量,促使了整个民族综合素质的全面进步。

因此,严复指出,目前中国要"新民德",当务之急是逐渐改变政治体制,即变君主专制体制为君主立宪体制。他说:"设议院于京师,而令天下郡县各公举其守宰。是道也,欲民之忠爱必由此,欲教化之兴必由此,欲地利之尽必由此,欲道路之辟、商务之兴必由此,欲民各束身自好而争濯磨于善必由此。"①严复在此一连串提出了五个"欲",目的显然是在强调实行民主体制的重要性和紧迫性。

严复终生倡导"三民"的教育与培养。1918年5月,严复应友人之邀,为江西心远中学撰写校歌:"天心欲启大同世,国以民德分劣优。我曹爱国起求学,德智体育须交修",②强调德智体协调发展,共同提高。严复早期鉴于民智愚昧,认为开发民智是当务之急;后期鉴于在学习西方过程中民德、官德的低劣,强调民德重于民智,提出并定格了"三民"的顺序,民德第一,民智第二,民力第三。他说:"居今而言,不佞以为智育重于体育,而德育尤重于智育。"③

三、严复"三民"思想的历史地位

严复西方思想为借鉴,系统提出"三民"思想,并把它提升到救亡图存的高度,对近代中国产生了重大影响,具有极其重要的现实意义。

第一,"三民"思想与孙中山的三民主义同为中国近代思想史上的两座丰碑。1905年,严复与孙中山在伦敦相会,两人就改造中国各自发表了看法。这次历史性会见,长期以来被人们解读为孙中山与严复的对立与冲突,严复的开发民智与思想启蒙一直遭到批评与贬低。其实,这种评价是不公平与客观的。平心而论,严复的思想启蒙与孙中山的政治革命是一致的,反映了改造中国、复兴中华的两种不同理念与主张,殊途同归。具体来说,孙中山的三民主义,表现了推翻满清专制统治、实现政治民主与民生幸福的急迫心情与良好愿望。实践表明,"毕其功于一役"的政治革命、武装斗争,如果没有相应的民众智慧、民众道德基础,只能获得暂时的成功和一时的轰动,不可能彻底解决中国复杂的政治、经济与文化问题,社会全面转型只能是一种良好愿望与书面设计。如此看来,孙中山的思想与行动更为功利与现实,也顺应了历史与时代潮流,我们在此并不想贬低与弱化孙中山在中国近代社会变革中的形象与地位。我们在此想强调的是,作为近代著名的思想启蒙家,严复思想的冷静、深邃、务实、客观,长期没有得到公正、中肯的评价。严

---

① 《严复集》,第31~32页。
② 《严复集》,第689页。
③ 《严复集》,第167页。

复认为,社会政治的变动,是一个自然演进的过程,其顺利与否,关键取决于"天时地势民质",如果国民智慧未开,"则虽有善政,迁地弗良。淮橘成枳。一也;人存政举,人亡政息,极其能事,不过成一治一乱之局。二也。此皆各国所历试历验者"。①张汝伦指出:"严复的这个思想,已在现代政治史中得到充分证实。"②令人不解的是,一个已经完全被现代历史所证明的思想,却得不到其应有的地位。因此,我们认为,将严复思想与孙中山思想相提并论,并称两座丰碑,似乎并不为过。

第二,严复的"三民"思想开中国近代讨论国民性之先河。严复率先提出民力、民智与民德问题,认为中国国民的现实状况是"民力已茶,民智已卑,民德已薄",③从而引发了关于中国国民性的大讨论。梁启超以其"笔锋常带感情"的"新民体",先后发表了《说群》《新民说》《十种德性相反相成义》等系列文章,对中国国民性问题发表了自己的见解。综观梁启超关于中国国民性的分析,受严复影响的痕迹特别明显。严复译注的西方系列名著,成为梁启超著书立说的理论支撑与资料佐证。胡适认为,中国需要首先解决的问题是消除贫穷、疾病、愚昧、贪污、扰乱,然后才可能建立真正的民主制度,否则一切努力都无济于事。他说:"一个现代国家不是一堆昏庸老朽的头脑造得成的,也不是口号标语喊得出来的。"④胡适曾经发誓二十年不谈政治,就是因为他认为,一个民智低下、民德沦丧的国家,政治很难走向正轨,政治充满争斗、倾诈,政治人物的素质使得本来不错的政治机制面目全非。中国现代自由主义者张奚若指出:"凡稍有现代政治常识的人大概都听见过下面一句似浅近而实深刻的话,就是:要有健全的国家须先有健全的人民。若是把这句平凡的话说得稍微玄妙点,我们可以说:国家就是人民的返照。有怎样的人民便有怎样的国家,有怎样的人民便只能有怎样的国家。举一个极明显的例子,有今日英美德法之人民才能有今日英美德法之国家,有今日中国之人民也只能有今日中国之国家。"⑤因此,在20世纪30年代,他依然呼吁国家加强对国民人格的培养与教育。他说:"今日中国的政治领袖是应该特别注意为国家培养这种人格的,因为中国数千年来专制政治下的人民都是被动的,都是对于国事漠不关心的,都是没有国民人格的。今日若能多多培养此种人材,国事不怕没有

---

① 《严复集》,第 1340 页。
② 张汝伦:《现代中国思想研究》,上海人民出版社,2001 年版,第 23 页。
③ 《严复集》,第 20 页。
④ 欧阳哲生编:《胡适文集》,第 4 卷,北京大学出版社,1998 年版,第 28 页。
⑤ 孙敦恒等编:《张奚若文集》,清华大学出版社,1989 年版,第 354 页。

人担负。救国是一种伟大的事业,伟大的事业惟有有伟大人格者才能胜任。"①结论是:"国家不过是个人的集合体;没有健全的个人,不会有健全的国家。历史的机会不可糟蹋,民族的生命不可戕贼。完成个人解放,培养国民人格,是建设新社会新国家的基本工作;所有偷巧、取捷径的办法都是没有真正出路的。"②严复的开创之功,值得我们永远铭记。

第三,严复的"三民"思想成为当代中国教育思想的核心。著名学者王尔敏指出:"简捷地说,三育观念是19世纪由西方介绍过来的,重要的介绍人物就是严复。1895年严复介绍德智体的动机,并不是为了教育,而是揭示强国国民的基本条件。"③严复对当时中国的教育严重不满,他说:"顾念吾国讲教育者将及十年,而起视所为,皆如盲者论锦,聩者说钟。"④于是严复把旨在强国强种、救亡图存的"三民"思想转化为"三育"方针,将西方近代教育中的体育、智育与德育教育次序,按照中国的具体国情及其重要性,提出了德育、智育与体育的新式教育方针。他说:"是以讲教育者,其事常分三宗:曰体育,曰智育,曰德育。三者并重,顾主教育者,则必审所当之时势而为之重轻。是故居今而言,不佞以为智育重于体育,而德育尤重于智育。"⑤蔡元培出长北京大学,发表就任演说,明确强调德育教育在大学教育中的重要性。他说:"砥砺德行。方今风气日偷,道德沦丧,北京社会,尤为恶劣,败德毁行之事,触目皆是。……然国家之兴替,视风俗之厚薄。流俗如此,前途何堪设想!故必有卓绝之士,以身作则,力矫颓俗。诸君为大学生,地位甚高,肩此重任,责无旁贷。……苟德之不修,学之不讲,同乎流俗,合乎污世,已且为人轻侮,更何足以感人!然诸君终日伏首案前,芸芸攻苦,毫无娱乐之事,必感身体上之苦痛。为诸君计,莫如以正当之娱乐,易不正当之娱乐,庶几道德无亏,而于身体有益。诸君入分科时,曾填写愿书,遵守本校规则,苟中道而违之,岂非与原始之意相反乎?故品行不可以不谨严。"⑥

① 孙敦恒等编:《张奚若文集》,第357页。
② 孙敦恒等编:《张奚若文集》,第363页。
③ 王尔敏:《中国近代思想史续集》,社会科学文献出版社,2005年版,第139页。
④ 《严复集》,第569页。
⑤ 《严复集》,第167页。
⑥ 高平叔:《蔡元培年谱长编》,中卷,人民教育出版社,1996年版,第4页。

第九章

近代文化散论

第一节　辜鸿铭：近代抨击西方第一人

在近代中国，敢著书立说系统抨击西方列强，面对洋人敢于横眉冷对、嬉笑怒骂无所不及者，辜鸿铭可以说是第一人。综观辜鸿铭的一生，一种凛然不可侵犯的民族气节令人叹服。

一、才学折服洋人

1889 年，俄国皇太子来湖北旅游，随同来华的，除太子的亲戚希腊王子外，还有一些王公大臣共十余人，气派很大。俄国皇太子乘坐俄国兵舰到达汉口，湖广总督张之洞前往迎接，文武官员随从。俄太子询问随从人员的职务和名字，辜鸿铭一一翻译。并告诉俄国太子，请其随员向张总督作自我介绍，以示尊重。

晚上，张之洞在晴川阁设宴款待俄国皇太子一行。宴会上，俄太子与希腊王子谈话，为了避人耳目，改为俄语，说今晚有别的约会，喝酒要有所节制。辜鸿铭原来是用法语翻译，听了他们用俄语的谈话，便用俄语对他们说，今天这桌饭做得很好，请放心去吃，决不会影响下顿饭的。这两位王子听了，颇为惊讶。

张之洞吸鼻烟，希腊王子觉得好奇，就用希腊语问俄国太子，老头吸的是什么东西。辜鸿铭不动声色，就示意张之洞将鼻烟递给王子，让他看看。两位王子，震惊万分。临别前，俄太子紧紧握住辜鸿铭的双手，认为辜的确是中国人的骄傲，并送给他一块金表。后到上海，逢人便讲，张督手下有一个杰出的语言天才，"各国无此异才"，开始那种傲慢之气一扫而光。

《辛丑条约》签订以后，其中规定有开发黄浦江一款，西方各国展开争斗。结果是上海道具体负责,各国领事协同办理。上海道特意聘请辜鸿铭任工程总指挥。辜鸿铭上任后不久,查出有两个洋人舞弊,冒领挖泥费白银 16 万两之多。领事极力袒护,辜鸿铭力争惩罚。在有各国领事参加的会议上,领事们认为大家都不是工程专家,所查结果不一定准确,等专家审定后再说。辜鸿铭当即出示在德国所获得的工程硕士文凭,各国领事均无话可说。最后经过辜鸿铭的多方奔走,终于索回这笔巨款。

二、为义和团辩护

1900 年,义和团运动爆发,中外骚动。帝国主义及其舆论机关对此极攻击、污蔑、谩骂之能事,说义和团是团匪,是一种极端的仇外心理,盲目的排外主义等等,就是康有为之辈,也不例外。

在当时舆论一边倒的情况下,辜鸿铭挺身而出,以比较客观的态度,用英文撰写了一系列文章,公开驳斥西方舆论对义和团运动的污蔑。文章刊登在上海《字林西报》,后经伦敦《泰晤士报》等世界著名报纸转摘,影响遍及全球,成为中国近百年历史上第一个写洋文骂洋人的中国人。

辜鸿铭指出,所谓义和团,实际上是由一群"纯洁善良的人而结成的友好团体",从它的名字就可以看得出来。所谓义,即正义;所谓和,即和谐;所谓团,即团结。最初,它是一个完全为了自卫的村社防御体系,练武强身,保卫家园,是其宗旨。后来,不堪忍受西方传教士的欺负,奋起反抗,"某种意义上是为文明而战"。辜鸿铭说:"外国人讲中国人违背了国际法,在我看来,恰恰是外国人首先违背了国际法。"他甚至认为,慈禧太后向西方宣战是"出于维护帝国的自我尊严。"

辜鸿铭警告西方:"外国人歧视中国,狂妄傲慢,这种态度是导致 1900 年爆发义和团排外的主要原因。"因为"他们反对的是欧洲的真正敌人,世界及其真正文明的敌人,而不是所有的欧洲人。"那些侵略者"像小偷和无赖一样合伙进入中国,偷盗、诈骗、威胁、谋杀并抢劫这个世界,最终将毁灭所有的世界文明。"这自然要激起全中国民众的强烈反抗。辜鸿铭还说,我们中华民族是酷爱和平的,很不愿意打仗,但是外国人要欺负我们,那中国人也不是好惹的,也是英勇不屈的。"中国人具有这样一种人类特性,当有人给予他们以可怕的面孔,要消灭他们并不允许他们生存的时候,他们也会动用暴力。"

辜鸿铭还正告西方的新闻媒介不要混淆是非,胡说八道。他说:"欧洲的新闻机关,特别是英国,扮演了一个纵容侵略的喉舌角色,联合起来纵容政府在中国实行炮舰政策,并明目张胆地来瓜分中国。"辜鸿铭郑重指出,西方许多自称很高明的先生们提出的或瓜分或基督教化的解决中国问题的方案,都在中国行不通的。

中国问题的真正解决,一定要在公平、公正的原则下,尊重中国人民的自愿和信仰,才可能得到比较圆满地解决。

三、嘲弄英国文豪毛姆

辜鸿铭晚年隐居北京,英国现代著名作家毛姆来华旅游,慕名专程拜访了他,遭到老辜的讽刺奚落,成为毛姆中国之行所遇到的第一个敢于当面挖苦他的人。

毛姆说:"久闻先生大名,今天特地前来拜访"。

辜鸿铭回答说:"你想来看我,我觉得非常荣幸。""你们的国人只同苦力和买办往来,他们想所有的中国人不是苦力就是买办。"

毛姆说:"不,不,也不全是。"

辜鸿铭说:"他们以为他们只消招招手,我们就得来。"

毛姆说:"您别误会,请原谅我的朋友的唐突。"

过了一会,辜鸿铭拿出他所写的书给毛姆看。

辜鸿铭说:"你知道,我是在柏林得到哲学博士学位的。后来我在牛津念了一些时候。(此处有误——作者注)可是英国人,假使你容许我这样说,是不宜于研究哲学的。"

毛姆说:"我们也有过不少哲学家,他们对于思想界并非全无影响的。"

辜鸿铭说:"休姆(Hume)和白格利(Berkeley)吗?我在牛津的时候,在那边教书的哲学家渴望不要得罪他们神学院的同事。假使会危及他们在大学的地位,那么他们便不会把他们的思想推想到逻辑的结论了。"

毛姆问辜鸿铭:"你可曾研究过美国现代哲学的发展?"

辜鸿铭回答说:"你可是说实用主义?那是那些想要相信不可信的东西者的最后的逃避所。我用美国汽油比用美国哲学还要多。"

"可是你们,你们可晓得你们在做什么?"辜鸿铭喊道:"你们凭甚么理由说你们比我们好呢?你们的艺术或文字比我们的优美吗?我们的思想家不及你们的深奥吗?我们的文化不及你们的精巧,不及你们的繁复,不及你们的细微吗?不,当你们穴居野处茹毛饮血的时候,我们已经是进化的人类了。你可晓得我们试过一个在世界历史上是唯我独尊的实验?我们企图不以武力管理世界,而用智慧。许多世纪以来,我们都成功了。那么为什么白种人会轻视黄种人呢?可要我来告诉你?因为白种人发明了机关枪。那是你们的优点。我们是赤手空拳的群众,你们能够把我们完全毁灭。你们打破了我们的哲学家的梦,你们说世界可以用法律和命令的权力来统治。现在你们在以你们的秘密教导我们的青年了。你们用你们那可恶的发明来压迫我们了。你们不晓得我们有机械方面的天才吗?你们不晓得在这国度里有四万万世界上最务实际最勤恳的百姓吗？你们以为我们要花了很长的时间才学得上吗？当黄种人会造和白种人所造的一样好的枪支，而且也会射得一样直的时候，你们的优点便要怎样了呢？你们喜欢机关枪，你们也将被机关枪判决。"

谈话中间，辜鸿铭最小的女儿进来了。辜鸿铭给毛姆介绍说，她是皇帝退位那天出生的，"我想她是新时代起源的使者"。又说："她是这老大帝国覆亡的末了一朵花。"

"你看我留着发辫"，他说，把小辫子拿在手中。"那是一个标记。我是老大中华的末了一个代表。"

最妙的是，临别时，辜鸿铭送毛姆两首中国古诗。毛姆说："你不同时给我一个译文吗？"辜鸿铭说："给他翻译就是给他伤残。"毛姆不懂中文，后来请人翻译出来一看，原来是两首赠妓女的诗，使他简直哭笑不得。

辜鸿铭对西方的批评尽管比较尖刻、偏激，但从特定时代背影去理解，还是有些道理的。这点我们不能苛求前人。

第二节　胡适与溥仪

胡适是五四新文化的代表人物，溥仪是末代皇帝，中国封建专制制度的代言人或象征。按照常理，二人之间是水火不容和针锋相对的。但是，在 1922 年的春夏之交，胡适却应溥仪的邀请，进入紫禁城，并在十分愉快的气氛中交谈了 20 分钟。新人物与旧代表的交往，在当时引起了争论。如今旧事重提，重新认识和解读这件事，并不是哗众取宠，而是有意义的。

一、神秘电话

其实，胡适与溥仪的见面过程很简单。1922 年，北京的个人电话还很少，一本电话簿几乎涵盖了整个城市的用户号码。皇宫也是刚刚装电话不久，17 岁的少年皇帝溥仪心生好奇，按照电话本的电话号码一顿狂打，因为溥仪的英文老师庄士敦与胡适有来往，还给他推荐过胡适的新诗集《尝试集》，所以溥仪便给胡适打电话。据溥仪回忆，具体情形是：

溥仪："你是胡博士呵，好极了，你猜我是谁？"

胡适："你是谁呀，怎么我听不出来呢？"

溥仪："哈哈，甭猜了，我说吧，我是宣统呵！"

胡适:"宣统？是皇上？"

溥仪:"对啦,我是皇上,你说话我听见了,我还不知道你是什么样儿。你有空到宫里来,叫我瞧瞧吧。"①

这天是 1922 年 5 月 17 日。胡适在当天的日记中写道:"今天清室宣统帝打电话来,邀我明天去谈谈。我因明天不得闲,改约阴历五月初二去看他。"为何选择五月初二这个日子,胡适在日记中特意注明:宫中逢二休息。

胡适之所以没有答应溥仪次日进见的请求,是因为胡适是一个细心人。他知道,在对宫中及溥仪近况不大了解的情形下,贸然进宫、仓促见面,可能会出现尴尬。5 月 24 日,胡适登门拜访庄士敦(Johnston),详细询问宫中情况与溥仪的生活。庄士敦告诉胡适,宫中情况比较复杂,一班老人对小皇帝限制很严。但皇帝本人近来"颇能自立,自行其意",试图摆脱宫中约束,比如自己剪辫子,自雇汽车去医院探望病重的老师陈宝琛,读你的《尝试集》和《文存》。包括这次要见你,连我都不知道。庄士敦还告诉胡适,他因为给宣统教授英文,又处处维护宣统,也引起宫里一些人的排挤,他想辞职,但宣统不同意。经过了解,胡适觉得小皇帝还是思想比较开放的青年,见一面还是有意义的。

二、皇宫拜见溥仪

1922 年 5 月 30 日上午 11 时许,溥仪派人到胡适家接胡适。关于俩人见面的细节,胡适在当天的日记中有细微的记述。胡适日记中写道:

我们到了神武门前,先在门外一所护兵督察处小坐,他们通电话给里面,说某人到了。……他们电话完了,我们进宫门,经春华门,进养心殿。清帝在殿的东厢,外面装大玻璃,门口挂厚帘子;太监掀起帘子,我进去。清帝已起立,我对他行鞠躬礼,他先在面前放了一张蓝缎垫子的大方凳子,请我坐,我就坐了。我称他"皇上",他称我"先生"。他的样子很清秀,但单薄得很;他虽十七岁,但眼睛的近视比我还厉害;穿蓝袍子,玄色背心。室中略有古玩陈设,靠窗摆着许多书,炕几上摆着今天的报十余种,大部分都是不好的报,中有《晨报》、《英文快报》,几上又摆着白情的《草儿》、亚东的《西游记》。他问起白情、平伯;还问及《诗》杂志。近来也试作新诗。他说他也赞成白话。他谈及他出洋留学的事,他说:"我们作错了许多事,到这个地位,还要糜费民国许多钱,我心里很不安。我本想谋独立生活,故曾要办皇室财产清理处,但许多老辈的人反对我,因为我一独立,他们就没有依靠了。"他说他许多新书找不着。我请他以后如有找不着的书,可以告诉我。我谈

---

① 爱新觉罗·溥仪:《我的前半生》,群众出版社,1978 年版,第 140 页。

了二十分钟就出来了。

日记中提到的白情,指诗人康白情;平伯,指新文学青年俞平伯。胡适主要是回答溥仪的提问,主题是文学,中间还谈到溥仪出国留学的事情,胡适当然是支持和鼓励的。

关于这次胡适见溥仪,新文化界反应正常,没有人感觉震惊。新闻界如《大公报》、《申报》等只作为新闻发表,未加评论。北京《晨报》发表了《胡适为帝者师》,上海《民国日报》发表《胡适请求免跪拜》评论,前者说胡适见溥仪是想做皇帝老师,后者说胡适见溥仪前请求免去跪拜礼仪。有些小报甚至渲染胡适见溥仪时行了跪拜礼。一时,真假难辨,谣言四起。7月23日,胡适在其主编的《努力周报》上发表了《宣统与胡适》一文,把当日的日记公开发表,并对某些舆论混淆视听谈了自己的看法。胡适指出:"这是五十日之前的事。一个人去见一个人,本也没有什么稀奇。清宫里这一位十七岁的少年,处的境地是很寂寞的,很可怜的;他在这寂寞之中,想寻一个比较也可算得是一个少年的人来谈谈;这也是人情上很平常的一件事。不料中国人脑筋里的帝王思想,还不曾刷洗干净。所以这一件本来很有人味的事,到了新闻记者的笔下,便成了一条怪诧的新闻了。"胡适告诉读者:"我没工夫去一一更正他们,只能把这事的真相写出来,叫人家知道这是一件很可以不必大惊小怪的事。"文章发表后,风波平息。胡适依然与溥仪保持来往。

三、唇枪舌剑

1924年第二次直奉战争期间,直系将领冯玉祥临阵反戈一击,发动北京政变,囚禁贿选总统曹锟,武力驱逐溥仪出宫。对此,舆论普遍叫好。胡适却致信时任北洋政府外交部长王正廷,强烈谴责冯玉祥武力废除清室行为。在信中,胡适指出:"先生知道我是一个爱说公道话的人,今天我要向先生们组织的政府提出几句抗议的话。今日下午外间纷纷传说冯军包围清宫,逐去清帝;我初不信,后来打听,才知道是真事。"胡适的愤激之情溢于言语之间:"我是不赞成清室保存帝号的,但清室的优待乃是一种国际的信义,条约的关系。条约可以修正,可以废止,但堂堂的民国,欺人之弱,乘人之丧,以强暴行之,这真是民国史上的一件最不名誉的事。"事已至此,胡适无力回天,只就善后事宜提出三点:保证清帝及其眷属的安全;妥善处理清宫古物,防止军人政客趁火打劫;公平合理估价清宫古物,按时足额付给清室。

胡适的信公开发表后,立即引发轩然大波。著名作家周作人致信胡适,批评胡适的立场。周作人指出:"这次的事从我们的秀才似的迂阔的头脑去判断,或者可以说是不甚合于'仁义',不是绅士的行为,但以经过二十年拖辫子的痛苦的生活,受过革命及复辟的恐怖的经验的个人的眼光来看,我觉得这乃是极自然极正当的事,虽然说不上是历史上的荣誉,但也绝不是污点"。学者李书华、李宗侗联名致信胡适,信中指出:"我们读了这段新闻以后,觉得非常骇异,这种议论,若出于'清室臣仆变为民国官吏'的一般人,或其他'与清室有关系'的一般人之口中,当然不足为怪,但是一个新文化的领袖,新思想的代表,竟然发表这样论调,真是出乎我们意料之外";"你对于清室问题的意见,我们以为你是根本错误了";"当局与清室订了这种条件,实在是你所谓'以强暴行之'的反对方向";"你这种议论,似乎令人不解";"至于'乘人之丧'的理由,尤其不能成立。清室取消帝号的问题,是民国国体的问题,焉能与一妃之丧拉在一起?"

面对质疑与批判,胡适先后多次回信给周作人、李书华、李宗侗,予以答复。胡适首先声明,尽管他与庄士敦是朋友,但并没有"受外国人谬论"的影响,他的意见只代表他自己,并没有受人指使和利用;在取消清帝年号上,大家没有争议,只是取消方式上,我主张温和点,多一点"绅士的行为"罢了。在答复李书华、李宗侗的信中,胡适指出:"人各有所见,不能强同。你们两位既屡以民国为前提,我要请你们认清一个民国的要素在于容忍对方的言论自由。你们只知道'皇帝的名号不取消,就是中华民国没有完全成立',而不知道皇帝的名号取消了,中华民国也未必就可算完全成立。一个民国的条件多着呢!"随后,辩论结束。

综观事件的全过程,我们不难发现,时论及其朋友对胡适的理解是不全面和不准确的。其实,胡适从青年留学时代起,就立志要做"国民导师",在思想理论上试图有所建树。他主张宽容、容忍,强调言论思想独立自由,反对人云亦云,随波逐流。比如,这年对于陈炯明炮轰总统府一事,全国舆论普遍支持孙中山,谴责陈炯明,认为陈是叛国,胡适却发表文章,认为孙中山与陈炯明之间是政见矛盾与分歧,陈炯明主张联省自治,孙中山主张统一中国。观点自成一家,与时论背离,也遭到一致批评。而且,胡适这时也领衔发表了《我们的政治主张》,鼓吹建立好人政府,也彰显了他对北洋政府及时局的严重不满。自然,胡适与溥仪的个人交往与情分,也是一个重要因素,符合中国文化的处世待人原则。至于有人认为胡适想为帝王师,是太小看胡适的追求和理想了。

第三节　西南联大教授那些事儿

抗战爆发后,北京大学、清华大学、南开大学奉命南迁,几经辗转迁徙,在云南昆明落脚,合称国立西南联合大学。动荡、搬迁的劳累、空袭、物价飞涨、住房条件的恶劣,并没有动摇教授们治学、育人的坚强意志,他们在极其困难的非常时期,给中国的大学教育与学术研究留下了厚重的精神财富与丰富的文化遗产。

一、艰难岁月

其实,抛开战争、空袭、动荡及外部不利环境外,那个年代对教授们造成最直接威胁的是物价飞涨与通货膨胀。抗战爆发前,教授薪金一般是 350 元,薪金实值与所发薪金等值。抗战爆发后,教授薪金普遍递减,从 350 元减到 300 元,但薪金实值,最多只有 260 多元,而最低只有 42 元。后期薪金逐年增加,到 1945 年数字达 56650 元,而薪金实值只有 10.9 元,最低仅 8.3 元。有人评论说:"由三百数十元的战前待遇降到八元,即是削减了原待遇98%。"加上教授普遍拖家带口,一家六口到十口不等,生活拮据,囊空如洗,连基本温饱也难以解决,衣、食、住、行的优越与舒适更无从谈起。借贷、典当甚至卖掉珍藏书籍以补贴家用,更是家常便饭。这里仅以居住为例,看看堂堂大教授的战时生活。

著名逻辑学家金岳霖与经济学家陈黛孙合住地主家戏楼包厢,政治学家张奚若住在祠堂,建筑学家梁思成、林徽因夫妇住在阴暗潮湿的尼姑庵。社会学家费孝通因为到的比较晚,只好租住一间厢房,而厢房下面一半是房东的厨房,另一半是房东的猪舍。楼下的炊烟与猪舍的气味直冲厢房,日复一日,令人难以忍受。费孝通与房东多次交涉,请求迁移猪圈,加固板壁,房东认为猪的收入高于房租,难以办到。无奈之下,费孝通在这间厢房后住下来。对此,费孝通自己调侃说:"他给我这炸弹不会炸到的房间,至少减轻了生命的威胁。"

1938 年,数学家华罗庚结束了英国剑桥大学的进修,来到西南联大任职。一段时间,华罗庚一家六口与闻一多一家八口合住在一间不足 20 平米的厢房,拥挤不堪,没有办法,华罗庚只好在昆明西郊租了个牛圈。牛住下面,他们一家人住上面。牛在柱子上擦痒痒,整个楼棚就晃动起来,人坐在楼棚上,常常感觉地震一般。华罗庚感慨系之:"清(高)教授,呜呼? 清则有之,清者清汤之情;而高则未也,高者高而不危之高。"

二、敬业育人

西南联大名师荟萃,学者云集,新秀竞起,成为当时中国教育与学术研究的重镇。据有人统计,时在西南联大任职的大师级学者,大概将近 150 人。

联大教授们坚信"千秋耻,终当雪",深知"中兴业,须人杰",收复河山,重建国家,教育、人才是必不可少的,也是他们的本职所在。"治天下之治者在人才,成天下之才者在教化",已经铭刻在他们的心底,成为其神圣信条。

　　通过历史社会学系的课程表，我们可以发现，当时西南联大强大的教学阵营：钱穆、雷海宗主讲《中国通史》，皮明举、刘崇铉主讲《西洋近代史》，陈寅恪主讲《晋南北朝史》《晋南北朝隋唐史研究》，郑天挺主讲《隋唐五代史》，毛子水主讲《科学史》《年代史》，姚从吾主讲《辽宋金元史》《史学研究法》；陈序经主讲《社会学通论》，潘光旦主讲《民族与优生》、李景汉主讲《初级社会调查》《高级社会调查》，陈达主讲《劳工问题》《人口问题》。看到这样多的名家亲自给本科生授课，真是令人羡慕不已。

　　由于住房困难，联大教授教居于昆明各地，当时流传着这样一句话："昆明有多大，联大就有多大。"尽管住的特别分散，但教授们上课从不迟到，闻一多住在离学校20里外的龙泉镇，步行上课，从不间断。王力家离昆明十多公里，每周到联大上一次课。他每次进城，手提书袋，脚穿布鞋，徒步上路。一般情况下是头天进城，在学校临时宿舍住一夜，第二天早晨上课，下午徒步返回。周培源骑马上课，被人戏称为"周大将军"。

　　联大教授各有专长，讲课风格不同，各有千秋。有的教授讲课不用讲义，只带卡片，如张奚若、郑天挺，目的是自我督促，时常更新，同时减少学生对讲义的依赖；有些使用讲义，但讲义空地到处是批注，并布满新粘贴的小纸条。备课认真仔细，一丝不苟。吴宓教授留美出身，中西贯通，已在清华大学教书十多年，讲课本来是轻车熟路。但在西南联大任教期间，每次上课前夜，抄笔记，写纲要，一遍又一遍，反复修改润色。讲授大纲写成后，还要在重点章节下用红笔勾勒。第二天一大早，晨曦微露之际，吴宓教授还拿出前夜所写大纲，反复吟诵。

　　精通数十种西方语言，被时人称为"教授之教授"的陈寅恪，在西南联大讲授"隋唐史"一课时，曾对人宣称："前人讲过的，我不讲；近人讲过的，我不讲；外国人讲过的，我不讲；我自己讲过的，我不讲。现在只讲未曾有人讲过的。"陈寅恪所讲并非大话，有学生回忆为证。"其所授各课，皆注意创见发明，而避免抄袭他人（戏说）……每堂皆自立己说，非好奇立异，目的实只在求真，对同学发生强烈启发作用。"

　　联大教授讲课，逻辑连贯，旁征博引，由近及远，由此及彼，一气呵成，并且在正式讲课前，首先给学生罗列一批参考书，并附简要说明。让学生直接阅读原著，及早引导他们进入学术殿堂。

　　名师出高徒。西南联大教授的心血，培养出了一大批著名学者、科学家。仅中国科学院院士中，出身于西南联大的就有90多人。

三、笔耕不辍

西南联大始终秉承着蔡元培的"大学者，研究学问之总机关"的校训，一直站在中国学术研究的最前沿，在十分困难的条件下产生了许多不朽的学术成果，其中很多成为中国现代学术的珍品。

在经费十分短缺的情况下，西南联大优先考虑学术研究经费，三校先后设立了文科、经济及其他研究所，并实行学术年假、出国进修、对外学术合作，并予以制度化。这些机构的设立，学术研究制度的规范，促进了联大科学研究与学科创新。

1941 年到 1945 年，国民政府教育部举办了 5 次学术评奖，内容涵盖文学、哲学、社会科学、自然科学、工艺制造、古代经籍研究、美术八大类。参评成果数千项，其中获奖成果三百多项。各个学科获一等奖的共计十五项。这其中，西南联大就占了七项。这七项一等奖分别是：冯友兰：《新理学》；华罗庚：《堆垒素数论》；周培源：《激流论》；吴大猷：《多原子分子的振动光谱及结构》；汤用彤：《汉魏两晋南北朝佛教史》；陈寅恪：《唐代政治史述论稿》；杨钟健：《许氏禄丰龙》，涉及哲学、数学、物理学、历史学、考古学等领域。许多研究成果达到了国际先进水平，具有开创性贡献。

华罗庚住在牛圈之上，夏天热的时候，蚊子成群，虱子跳蚤满屋；冬天冷的时候，寒风侵袭，室如冰窖。面对如此恶劣环境，华罗庚每天除了授课，从早到晚，一直研究到深夜。一天，华罗庚的妻子吴筱元不知从哪里弄到两个鸡蛋，要给华罗庚补充营养。华罗庚不同意，他让妻子把鸡蛋平均分成五份，自己只吃了其中一份，其余四份留给妻子和三个孩子。妻子见状，眼泪扑簌而下。华罗庚安慰妻子说："等我这本《堆垒素数论》出版后，我们去割几斤肉，全家人美美吃一顿。要是还剩着钱，就给孩子们添几件新衣服，在给我自己买两包烟——真想抽支烟啊……"

几经寒暑，华罗庚的《堆垒素数论》中文稿完成；随后，《堆垒素数论》英文稿由苏联国家科学（院）出版，这是华罗庚的成名之作。在 1941 年国民政府教育部学术评奖中，获得自然科学类一等奖。

"青灯黄昏，焚膏继晷，吃的是草，挤的是奶，生命不息，工作不止"。这就是中国知识分子的风骨与精神。

第四节　大师的学问与学位

谈及大师的学问与学位,我想就我所知道的有关民国时期的文凭及相关问题,谈点自己的看法。

一、新式文凭

谈到文凭,自然要涉及留学。因为从晚清开始向西方学习,首当其冲的是新教育的兴起。中国近代新教育开始完全模仿西方,一会学德国,一会学日本,一会学美国,变化很大。几经演变,最终形成了初等教育、中等教育、高等教育的基本格局。相应地授予小学文凭、中学文凭和大学文凭。直到 1935 年,南京国民政府颁布《学位授予法》,随后,教育部公布《学位分级细则》,其主要内容是,学位分学士、硕士、博士三级。大学毕业,授予学士学位;获得学士学位,在研究院或研究所继续研究 2 年,考试合格,教育部复核,授予硕士学位;获得硕士学位,再继续在研究院或研究所研究 2 年,考试合格,经教育部审查许可后,成为博士候选人。博士候选人经博士学位评定会考试合格者,由国家授予博士学位。硕士学位与博士候选人,均须提出研究论文。中国近代新学制虽然逐步建立起来,但是很不完善。借助西方教育机构为中国培养各种人才,始终是中国近代教育的一个重要组成部分。鼓励和奖励游学或留学,也始终是政府兴办教育的手段之一。晚清政府如此,北洋政府、南京国民政府也是如此。1903 年,清政府颁布《奏定任用教员章程》,其中规定:高等小学堂、普通中学堂、高等学堂、大学堂正、副教员,必须获得游学外洋大学院、大学堂、大学选科、高等师范、寻常师范毕业文凭。这个规定的颁布,引发了海外留学的热潮。以后历届政府更加强化了这一措施。洋博士优越于土博士,逐渐被社会所认同。蔡尚思先生回忆说:"我在十余年前,听见一个同事说:'某有名大学有两个学生,同时毕了业,一个学问很好的,因为没有钱,只好进该校的研究院;另一个学问很差的,因为有钱,便赴美留学;这两人又同时毕业,在该大学任教;那位学问很好而由该校研究院毕业者,只能在该大学任讲师;另一位学问很差而得有美国学位者,却可在该大学任教授。两人的薪水,也相差到两倍以上之多。"这个故事,并不是个案。因此,从晚清到民国,中国出现了一次又一次留学热潮。

二、留学与文化

海外留学对中国近代社会发展与进步发挥了积极作用。著名学者舒新城在《近代中国留学史》一书中指出,戊戌以后的中国政治,无时不与留学生发生关系,尤以军事、外交、教育为甚。军人留学生出身的占百分之七八十,外交百分之百,教育百分之九十,"全国重要事业,无不有留学生在其中"。有人将近代中国的动乱、黑暗、无序统统归之于留学生从中兴风作浪。这个观点失之偏颇。客观地讲,近代留学生对中国社会发生的作用主要是正面的,积极的。这可以从以下几个方面来证明。其一,留学生作为沟通中西文化的桥梁,促进了中国与西方文化的交流。最早留学美国,毕业于耶鲁大学的留学生容闳,怀抱"以西方之学术,灌输于中国,使中国日趋于文明富强之境"的宏大理想,成为中美文化交流的友好使者;严复留学英国,回国以后潜心翻译了西方著名的哲学、政治学、逻辑学著作,向中国人系统介绍了西方的进化论和民主自由思想,引发了中国近代的第一次思想解放运动;辜鸿铭留学苏格兰爱丁堡大学,回国以后系统将中国儒家经典翻译为英文,对中国文化在西方的传播起了积极的推动作用。其二,促进了中国科学的发展和进步。留美学生任鸿隽等人发起成立中国科学社,刊发《科学》杂志,系统介绍西方科学流派及西方科学最新发展。回国后又设立科学图书馆和生物研究所,系统考订科学名词,展开专门研究。留学英国的丁文江主持地质调查所,使中国的地质学研究进入国际学术视野。另外,早期留学生代表如詹天佑主持修建京张铁路,令国际同行刮目相看。其三,近代新教育的发展与进步,留学生居功甚伟。中国高等教育的两所重镇北京大学、清华大学的著名校长,如北京大学校长严复、蔡元培、蒋梦麟、胡适,清华大学校长梅贻琦、罗家伦等均有留学背景。而且在他们主政的时期,基本上都是该校发展比较好的时期。其他比较有名的大学,如南开大学、复旦大学、浙江大学、中山大学等,知名学者基本上都是留学生出身。他们为中国近代教育的发展、学术的进步,均发挥了主力军的作用。

三、学问与学位

当然,任何事情都有正负两个方面。留学也不例外。在近代海外留学的大潮中,十几万人的留学大军中,难免鱼龙混杂,泥沙俱下。大致说来,不外以下几类。

第一种,实至名归类。所谓实至名归,是指学问有成,同时也获得毕业文凭。换句话说,就是既有学问,也有文凭。刘半农,法国国家博士。刘半农曾以高中学历任北京大学预科教授,被人讥笑,一气之下出国留学,历时6年,1925年,他以《汉语字声实验录》和《国语运动史》而获学位。陶行知,1914年金陵大学毕业后赴美留学,开始在伊利诺斯大学攻读市政,一年后转入哥伦比亚大学研究教育,导师是著名的杜威教授,1917年获哥伦比亚大学政治学硕士学位,后来成为中国著名的教育家。赵元任1910年赴美留学,先在康奈尔大学主修数学,1914年大学毕业,1918年荣获哈佛大学哲学博士学位,后来成为蜚声中外的语言学家。吴宓,1917年赴美留学,1921年获哈佛大学文学硕士,回国后先后任东南大学、清华大学、武汉大学教授,在比较文学研究方面颇有造诣。金岳霖,1914年赴美留学,1920年获哥伦比亚大学政治学博士,是中国逻辑学的开创者和奠基者。林语堂,上海圣约翰大学文科学士,美国哈佛大学文学硕士,德国莱比锡大学语言学博士,现代著名作家、学者。类似这样的人物很多,举不胜举。一般来说,凡是经过系统的专业训练,同时得到名师指点,大多数人都是事业有成,在某一领域有独特贡献。从这个意义上讲,学问与学位是有密切关联的。

第二种,有实无名类。所谓有实无名,是指具有留学经历,但没有获得学位,但却在学术研究上获得巨大成功的人。这方面的例子也是相当之多,陈寅恪就特别典型。陈寅恪的留学经历极为丰富,跨越东洋西洋。1902年春,12岁的陈寅恪随哥哥衡恪东渡日本留学。1904年夏天回国,不久又与兄长隆恪同时考取官费留学生,第二次东渡日本。一年后,因患脚气病回国疗养。1909年秋天,在亲友的资助下,赴欧洲留学,先后入德国柏林大学、瑞士苏黎世大学学习。1912年,因为经费不足,由瑞士暂时回国,住在上海。1913年春天,再度赴欧,进入法国巴黎大学学习,在这期间,曾到英国伦敦作短期考察。1917年冬天,陈寅恪再度出国留学。因为当时第一次世界大战尚未结束,欧洲去不成,于是决定赴美,入哈佛大学学习梵文和希腊文。1921年,陈寅恪离开美国,再度赴德,入柏林大学研究院学习和研究梵文、巴利文、藏文等。陈寅恪海外留学十八年,形迹遍及欧美大陆,刻意求学,哪里有好大学,哪里藏书丰富,他就到哪里去拜师,去读书,对学位之类的东西一概不感兴趣。一生在将近二十多所大学读过书,一直没有得过什么"博士"、"硕士"学位,即使连大学的文凭也没听说他拿过。是他愚笨吗?不是。因为他是为求学问而去的,不是为拿文凭而去的,所以等不到大学毕业,他已经到另外一所大学去了。1925年,清华学校增设大学部和国学研究院,聘请当时著名的国学大师王国维、梁启超、赵元任、李济等为国学院导师,陈寅恪的好友、哈佛同学吴宓也来清华任教。经吴宓介绍,梁启超推荐,陈寅恪也被聘请为国学院导师。据说,梁启超当时向清华校长曹云祥推荐陈时,曾有过这样一段对话:曹问:"陈是哪一国博士?"梁答:"他不是博士,也不是硕士。"曹又问:"他有没有著作?"梁答:"也没有著作。"曹说:"既不是博士,又没有著作,这就难了!"梁启超生气了,说:"我梁某也没有博士学位,著作算是等身了,但总共还不如陈先生寥寥数百字有价值。好吧,你不请,就让他在国外吧!"接着,梁启超讲了柏林大学、巴黎大学几位名教授对陈寅恪的推崇和赞赏,曹听后才决定聘他来校任导师。陈寅恪学贯中西,通古博今,在当时学术界被称为"最好的教授"、"教授之教授"、"全中国最博学之人",在魏晋南北朝史、隋唐史、蒙古史等方面均有开创性贡献。胡适1946年得知陈寅恪双眼失明后,无限惋惜地说:"寅恪遗传甚厚,读书甚细心,工力甚精,为我国史学界一大重镇。今两目都废,真是学术界一大损失。"

另外,新文化运动的总司令陈独秀、现代文化巨匠鲁迅、国学大师王国维都曾经留学日本,尽管没有获得任何学位,但丝毫不影响其学术地位,相反却赢得了人们的敬仰。获得美国康奈尔大学哲学博士学位,后来成为著名学者的萧公权曾经说过:"其实学位只能表示一个学生,按部就班,修完了'高等学府'规定的某种课程,而未必表示他的真实学问。我知道若干中国学者在欧美大学中研读多年,只求学问,不受学位。史学大家陈寅恪先生是其中最特出的一位。真有学问的人绝对不需要硕士博士头衔去装点门面。"历史学家耿云志先生指出:"一个有博士学位的人,不见得其学问一定高深;没有博士学位的人,未尝不可对学术做出重大贡献。在中国,得过外国博士学位的人车载斗量,但究竟有几个比没有任何学位的王国维更高明呢?"胡适的情况比较特殊,本来应该在1917年获得的哲学博士学位,晚了十年才获取,成为学界一大公案。胡适1910年赴美留学,1914年在康奈尔大学获得文学学士。1915年进入哥伦比亚大学研究院学习哲学,没有获得博士学位,直到10年之后才取得博士学位。当时已经引起质疑,但身为北京大学教授的胡适对此讳莫如深。学位取得与否,并没有影响胡适的学问与思想,但多少成为胡适一生的心结。耿云志指出,1948年,胡适填写中央研究院院士表格时,在学历一栏先写上美国康奈尔大学文学学士,并注明"1914"的字样;接着写哥伦比亚大学哲学博士,便没有注明何年所得。其难言的苦衷,可以想见。胡适一生总计领了35个博士头衔,曾经令人叹为观止,但其中最重要的一个博士,却给他留下了无穷的遗憾。

第三种,无名无实类。所谓无名无实,是指在国外混迹几年,学问没有增长,也没有获得任何文凭,无奈之下花钱买一假文凭或自称在国外某所大学获得文凭。这些人凭着假学位做幌子,居然在国内教育界或其他事业中混迹。当时通信、媒体相对不太发达,所以此类事情见诸报端的很少,只是在小说中常常出现。钱钟书的小说《围城》中的主人公方鸿渐以30元美金换取的克莱登大学文凭,几乎是家喻户晓的故事。方鸿渐事件不是孤立的,而是一个缩影,具有很强的代表性。其实,早在晚清留学时期,弄虚作假买假文凭的事就很多。清代高官端方等人就留学中的种种弊端做过批评。其中论及混文凭,说道:"其或心艳虚名,身循故事。喜民校之规则纵弛,阅数月而骤得证书,借以表帜名高,侈谈学务,陋者不察,辄相引重。"具体到留日学生的总体情况,有文献指出:"查在日本游学人数虽已逾万,而习速成者居百分之六十,习普通者居百分之三十,中途退学辗转无成者居百分之五六,入高等及高等专门者居百分之三四,入大学者仅百分之一而已。"所谓习速成者即习法政与师范,时间往往一年半载,语言不通,专业一知半解,其中许多人并没有上课,最后买一文凭回国骗人。所谓学习普通者,是进日本为中国人设立的补习学校,如宏文书院、东亚同文书院等。所谓习专门者,是指中国陆军生初入日本,进入振武、成城补习学校学习军事,然后进入士官学校。

回顾历史获得的启示是,踏踏实实求学,清清白白做人。真的假不了,假的不长久。

第五节　2005～2009 年中国近代史研究述评

2005 年至 2009 年 5 年来,在中央"发展繁荣哲学社会科学"方针的指引下,广大史学工作者以极大的热情,在中国近代史研究领域做了大量的工作,取得了丰硕的成果。本文试图对五年来中国近代史研究所取得的成就、讨论热点、不足及研究趋势做一梳理,使读者对这一领域的研究概况有一个总体了解。

一、五年来中国近代史研究的主要成就

第一,中国史研究的阵地不断拓展。中国近代史研究五年来的长足进步,一个重要的标志,是社会各界对它的重要性形成普遍的共识,刊发相关研究成果的刊物的增多就从一个侧面显现了这一趋势。除传统的《历史研究》、《中国史研究》、《近代史研究》之外,许多新生的刊物,如《近代中国》、《近代史学刊》、《近代文化研究》、《抗日战争史研究》、《中国社会历史评论》、《新史学》等,均以中国近代史研究为其主要对象,并推出了一大批值得关注的学术成果。与此同时,各高校与社会科学研究机构,在长期的学术传承过程中所形成的各自学术特色更趋显著,分别形成了相对突出的研究中心。

中国社会科学院近代史研究所作为中国近代史研究的重镇,在中华民国史、中国近代政治史、中国近代经济史、中国近代中外关系史、中国近代社会史、中国近代思想文化史等方面的研究,一直处于国内前列。中国社会科学院近代史研究所民国史研究室与四川师范大学历史学院先后举办了"1910 年代的中国"、"1920年代的中国"、"1930 年代的中国"、"1940 年代的中国"四次大型的国际学术讨论

会。其中三次就是在这个时期。新文化运动 90 周年国际学术讨论会、戊戌变法
110 周年学术讨论会与五四运动 90 周年国际学术讨论会的成功举办，"中国近代
史上的民族主义"、"中国近代史上的自由主义"、"中国近代史上的社会主义"的
学术研讨会的连续举办以及近代社会史各种专题学术讨论会的举行，呈现出系列
性、专题性的特点，极大地推动了中国近代史研究的深入。

华中师范大学近代史研究所作为中国近代史研究的中心之一，也在近代中国
博览会研究、近代教会与中西文化交流研究、近代社会群体与社会组织研究等，取
得了一系列学术成果。2001 年设立的"章开沅东西方文化学术交流基金"，近 5
年来在资助国外学者到中国短期访学，举办诸如"口述历史研究"、"中国基督教史
研究"等暑期讲习班等方面发挥了重要作用。

中山大学中国近代史研究中心在学术领军人桑兵的带领下，形成了独立的且
具有特色的学术团队，成果突出，先后出版了"近代中国的知识与制度转型"丛书、
"近现代中国政治与社会变迁"学术研究丛书。

北京师范大学中国近代文化研究中心多年来致力于中国近代文化史的学科
建设、学术研究和人才培养，硕果众多，人才辈出。2007 年出版了龚书铎主编的
《清代理学史》，2007 年举办了"近代文化与近代中国"学术研讨会，会后出版了
《文化视野下的近代中国》学术论文集。这次会议是 1987 年长沙会议之后又一次
全国性中国近代文化史学术讨论会，对于中国近代文化史研究具有重要意义。

南京大学作为中国近代史特别是民国史研究的中心，具有天时、地利之独到
优势，充分利用中国第二历史档案馆馆藏文献，在中华民国史研究、南京大屠杀研
究以及孙中山崇拜研究方面取得重大进展。张宪文主编的《中华民国史》、《南京
大屠杀史料集》、陈蕴茜的《崇拜与记忆：孙中山符号的建构与传播》等，都代表了
研究领域的最新进展。其中，《南京大屠杀史料集》55 卷本获教育部高校科学研
究优秀成果奖（人文社会科学）中国历史类一等奖。《崇拜与记忆：孙中山符号的
建构与传播》是孙中山崇拜研究中的一部力作。

此外，复旦大学的中国近代经济史、思想文化史研究，四川大学的中国近代史
研究、中国人民大学的中国近代社会史、思想文化史研究、南开大学的中国近代经
济社会史研究，也都形成自己的特色。

第二，中国近代史研究的丰硕成果。通史与综论方面：张海鹏主编：《中国近
代通史》、金冲及：《二十世纪中国史纲》、张宪文主编：《中华民国史》、朱汉国、杨
群主编：《中华民国史》、杨天石：《抗战与战后中国》，茅海建：《天朝的崩溃：鸦片
战争再研究》、茅海建：《从甲午到戊戌：康有为〈我史〉鉴注》，杨奎松：《西安事变
新探：张学良与中共关系之谜》。

近代政治制度史方面:郭宝平等:《探寻宪政之路:从现代化的视角检讨中国20世纪上半叶的宪政试验》、杨绪盟:《移植与异化:民国初年中国政党政治研究》、付椿扬:《民国时期政体研究(1925—1947)》、刘景泉:《北京民国政府议会政治研究》、程舒伟:《议会政治与近代中国》、赵金康:《南京国民政府法制理论设计及其运作》、曹成建:《地方自治与县政改革(1920—1949)》、《自治与官治:南京国民政府的县自治法研究》、常宝国:《中间党派与中国二十世纪四十年代宪政运动》等。

中国国民党研究方面:茅家琦:《百年沧桑:中国国民党史》、崔之清:《国民党政治与社会结构之演变》、田湘波:《中国国民党党政体制剖析(1927—1937)》等。

近代经济史方面:汪敬虞:《中国资本主义的发展与不发展:中国近代经济史中心线索问题研究》、洪葭管:《中国金融通史:国民政府时期(1927—1949)》、杜恂诚:《近代中国钱业习惯法:以上海钱业为视角》、戴鞍钢:《发展与落差:近代中国东西部经济发展进程比较研究(1840—1949)》、夏国祥:《近代中国税制改革思想研究 1900—1949》、张忠民:《近代中国公司治理:思想演变与制度变迁》、张燕萍:《抗战时期国民政府经济动员研究》、巫云仙:《汇丰银行与中国银行研究》等。

思想与文化方面:张岂之主编:《民国学案》、龚书铎:《社会变革与文化趋向:中国近代文化研究》、郑师渠:《思潮与学派:中国近代思想文化研究》,郑大华:《民国思想史论》、罗志田:《激变时代的文化与政治》、沈卫威:《学衡派谱系:历史与叙事》,麻天祥:《中国近代学术史》,桑兵、关晓红主编:《先因后创与不破不立:近代中国学术流派研究》,桑兵:《晚清民国的学人与学术》、刘梦溪:《中国现代学术要略》、左玉河:《中国近代学术体制之创建》、陈平原:《学者的人间情怀:跨世纪的文化选择》、张太原:《独立评论与20世纪30年代的政治思潮》等。

近代社会史方面:严昌洪:《20世纪中国社会生活变迁史》、赵世瑜:《小历史与大历史:区域社会史的理念、方法与实践》、乐黛云:《中国知识分子的形与神》、陶飞亚:《性别与历史:近代中国妇女与基督教》、许纪霖:《回归公共空间》、朱浒:《地方性流动及其超越:晚清义赈与近代中国的新陈代谢》、侯杰:《〈大公报〉与近代中国社会》等。

中外关系方面:王晓秋:《近代中国与日本:互动与影响》、杨庆元等:《"大东亚共荣圈"源流》、石源华等:《近代中国周边外交史论》、米庆余:《近代日本的东亚战略和政策》、李育民:《近代中外关系与政治》、张振江:《冷战与内战:美苏争霸与国共冲突的起源,1944—1946》等。

资料整理与原始文献出版方面:李文海主编:《民国时期社会调查丛编》、张宪文主编:《南京大屠杀史料集》、《清末民国财政史料辑刊》24册、《清末民初宪政史料辑刊》11 册、喻春生等主编:《四联总处会议录》64 册、《中国近代社会生活档案》、欧阳哲生主编:《丁文江文集》等。

二、中国近代史研究的基本特色与重点、热点

第一,新领域的开拓使中国史研究进入更全面、更丰富的发展阶段。所谓新领域,主要是指社会史的研究,相对于过去比较成熟的政治史、经济史和思想文化史等领域而言。

纵观近年来中国近代社会史的研究,主要集中在以下几个方面:第一,社会群体与社会组织的研究。社会群体的研究,主要有近代自由职业者群体,包括职业会计师群体、职业律师群体、西医职业群体、职业记者群体,陆续有论文发表,成为中国近代社会史研究的一个亮点。另外,近代城市人力车夫群体、地区移民群体的研究也初步展开。社会组织的研究,近代商会与同业公会的宏观研究已经成熟。新的研究趋向是更加细化、微观,如朱英对上海、天津、无锡商会投票选举制度的系列研究,很有特色。其他关于商会参与外交活动、银行公会在金融体制改革中的地位与作用的研究,也有新的论文发表。此外,关于中国经济学社、工业会的研究,也有新的进展。第二,慈善史的研究。主要研究国际红十字会在中国的赈济活动、中国红十字会的起源及其活动、上海、北京地区的慈善事业、中国传统慈善事业的近代转型。周秋光主持的中国近代慈善事业研究,被列为 2007 年度国家社科重点项目,进一步推动了这一课题的研究。第三,劳资关系研究。有学者从合作与冲突的角度,对劳资纠纷中的资本家阶级做了深入研究,有学者考察了 1927 年初广东曲江"无情鸡"事件引发的劳资纠纷,有学者系统梳理 1927—1937 年间武汉码头劳资纠纷的情况,并对纠纷频繁发生的根源做了分析。此外,有关社会生活与社会观念的研究、城市研究、灾荒与社会救济、士绅阶层的研究也有不同程度的进展。①

第二,传统课题研究的进一步深化和复兴。政治史、经济史、制度史、思想史、民族史、文化史等领域历来是中国史研究的重点,多年来已积累了很厚实的基础,取得了丰硕的成果。

2007 年由江苏人民出版社与凤凰出版集团联合出版的张海鹏主编的《中国

---

① 严昌洪:《近代人力车夫群体意识探析》,《华中师范大学学报》,2007 年第 6 期。杨智芳、周秋光:《论中国红十字会的起源》,《湖南师范大学社会科学学报》,2006 年第 4 期。霍新宾:《"无情鸡"事件:国民革命后期劳资纠纷的实证考察》,《近代史研究》,2007 年第 1 期。

近代通史》,被学者公认为"中国近代史领域第一部完整的近代通史专著"。全书共10卷,约550万字。各卷名称如下:第1卷《近代中国历史进程概说》,第2卷《近代中国的开端1840—1864》,第3卷《早期现代化的尝试1865—1895》,第4卷《从戊戌维新到义和团1895—1900》,第5卷《新政、立宪与辛亥革命1901—1912》,第6卷《民国的初建1912—1923》,第7卷《国共合作与国民革命1924—1927》,第8卷《内战与危机1927—1937》,第9卷《抗日战争1937—1945》,第10卷《中国命运的决战1945—1949》。全书以政治史、革命史为主干,打破了以1919年为分界的传统划分,匡正了长期以来中国近代史研究分为中国近代史和中国现代史两个时期的认识,从1840—1949年的中国历史进程出发,宏观把握了近代中国历史进程的基本特点。著名学者茅家琦、龚书铎、李文海、曾业英、熊月之、罗志田、马敏、桑兵、郭世佑发表笔谈,从各个视角对该书的出版给予了高度评价,同时也指出其不足。

中国近代政治史的研究,主要分为晚清政治史和民国政治史两个部分。

关于晚清政治史的研究,主要集中在戊戌维新历史、清末新政及官制问题等。在戊戌维新研究方面,茅海建考察了戊戌变法期间的保举问题。另外,茅海建通过对国家博物馆所藏"康有为自写年谱"与多种《康有为自编年谱》的校勘、考察,出版了《从甲午到戊戌:康有为〈我史〉鉴注》,指出康有为的大同思想、诸天讲思想属于康有为事后添加。孔祥吉发表了若干考证文章,对《诡谋直记》及康有为代人撰写条陈做了深入辨析。江中孝关于戊戌变法前后新旧人士之间的冲突问题的研究,也很有特色。关于晚清新政的研究,涉及较多的是晚清政府机构改革问题。如督抚衙门行政体制的改革过程、新设机构课吏馆的职能及其效用、地方咨议局的设置及其运作、近代警察和法制问题等。叶晓青对光绪帝庚子以后、特别是其生命的最后两年的阅读书目作了研究,从一个侧面展现了一个心存希望、关心立宪的皇帝形象。

关于民国政治史的研究,主要集中在南京国民政府时期。包括:民国政治制度问题、国民党派系斗争与人事纠纷、地方政府与基层政权研究、抗战后期的国共关系问题、国民党的战后执政危机及其最后败退问题。关于国民党南京政权政治制度的研究,王奇生对1924—1927年的国民党中央政治会议作了系统考察,指出这是中国近代政治从传统"帝治"向现代"党治"的转型;①陈瑞云考察了1949年前中央政治会议在国民党中央体制的地位,认为中政会始终是国民党中央执行委

---

① 王奇生:《中政会与国民党最高权力的轮替(1924—1927)》,《历史研究》,2008年,第3期。

员会下设立的重要政治机构,而不是国民党最高权力机关或党政最高机关。① 有人还对国民党国家体制、国民党军队政治制度、政工制度与党务工作做了研究,指出国民党的国家体制是党国体制,国民党的治军理念与制度是"以党治军",但实际运作中却是"以军治党"。② 国民党派系研究方面,近年来一直是研究者关注的热点。有关国民党三巨头蒋介石、胡汉民、汪精卫在各个不同时期的政争,中央系与非中央系的角逐和冲突,政界与学界,以至大学校长的易人的背后,无不蕴藏着颇为复杂的派系斗争。金以林、桑兵、王奇生、张皓在这方面的研究具有代表性。③ 关于国民党地方政权和基层政权的研究,学者分别选择北平、四川、两湖地区为案例,围绕北平当局内部中央系与非中央系对 1946—1948 年学潮处置的歧异、抗战期间四川地区国民党、共产党和地方军阀势力的纠缠互动以及 20 世纪中国乡制由自治取代保甲和以复兴保甲来推进自治这一回旋的历史过程,来探讨国民党政府时期中央政府与地方的复杂关系,颇有新意。

从已经发表的学术成果来看,中国近代经济史的研究,主要集中在以下几个方面。第一,近代"三农"问题研究,主要涉及两个方面:一是政府政策的问题;二是农民素质问题。与此相关的是对于民国时期乡村建设运动的研究,主要集中于对农村合作运动的考察。另外,关于地权问题与农村金融问题的研究,也是近几年研究的热点。第二,近代财政金融体制及个案的研究。财政方面,主要研究北洋政府时期的国内公债总额及其作用、广东地方政府 1894 年和 1905 年两次发行地方公债的过程及其不同、地方财政税收体制的变化,近代中日政府消费支出变动比较。金融方面,近代中资银行的数量、资本状况、地区分布、资本所有制及规模结构、银行内部业务分工与结构体系的考察,近代企业商号吸收社会储蓄的现象分析,都属于新的探索。货币方面,关于 1930 年代初中国建立海关金本位制度的意义,1934—1935 年关于白银问题的论争。企业发展与及其环境趋于细化,更加微观,如对中国航空公司、上海百代唱片公司以及大生纱厂"账略"的研究,都在新的视野下有了新的进展。第三,近代博览会的研究,是近代经济史与近代社会

① 陈瑞云:《关于中政会在国民党中央体制中地位的探讨》,《史学月刊》2008 年,第 4 期。

② 江沛、迟晓静:《中国国民党"党国"体制述评》,《安徽史学》2006 年第 1 期;江沛:《中国国民党早期军队政治制度的演变 1924~1928》,《安徽史学》,2008 年,第 4 期;王奇生:《"武主文从"背景下的多重变奏:战时国民党军队的政工与党务》,《抗日战争研究》,2007 年,第 4 期。

③ 金以林:《汪精卫与国民党的派系纠葛——以宁粤对峙为中心的考察》,《中国社会科学》,2008 年,第 3 期;桑兵:《1948 年中山大学易长风波与国民党的派系之争》,《学术研究》,2008 年,第 1 期;王奇生:《战时大学校园中的国民党:以西南联大为中心》,《历史研究》,2006 年第 4 期;张皓:《派系斗争与国民党政府运转关系研究》,商务印书馆,2006 年。

史共同关注的新课题。马敏主持的国家社科重点项目中国近代博览会研究已经结项，是这一领域研究的最新学术成果。此外，关于1928年中华国货展览会的研究、1935年无锡国货流动展览会的研究，以及中国近代博览会事业发展中政府的地位与作用的研究等，也有所深入。①

　　五年来中国近代思想文化史的研究取得了长足进步，成果斐然。第一，近代文化思潮的研究。2006—2009年，中国社会科学院中国近代思想史研究中心先后主持召开了"中国近代史上的民族主义"、"中国近代史上的自由主义"、"中国近代史上的社会主义"的学术研讨会，对中国近代史上影响较大的民族主义思潮、自由主义思潮及社会主义思潮做了重新审视，分别出版了学术论文集，产生了较大的学术影响。第二，近代文化转型研究。耿云志主编的"近代中国文化转型研究"丛书，由9本学术专著组成，是中国社会科学院近代史所思想文化方面的学术团队多年研究的成果，被虞和平誉为2008"年度近代思想文化史研究中的最大成就"。此外，耿云志还先后发表系列文章，围绕社会转型中政治与文化的互动关系问题，近代文化转型中存在的诸如中西文化与华夷之辨、古今文化不同际遇与民族命运、物质文明与精神文明关系、文化转型过程中的社会条件制约等问题，近代文化转型过程中保守主义的角色转换问题，做了深入系统且卓有见解的分析研究。② 章清主持的"中外文化交流与近代中国的知识转型"获2009年度国家社科基金重大招标项目，也反映了中国近代文化转型的研究趋向。第三，概念史的研究。概念史，又称近代新名词，或关键词，也有人称历史文化语义学。关于这方面的研究，不论是称新名词研究也好，还是概念史也罢，甚而称之为"历史文化语义学"，都是同一问题研究。2006年，武汉大学中国传统文化研究中心与日本国际日本文化研究中心联合主办了"历史文化语义学"国际学术研讨会。会议围绕"历史文化语义学"界说、中西日文化交会与新语生成、新语厘定与迁衍考析等进行了热

---

① 叶世昌：《简论20世纪中国纸币理论的演变》，《复旦学报》2006年第2期。汪敬虞：《关于鸦片战后10年间银贵钱贱影响下中国对外贸易问题的商榷》，《中国经济史研究》2006年第1期。潘国旗：《北洋政府时期国内公债总额及其作用评析》，《近代史研究》2007年第1期。刘克祥：《1927～1937年中资银行再统计》，《中国经济史研究》2007年第1期。吴景平、龚晖：《1930年代初中国海关金本位制度的建立述论》，《史学月刊》2007年第10期。吴敏超：《1934～1935年白银问题大讨论与法币改革》，《江苏社会科学》2007年第6期。陈燕：《体制缺失与南京国民政府初期的中外合办企业——以中国航空公司为中心的考察》，《学术研究》，2008年，第4期。

② 耿云志：《近代社会转型中政治与文化的互动》，《四川大学学报》，2008年第1期；《近代中国的文化转型：问题与趋向》，《广东社会科学》，2008年，第3期；《从保守主义的角色演变看中国近代文化的发展道路》，《湖南大学学报》，2008年第6期。

烈研讨。会后出版了由冯天瑜等人主编的学术论文集《语义的文化变迁》。此外，冯天瑜先后出版了《新语探源》、《"封建"考论》、《冯天瑜文集》及系列论文，黄兴涛出版了《"她"字的文化史》及系列学术论文，罗志田对"天下与世界"的研究、章清对"自由"的研究等，都是中国近代概念史研究的最新研究成果。概念史的研究，促进和丰富了中国近代思想文化史的研究，其积极影响，黄兴涛总结为三个方面：凸显了将思想与社会更紧密融合起来的思考向度；强化了思想史研究者对语言本身的敏感性；促使人们将重要的思想文化事件和现象与后人的历史书写、阐释结合起来予以双重透视，增加了认知的复杂性和深度。① 当然，这方面的研究也只能说是刚刚开始，需要研究和探讨的问题很多。其中，有关争论也不少。比如，冯天瑜2006年出版了《"封建"考论》，曾经引发了关于"封建"一词翻译与定义的论争，而且争论仍在继续。

从现有发表成果来看，中国近代对外关系的研究，依然围绕中国与美国、英国、日本等大国之间的关系展开，没有明显的热点，讨论也不很集中。有关研究的新进展有这样几个方面：第一，近代外交体制、外交方针、外交立法、主动外交行为的研究，涉及晚清政府时期、北京政府时期、南京国民政府时期。有学者指出，晚清时期中国外交所奉行的方针是以儒家的诚信思想和国际法原则为指导。有学者从外交立法的角度探讨了北京政府的外交体制，认为民国政府在接受晚清外交遗产的同时，通过外交立法，加强外交的制度化建设，在一定程度上树立了民国外交新形象。有学者对抗战后期国民政府的主动外交行为做了研究，认为国民政府在参与国际组织、处理亚洲地区事务、制定战后对日处置计划等方面，既有积极作为，同时又有稚嫩及不够圆满之处。第二，国别关系史。有学者分别从海关税则、广东禁烟问题、权利与体制等方面探讨了鸦片战争前后的中英关系，深化了这一问题的研究。有学者考察了甲午战争前十年中日在朝鲜的电信权之争，侧面揭示了中日关系的微妙和斗争。中美关系方面对中美合作所、美军观察组访问延安的研究等，也颇有新意。中韩关系的研究也有多篇文章发表，是近几年研究中国与周边国家关系的热点。另外，中国与暹罗近代关系的研究也悄然启动，值得关注。第三，国民外交的研究。学者分别从国民外交、朝野纠葛的视角重新审视1905年的抵制美货运动、关税特别会议以及1923—1924年间的中苏建交谈判，丰富了这方面的研究。另外，充分发掘和利用一档、二档档案、台北档案、欧美档案、美国斯坦福大学所藏两蒋档案、宋子文档案以及名人日记做研究，也是近代中外关系史

① 黄兴涛：《"话语"分析与中国近代思想文化史研究》，《历史研究》，2007年第2期。

研究的一个特点。①

中国近代中外关系史研究中还出现"跨越国境的对话",即围绕有争议的历史问题在中外学者间进行的共同研究。这种研究,既有单纯学者层面的,也有政府层面的。从 2002 年开始,中日韩三国学者组成中日韩三国共同历史编纂委员会,经过 3 年的共同研究与讨论,2005 年在三国同时出版了《面向未来的历史——东亚三国的近现代史》。日本东京大学三谷博教授等与在日中国学者刘杰教授等发起"日中年轻历史学者会议",研讨中日历史与社会变迁,2006 年在日本与中国同时出版《超越国境的历史认识——来自日本学者及海外中国学者的视角》。而经当时中日两国首脑达成一致,开始建立中日历史共同研究机制,于 2006 年 12 月正式启动,分别由中国社会科学院近代史研究所和日本国际问题研究所实施。几年来,双方委员会基于《中日联合声明》等政治文件的原则及"以史为鉴、面向未来"的精神,就中日关系史进行了深入研究和讨论,达成一些共识,也存在分歧。此外,中国学者与韩国学者间也形成了关于历史问题的定期对话。牛大勇等主编的《中国与世界的互动:国际化、内化和外化》,也是一种以国际视野研究中国对外关系史的尝试。

三、学术回顾与学术论争

重视学术回顾,通过学术回顾以展望和预测未来学术发展的走向和趋势,已经基本成为学界的共识。中国近代史的研究领域也是如此。近 5 年来,《历史研究》、《近代史研究》、《抗日战争研究》、《教学与研究》等刊物比较重视相关领域的学术回顾与展望。比如,2005 年对晚清政治史的学术回顾、抗日战争的学术回顾、2008 年对戊戌维新研究的学术回顾、2009 年对五四运动研究的学术回顾,都比较系统地梳理了相关领域近 5 年的研究成果、主要观点、学术创新,并对其不足和局限性做了客观而实事求是的分析。

在中国近代史研究中,正常的学术批评和学术论争也逐渐开展起来。比如,在中国近代史研究的范式中,对于国内学界普遍推崇的美国学者柯文的"中国中心论",夏明方发表文章给予质疑。作者指出:如果按照"中国中心观"的逻辑,一旦把近代中国纳入 16 世纪开始的所谓内发原生的近代化道路之中,凸现近世中

---

① 　吴义雄:《鸦片战争前英国在华治外法权之酝酿与尝试》,《历史研究》,2006 年,第 4 期。郭海燕:《中日朝鲜通讯权之争与清朝外交政策的转变》,《文史哲》,2007 年,第 1 期。王建朗:《大国意识与大国作为——抗战后期的中国国际角色定位与外交努力》,《历史研究》,2008 年,第 6 期。张俊义:《1948 年广州沙面事件之始末——以宋子文档案为中心》,《中国社会科学》,2008 年,第 6 期。

国历史变化所谓的自主性和延续性,至少在客观效果上会淡化外来冲击的影响,模糊对帝国主义的认识,成为在历史变化动力上的"去冲击论",在历史变化方向上的"去近代(化)论"以及在历史变化主体上的"去帝国主义论"。作者主张建立"真正中国气派和本土特色的新范式"的意图十分明确。① 在中国近代史研究范式上,长期存在"革命史范式"与"现代化范式"的争论。在讨论的初期,有的学者将"革命史范式"定位为"旧范式",而将"现代化范式"定位为"新范式",或主张以"新范式"取代"旧范式",或认为应从"旧范式"转换到"新范式"。经过讨论,学界基本达成共识,"革命史范式"侧重于从政治史角度对历史发展的解释与"现代化范式"更重视历史与中国现代化之间的逻辑合理性的论证,关注经济史、社会史与文化史并不矛盾,二者之间是互为补充、相互促进的关系,事实上并不存在以一种范式完全取代另一种范式的可能。② 其实,两种研究范式的出现,是和中国现代社会所面临的时代主题紧密相关的。李文海、龚书铎二位先生以前都是研究中国近代政治史的,后来逐渐转向中国近代社会史和文化史的研究,只是顺应了中国时代主题的变化的学术研究侧重点的调整,难道就能说他们是以"现代化范式"取代了"革命史范式"吗? 李文海对革命与现代化的关系,作了一个客观而全面的分析。他指出:没有一定的现代化,革命也不能发生。同样,革命也为现代化的大步前进创造了必要的政治前提。没有民族独立,就没有人民民主,也不能实现现代化;没有现代化,现代意义的革命也无从发生;政治、经济、文化永远落后,也不能实现真正的民族独立。所以,二者之间不是矛盾关系,不是一个否定另一个的关系,而是互相促进的关系。③ 也有学者坚持认为,"中国近代史学科体系只能在'革命史范式'主导下,兼采'现代化范式'的视角,更多关注社会经济的发展与变迁及其对于革命进程的作用,使'革命史范式'臻于完善"。④ 夏明方将中国近代史研究的范式概括为革命史范式、现代化范式、后现代范式,并对各种范式作了系统的分析和评论,很有新意。⑤

对于学界使用的"市民社会"、"公共领域"的外来概念,朱英提出质疑。朱英认为,使用"市民社会"或"公共领域"概念不如使用"社会与国家"概念更为稳妥和合适,因为市民社会理论太过庞杂,又源于西方,不管怎样兼顾中国的具体国

① 夏明方:《一部没有"近代"的中国近代史——从"柯文三论"看"中国中心观"的内在逻辑及其困境》,《近代史研究》,2007年第1期。
② 步平:《改革开放与中国近代史研究》,《近代史研究》,2009年第5期。
③ 李文海:《关于正确把握民族复兴历史进程的几个问题》,《学习与研究》,2008年第9期。
④ 张海鹏:《20世纪中国近代史学科体系问题的探索》,《近代史研究》,2005年第1期。
⑤ 夏明方:《中国近代历史研究方法的新陈代谢》,《近代史研究》,2010年第2期。

情,总难免被批评为"舶来品",甚至被指责为带有明显的某种价值取向和丧失研究主体性、创造性。另外,许多中国学者往往不像西方学者那样严格区分"市民社会"和"公共领域",而是将两者混为一谈,在概念上又引发一些不必要的争议。而"社会与国家"概念所涵盖的内容更为宽泛,"市民社会"和"公共领域"都可以纳入其中。① 以上讨论,总体反映了中国学者试图突破西方研究范式、研究方法,进而建立中国特色研究范式和方法的尝试和努力。如果说是中国学界对西方学界的"挑战的挑战",或者说是对西方学界说"不",也未必不可。此外,《近代史研究》上展开的关于"假如史学"与康有为"公车上书"的讨论,是学术层面上的直面相对,活跃了中国近代史的研究,值得提倡。

四、研究中存在的缺陷与不足

中国近代史研究在取得长足进步的同时,我们也应该清醒地看到,在重大理论问题、研究方法、人物、事件评价上依然存在许多严重不足和缺陷。

第一,系统性缺失。所谓系统性缺失,是指在近代史研究中缺乏一整套严格的解释体系。有学者指出,过去30年,中国近代史的专题研究已经做得比较具体深入,但历史复杂的内在联系却变得更加模糊。现在已经很难看到严格的系统性很强的中国近代史著作了。具体表现是:通史不通,没有将历史发展的内在逻辑梳理清楚,贯穿始终;专史过专,失去了与其他方面历史的内在联系。出现这个问题的原因,是学界将近代新史学以来形成的实证主义史学传统和新中国成立头30年形成的马克思主义史学传统"统统丢失",学人在理论追求上的浅尝辄止与见异思迁的结果。②

第二,历史虚无主义的态度依然存在。其主要表现是:一、提出否定革命、"告别革命"的主张,认为革命只起破坏性作用,没有任何建设性意义。二、把"五四"以来中国选择社会主义发展方向视为离开所谓的"以英美为师"的"近代文明的主流"而误入了歧路;宣称经济文化落后的中国没有资格搞社会主义,新中国成立以后搞的不过是小资产阶级的空想社会主义。三、用攻其一点、不及其余的方法歪曲中国共产党的历史,否定或掩盖它的本质和主流,把它说成是一系列错误的延续。具体如什么"近代以来的中国革命是由少数革命家'制造出来'的";"从某种意义上说,是鸦片战争一声炮响,给中国送来了近代文明",潜台词即殖民化在世界范围里面推动了现代化进程;为早已有历史定论的叛徒、汉奸、反动统治者歌功

---

① 朱英:《近代中国的"社会与国家":研究回顾与思考》,《江苏社会科学》,2006年,第4期。
② 杨天宏:《系统性的缺失:中国近代史研究现状之忧》,《近代史研究》,2010年,第2期。

颂德。

第三,有些人借"重新评价",得出不符合历史事实的怪论。有人将太平天国农民运动称为"一场流产了的革命,一场失败了的起义,一个不应该长期延续却可悲地一直延续到覆亡的邪教集团";有人对清末的秕政捐纳予以重新评价,认为捐纳制度给自强事业注入了资金,为新政机构预备了人手,捐员较适应社会转型需要。尽管此类观点不是中国近代史研究的主流,但其产生的消极影响是十分严重的,必须引起高度重视。

第四,低水平重复研究现象依然十分突出。现有学术职称评定机制与博士生培养考核机制片面强调论文发表数量,造成一些学术刊物收取版面费,降低了学术要求,出现了相当数量的垃圾论文。与此相关,学术抄袭与不遵守学术规范的事件接连发生,严重影响了学界的声誉。

五、未来研究趋势预测

第一,档案材料的充分运用,深化了中国近代史的研究。在近现代史研究中,学者们也十分重视对档案和海外资料等新文献的运用。其中包括尚未出版的各档案馆存档资料,台北"国史馆"资料、台北中国国民党中央委员会档案和美国斯坦福大学、哥伦比亚大学珍藏的档案资料。如金冲及以美国胡佛研究所藏《蒋介石日记》为中心,重点研究了蒋介石是怎样应对辽沈、平津、淮海三大战役的过程,丰富和深化了解放战争的研究。吴景平自 2005 年起连续四年前往胡佛研究所,较全面地梳理了宋子文档案,对宋子文档案的学术价值及关于利用宋子文档案应该注意的问题做了说明,有助于学者正确使用该档案。随着中外学术交流的加深与国内学术研究的深入,以国外所藏档案为基础的研究将会向纵深发展。

第二,大历史已经初步形成共识。原有的中国近代史、中国现代史、中国当代史的畛域开始被打破,统统纳入一个研究领域。同时,中国近现代史与中国古代史的研究也逐渐打通,长时段研究被广泛应用。2005 年,南开大学中国古代史学科与中国近代史学科共同申报教育部创新基地 985 项目"中国思想与社会"获得通过。2006 年由中国史学会与华中师范大学中国近代史研究所联合举办的第四届全国青年史学工作者学术讨论会在武汉召开,研讨会"涵括了中国古代史、近代史及当代史的各个研究领域,希望打破因分期、专题而形成科内畛域,使青年学者能够互通信息,取长补短,进一步拓宽研究的视野与深度"。

第三,微观研究与精细化成为中国近现代史研究的主流。马敏在预测 21 世纪中国近现代史研究的若干趋势时曾经指出:"精细的历史观提倡多向度的历史视角,主张历史中的区分和具体化,通过对历史细节的重建,再现历史的复杂性和多面相。"①这一预言现在已经变为现实。综观近几年的研究，我们发现，无论是在政治史、经济史，还是社会史、文化史、思想史，微观研究逐渐超过宏观研究。如桑兵的《1948年中山大学易长与国民党的派系之争》、熊月之的《从跑马厅到人民公园人民广场：历史变迁与象征意义》、徐秀丽的《1940年代后期的国立高校治理——以清华、北大为例》，杨琥的《同乡、同门、同事、同道：社会交往与思想交融——〈新青年〉主要撰稿人的构成与聚合途径》等，都是近年来发表的新作，一定程度上反映了最新的研究趋势。

---

① 马敏：《21世纪中国近现代史研究的若干趋势》，《史学月刊》，2004年第6期。

附　录

附录一　主要参考书目

经典著作

《斯大林全集》,人民出版社,1953－1956。

《马克思恩格斯全集》,人民出版社,1958－1985。

《列宁选集》,人民出版社,1972。

《邓小平文选》(1975～1982),人民出版社,1983。

《列宁全集》,人民出版社,1984－1990。

《毛泽东选集》,人民出版社,1991。

《毛泽东文集》,人民出版社,1993～1999。

《马克思恩格斯选集》,人民出版社,1995。

《列宁选集》,人民出版社,1995。

官书档案

贺长龄编:《皇朝经世文编》,道光七年刊本(1827)。

张鹏飞编:《皇朝经世文编补》,同治十一年刊本(1872)。

饶玉成编:《皇朝经世文编正续》,同治十一年刊本(1872)。

饶玉成编:《皇朝经世文编初集》,同治十二年刊本(1873)。

饶玉成编:《皇朝经世文编续集》,光绪八年刊本(1882)。

盛康编:《皇朝经世文编续集》,光绪二十三年刊本(1897)。

三画堂主人编:《皇朝经世文三编》,光绪二十三年刊本(1897)。

麦中华编:《皇朝经世文新编》,光绪二十四年刊本(1898)。

葛士睿编:《皇朝经世文续编》,光绪二十四年刊本(1898)。

陈忠倚编:《皇朝经世文三编》,光绪二十七年刊本(1901)。

邵之棠编:《皇朝经世文统编》,光绪二十七年刊本(1901)。

求自强斋主人编:《皇朝经世文编》,光绪二十七年刊本(1901)。

宜今室主人编:《皇朝经世文新编》,光绪二十七年刊本(1901)。

于宝轩编:《皇朝新政文编》,光绪二十八年刊本(1902)。

何良栋编:《皇朝经世文四编》,光绪二十八年刊本(1902)。

阙铸补斋编:《皇朝新政文编》,光绪二十八年刊本(1902)。

甘韩编:《皇朝经世文新编续编》,光绪二十八年刊本(1902)。

储桂山编:《皇朝经世文新编续编》,光绪二十八年刊本(1902)。

王先谦编纂:《东华录》,上海积山书局,光绪三十三年石印本(1907)。

清文宗敕纂:《大清宣宗成皇帝圣训》,光绪年刻本。

清穆宗敕纂:《大清文宗显皇帝圣训》,光绪年刻本。

清德宗敕纂:《大清穆宗毅皇帝圣训》,光绪年刻本。

朱寿朋编纂:《光绪朝东华录》,上海集成图书公司,1909。

清宣统敕纂:《大清德宗景皇帝圣训》,民国初年刻本。

《宣宗成皇帝实录》,台湾华文书局,1964年影印本。

《文宗显皇帝实录》,台湾华文书局,1964年影印本。

《穆宗毅皇帝实录》,台湾华文书局,1964年影印本。

《德宗景皇帝实录》,台湾华文书局,1964年影印本。

《宣统政纪》,台湾华文书局,1964年影印本。

宝鋆等纂:《筹办夷务始末》(同治朝),台湾文海出版社,1971年影印本。

王彦威,王亮编纂:《清季外交史料》,台湾文海出版社,1972年影印本。

赵尔巽等著:《清史稿》,中华书局,1977。

中国第一历史档案馆编:《清史档案史料丛编》,中华书局,1978 – 1987。

文庆等纂:《筹办夷务始末》(道光朝),台湾文海出版社,1978年影印本。

贾桢等纂:《筹办夷务始末》(咸丰朝),台湾文海出版社,1978年影印本。

王先谦:《十二朝东华录》,学苑出版社,2000。

丛书类书报刊

王锡祺:《小方壶斋舆地丛钞》,上海著易堂,1891。

上海经世文社编:《民国经世文编》,1914年刊本。

舒新城主编:《近代中国教育史料》,上海中华书局,1923。

《黎大总统文牍类编》,曾文堂书局,1924年石印本。

徐有明编:《袁大总统书牍汇编》,广益书局,1926。

许啸天编:《国故学讨论集》,群学社,1927。

马芳若:《中国文化建设讨论集》,经纬书局,1936。

郭卫,林纪东编:《中华民国宪法史料》,大东书局,1947。

中国史学会主编:《义和团》(中国近代史资料丛刊),神州国光社,1951。

中国史学会主编:《鸦片战争》(中国近代史资料丛刊),神州国光社,1952。

中国史学会主编:《捻军》(中国近代史资料丛刊),神州国光社,1953。

中国史学会主编:《戊戌变法》(中国近代史资料丛刊),神州国光社,1953。

中国史学会主编:《太平天国》(中国近代史资料丛刊),神州国光社,1954。

中国史学会主编:《辛亥革命》(中国近代史资料丛刊),上海人民出版社,1957。

中国史学会主编:《戊戌变法》,上海人民出版社,1957。

北京大学哲学系编译:《古希腊罗马哲学》,三联书店,1957。

阿英编:《甲午中日战争文学集》,中华书局,1958。

国家档案局明清档案馆编:《戊戌变法档案史料》,中华书局,1958。

故宫博物院明清档案部编:《义和团档案史料》,中华书局,1959。

《湖南历史资料》编辑委员会编:《湖南历史资料》,湖南人民出版社,1959。

中国科学院哲学研究所资料室编:《资产阶级学术思想批判参考资料》,商务印书馆,1959。

张枬,王忍之编:《辛亥革命前十年间时论选集》,第1~3卷,三联书店,1960-1977。

中国史学会主编:《洋务运动》(中国近代史资料丛刊),上海人民出版社,1961。

中国人民政治协商会议全国委员会文史资料研究委员会编:《辛亥革命回忆录》,中华书局,1961。

徐义生:《中国近代外债史统计资料1853~1927》,中华书局,1962。

中国史学会主编:《甲午战争》(中国近代史资料丛刊),上海人民出版社,1967。

苏舆辑:《翼教丛编》,文海出版社,1971。

魏绍昌:《李伯元研究资料》,上海古籍出版社,1980。

中国社会科学院近代史研究所中华民国史组编:《胡适来往书信选》,中华书局,1980。

中国社会科学院近代史研究所近代史资料编辑组:《近代史资料》,中国社会科学出版社,1981。

魏绍昌:《孽海花资料》,上海古籍出版社,1982。

张侠等编:《清末海军史料》,海洋出版社,1982。

王铁崖主编:《中外旧约章汇编》,三联书店,1982。

蔡尚思主编:《中国现代思想史资料简编》,浙江人民出版社,1982。

赵靖,易梦虹主编:《中国近代经济思想资料选辑》,中华书局,1982。

朱有瓛:《中国近代学制史料》,上海:华东师范大学出版社,1983。

中国近代经济史资料丛刊编辑委员会主编:《中国海关与辛亥革命》,中华书局,1983。

中研院近代史研究所:《中国近代对西方及其列强认识资料汇编》,台北:中研院近史所,1984。

荣孟源等主编:《近代稗海》,四川人民出版社,1985。

中国社会科学院文学研究所《近代文学史料》编辑部编:《近代文学史料》,中国社会科学院出版社,1985。

中国国民党中央委员会:《中华民国重要史料初编——对日抗战时期》,中央文物供应社,1988。

　　中国人民政治协商会议全国委员会文史资料研究委员会编:《文史资料选辑》,中国文史资料出版社,1989。

　　罗荣渠主编:《从西化到现代化》,北京大学出版社,1990。

　　清华大学教育研究所编:《清华大学史料选编》,清华大学出版社,1991。

　　中央文献研究室:《邓小平》,中央文献出版社,1997。

　　中国史学会主编:《洋务运动》,上海人民出版社,2000。

　　《醴陵县志》、《临颍县志》。

　　《蜀学报》、《新世纪》、《民报》、《国粹学报》、《小说月报》、《北京大学研究所国学门周刊》、《政艺通报》、《闽政月刊》、《世界月刊》、《自由世界论文集》、《道德专刊》、《民族正气》、《湘报》、《觉民》、《东方杂志》、《万国公报》、《知新报》、《济南通俗日报》、《人间世》、《文化建设》、《晨报》、《社会学刊》、《国闻周报》、《独立评论》、《现代评论》、《大公报》、《新生周刊》、《南京正论旬刊》、《中央日报》、《中国社会》、《湖北学生界》、《新青年》、《解放日报》、《国风月刊》、《读书生活》、《认识月刊》、《中国文化》、《民铎杂志》、《时报》、《民立报》、《越风》、《申报》,《中国新报》、《国风报》、《政论》、《国专月刊》、《新民丛报》、《人民日报》。

个人文集

　　沈亦云:《国学入门》,南屏女中印。

　　姚莹著:《康輶纪行》,同治六年刻本,1867。

　　刘岳云:《格物中法》,同治九年刻本,1870。

　　邹伯奇:《邹征君遗书》,邹达泉拾芥园刊本,1873。

　　郑敦谨,曾国荃编:《胡文忠公遗著》,湖北崇文书局,1875年刊本。

　　魏源著:《古微堂内外集》,淮南书局,光绪四年刻本,1878。

　　何秋涛著:《朔方备乘》,光绪七年刻本,1881。

　　李光久编:《李忠武公遗书》,欧汇巡署,光绪十七年刊本,1891。

　　郭嵩焘著:《养知书屋遗集》,1892年刻本。

　　陈虬著:《治平通议》,瓯雅堂,1893。

　　郑观应著:《盛世危言》,图书集成局,1896。

　　王仁俊:《格致古微》,1896年刻本。

　　汤震著:《危言》,质学会,1897。

　　邵作舟著:《邵氏危言》,上海商务印书馆,1897。

　　冯桂芬著:《校邠庐抗议》,丰城余氏,1897年刊本。

　　薛福成:《筹洋刍议》,上海醉六堂石印,1897。

　　薛福成:《海外文编》,上海醉六堂石印,1897。

　　徐仁铸:《輶轩今语》,1898年刻本。

　　马建忠著:《适可斋记言》,上海著易堂,1898年石印本。

　　何启,胡礼垣著:《新政通诠》,上海格致新报馆,1901。

王仁治:《中外经世策论合纂》,上海鸿雪斋,1902。

孙诒让:《周礼政要》,浙江瑞安普通学堂刊行,1902。

江起鹏:《国学讲义》,上海新学会,1906。

蒋维乔:《论理学讲义》,商务印书馆,1912。

许景澄著:《许文肃公遗稿》,民国七年刊本。

张元济编:《戊戌六君子遗集》,商务印书馆,1917。

章太炎著:《章氏丛书》,浙江图书馆刊本,1919。

曹聚仁著:《国故学大纲》,上海梁溪图书馆出版社,1925。

王树枏编:《张文襄公全集》,新城王氏,1928年刊本。

戴季陶:《戴季陶集》,上海三民公司,1929。

胡汉民编:《总理全集》,上海民智书局,1930。

洪北平编:《国学研究》,上海民智书店,1930。

王易:《国学概论》,神州国光社,1932。

汪震、王正己编:《国学大纲》,北平人文书店,1933。

马瀛:《国学概论》,上海大华书局,1934。

钟泰:《国学概论》,中华书局,1936。

黄毅民著:《国学丛论》,北平燕友学社,1936。

刘师培:《刘申叔先生遗书》,宁武南氏校印,1936。

张穆著:《蒙古游牧记》,长沙商务印书馆,1939。

邵祖平:《国学导读》,商务印书馆,1947。

王夫之:《思问录》,中华书局,1956。

奕调甫:《墨子研究论文集》,人民出版社,1957。

梁廷枬著:《夷氛闻记》,中华书局,1959。

王韬:《弢园尺牍》,中华书局,1959。

王韬著:《弢园文录外编》,中华书局,1959。

蔡元培著:《蔡元培选集》,中华书局,1959。

陈天锡编订:《戴季陶先生文存》,中国国民党中央委员会,1959。

中国科学院历史研究所第三所主编:《刘坤一遗集》,中华书局,1959。

《鲁迅全集》,人民文学出版社,1958～1987。

马建忠:《适可斋记言》,中华书局,1960。

孙中山著:《孙中山选集》,人民出版社,1963。

王照著:《小航文存》,台湾文海出版社,1966年影印本。

王闿运:《湘绮楼文集》,台湾文海出版社,1967年影印本。

夏燮著:《中西纪事》,台湾文海出版社,1967年影印本。

关天培著:《筹海初集》,台湾文海出版社,1969年影印本。

刘长佑著:《刘武慎公遗著》,台湾成文出版社,1970年影印本。

钱书簇编:《翼王石达开全集》,台湾文海出版社,1971年影印本。

陈天锡编:《戴季陶先生文存三续编》,中国国民党中央委员会,1971。

翁同龢著:《翁常熟手札》,台湾文海出版社,1971年影印。

罗振玉著:《罗雪堂先生全集》,台北大通书局,1972年影印本。

龚自珍著:《龚自珍全集》,上海人民出版社,1975。

盛宣怀著:《愚斋存稿》,台湾文海出版社,1975。

扬州师范学院中文系编:《洪秀全选集》,中华书局,1976。

汤志钧:《章太炎政论选集》,中华书局,1977。

扬州师范学院中文系编:《洪仁玕选集》,中华书局,1978。

章锡琛:《张载集》,中华书局,1978。

中华书局上海编辑所编:《秋瑾集》,上海古籍出版社,1979。

广东省哲学社会科学研究所历史研究室编:《朱执信集》,中华书局,1979。

蔡和森:《蔡和森文集》,人民出版社,1980。

陆九渊:《陆九渊集》,中华书局,1980。

湖南省哲学社会科学院研究所编:《唐才常集》,中华书局,1980。

傅斯年著,陈盘等校订:《傅斯年全集》,台湾联经出版事业公司,1980。

陈旭麓主编:《宋教仁集》,中华书局,1981。

汤志钧编:《康有为政论集》,中华书局,1981。

[英]赫胥黎著,严复译:《天演论》,商务印书馆,1981。

湖南省社会科学院编:《黄兴集》,中华书局,1981。

蔡尚思,方行编:《谭嗣同全集》,中华书局,1981。

广东社会科学院历史研究所编:《孙中山全集》,中华书局,1981～1986。

喻岳衡点校:《曾纪泽遗著》,岳麓出版社,1982。

夏东元编:《郑观应集》,上海人民出版社,1982。

彭国兴,刘晴波编:《秦力山集》,中华书局,1982。

张謇著:《张季直九录》,中华书局,1982。

郭嵩焘:《郭嵩焘日记》,湖南人民出版社,1982。

刘晴波、彭国兴编:《陈天华集》,湖南人民出版社,1982。

上海人民出版社编:《章太炎全集》,上海人民出版社,1982～1990。

王夫之:《俟解》,中华书局,1983。

中国人民大学中共党史系编:《戴季陶主义资料选编》,1983。

中华书局编辑部:《魏源集》,中华书局,1983。

汤用彤:《汤用彤学术论文集》,中华书局,1983。

曾纪泽:《曾纪泽遗集》,岳麓书社,1983。

孙宝瑄:《忘山庐日记》,中华书局,1983。

徐继畬:《松龛先生全集》,台湾商务印书馆,1983。

张玉书编选:《海涅选集》,人民文学出版社,1983。

王兴国编:《杨昌济文集》,湖南教育出版社,1983。

广东省哲学社会科学研究所历史研究室编:《廖仲恺集》,中华书局,1983。

郭沫若著作编辑出版委员会编:《郭沫若全集》,人民出版社,1984。

郭嵩焘:《郭嵩焘诗文集》,岳麓书社,1984。

郭嵩焘:《伦敦与巴黎日记》,岳麓书社,1984。

《恽代英文集》,人民出版社,1984。

《李大钊文集》,人民出版社,1984。

曾业英编:《蔡松坡集》,上海人民出版社,1984。

李华兴等编:《梁启超选集》,上海人民出版社,1984。

葛懋春,蒋俊:《梁启超哲学思想论文选》,北京大学出版社,1984。

容闳著:《西学东渐记》,岳麓书社,1985。

吴虞著:《吴虞集》,四川人民出版社,1985。

辜鸿铭著,冯天瑜标点:《辜鸿铭文集》,岳麓书社,1985。

薛福成:《出使英法义比四国日记》,岳麓书社,1985。

赵清等编:《吴虞集》,成都:四川人民出版社,1985。

梁启超:《中国近三百年学术史》,中国书店,1985。

王栻主编:《严复集》,中华书局,1986。

李翰章编:《曾国藩全集》,岳麓书社,1986。

王韬:《漫游随录》,湖南人民出版社,1986。

刘锡鸿:《英轺私记》,湖南人民出版社,1986。

康有为:《孟子微》,中华书局,1987。

康有为:《康有为全集》,上海古籍出版社,1987。

林鸣凤等校点:《左宗棠全集》,岳麓书社,1987。

陈独秀著:《独秀文存》,安徽人民出版社,1987。

梁漱溟:《东西文化及其哲学》,商务印书馆,1987。

丁凤麟、王欣之编:《薛福成选集》,上海人民出版社,1987。

高叔平编:《蔡元培全集》,中华书局,1988。

冯友兰:《三松堂全集》,河南人民出版社,1988。

胡适:《胡适演讲集》,台北远流出版公司,1988。

林昌彝:《射鹰楼诗话》,上海古籍出版社,1988。

康有为:《万木草堂口说》,北京:中华书局,1988。

《饮冰室合集》,中华书局,1989。

王之春:《清朝柔远记》,中华书局,1989。

孙敦恒等编:《张奚若文集》,清华大学出版社,1989。

中国文化书院编:《梁漱溟全集》,山东人民出版社,1989~1993。

胡明编选:《陈独秀集》,天津人民出版社,1990。

唐文权,桑兵编:《戴季陶集》,华中师范大学出版社,1990。

陈旭麓,郝盛潮主编:《孙中山补集》,上海人民出版社,1990。

中共中央文献研究室等编:《毛泽东早期文稿》,湖南出版社,1990。

胡适:《胡适自传》,黄山书社,1991。

中国文化书院学术委员会编:《梁漱溟全集》,山东人民出版社,1992。

任建树主编:《陈独秀著作选编》,上海人民出版社,1993。

浦汉明编:《浦江清文史杂文集》,清华大学出版社,1993。

曹从坡等主编:《张謇全集》,江苏古籍出版社,1994。

刘炼编:《何干之文集》,北京出版社,1994。

何启、胡礼垣:《新政真诠》,辽宁人民出版社,1994。

《林语堂名著全集》,东北师范大学出版社,1994。

杨深编:《走出东方—陈序经文化论著辑要》,中国广播电视出版社,1995。

宋志明编:《贺麟新儒学论著辑要—儒家思想的新开展》,中国广播电视出版社,1995。

冯友兰:《贞元六书》,华东师范大学出版社,1996。

朱维铮主编:《马相伯集》,复旦大学出版社,1996。

王岳川编:《牟宗三学术文化随笔》,中国青年出版社,1996

赵树贵、曾丽雅编:《陈炽集》,中华书局,1997。

李鸿章:《李鸿章全集》,海南出版社,1997。

吴汝纶编:《李文忠公全集》,海南出版社,1997。

姚淦铭等编:《王国维文集》,北京:中国文史出版社,1997。

魏源:《海国图志》,长沙:岳麓书社,1998。

广东革命历史博物馆编:《萧楚女文存》,中共党史出版社,1998。

欧阳哲生编:《胡适文集》,北京大学出版社,1998。

蔡尚思:《蔡尚思自选集》,重庆出版社,1999。

刘思源等编:《钱玄同文集》,中国人民大学出版社,1999。

罗隆基:《我的被捕的经过与反感》,中国青年出版社,1999。

章含之,白吉庵主编:《章士钊全集》,文汇出版社,2000。

黄遵宪著:《日本国志》,上海古籍出版社,2001。

张斌峰编:《殷海光文集》,湖北人民出版社,2001。

张之洞:《劝学篇》,北京,华夏出版社,2002。

陈铮编:《黄遵宪全集》,中华书局,2005。

张申府:《张申府文集》,河北人民出版社,2005。

吴光等编:《王阳明全集》,上海:上海古籍出版社,2011。

学术论著

专著：

戴季陶：《孙文主义之哲学的基础》，民智书局，1925。

吴稚晖著：《吴稚晖学术论著》，上海出版合作社，1925。

张孝若：《南通张季直先生传记》，中华书局，1930。

庞公、范文澜主编：《中国通史简编》，上海新知书店，1941。

陈伯达：《墨子新论》，作者出版社，1943。

李树清：《蜕变中的中国社会》，商务印书馆，1945。

石峻、任继愈、朱伯崑编：《中国近代思想史讲授提纲》，人民出版社，1955。

康有为：《孔子改制考》，北京：中华书局，1958。

李剑农：《戊戌以后三十年中国政治史》，中华书局，1965。

赫胥黎：《进化论与伦理学》，科学出版社，1971。

张君劢：《立国之道》，台湾商务印书馆股份有限公司，1971。

侯外庐主编：《中国近代哲学史》，人民出版社，1973。

李约瑟：《中国科学技术史》，科学出版社，1975。

张其昀：《党史概要》，中央文物供应社，1979。

汤志钧编：《章太炎年谱长编》，中华书局，1979。

李泽厚：《中国近代思想史论》，人民出版社，1979。

林增平主编：《中国近代史》，湖南人民出版社，1979。

陈景磐：《中国近代教育史》，人民教育出版社，1979。

邵德门：《中国近代政治思想史》，法律出版社，1979。

叶易：《中国近代文艺史》，高等教育出版社，1980。

何兆武：《中国思想发展史》，中国青年出版社，1980。

吴相湘：《民国百人传》，台湾传记文学出版社，1980。

侯外庐主编：《中国思想史纲》，中国青年出版社，1980。

张锡勤：《中国近代哲学简史》，黑龙江人民出版社，1980。

陈志让：《军绅政权——近代中国的军阀时期》，三联书店，1980。

冯自由：《革命逸史》，中华书局，1981。

陶菊隐：《筹安会"六君子"传》，中华书局，1981。

王蘧常：《民国严几道先生复年谱》，台湾商务印书馆，1981。

［英］赫胥黎著，严复译：《天演论》，商务印书馆，1981。

［英］甄克思著，严复译：《社会通诠》，商务印书馆，1981。

［英］斯宾塞著，严复译：《群学肆言》，商务印书馆，1981。

［英］约翰·穆勒著，严复译：《群己权界论》，商务印书馆，1981。

胡绳：《从鸦片战争到五四运动》，人民出版社，1981。

方汉奇：《中国近代报刊史》，山西人民出版社，1981。

顾长声:《传教士与近代中国》,上海人民出版社,1981。

丁守和主编:《辛亥革命时期期刊介绍》,人民出版社,1982－1987。

丁文江,赵丰田编:《梁启超年谱长编》,上海人民出版社,1983。

顾维钧:《顾维钧回忆录》,中华书局,1983。

《中国近代史》编写组:《中国近代史》,中华书局,1983。

陈旭麓主编:《近代中国80年》,上海人民出版社,1983。

钱谷风:《清王朝的覆灭》,学林出版社,1984。

殷陆君编译:《人的现代化》,四川人民出版社,1984。

张锡勤:《中国近代现代伦理思想史》,黑龙江人民出版社,1984。

商衍鎏:《清代科学考试述录》,三联书店,1985。

董守义:《清代留学运动史》,辽宁人民出版社,1985。

费正清:《剑桥中国晚清史》,中国社会科学出版社,1985。

［德］费尔巴哈:《对莱布尼茨哲学的叙述、分析和批判》,商务印书馆,1985。

钟书河:《走向世界——近代中国知识分子考察西方的历史》,中华书局,1985。

萧一山:《清代通史》,中华书局,1986。

钱基博:《现代中国文学史》,岳麓书社,1986。

熊月之:《中国近代民主思想史》,上海人民出版社,1986。

列文森:《梁启超与近代中国思想》,四川人民出版社,1986。

桑咸之:《中国近代政治思想史》,中国人民大学出版社,1986。

蒋廷黻:《中国近代史》,岳麓书社,1987。

李泽厚:《中国现代思想史论》,东方出版社,1987。

王森然:《近代二十家评传》,书目文献出版社,1987。

曾乐山:《中西文化和哲学争论史》,华东师范大学出版社,1987。

张立文等主编:《传统文化与现代化》,中国人民大学出版社,1987。

贺麟:《文化与人生》,商务印书馆,1988。

韩达编:《评孔纪年》,山东教育出版社,1988。

柳诒徵:《中国文化史》,东方出版中心,1988。

刘晓波:《选择的批判》,上海人民出版社,1988。

庄练:《中国近代史上的关键人物》,中华书局,1988。

龚书铎:《中国近代文化探索》,北京师范大学出版社,1988。

龚书铎主编:《近代中国与近代文化》,湖南人民出版社,1988。

沃丘仲子:《现代名人小传》,中国书店,1988年影印本。

柯文:《在中国发现历史》,中华书局,1989。

萧延中编:《晚年毛泽东》,春秋出版社,1989。

［罗］马可·奥勒留著,何怀宏译:《沉思录》,商务印书馆,1989。

曹琦,彭耀:《世界三大宗教在中国》,中国社会科学出版社,1989。

冯天瑜,何晓明,周积明:《中华文化史》,上海人民出版社,1990。

康德著,何兆武译:《历史理性批判文集》,商务印书馆,1990。

张岱年,程宜山:《中国文化与文化论争》,中国人民大学出版社,1990。

张培刚:《农业国工业化问题》,湖南出版社,1991。

聂振斌:《中国近代美学思想史》,中国社会科学出版社,1991。

皮明庥:《近代中国社会主义思潮觅踪》,吉林文史出版社,1991。

宋仲福,赵吉惠等:《儒学在现代中国》,中州古籍出版社,1991年。

韦政通:《中国十九世纪思想史》,台湾东大图书公司,1992。

袁伟时:《晚清大变局中的思潮与人物》,海天出版社,1992。

陈旭麓:《近代中国社会的新陈代谢》,上海人民出版社,1992。

黄克剑:《东方文化——两难中的选择》,江西人民出版社,1992。

张静如、刘志强编:《北洋军阀统治时期中国社会之变迁》,中国人民大学出版社,1992。

白吉庵:《胡适传》,人民出版社,1993。

罗荣渠:《现代化新论》,北京大学出版社,1993。

逄先知主编:《毛泽东年谱》(1893～1949),人民出版社,1993。

龚书铎:《近代中国与文化抉择》,北京师范大学出版社,1993。

[法]布罗代尔:《15—18世纪的物质文明、经济和资本主义》,生活·读书·新知三联书店,1993。

吴承明:《早期中国近代化过程中的外部和内部因素——兼论张謇的实业路线》,《论张謇——张謇国际学术研讨会论文集》,江苏古籍出版社,1993。

冯天瑜:《中华元典精神》,上海人民出版社,1994。

史华慈:《寻求富强——严复与西方》,江苏人民出版社,1995。

余英时:《中国思想传统的现代诠释》,江苏人民出版社,1995。

贺麟:《文化与人生》,北京:商务印书馆,1996。

高平叔:《蔡元培年谱长编》,人民教育出版社,1996。

桑咸之:《晚清政治与文化》,中国社会科学出版社,1996。

陈晋主编:《毛泽东读书笔记解析》,广东人民出版社,1996。

高瑞泉主编:《中国近代社会思潮》,华东师范大学出版社,1996。

钱穆:《国学概论》,商务印书馆,1997。

何晓明:《百年忧患》,东方出版中心,1997。

罗荣渠:《现代化新论续篇》,北京大学出版社,1997。

季美林等:《东西文化讨论集》,经济日报出版社,1997。

南怀瑾:《大学微言》,世界知识出版社,1998。

梁启超:《清代学术概论》,上海古籍出版社,1998。

冯林:《重新认识百年中国》,改革出版社,1998。

赵靖:《中国经济思想史述要》,北京大学出版社,1998。

萧功秦：《危机中的变革》，上海三联书店，1999。

冯友兰：《中国现代哲学史》，广东人民出版社，1999。

金耀基：《从传统到现代》，中国人民大学出版社，1999。

［美］亨廷顿：《文明的冲突与世界秩序的重建》，新华出版社，1999。

彭明，程歗主编：《近代中国的思想历程》，中国人民大学出版社，1999。

刘小枫：《儒家革命精神源流考》，上海三联书店，2000。

周育民：《晚清财政与社会变迁》，上海人民出版社，2000。

［美］列文森：《儒教中国及其现代命运》，中国社会科学出版社，2000。

陈建华：《"革命"的现代性：中国革命话语考论》，上海古籍出版社，2000。

杨念群：《中层理论——东西方思想会通下的中国史研究》，江西教育出版社，2001。

桑兵：《晚晴民国的国学研究》，上海古籍出版社，2001。

张汝伦：《现代中国思想研究》，上海人民出版社，2001。

雷海宗：《伯伦史学集》，中华书局，2002。

龚书铎：《中国近代文化概论》，中华书局，2002。

贺麟：《五十年来的中国哲学》，商务印书馆，2002。

郑杰文：《20世纪墨学研究史》，清华大学出版社，2002。

王尔敏：《中国近代思想史论》，社会科学文献出版社，2003。

高文谦：《晚年周恩来》，香港明镜出版社，2003。

罗志田：《国家与学术：清季民初关于"国学"的思想论争》，三联书店，2003。

王尔敏：《中国近代思想史续集》，社会科学文献出版社，2005。

郭双林，王续添编：《中国近代史读本》，上下册，北京大学出版社，2006。

张皓：《派系斗争与国民党政府运转关系研究》，商务印书馆，2006。

杨天石：《晚清史事》，中国人民大学出版社，2007。

杨天石：《国民党人与前期中华民国》，中国人民大学出版社，2007。

张君劢：《政制与法制》，清华大学出版社，2008。

金观涛，刘青峰：《观念史研究》，法律出版社，2009。

黄兴涛：《"她"字的文化史》，福建教育出版社，2009。

黄兴涛：《文化史的追寻：以近世中国为视域》，中国人民大学出版社，2011。

杨念群：《儒学地域化的近代形态》，三联书店，2011。

论文：

庞朴：《文化结构与近代中国》，《中国社会科学》1986年第5期。

章开沅：《从离异到回归——孙中山与传统文化的关系》，《历史研究》，1987年第1期。

梁茂春：《"文化大革命"时期的音乐》，《交响——西安音乐学院学报》，1996年第4期。

周德丰：《评戴季陶的文化哲学与历史哲学》，《人文杂志》，1996年第4期。

马佩英：《戴季陶政治思想论》，《史学月刊》，1997年第3期。

王东：《五四新文化运动若干问题辨析》，《哲学动态》，1999年第4期。

黎洁华:《论戴季陶的民族主义》,《中山大学学报:社科版》,2001年第1期。

严昌洪:《"国民"之发现—1903年上海国民公会再认识》,《近代史研究》,2001年第5期。

龚书铎、宋小庆:《辛亥革命时期文化四题》,《北京师范大学学报:人文社科版》,2001年第6期。

史革新:《辛亥革命时期国人科学观初探》,《光明日报》,2001年11月6日。

胡波:《辛亥革命与思想话语的变迁》,《史学理论研究》,2002年第2期。

李喜所:《辛亥革命时期学术文化的变迁》,《史学集刊》,2003年第1期。

罗志田:《西学冲击下近代中国学术分科的演变》,《社会科学研究》,2003年第1期。

刘利民:《近20年来戴季陶研究综述》,《甘肃社会科学》,2003年第4期。

张耀南:《中华文明的世界主义对于构建全球伦理可有之贡献》,《北京行政学院学报》,2003年05期。

罗志田:《西学冲击下近代中国学术分科的演变》,《社会科学研究》,2003年第1期。

王奇生:《"革命"与"反革命":1920年代中国三大政党的党际互动》,《历史研究》,2004年第5期。

马敏:《21世纪中国近现代史研究的若干趋势》,《史学月刊》,2004年第6期。

张海鹏:《20世纪中国近代史学科体系问题的探索》,《近代史研究》,2005年第1期。

江沛,迟晓静:《中国国民党"党国"体制述评》,《安徽史学》,2006年第1期。

李洪河,阎海涛:《论五四时期戴季陶的社会政治思想》,《理论界》,2006年第1期。

汪敬虞:《关于鸦片战后10年间银贵钱贱影响下中国对外贸易问题的商榷》,《中国经济史研究》,2006年第1期。

叶世昌:《简论20世纪中国纸币理论的演变》,《复旦学报》,2006年第2期。

黄力之:《"中体西用"的当代阐释与马克思主义中国化》,《黑龙江社会科学》,2006年第2期。

俞尉刚:《戴季陶与同盟会》,《华东理工大学学报》(社科版),2006年第3期。

吴义雄:《鸦片战争前英国在华治外法权之酝酿与尝试》,《历史研究》,2006年第4期。

朱英:《近代中国的"社会与国家":研究回顾与思考》,《江苏社会科学》,2006年第4期。

王奇生:《战时大学校园中的国民党:以西南联大为中心》,《历史研究》,2006年第4期。

杨智芳,周秋光:《论中国红十字会的起源》,《湖南师范大学社会科学学报》,2006年第4期。

刘克祥:《1927—1937年中资银行再统计》,《中国经济史研究》,2007年第1期。

郭海燕:《中日朝鲜通讯权之争与清朝外交政策的转变》,《文史哲》,2007年第1期。

潘国旗:《北洋政府时期国内公债总额及其作用评析》,《近代史研究》,2007年第1期。

霍新宾:《"无情鸡"事件:国民革命后期劳资纠纷的实证考察》,《近代史研究》,2007年第1期。

夏明方:《一部没有"近代"的中国近代史——从"柯文三论"看"中国中心观"的内在逻

辑及其困境》,《近代史研究》,2007 年第 1 期。

黄兴涛:《"话语"分析与中国近代思想文化史研究》,《历史研究》,2007 年第 2 期。

王奇生:《"武主文从"背景下的多重变奏:战时国民党军队的政工与党务》,《抗日战争研究》,2007 年第 4 期。

吴敏超:《1934—1935 年白银问题大讨论与法币改革》,《江苏社会科学》,2007 年第 6 期。

严昌洪:《近代人力车夫群体意识探析》,《华中师范大学学报》,2007 年第 6 期。

吴景平,龚晖:《1930 年代初中国海关金本位制度的建立述论》,《史学月刊》,2007 年第 10 期。

耿云志:《近代社会转型中政治与文化的互动》,《四川大学学报》,2008 年第 1 期。

桑兵:《1948 年中山大学易长风波与国民党的派系之争》,《学术研究》,2008 年第 1 期。

张昭军:《20 世纪初期革命精神的生成——以话语分析为径》,《史学集刊》,2008 年第 1 期。

耿云志:《近代中国的文化转型:问题与趋向》,《广东社会科学》,2008 年第 3 期。

王奇生:《中政会与国民党最高权力的轮替(1924—1927)》,《历史研究》,2008 年第 3 期。

金以林:《汪精卫与国民党的派系纠葛——以宁粤对峙为中心的考察》,《中国社会科学》,2008 年第 3 期。

陈瑞云:《关于中政会在国民党中央体制中地位的探讨》,《史学月刊》,2008 年第 4 期。

江沛:《中国国民党早期军队政治制度的演变 1924—1928》,《安徽史学》,2008 年第 4 期。

袁祖社:《"世界主义观念"的乌托邦想像与"原创文化"智识性理念逻辑》,《陕西师范大学学报》,2008 年第 4 期。

陈燕:《体制缺失与南京国民政府初期的中外合办企业——以中国航空公司为中心的考察》,《学术研究》,2008 年第 4 期。

耿云志:《从保守主义的角色演变看中国近代文化的发展道路》,《湖南大学学报》,2008 年第 6 期。

王建朗:《大国意识与大国作为——抗战后期的中国国际角色定位与外交努力》,《历史研究》,2008 年第 6 期。

张俊义:《1948 年广州沙面事件之始末——以宋子文档案为中心》,《中国社会科学》,2008 年第 6 期。

李文海:《关于正确把握民族复兴历史进程的几个问题》,《学习与研究》,2008 年第 9 期。

步平:《改革开放与中国近代史研究》,《近代史研究》,2009 年第 5 期。

杨天宏:《系统性的缺失:中国近代史研究现状之忧》,《近代史研究》,2010 年第 2 期。

夏明方:《中国近代历史研究方法的新陈代谢》,《近代史研究》,2010 年第 2 期。

［英］杰拉德·德兰迪等:《"世界主义"共同体如何形成》,《学术月刊》,2011 年第 7 期。

附录二　作者论著

学术论文

1.《孙中山与传统儒学》,载《学术研究》1986 年 5 期,被《新华文摘》1986 年第 12 期全文转载。

2.《辜鸿铭思想初探》,载《福建论坛》(文史哲版)1987 年第 2 期。

3.《中源西流思潮论》,载《江汉论坛》1987 年第 12 期,被《新华文摘》1988 年第 3 期全文转载。

4.《中体西用文化模式之反思》,载《中州学刊》1987 年第 6 期。

5.《试论三十年代的中国文化建设运动》,载《宝鸡师院学报》1987 年第 4 期。

6.《辛亥与启蒙》,载《宝鸡师院学报》1989 年第 2 期。

7.《梁启超后期文化思想新探》,载《天府新论》1988 年第 3 期。

8.《西学中源与近代文化》,载《北京社会科学》1990 年第 1 期。

9.《中西会通与近代文化》,载《近代史研究》1990 年第 4 期。

10.《墨学复兴与近代思潮》,载《中州学刊》1991 年第 4 期。

11.《"西学中源"说及严复对其批评与反思》,载《福建论坛》1993 年第 2 期。

12.《近代中国人认同西学的思想轨迹》,载《传统文化与现代化》1994 年第 2 期。

13.《严复与袁世凯》,载《福建论坛》(文史哲版)1994 年第 6 期。

14.《中国近代认识西学的三个层次》,载［日］《中国研究》1995 年第 9 期。

15.《抗拒与交流——中国近代认知西学的历程》,载［加拿大］《文化中国》1997 年第 1 期。

16.《民族危机与思维转型——论甲午战后中国社会思潮的转向》,载《广东社会科学》1997 年第 1 期。

17.《救亡图存与天演图说》,载《福建论坛》1997 年第 1 期。

18.《民众动向与辛亥革命》,载《广东社会科学》2002 年第 6 期。

19.《"西学中源"说的现代思考》,载《宝鸡文理学院学报》2003 年第 2 期。

20.《试论近代中国文化建构的几种模式》,载《教学与研究》2003 年第 9 期。

21.《试论棉铁主义的历史地位》,载《广东社会科学》2003 年第 6 期。

22.《试论近代墨学复兴的历史轨迹》,载《教学与研究》2004 年第 1 期。

23.《有关激进与保守的几个问题》,载《中州学刊》2004 年第 3 期。

24.《梁启超与传统墨学》,载《安徽史学》2004 年第 6 期。

25.《全盘西化思潮与近代文化激进主义》,载《天津社会科学》2005 年第 2 期。

26.《近代中西文化互动的历史考察》,载《教学与研究》2005 年第 4 期。

27.《"中体西用"说与近代文化建构》,载《教学与研究》2007 年第 10 期。

28.《晚清立宪运动的失败原因与历史启示》,载《广东社会科学》2008 年第 1 期。

29.《严复"三民"思想及其当代价值》,载《教学与研究》2009 年第 1 期。

30.近代国学的历史考察》,载《国学学刊》2009 年第 1 期。

31.《合作主义东渐与儒家文化现代化转型》,载《天津社会科学》2009 年第 5 期。

32.《传统墨学与社会主义的契合及背离》,载《天津社会科学》2010 年第 4 期。

33.《近五年来中国近代史研究述评》,载《教学与研究》2010 年第 11 期。

34.《"打孔家店"与"打倒孔家店"辨析》,载《中国人民大学学报》2011 年第 2 期。

35.《论辛亥革命的精神遗产》,载《国家行政学院学报》2011 年第 4 期。

36.《文化认知的转变与中国合作化道路的异化分流》,载《广东社会科学》2012 年第 1 期。

37.《抗战时期"学术建国"思想探析》,载《甘肃理论学刊》2012 年第 1 期。

38.《同情·参与·反思——戴季陶与辛亥革命》,载《聊城大学学报》(社会科学版) 2013 年第 1 期。

39.《大同理想与世界主义》,载《社会科学》2013 年第 3 期。

读史札记

1.《〈中西 500 年比较〉读后》,载《近代史研究》1990 年第 3 期。

2.《南社奇才黄人》,载《世纪风采》1994 年第 9 期。

3.《四大家族及其子女之现状》,载《炎黄春秋》1994 年第 10 期。

4.《晚清奇才辜鸿铭》,载《名人传记》1995 年第 2 期。

5.《胡适竞选总统内幕》,载《炎黄春秋》1996 年第 3 期。

6.《十字街头——自由主义》,载《北京晚报》1999 年 10 月 24 日。

7.《理想乐园——新村主义》,载《北京晚报》1999 年 10 月 24 日。

8.《"全盘西化"——文化激进主义》,载《北京晚报》1999 年 10 月 24 日。

9.《重塑传统——文化保守主义》,载《北京晚报》1999 年 10 月 24 日。

10.《从被动开放到主动开放》,载《半月谈》2008 年第 12 期。

11.《胡适竞选总统风波》,载《人民论坛》2008 年第 20 期。

12.《溥仪与胡适的一次宫中密谈》,载《人民论坛》2009 年第 2 期。

13.《辜鸿铭:近代抨击西方第一人》,载《人民论坛》2009 年第 7 期。

14.《西南联大教授们的那些事儿》,载《人民论坛》2009 年第 9 期。

15.《大师的学问与学位》,载《人民论坛》2010 年第 25 期。

论文集所收论文

1.《容闳与中国社会的近代化》,《容闳与中国近代化》,珠海出版社,1999。

2.《梁启超与传统墨学》,《梁启超与近代中国社会文化》,天津古籍出版社,2005。

3.《还原·沟通·比较——近代中西文化互动的历程》,《历史比较的新视野——"中西历史比较研究学术论坛"论文集》,吉林人民出版社,2005。

4.《严复"三民"思想的现代意义》,《戊戌变法与晚清思想文化转型》,社会科学文献出版社,2010。

5.《五四运动后三十年知识界对五四观的重新审视》,《纪念五四运动90周年国际学术研讨会论文集》,社会科学文献出版社,2012。

后　记

　　该书其实是我30多年来从事中国近代思想文化史学习和研究的汇集。从1983年撰写大学毕业论文《试论20世纪30年代的中国文化建设运动》到2013年的《大同理想与社会主义》，正好是30年时间。30年应该是一个人一生中最重要的时段，许多人在此期间早已事业有成，位居学术先进之列。自己这30年，学术研究时伏时起，特别是在青年时期，曾经错过美好时光。岁月蹉跎，一晃将近20年。回想起来，全身汗颜！2001年来到历史学院，重新开始了学术研究。经过几年努力，取得了一点成绩。2006年，家中突发大事，爱妻因医疗事故去世，给我身心造成严重打击，一度一蹶不振。消沉了一段时间后，自己逐渐振作起来，再次投身学术研究，参加学术研讨会，积极撰写学术文章，开始了新的探索。过了知天命之年，自感已经无力开辟新的研究领域，做深入、系统的工作，只能在自己熟悉的领域，做一些自己感兴趣的研究。如今在高校，学术研究已经受到高度重视，学术氛围比较浓厚。在如此好的学术环境下，自己希望不断努力，争取在某些研究方面做出一些新的探索，为中国人民大学中国史学科的发展有一点贡献。需要指出的是，本书因为是独立论文为节，有些资料引用多次出现，为了不影响表述，没有删节，特此说明。

　　在本书即将出版之际，首先感谢和怀念已故爱妻龙延鸣，她曾经给予我无私的帮助和关爱，令我永世难忘；再次，感谢我的本科毕业论文导师、南开大学历史学院的刘健清教授，硕士导师、西北大学思想文化研究所张岂之教授，博士导师、北京师范大学历史学院龚书铎教授。自己学术研究上所取得的一点成绩，其中凝结了他们的诸多汗水与心血，对此，我将永远铭记在心。同时，还要感谢历史学院的历任领导和所有同事在我困难时给予我的帮助与支持。人民日报出版社第一编辑室主任曹腾为本书出版给予大力支持，对此表示衷心感谢。责任编辑高亮为此书作了细致认真的编校，对其辛勤付出，也表示感谢。最后，向为我书稿录入、校对付出劳动的我的博士与硕士也表示由衷的谢意。

　　人生有涯，学无止境。我会继续努力的！

2014年1月7日于京北育新花园